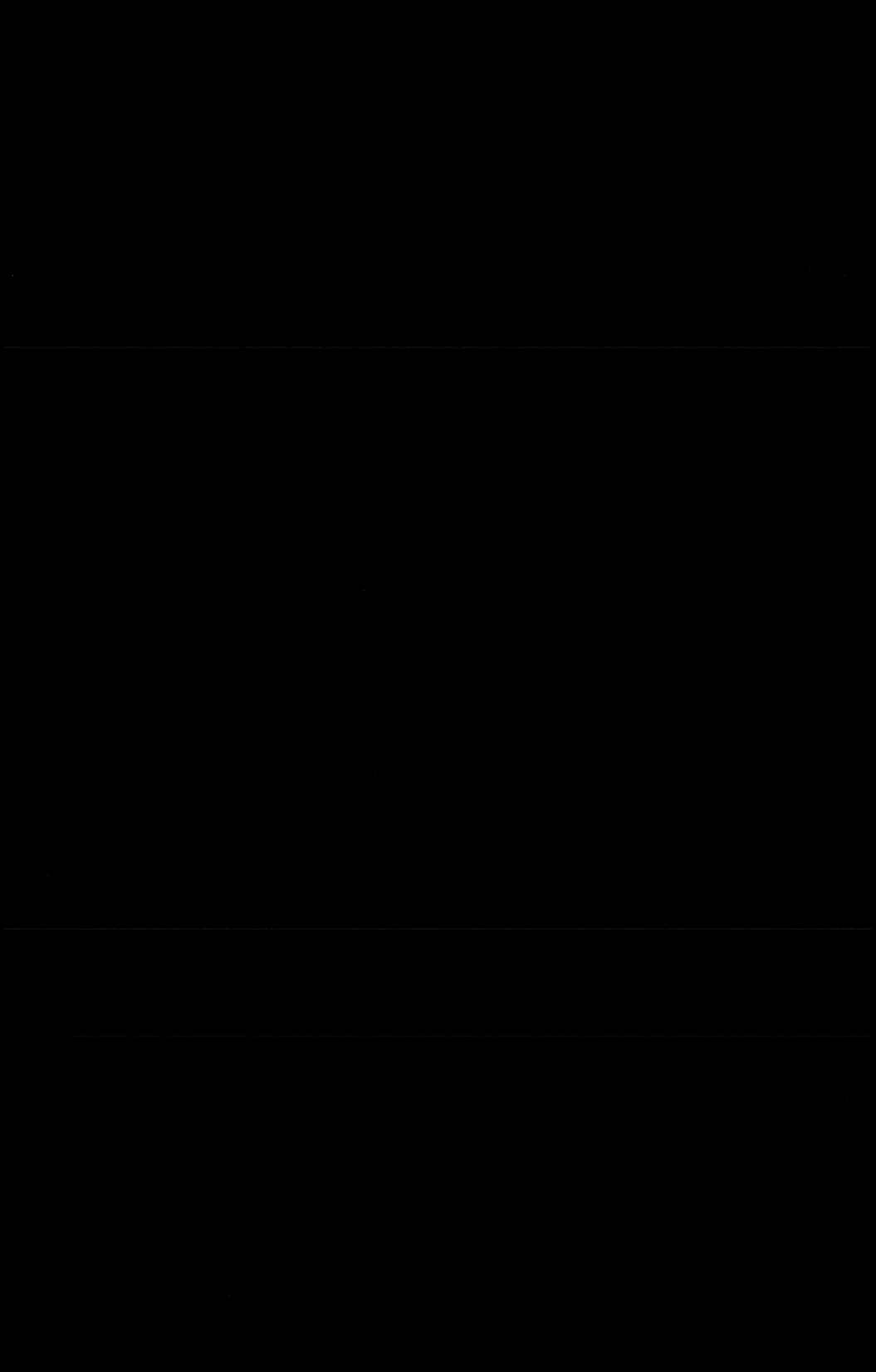

선비정신과
한국사회

미래의 리더십을 찾아서

선비정신과 한국사회

김석근 엮음

아산서원
ASAN ACADEMY

서문
선비정신과 한국사회 그리고 미래의 리더십

1. 한국사회, 선비정신에 주목하다

오늘날 한국사회에서는 선비촌, 선비문화학회, 선비문화축제, 선비문화수련원, 선비정신실천운동본부, 선비정신 실천 매뉴얼 등이 주목을 끄는가 하면, 선비에 관한 다양한 저술이 쏟아져 나오고 있다. 선비를 재조명하고, 나아가 오늘날 그 정신을 되살리려는 움직임이 마치 '운동'처럼 전개되고 있는 것이다.

이러한 움직임에 비판적인 견해도 만만치 않다. 선비의 부정적인 측면을 조명한 연구서《우리가 아는 선비는 없다》[1]부터, '선비질', '열선비' 등 약간의 비아냥이 담겨 있는 신조어 등은 선비에 대한 비판적 인식을 잘 보여준다.

그러나 분명한 사실은 선비, 선비정신, 선비문화가 오늘날 한국사회의 중요한 키워드로 주목 받고 있다는 것이다. 이는 아산정책연구원 한국학연구센터와《중앙일보》일요 신문〈중앙선데이〉가 공동으로 기획, 추진한〈한국문화대탐사〉프로젝트를 진행하면서도 확인할 수 있었다.[1] 매주 학자, 기자,

---

1 〈한국문화대탐사〉프로젝트는 2014년 1월부터 9월 말까지 진행되었다.

작가 등 다양한 연구진들이 열띤 토론 후 기사 주제를 선정하곤 했는데, '선비'의 경우에는 이견 없이 만장일치로 결정되었다.

풍부한 내용을 담은 '선비' 시리즈는 총 4회에 걸쳐 연재되었다(선비 상·중·하, 여성선비[2]). 또 최초로 선비정신과 관련한 전국적인 규모의 여론조사를 실시했으며, 다양한 전공의 학자들을 대상으로 심층 설문조사까지 시도했다.[3] 선비의 고장을 찾아 생생한 현장을 취재했고, 중국과 일본에서 현지 학자들을 직접 인터뷰했다. 내용이 다채로웠던 만큼, 온라인 열독률(閱讀率) 순위도 매주 상위권을 자랑했다. 선비 시리즈는 선비에 대한 관심을 새롭게 환기시켰을 뿐만 아니라 선비에 대한 종래의 선입견을 어느 정도 불식시키는 데에도 일정한 기여를 했던 것으로 여겨진다.[4]

'선비' 시리즈를 마친 후, 연구진들은 선비에 대한 대중의 관심을 좀 더 이끌어내고 학계의 연구를 심화시키기 위해 '아산서원 개원 2주년 기념 학술회의'를 통해 다시 한 번 '선비'를 본격적으로 탐구해 보기로 했다. 이에 〈선비정신과 한국사회: 미래의 리더십을 찾아서〉라는 주제로 구성된 학술회의가 2014년 9월 26일 개최되었다.[5]

학술회의 제1부 〈아산서원과 선비: 우리들의 이야기〉에서는 아산서원 졸업생들의 국악 공연,《대학》경 제1장과《반야심경》암송, 인문교육 소감 발표 및 〈젊은 세대가 바라보는 선비와 선비정신〉에 대한 발표가 있었다. 이어 제2부 〈선비정신과 한국사회: 전통과 현대 그리고 미래〉에서는 전문가

---

[2] '권력 앞에서도 대놓고 바른말 … 왕도 껄끄러워한 선비'(2월 23일); '"조선인에겐 더러운 피" … 일제가 왜곡한 선비상 아직 못 지워'(3월 2일); '중·일엔 없는 선비의 공론정치, 조선 500년 버틴 힘인가'(3월 9일); '영정조 이후 여성선비 르네상스,《규합총서》쓴 빙허각 이씨, 시동생 직접 가르쳐'(3월 16일)

[3] 이에 대해서는 이 책에 실려 있는 김석근의 "선비정신의 현재적 함의와 전망: '국민개사(國民皆士)' 그리고 민주주의와 관련해서"를 참조.

[4] 《한국문화대탐사》시리즈에 연재되었던 글들은 수정, 보완을 거쳐 단행본으로 간행되었다. 김석근 외,《한국문화대탐사》(아산서원, 2015) 참조.

[5] 《중앙일보》〈중앙선데이〉'선비정신과 미래 리더십'(2014. 9. 28) 및《한국문화대탐사》381~385쪽, 그리고《동아일보》'지금은 극기복례(克己復禮) 선비정신 필요한 때'(2014. 10. 15) 참조.

25명의 발표와 심도 있는 토론을 통해 선비정신이 갖는 현재적 함의와 미래를 향해 던지는 시사점을 모색했다.[6] 여느 학술회의와는 달리 각 논문에 대한 지정 토론자 외에도 자유 토론자를 두어 각 발표 사이의 횡단(橫斷)과 더불어 유기적인 연관성을 높이고자 했다.

2. 《선비정신과 한국사회》

학술회의 후, 발표자들은 토론 내용을 충분히 반영하여 논문을 수정, 보완하고 이를 한 권의 책으로 엮기로 했다. 발표자들이 글을 보완하는 동안, 아산정책연구원 한국학연구센터에서는 현재까지 나온 선비, 선비정신, 선비문화 관련 문헌을 조사, 정리했다(〈부록 2〉 참조).

《선비정신과 한국사회》는 크게 세 파트로 구성되어 있다. 제1부 〈선비란 어떤 사람인가〉, 제2부 〈선비와 공공(公共)의 세계〉, 제3부 〈사회변동과 선비정신〉. 이하에서는 수록된 논문 9편의 내용을 간략하게 소개한다.

(1) 선비는 어떤 사람인가?

제1부는 "선비란 어떤 사람인가"라는 질문에 포커스를 맞추고 있다. 권순철의 글 "'선비' 개념의 생성과 변화"는 먼저 '선비'라는 한글 단어와 그 개념 형성에 주목한다. '선비'가 고전 한어 '先輩'에서 유래했다는 입장에서, 말과 뜻의 실상과 변화를 살펴보면서 '션비 士'가 정착되는 과정을 치밀하게 추적한다. 한국사상사라는 큰 흐름에서 보자면 '先輩=션비'와 '士'가 '션비 士'로 만나게 된 것이야말로 '선비' 개념의 생성 과정에 다름 아니다.

---

[6] 회의 내용과 구성은 〈부록 1〉 참조.

고전 한어 '先輩'가 토착화된 시기는 고려시대이다. 고려 말에 수용된 정주성리학의 담당자 '士'가 역성혁명을 거친 후 겪게 되는 고난의 역사 속에서 '先輩'와 만나게 되었다. '션비'='儒'가 '션비 儒'로 정해지면서 '선비'와 '션비' 두 어휘가 공존, 혼용되었으며, 동시에 '됴ᄉ'로 풀이되던 '士'가 다시 '션비 士'로 정착되었다. 이런 변화는 '士'의 화(禍), 곧 사화(士禍)가 계속되는 과정에서 생성된 '士'의 자의식을 반영한다.

말하자면 '사화(士禍)'라는 '士' 자신의 역사 경험을 거치면서 '됴ᄉ'라 했던 자기정의를 '션비'로 고쳐 잡았다는 것이다. "학식으로써 지위에 있는" '됴ᄉ(朝士)'에서 "도를 지키며 학문에 힘쓰는" '션비/선비 先輩'로 '士'의 자의식이 확대, 심화되었다. '션비'라는 '士'의 자기정의가 정착되는 시기에 '성학(聖學)'도 등장했다. 이상 실현을 위한 자기희생적 실천, 불의와 부정에 대한 비판과 저항, 인격 완성을 위한 성실한 노력과 '성학'의 전수, 이들 세 요소가 '션비'로 정의되는 '士'의 자의식이었다.

이형성의 글 "선비의 유형과 현실 대응 양상" 역시 고려 말과 조선 초를 거치면서 선비에게 중대한 의식 변화가 있었다는 점에 동의한다. 출세를 위해서가 아니라 나라의 으뜸이 되는 기운으로서의 '선비' 인식이 확대되었다는 것이다. 참다운 선비는 성리학적 유학 이념에 철저하면서도 공론을 이끌며 자신의 소임을 다하는 주체였다. 하지만 선비들이 언제 어디서나 일률적인 것은 아니었다. 시국관이나 출처관, 특히 현실 대응 양상에 따라 선비 유형에 차이가 생겨났다. 사회의 모순과 부조리에 직면한 선비는 과감하게 현실을 개혁하고자 했으며, 국난을 당했을 때는 어려움을 타개하기 위해 노력하기도 했다.

그렇다면 그 같은 '선비'는 남성에만 국한되는 것인가? 여성은 '선비'가 될 수 없는가? 이남희의 글 "여성선비[女士]와 여중군자(女中君子): 조선후기 지식인 여성의 자의식"은 임윤지당과 이사주당의 삶을 통해서 이 문제를 집중적으로 다룬다. 유교적인 소양을 지닌 지식인 여성으로서 두 사람은 현모양처로 살아가는 데 머물지 않고, 주자학의 본령에까지 들어서서 문집을 남기는 등 활발한 학문 활동을 펼쳤다.

주목해야 할 것은, 그들이 끊임없는 심성 수련과 도덕 실천을 통해 현실에서의 여성을 넘어 '보편적인 인간'으로 나아가고자 했으며, 남성과 여성은 다르지 않다는 강한 의지로 자아의식을 구축했다는 점이다. 두 사람의 사례가 보여주듯, 조선 후기에는 유교적 세계관이라는 큰 틀 속에서 여성들, 특히 지식인 여성들에 대한 인식의 변화가 있었으며, 학문을 통해 수신하고 실천하는 존재로서의 '여성선비'를 인정하게 되었다.

(2) 선비와 공공(公共)의 세계

제2부에서는 〈선비와 공공(公共)의 세계〉에 주목한다. 필자들은 비교 안목과 역사적 통찰력을 바탕으로 조선시대 선비의 공공성 문제를 검토하고 공공의 세계에서의 선비를 어떻게 평가할 것인지에 초점을 맞춘다. 선비와 일본 사무라이, 중국 향신 간의 비교도 흥미롭다.

일본사상사와 한국사상사를 연구하는 가타오카 류의 글 "조선시대의 공공과 선비"는 실로 귀중한 글이라 하지 않을 수 없다. 외국인 학자로서 조선의 선비를 바라보는 시각이 신선하다. 그에 따르면 조선에서는 자신과 사회가 부족하다고 여기고 이를 향상시키려는 변혁 의지를 가진 사람, 또 바람직한 삶을 실현하려는 일에 참여하는 사람이라면 누구라도 선비로 불릴 수 있었다. 선비란 '지향성'을 그 본질로 하기 때문이다. 더욱이 사(士)는 '원기지우(元氣之寓)'라고 불린 것처럼, 주로 '사회비판적 언론 활동(언로)'을 통하여 '사회적 생명력의 원천'이 되는 일이 선비의 사명이었다.

그 뒤를 잇는 신현승의 글 "유교사상적 관점에서 본 선비정신과 무사도"는 선비정신과 사무라이정신, 즉 사도(士道: 선비정신)과 무사도(武士道)를 본격적으로 비교한다. 이 둘은 모두 유교를 뿌리로 두면서도 각기 다른 형태로 나타났다. 신현승은 이를 "같은 유교의 DNA를 가진 동아시아 유학유전학적 변이(變異)"로 파악한다.

조선의 사도는 유교의 올바른 가르침을 좀 더 내면적으로 승화시켜 간 것이며, 일본의 무사도는 유교의 가르침을 변형시켜 사무라이의 생활 습관에 적합한 외면적 실천윤리로 나아가도록 했다. 조선에서 '문(文)'을 숭상하고, 일본에서 '무(武)'를 숭상한 것은 역사적 사실이며, 따라서 '학문하는 사람'들과 '활·화살·칼을 지닌 사람'들 사이에는 정신적인 가치의 차이가 있을 수밖에 없었다.

조선의 선비와 일본 사무라이는 거의 비슷한 시대를 살았던 중국의 '향신'과는 또 달랐다. 임태홍의 글 "중국의 '향신(鄕紳)'과 조선의 '선비': 개념의 형성 과정과 그 이상(理想)의 비교"는 그 차이에 주목한다. 향신과 선비는 그 개념과 계층 형성 과정에서 주자학과 깊이 관련되어 있지만, 역사의 흐름에 따라 서로 다른 양상을 보여주었다.

향신의 기원은 송나라의 사대부 전통을 이어받은 명나라 초기의 향촌 지식인으로 거슬러 올라간다. 그들은 지방에 거주하면서 향촌 경제에 밀착되어 있었으며, 명청시대(1368~1911)를 거치면서 향촌의 권력자이자 지식인 계층으로 자리잡게 되었다. 청나라 중·후기에 그들의 향촌 지배는 더욱 강화되었고, '관료'로서의 성격 역시 공고해졌다. 조선의 '선비'가 '무사'나 '관료'가 아니라 문사(文士)로 나아간 것과는 달랐다. 고매한 도덕과 학문을 중시했으나 문약(文弱)한 지식인이라는 측면이 선비에게는 없지 않았다.

(3) 사회변동과 선비정신

제3부에서는 선비정신과 사회변동의 관련성을 살펴본다. 사회변동에 따른 선비정신의 출현과 변화를 검토하고, 선비정신이 어떤 사회변동을 추동

했는지 혹은 어떤 변화도 이끌어내지 못했는지, 그렇다면 그 이유는 무엇인지 고찰한다. 이는 더 나아가 오늘날 선비정신이 가진 함의와 미래의 비전을 탐색하는 작업과도 연결된다.

먼저 배병삼의 글 "선비의 정체성과 그 정치적 행동"은 사(士)라는 한자의 의미변화와 출처진퇴(出處進退)라는 정치적 행동을 살펴봄으로써 '선비의 정체성'을 가늠해본다. '사(士)'는 무사로서의 의미도 갖지만, 공자와 맹자를 거치면서 인의(仁義)라는 도덕성을 갖추고 실천하는 의사(義士)가 되었다. '선비'로 일컬어지는 도덕성을 담지한 자율적이고 주체적인 인간. 조선의 지식인들은 그 같은 의리지향의 선비를 추구했다. '이익'이 아니라 '인의'라는 도덕세계를 지향하는 것이 곧 선비의 정체성이었다. 때문에 선비의 정치적 행동은 현실 인식에 따라 다르게 나타나며, 그에 따라 출처진퇴가 결정된다.

그는 특별히 16세기 조선 유학계를 수놓았던 세 사람에 주목한다. 사화(士禍) 시대를 살면서 경(敬)으로 몸을 다스리고 의(義)의 가치를 드높인 남명(南冥) 조식(曺植, 1501~1572)은 은둔의 길을 걸으면서도 나라를 걱정했다. 율곡(栗谷) 이이(李珥, 1536~1584)는 당대 정치에 참여해 시대를 바로잡고자 했다. 이에 개혁에 분주했으며 다양한 방안들을 내놓았다. 반면 퇴계(退溪) 이황(李滉, 1501~1570)은 출사와 은둔의 사잇길, 다시 말해 퇴로(退路)를 열었다. 그는 조정 뿐만 아니라 자신이 있는 곳이면 어디든지 정치의 현장으로 여겼다. 그들은 각각의 처지에서 깊이 고려해 정치적 삶을 선택하고 행동에 옮겼다. 비록 "세 사람은 걸었던 길은 달랐지만, 그 지향은 한결같았다. 그 지향이란 무엇이던가. 곧 인(仁)일 따름이다."

이어지는 신복룡의 글 "한국사에서의 선비의 부침(浮沈)"은 거시적인 역사의 흐름 속에서 선비의 '부침(浮沈)'에 주목한다. 조선의 선비는 서구의 젠트리(gentry)와 중국의 향신에 대비될 수 있지만 그 기반은 각각 달랐다. 젠트리는 토지, 향신은 진사(進士) 합격과 토호(土豪)로서의 영향력, 조선 선비는 기개(氣槪)를 기반 삼았다. 신복룡의 글에서 젠트리나 향신은 선비와의 비교 대상이자 동시에 준거틀이 되기도 한다.

조선의 선비는 분명 그 시대의 사명에 기여한 바가 있었다. 하지만 그 파괴력은 그리 크지 않았다. 기개가 모든 것을 해결할 수는 없었다. '경륜(經綸)'이 뒤따라 주지 못한 것이다. 결국 선비는 시대 변화에 적응하지 못하고 현실에서 배제되었다. 서세동점(西勢東漸)과 더불어 이입된 자본주의 앞에서 궁핍한 선비의 가치는 급격하게 몰락할 수밖에 없었다. 더구나 미국 중심의 문명하에서 새로운 지식과 토지(재산)를 갖추지 못한 선비들의 주장은 한없이 공허할 뿐이었다. 중화주의의 잔영(殘影) 역시 그들의 시야를 가리고 있었다.

그처럼 급격한 부침을 겪은 선비에게서 우리는 아무런 의미도 찾을 수 없는 것일까. 김석근의 글 "선비정신의 현재적 함의와 전망: '국민개사(國民皆士)' 그리고 민주주의와 관련해서"는 선비정신의 현재적 함의와 더불어 미래의 전망에 주목한다. 전국적인 규모로 진행한 선비정신 여론조사, 전문가들을 대상으로 실시한 심층 설문 조사, 그리고 선비정신에 대한 젊은 세대의 솔직한 생각이 담긴 글들을 토대로 삼았다. 또한 유길준(俞吉濬, 1856~1914)이 제시한 '국민개사(國民皆士)'[모든 국민이 다 선비가 되어야 한다]와 '민주주의(democracy)'를 준거틀로 가져왔다.

여론조사에 의하면 혼탁한 시대임에도 국민들은 여전히 선비정신에 권력 비판을 넘어 도덕적인 리더십을 발휘하고, 사회통합에 기여할 수 있는 적극적인 역할을 기대하고 있으며, 정신적 유산으로서의 선비정신을 긍정적으로 평가한다. 또한 '모던 선비', '5,000만 선비시대, 이제 모든 국민이 선비', '예(禮)와 공화적 선비주의'라는 표현에서 드러나듯, 젊은 세대는 선비정신을 편견 없이 바라보고자 했으며, 선비에 대한 발랄한 상상력을 보여주었다. 이 같은 선비정신의 재발견 혹은 재해석에 힘입어 이 글에서는 선비정신을 '재천명(再闡明)'하고자 한다. 마치 1960년대 조지훈이 "옛 선비의 바른 도리"로 당시의 정객과 지식인들을 일깨우기 위해서, 그리고 "올바른 지식인의 윤리적 자세"를 가리키기 위해서 '선비정신'이란 새로운 말을 사용하고, 또 특별히 선비의 지조를 논했던 것처럼.

3. 미래의 리더십: 선비정신과 도덕성

20대 젊은이들은 선비정신에 대한 자신의 생각을 거침없이 토로했다. 그들은 "선비정신은 우리의 중요한 정신적 유산이며 도덕·인격적 수양을 갖추고 사리사욕을 넘어 공적인 것과 공동체를 진정으로 생각하는 빛나는 우리 고유의 정신이라고 생각한다"며, "대의를 추구하는 선비정신은 현대에도 계승되어야 할 소중한 덕목"으로 봤다.

그 바탕에는 현실에 대한 비판적인 인식이 깔려 있다. "우리 사회의 현실을 되돌아보면서, 우리 사회에 어느 때보다 선비, 그리고 선비정신이 필요하다는 생각이 들었다." 또한 그들의 문제의식은 미래지향적인 것이다. "나는 선비정신의 재평가가 이루어지는 다른 이유 중 하나는 지금의 사회에서 우리가 흔히 말하는 리더십, 즉 리더가 갖춰야 할 덕목은 무엇인가라는 질문이 중요해졌기 때문이라고 생각한다." 이 같은 생각이 새로운 것은 아니다. 〈부록 2〉를 보면, 1980년대 이후 되살려야 할 정신적 가치로 '선비정신'을 강조하는 흐름이 꾸준히 이어져오고 있다. 2000년대 이후에는 '리더십' 및 '교육' 키워드와 관련하여 '선비'가 재조명되기 시작했다. 특히 최근에는 인문학을 중시하는 사회 전반의 분위기와 함께 선비와 선비정신 담론이 더욱 늘어난 것으로 여겨진다.[7] 일반인들에게 선비정신의 가치를 널리 알리기 위한 각종 선비문화 체험, 축제, 강연회 등도 활발하게 개최되고 있다.

우리 사회의 현재와 미래를 생각한다면 도덕적인 '선비정신'을 근간으로 하는 새로운 리더십이 필요하다고 할 수 있지 않을까. 이는 복고주의나 시대착오와는 맥락을 달리하며, 현재의 상황을 타개하기 위해 전통의 좋은 측면을 되살리려는 노력으로 볼 수 있을 것이다. 품격과 교양을 갖춘 새로운 리더로서의 인간형을 지난 우리 역사와 선비정신에서 찾아보는 것. '미래를 여는 전통'이라 해도 좋겠고, '오래된 미래'로서의 선비정신이라 해도 좋겠다.

하지만 원론적인 선언을 넘어 구체적인 영역을 보게 되면 '짐은 무겁고 갈 길은 멀다(任重而道遠)'고 하지 않을 수 없다. 전통적인 선비와 선비정신에 대한 학문적 탐구 및 논의 내용이 각기 다르기 때문이다. 한 예로 선비의 기원을 단군신화에까지 거슬러 올라가 찾거나, 선비를 이념적으로 홍익인간과 연결시키자는 주장도 나와 있다. 또 실천의 영역에서는 구체적으로 선비, 선비정신의 어떤 덕목을 되살릴 것인가에 대한 논의조차 이루어지지 않은 상황이다. 어쩌면 선비와 선비정신에 대한 본격적인 연구와 재조명 작업은 이제부터인지도 모른다.

이에 편자(編者)는 《선비정신과 한국사회》의 출간이 선비에 대한 새로운 연구의 초석이 될 것을 믿어 의심치 않는다. 이 책에 실린 아홉 편의 글은 서로 유기적으로 연결되면서도 각각 다른 색채를 지니고 있다. 약간의 편차나 서로 부딪히는 부분도 없지는 않다. 그럼에도 앞으로의 선비와 선비정신 연구에서 활발한 토론과 대화의 소재가 되면서 새로운 장(場)을 펼쳐가는

---

[7] 2014년 이후 전통가치, 선비정신에 대한 관심이 더욱 높아졌으며, 리더십과 (인성)교육 측면에서 모두 선비정신에 주목하고 있다. 이는 학위논문에서도 드러나고 있다. 선비 및 선비정신 관련 주제로 학위논문을 집필한 이들 중 상당수가 '교육학' 전공자들이며, 그들은 선비를 윤리, 도덕교육의 모델로 삼고 있다.

책이 되기를 바란다. 귀중한 글을 써주신 필자들 역시 이러한 바람에 기꺼이 동의해줄 것으로 믿는다.

마지막으로 모든 필자들을 대표해서 이 책의 출간에 도움을 주신 분들께 고마움을 전하고 싶다. 〈한국문화대탐사〉 프로젝트, '선비정신과 한국사회' 학술회의 뿐만 아니라 이 책의 출간까지 기꺼이 후원해주신 아산정책연구원 함재봉 원장님, 학술회의에서 사회와 토론을 맡아 좋은 의견을 주셨던 분들, 선비 관련 문헌을 정성껏 조사·정리해준 정은경 한국학연구센터 연구원, 그리고 출판실의 박현아, 김길동 전문원과 새 책이 가져다 주는 기쁨을 함께 나누고자 한다.

2016년 9월

김석근

서문 ··· 05

제1부 선비란 어떤 사람인가

1. '선비' 개념의 생성과 변화 **권순철** ··· 20
2. 선비의 유형과 현실 대응 양상 **이형성** ··· 72
3. 여성선비[女士]와 여중군자(女中君子):
   조선후기 지식인 여성의 자의식 **이남희** ··· 112

제2부 선비와 공공(公共)의 세계

4. 조선시대의 공공과 선비 **가타오카 류** ··· 146
5. 유교사상적 관점에서 본 선비정신과 무사도 **신현승** ··· 172
6. 중국의 '향신'과 조선의 '선비':
   개념의 형성 과정과 그 이상의 비교 **임태홍** ··· 208

제3부 사회변동과 선비정신

7. 선비(士)의 정체성과 그 정치적 행동 **배병삼** · · · 246
8. 한국사에서의 선비의 부침(浮沈) **신복룡** · · · 268
9. 선비정신의 현재적 함의와 전망:
   '국민개사(國民皆士)' 그리고 민주주의와 관련해서 **김석근** · · · 322

부록 1 "선비정신과 한국사회: 미래의 리더십을 찾아서"
   [아산서원 개원 2주년 기념 학술회의 구성 및 일정표] · · · 356
부록 2 선비, 선비정신, 선비문화 관련 문헌목록 · · · 361

필자 약력 · · · 388

제1부

선비란 어떤 사람인가

'선비' 개념의 생성과 변화[1]

권순철 일본 사이타마대학

1. 서론

선비 士!

'하늘 天, 따 地'로 시작하는 《천자문(千字文)》에 나오는 말이다. 한자 '士'의 우리말 뜻이 곧 '선비'라는 것이다. 그렇다면, '선비'란 무엇인가? 사전의 설명에 대해서는 나중에 살펴볼 것이지만, 대부분 '학식이 있고, 인품이 뛰어나며, 권력에 연연하지 않는 사람, 그리고 모범적 사표가 될 만한 지도자'를 연상하지 않을까 싶다.

이 글은 이러한 '선비상'이 언제, 어떻게 만들어졌는지 그 역사적 생성과정을 추적하면서 '선비'라고 하는 우리말의 의미, 다시 말해 '선비상'의 내용을 밝혀내는 것을 첫째 목적으로 한다. 그리고 부수적 과제로서 '선비상'의

---

[1] 이 글의 원형은 2011년 5월 20일~22일, 일본 교토에서 열린 《제102회 공공철학 교토포럼 日韓철학대화: 사무라이(士/侍/武士/武人)와 선비(士/文士/文人/文民)의 사이》에서 발제한 "선비란 무엇인가?"이다. 이를 보완하여 "선비 개념의 생성—한국사상사의 한 토막((埼玉大學紀要(敎養學部)》 47–1, 2011)", "선비 개념의 생성: 한국 사상사의 일면(2014년 9월 26일, 아산서원 개원 2주년 기념 학술대회 《선비정신과 한국사회: 미래의 리더십을 찾아서》)"을 발표하였다. "선비란 무엇인가?" 이후 자료를 보완하여 서술 내용도 많이 바뀌었고 논지도 보완되었으나 기본적인 입장의 변화는 없다.

변화 양상을 추적하여 밝히고자 한다.

먼저 우리가 가지고 있는 '선비상'의 현대적 원류의 하나인 조지훈 (1920~1968)의 〈지조론(志操論)〉을 보기로 하자.

이승만 정권의 장기집권을 획책(劃策)한 부정선거에 대해 시민들의 반독재항거가 거세지고 있던 1960년 3월, 잡지 《새벽》에 '변절자(變節者)를 위하여'라는 부제를 붙여 발표한 〈지조론〉에서 조지훈은 "지조(志操)란 것은 순일(純一)한 정신을 지키기 위한 불타는 신념이요, 눈물겨운 정성이며, 냉철한 확집(確執)이요, 고귀한 투쟁이기까지 하다"라고 쓰기 시작하여, "지조는 선비의 것이요, 교양인의 것이다. 상군(商軍)에게 지조를 바라거나 창녀(娼女)에게 지조를 바란다는 것은 옛날에는 없었던 일이지만, 선비와 교양인과 지도자에게 지조가 없다면 그가 인격적으로 상군과 창녀와 가릴 바가 무엇이 있겠는가"라 하고, 역사상의 인물을 예로 들면서 '지조'의 중요성을 강조한다. 그리고 "양가(良家)의 부녀(婦女)가 놀아나고, 학자문인까지 지조를 헌신짝같이 아는 사람이 생기게 되었으니, 변절하는 정치가들도 우리쯤이야 괜찮다고 자위할는지 모른다. 그러나 역시 지조는 어느 때나 선비의, 교양인의, 지도자의 생명이다. 이러한 사람들이 지조를 잃고 변절한다는 것은 스스로 그 자임(自任)하는 바를 포기하는 것이다"라며 글을 마친다.

여기에 등장하는 '선비'는 조선시대의 유행어였다. 그러나, '교양인'은 일제강점기에 등장한 단어이며, '지도자' 역시 일제강점기의 사회 각계각층에서, 그리고 독립투쟁 현장에서 유행했던 단어이다. '선비'와 달리, '교양인'도 '지도자'도 근대어라는 점에 그 특징이 있다.

'교양(敎養)'이란 메이지[明治] 시대 독일어 'Bildung'의 번역어로 등장한 근대 한어(近代漢語)로, 한문의 '교이양지(敎而養之)'라는 표현에서 빌려온 말이다. '교이육지(敎而育之)'에서 '교육(敎育)'이란 번역어가 만들어진 것과 유사하다. '교양'도 '교육'도 유학의 인재 양성에 관한 서술적 표현이 서양 근

대 학술문화를 수용하는 과정에서 개념어로 다시 태어난 단어이다. 천황제 국가 건설이 일단락한 후, '보통선거' 도입을 슬로건으로 한 이른바 '다이쇼 데모크라시(大正デモクラシー)' 시대에 — '민주주의'란 번역어는 '민본주의'로 대체되고 — 외래어 '데모크라시'와 함께 '문화', '교양'이 유행하는 대중문화 사회가 출현한다. 식민지 조선에서는 3·1운동 이후의 이른바 '문화통치' 시기가 그에 해당한다.

'지도자(指導者)'란 영어 'leader', 독일어 'Führer'의 번역어로, 한문용례로는 의학서 《황제내경(黃帝內經)》의 "'맥진(脈診)' 상황에서 '지이도지(指而導之)'"란 표현을 찾을 수 있다. 한자용례에 '지남(指南)', '지목(指目)'이란 말이 있으나 'leader'와는 다소 거리감이 있다. 굳이 '지도자'에 가까운 뜻의 한자어를 찾아본다면, '통령(統領)', '영수(領袖)', '수괴(首魁)/수장(首長)/수령(首領)', '두목(頭目)/두령(頭領)/두수(頭首)', '괴수(魁帥/魁首)' 등이 있는데, 대체로 왕조체제 아래 대립하는 정파의 우두머리 혹은 왕권질서 밖에 있는 집단의 우두머리를 지칭한다.

여기서 유의해야 할 점은 서양 근대 학술문화의 수용과정에서 요청되었던 개념 및 용어 번역의 문제이다. 특히 번역 한어(漢語)의 경우, 이전 용례와의 차별/구별화가 필요했다. 또한 이미 체계화된 학문을 수용하는 것이었기 때문에 개념용어는 물론 그 정의 및 해설까지 함께 번역하게 되었던 당시 일본의 학술 상황에 대한 이해도 필요하다. 이렇게 수용된 근대 학술문화는 천황중심의 근대국가 형성에 절대적 기여를 하는 한편, 국가의 관리와 통제 아래 마련된 교육제도와 언론을 통하여 정착되어 간다. 이렇게 일본에서 구축된 근대학문이 식민지 조선에 이식된다.

서로 다른 문화가 교류하며 수용되는 과정에서 언어상의 문제가 존재한다는 사실, 그리고 언어상의 문제가 학문 연구에 혼란을 초래하는 경우 역시 적지 않다는 사실은 '선비' 개념의 생성과정을 추적하는 데 시사하는 바가 적지 않다.

앞서 조지훈은 '지조를 헌신짝같이 아는' 학자문인, '변절하는 정치가'에 대하여 '선비', '교양인', '지도자'를 들었고, 그들의 공통가치로서 '지조'를 강조하였다. 본론에서는 이렇게 그 시대와 사회에 대한 책임을 지고 '지조'를 덕목으로 한 '선비'란 말은 언제 어떻게, 어떤 함의로 등장하는지 살펴본 다음 그 역사적 배경 및 상황을 고찰해 보기로 하자.

2. 선비와 士, 그 말과 뜻

'선비'를 사전에서 찾다보면 그 설명 가운데 '션배'란 단어를 만난다. 또 옥편이나 자전 혹은 《천자문》류의 한자학습서에서는 '士'뿐만 아니라 '儒'도 '선비/선배/션비'라고 똑같이 설명하기도 한다([부록] 참조).

이렇게 다소 복잡한 배경이 있는 듯한 '선비'란 말의 뜻부터 살펴보기로 하자.

1) 현대어: 선비
(1) 우리말사전

한글학회 편 《우리말 큰사전》(1997, 7판/1992, 초판)을 보면 '선비'에 대한 설명은 '선비1'에서 '선비5'까지 있다. 그 중 '선비1'은 다음과 같다.

선비1: ① 학식이 있되 벼슬하지 아니한 사람.
　　　② 학문을 닦는 사람.
　　　〔<션븨〕

사전의 범례에 따르면, 〔〈선비〕는 '선비'의 옛말이 '선비'란 뜻이다.
그렇다면 옛말 '선비'에 소리가 가장 가까운 현대어 '선배'의 풀이는 어떠할까. '선배'에는 다음과 같은 1, 2의 풀이가 있다.

선배:1: ① 학문, 덕행, 경험, 나이 따위가 자기보다 많거나 나은 사람.
　　　　[한]선진5②, 선진자, 전배4①. [맞]후배2①.
　　　　② 같은 학교를 자기보다 먼저 졸업한 사람.
　　　　[맞]후배2②. 〔先輩〕
선배2: → 선비1. (평안, 함경, 황해)

곧, '선배:1'의 '배:'는 긴 소리고, '선배2'의 '배'는 짧은 소리라는 차이가 있으며, '선배2'는 평안도, 함경도, 황해도의 사투리로서 표준어가 '선비1'이라는 것이다. 여기서 표준어와 사투리로 구분해 설명하고 있는 지역 간 발음 차이는, 나중에 언급하겠지만 이 글에서 주목하는 점이다.
이어서 설명이 가장 상세한 국립국어연구원 홈페이지의 《표준국어대사전》의 '선비'와 '선배' 설명을 인용해 본다. '선비'는 01에서 07까지 있다.

선비01
① 예전에, 학식은 있으나 벼슬하지 않은 사람을 이르던 말.
¶ 사대부, 선비, 그 중에도 주체성이 강한 지식인들의 전폭적인 협조 없이는 우리의 대사가 성공할 수 없다는 선생의…. 《들불》(유현종)
② 학문을 닦는 사람을 예스럽게 이르는 말.
③ 학식이 있고 행동과 예절이 바르며 의리와 원칙을 지키고 관직과 재물을 탐내지 않는 고결한 인품을 지닌 사람을 이르는 말.
¶ 저하는 선비라 도덕 높고 착하기 한량 없으시지만, 눈이 미처 못 밎는 데가 있을

지도 몰라.《대수양》(김동인)
④ 품성이 얌전하기만 하고 현실에 어두운 사람을 비유적으로 이르는 말.
¶ 요즘 세상은 선비 같은 남자들이 살아가기 힘든 세상이다.
【<션븨<션비 <용가>】

선배(先輩)
① 같은 분야에서, 지위나 나이·학예(學藝) 따위가 자기보다 많거나 앞선 사람.
¶ 동아리 선배/직장 선배/선배로 모시다.
② 자신의 출신 학교를 먼저 입학한 사람. ≒전배06(前輩)①.
¶ 대학 선배/중학교 선배.
「비」① 선진03(先進)①.
「반」후배06.

이상에서 보듯이 '선비'의 설명 ①과 ②는 앞 사전의 설명과 거의 같다. 그리고 필자가 보기에 ①의 예문은 어울리지 않고 설명 ③은 불필요하며 설명 ④도 적당하지 않다. 다만 주목되는 것은《용비어천가(龍飛御天歌)》의 '션비'가 '션븨'로, 나아가 '션비'가 되었다는 '선비'의 어원설명과, 설명 ③의 예문의 "저하는 선비라-"라는 구절이다. 1941년 잡지《조광(朝光)》에 연재된《대수양》에서 작가 김동인(1900~1951)은 '저하'인 수양대군에 대하여 '선비'라 칭송하는 발언을 하게 하였다. 식민지 지식인의 '선비'에 대한 인식의 일단을 볼 수 있는 사례이다.

(2) 백과사전
한편, 백과사전에서는 '선비'에 대해 어떻게 설명하고 있을까? 아래의 세 가지 사례는 누구나 쉽게 이용하는 인터넷 포털사이트에서 열람(2014.9.20)

한 자료이다.

먼저, Daum에서 열람 가능한 《브리태니커》(저작권자: 고려대학교 민족문화연구원)에서는 '선비'에 대해 다음과 같이 설명하고 있다.

① 학문을 닦는 사람을 예스럽게 이르는 말.
　그는 선비 집안 출신이다.
　옛날 선비는 행동을 조심스럽게 했다.
② 재물을 탐내지 않고 의리와 원칙을 소중히 여기는 학식있는 사람을 비유적으로
　이르는 말.
　그는 선비라 거짓말을 하지 않는다.
③ 옛날에, 학식은 있으나 벼슬하지 않은 사람.
④ 품성이 얌전하기만 하고 현실에 어두운 사람을 비유적으로 이르는 말.
[어법] 이 말은 《용비어천가》(1447, 80장)에 '션뵈'의 형태로 처음 나타난다. '선비'는 '션비, 션븨, 션뷔, 션뵈, 션비, 선비, 선배' 등의 다양한 형태로 쓰이다가 20세기 이후에 '선비'로 정착한 말이다. 이러한 다양한 발음들에 근거하여 이 말의 어원을 '先輩'에서 찾는 견해가 일반적이지만 아직까지 이 말의 어원에 대해서 명확하게 밝혀진 바는 없다.
[어원] 션뵈 ≤용가80장≥

'선비'란 말이 20세기 이후에 정착했다는 사실과 그 어원을 《용비어천가》의 '션뵈'라 밝히면서 이 '션뵈'가 곧 한자어 '先輩'라는 '일반적' 견해에 대해서 "명확하게 밝혀진 바는 없다"는 것이다. 주목할 만한 사실이다.

다음으로 한국학중앙연구원 홈페이지에 공개 중인 《한국민족문화대백과사전》에서는 선비의 '정의'와 '내용'을 싣고 있는데, 이 글의 관점 및 입장과 다르므로 다소 구체적으로 소개한다. 이 사전은 선비에 대해 "학식과 인품

을 갖춘 사람에 대한 호칭으로, 특히 유교이념을 구현하는 인격체 또는 신분계층을 지칭함"이라 정의한다. 그 내용은 다음과 같이 시작된다.

> 선비는 한자어의 사(士)와 같은 뜻을 갖는다. 어원적으로 보면 우리말에서 선비는 '어질고 지식이 있는 사람'을 뜻하는 '선비'라는 말에서 왔다고 한다.
> '선비'의 '선'은 '어질다'는 뜻의 몽고어 'sait'의 변형인 'sain'과 연관되고, '비'는 '지식이 있는 사람'을 뜻하는 몽고어 및 만주어 '박시'의 변형인 '부이'에서 온 말이라고 분석되기도 한다.
> 이에 비하여 한자의 사(士)는 '벼슬한다'는 뜻인 사(仕)와 관련된 말로서, 일정한 지식과 기능을 갖고 어떤 직분을 맡고 있다는 의미를 갖는다. 《설문해자(說文解字)》에서는 사(士)를 '일하다' 또는 '섬기다(士, 事也)'라는 뜻으로 보아, 낮은 지위에서 일을 맡는 기능적 성격을 가리켰다.
> 동시에 '士'는 '十'(수의 끝)과 '一'(수의 시작)의 결합으로 된 회의문자(會意文字)로 보고 있다. 곧 '十'을 미루어 '一'에 합한다고 풀이하면 넓은 데에서 간략한 데로 돌아오는 박문약례(博文約禮)의 교육방법과 통하고, '一'을 미루어 '十'에 합한다고 풀이하면 하나의 도리를 꿰뚫는다[오도일이관지(吾道一以貫之)]라는 뜻과 통하는 것으로 해석된다.
> 이런 의미에서 '사(士)'는 지식과 인격을 갖춘 인간으로 이해될 수 있고, 그만큼 우리말의 선비와 뜻이 통한다.

이어서 "중국에서 '사(士)'는 은대(殷代)에도 관직명칭으로 나타나지만 주대(周代)에는 봉건계급 속의 한 신분계급으로 드러났다"라고 하면서 '정의'

에서 밝힌 대로 중국고대유학의 관계 사항을 인용하여 상세히 논하고, 우리나라와 관련있는 부분은 소항목 '생애와 활동', '정신세계', '선비정신의 근대적 성찰과 실현', '선비정신의 현대적 의의' 아래 자세하게 설명하고 있다.

그런데, 이상의 설명을 되새겨보면 이 백과사전은 "선비는 한자어의 사(士)와 같은 뜻을 갖는다"는 전제 아래 '선비'를 논하고 있기 보다는 '士'를 논하고 있다는 석연찮음이 있다. 또한 '선비'의 어원에 대해 "'어질고 지식이 있는 사람'을 뜻하는 '선비'라는 말에서 왔다고 한다"고 설명하면서, 앞글자는 몽고어에서, 뒷글자는 몽고어 및 만주어에서 유래했다는 어떤 '분석'을 소개하고 있다. 게다가 '선비'가 곧 한자어 '先輩'라고 하는 '일반적' 어원설에 대한 비판은커녕 소개조차 없다. 우리말의 '선비'와 뜻이 통한다고 하는 '士'의 글자 해석의 적합여부는 차치하더라도, 문제는 몽고어 두 글자의 조합, 혹은 몽고어와 만주어의 조합이라고 하는 '선비'가 언제, 어떻게 우리말 '선비'가 되었는지에 대해 아무런 해설도 없다는 점이다. 어떻게 받아들여야 할지 주저하지 않을 수 없다.

마지막으로《위키백과》의 설명도 살펴보자.

서적 한 권을 주석에 달아놓고, "선비는 한국사회에서 '어질고 지식이 있는 사람'을 뜻하는 말인 '션비'에서 비롯된 것이다. 특히 유교적 이념을 사회에 구현하는 인격체를 가리킨다"고 정의한 다음, '어원', '역사', '생활'이란 항목을 이어간다.

'어원'에 대해서는, "한국말에서 선비는 '어질고 학식있는 사람'을 말한다. 선인들은 선비의 인격적 조건으로 생명에 대한 욕심도 초월할 만큼의 무소유의 덕을 요구했다"라고 하면서 공자, 장자, 맹자의 글을 인용하고, "이렇게 사(士)가 유교적 인격체로 파악되고 있는 것으로 보아 한국어의 '선비'가 지닌 성격과 일치함을 알 수 있다"고 서술하고 있다. 이는 대체적으로 이상에서 본 사전의 설명에 준거하고 있다.

이상에서 본 백과사전에서 이 글의 핵심적 관심인 '선비'의 '어원'에 관한 설명을 요약해 보면, 《용비어천가》의 '션비'에서 왔으나 이것이 곧 '先輩'인지는 아직 밝혀지지 않았다는 점, '선비'의 '선'은 '어질다'라는 뜻의 몽고어 'sait'의 변형인 'sain'과 연관되고, '비'는 '지식이 있는 사람'을 뜻하는 몽고어 및 만주어 '박시'의 변형인 '부이'에서 온 말이라는 분석에 의거하고 있다는 점, 그리고 선비가 곧 士라는 막연한 정의에 따라 양자를 구분없이 논하고 있다는 점을 그 특징으로 들 수 있겠으나, 어원을 둘러싼 학문적 혹은 논쟁적 언급의 회피 내지는 결여의 문제를 지적하지 않을 수 없다.

(3) 지난날 조선어사전

그런데 우리말사전의 경우, 출판시기를 거슬러 올라가 지난날의 사전을 찾아보면 다소 그 설명이 다르다.

먼저, 본격적인 우리말사전의 효시라고 할 수 있는 《조선어사전(朝鮮語辭典)》(1938)을 편찬한 문세영의 《수정증보 국어대사전》(1954년판)에 의하면 '선비'의 뜻은 다음과 같다.

선비: 학식을 닦는 사람. 儒生. 先輩.
선배(先輩): ① 학덕이 자기보다 뛰어난 사람. 先進.
　　　　　② 연령이 많은 사람.
　　　　　③ 선비.

미처 확인하지는 못하였으나, 이는 초판 설명과 다르지 않을 것이다.
또한 당대 지식을 대표하는 총독부 중추원의 조선인들이 편찬에 관여했던 조선총독부 편 《조선어사전》(1920)의 설명은 다음과 같다.

션(先)비: 先輩(션비) ②의 轉.
先輩(션비): ① 문학, 덕행이 뛰어난 사람.
② 儒生(유생)과 같음. (轉, 션비).

이 두 사전의 설명은 '션비'가 곧 '션배', 다시 말해 '션비'가 '션빅', '선비'로 전변(轉變)했으며 '션비'는 한자어 '先輩'의 옛말표기라는 것이다.

한편, 국립중앙도서관에서 공개하고 있는 전자책 가운데 1890년 일본 요코하마에서 출판된 《한영ᄌᆞ던(韓英字典)》(Horace Grant Underwood 편찬)에는 '션비, 儒, A scholar, a servant', 'ᄉᆞ부, 士夫, A nobleman of position, of a good house', '유도, 儒道, Religion of Confucius', '량반, 兩班, Gentleman, nobleman'이라는 설명이 있으며, 《영한ᄌᆞ던(英韓字典)》에는 'Scholar, n. 학도, 셩도, 학동, 션빅', 'Servant, n. 하인, ᄉᆞ환', 'Official, n. 벼슬ᄒᆞ는이, ᄉᆞ환ᄒᆞ는이'라는 설명이 있다.

이상과 같이, 개화기 및 일제강점기에 출판된 사전은 '션비=先輩'를 기본으로 설명하고 있다. 《브리태니커》 사전에서 "명확하게 밝혀진 바는 없다"고 한 '일반적' 견해가 다름아닌 이것임이 분명하다. 어쨌든 어원에 대한 각각의 견해에서 느껴지는 미묘하면서도 분명한 차이, 그리고 석연치 않은 설명의 존재, 이들을 어떻게 이해하면 될까? 구체적인 연구의 부재에 연유하는 것이겠지만, '선비'가 고유어라는 주장에 한자어 유래설이 밀려나 이러한 상황에 이른 것이 아닌가 생각해 본다.

(4) 정리와 문제점

이상에서 살펴본 내용을 다음과 같이 정리, 종합해 본다.

첫째, 어원에 관해서 현대어 '선비'는 옛말 '션비', '션빅', '선비'에서 유래하였다는 점에서는 같으나, '先輩'와 '션비'와의 관계에 대한 언급은 이희승의 《국어대사전》(1981, 32판)에도 없다. 모두 지난날 사전의 간단한 설명에 수긍할 수 없었기 때문이리라. '명확하게 밝혀진 바는 없다'는 지적이 있듯이, 필자 역시 '션빅'가 '先輩'라는 해설없는 '일반적' 견해에 납득할 수 없었기에 조사연구에 착수했던 것이다. 아래에서 보듯이, '션빅'가 곧 '先輩'의 옛말임은 쉽게 부인할 수 없다.

둘째, '선비'의 뜻으로는 ① '학식을 닦는 사람', ② '학식이 있되 벼슬하지 아니한 사람'의 예스러운 말, 그리고 '비유적'으로 ③ '원칙을 소중히 여기는 학식 있는 사람', '고결한 인품을 지닌 사람' 및 ④ '품성이 얌전하기만 하고 현실에 어두운 사람'을 이르는 말로 정리할 수 있을 것이다. 앞의 둘은 옛말의 뜻이고, 뒤의 둘은 비유적으로 사용되는 현대의 용례를 지칭한다. 그런데 현대의 용례를 가능하게 하는 옛말 뜻은 곧 위의 ②에 해당될텐데, '선비'의 경우 아래에서 보듯이 '학식이 있되 벼슬하지 아니한 사람'의 의미는 조선후기에 등장한다.

셋째, 《한국민족문화대백과사전》이 의거하고 있는 다음의 설명, 곧 "우리말에서 선비는 '어질고 지식이 있는 사람'을 뜻하는 몽고어와 만주어가 조합된 '선비'라는 말에서 왔다"는 어원설은 논거가 빈약한 주장이라서 받아들일 수 없다.

넷째, '선배'가 '선비'의 북녘 3도 사투리라는 설명은 한글학회에서 사전 편찬을 위하여 어휘를 수집, 조사했을 때 확인했으리라 추측된다. '션빅/션븨/션비/선비'와 같은 소리의 전화(轉化)는 흔한 현상이며, 사례 찾기는 어렵지 않다. 어쨌든 왜 그런 사투리가 존재하게 되었을까? 아래에서 살펴보겠지만 이는 고려시대 이래의 현상이라 생각된다.

다섯째, "저하는 선비라—"라는 김동인의 작품 속에서의 발언은 '선비 士'와는 다소 차원을 달리하는 용례이기에 주목된다. 이와 관련하여 나중의 역사적 고찰에서 언급하게 될 것이다.

2) 古語: 션비/선븨

《이조어사전(李朝語辭典)》(유창돈 편저, 1990, 7판/1964, 초판)에는 '션비'와 '선 븨'가 수록되어 각각 용례를 싣고 있다.

'션비'의 용례를 보면, 대응하는 한자에 '유생(儒生)' 및 '유(儒)'(《용비어천가》), 그리고 '亽(士)'가 확인되며, '선븨'의 경우에는 《두시언해(杜詩諺解)》의 '선븨술업(術業)이'와 '선븨 형님[수재가(秀才哥)]', 《훈몽자회(訓蒙字會)》의 '션 븨 유(儒)', 《역어유해(譯語類解)》의 '학(學)에셔션븨노타'(=學에셔션븨노타[방학(放學)]), 《내훈(內訓)》중간(重刊)(만력(萬曆)말년)의 '선븨되시니라'가 있다. 아래에서는 이러한 용례의 출전을 다시 읽으면서 좀더 상세히 살펴보자.

(1) 《용비어천가》(1445)

가장 먼저 등장하는 '션비'의 용례는 위의 사전 설명에 있듯이 《용비어천가》에 나오며, 병기되어 있는 한문에서 '유생(儒生)'과 '유사(儒士)'가 '션비'에 대응된다. 그리고 '소유(小儒)'에 '혀근션비', '노유(老儒)'에 '늘근션비'라 하여, '儒'자가 '션비'에 대응되어 있다. 즉, '儒'가 곧 '션비'임을 확인할 수 있다. 이밖에 풀이 없이 한자어 '경유지심(敬儒之心)'의 용례가 하나, '유생(儒生)'의 용례가 하나 있다.

한편 '士'의 경우, 본문 125장 가운데 '진민사(秦民士)'를 '진민(秦民)'으로 풀이한 용례가 하나 있고, 위의 '유사(儒士)' 외에 '군사(軍士)', '술사(術士)', '경사선매(輕士善罵)', '예사온언(禮士溫言)', '의사(義士)' 등의 용례에서 보듯이 대체로 '士'의 풀이는 없고 한자어가 그대로 쓰여 있다. 이어서 작성된 한문 주해(註解, 1447)에는 '사대부(士大夫)', '사족(士族)', '조사(朝士)', '향사(鄕士)', '사녀(士女)', '갑사(甲士)', '군사(軍士)', '사졸(士卒)', '병사(兵士)', '장사(將士)', '예사(銳士)', '사마(士馬)', '전사(戰士)', '역사(力士)', '변사(辨士)', '휘하사(麾下士)', '정예지사(精銳之士)', '충용지사(忠勇之士)', '지능지사(智能之士)', '재용지사(才勇之士)', '추밀원직학사(樞密院直學士)' 등의 용례가 다수 등장해 다양한 모습의 '士'를 엿볼 수 있다.

어쨌든 《용비어천가》에는 '士'에 직접 대응되는 우리말 뜻풀이는 등장하지 않는다.

(2) 《내훈》(1475)

《내훈》은 성종 즉위 후 추존(追尊)된 생모 인수대비(仁粹大妃) 한씨가 아내로서, 며느리로서, 그리고 어미로서 '부도(婦道)'의 기본이 되는 고전의 글을 모아 언해(諺解)하여 출판한 것으로 당시 여성이 사용한 언어를 엿볼 수 있는 자료이다.

위의 사전의 용례는 '대유(大儒)'를 '큰션븨'라고 풀이한 대목이며, '유술(儒術)'이 '션븨의 術'이라는 풀이도 있다. 즉 '儒'에 대해 '션븨'와 '션뷔'가 함께 사용되고 있다.

한편, '士'에 대해서는 한자어 그대로인 '사대부(士大夫)', '장사(將士)', '대부경사(大夫卿士)' 등의 용례와 함께, '관후사리(關候士吏)'를 '관후(關候)와 아젼'이라 풀이한 사례와 '의사(義士)'를 '용훈사룸'이라고 풀이한 사례가 있다. '사리(士吏)'는 '아젼(衙前)'에, '士'는 '사람'에 대응되어 있다.

그런 즉, '儒'를 '션븨'라고 부르고 있는 한편 '션븨'라고 한 초기 용례를 여기서 확인할 수 있으며, 또한 '士'에 대해서는 일정한 풀이가 아직 없었다는 점을 확인해 둔다.

(3) 《두시언해》(1481)

앞서 본 사전의 '션븨' 용례 외에 '종유(宗儒)'를 '큰션븨'라고 한 예도 있으나, 용례의 실상은 '유복(儒服)', '노유(老儒)', '부유(腐儒)' 등의 '儒'를 '션븨'로 풀이한 예가 대부분이다.

또한 '문무(文武)'를 '션븨와 호반'으로 풀이한 사례에서 보듯이, 양반의 '무반'='호반(虎班)'에 대해 '문반(文班)' 관료를 '션븨'라 칭하고 있다. 과거에 합격하여 조정의 반열(班列)에 있는 자를 뜻하는 이 말은 위 사전이 인용하고 있는 '션븨'가 '슐업(術業)', '수재(秀才)' 등 과거 관련 용어를 동반하고 있다는 사실과 더불어 주목할 필요가 있다. 양반은 과거제도에서 유래했으며 문과 시험의 주된 내용이 곧 유학이었기 때문이다.

다시 말해《두시언해》에서는 '儒'에 대응하여 '션비'도 '션븨'도 쓰이고 있으며, 과거공부 내지는 1차 합격자를 뜻하는 '슐업', '수재'에 '션븨'가 대응되고, 과거에 합격하여 반열에 오른 '문반'에 대하여 '션븨'가 사용되고 있다는 점을 분명히 알 수 있다.

《용비어천가》에는 없던 '션븨'가《내훈》과《두시언해》에 등장하고 나서 용례가 확대되고 증가하는 양상은 이로부터 250여 년 뒤《청구영언(靑丘永言)》(1728)에 채록된 시조에서 확인할 수 있다.

(4)《훈몽자회》(1527)

《용비어천가》이후 80여 년이 지나 한어 역관(漢語譯官)인 최세진(1468~1542)의《훈몽자회》가 출판되어 처음으로 한자의 뜻풀이가 등장한다. '儒'에 대해서는 '션븨 슈'라 쓰고, '수도공학왈(守道攻學曰-)'이라고 설명한다. 즉 '도를 지키며 학문에 힘쓰는' 자를 '儒(슈)'라 말하며, 이 '儒(슈)'가 곧 '션븨'라는 것이다.《두시언해》의 다수 용례인 '션비'가 아니라, 소수 용례인 '션븨'가 선택된 것이다. 47년만의 변화이다.

한편, '士'는 '됴ᄉᆞ ᄉᆞ'라 하고, '학이거위왈(學以居位曰-)'이라는 설명이 붙는다. 즉 '학문으로써 관직의 자리에 있는' 자를 '士(ᄉᆞ)'라고 말하며, 이 '士(ᄉᆞ)'가 곧 '됴ᄉᆞ(朝士)'라는 것이다. '의사(義士)', '장사(壯士)'와 같이 한자어 그대로의 용례가 대부분인《두시언해》에서 간혹 '고사(高士)'를 '노픈士'='높은 士'라 하거나, '한사(寒士)'를 '치운사르믈'='추운 사람을'로, 즉 '사람'으로 풀이한다거나, 아니면 '士'를 당시 통용한자어 '사졸(士卒)'로 풀이하고 있었던 것과 비교해 보면, '됴ᄉ'라 한《훈몽자회》의 풀이가 '士'에 대한 새로운 설명이라는 것이 더욱 분명해진다.

조정에서 국사를 담당하는 관리가 '됴ᄉ(朝士)'이니, 과거합격자임은 두말할 것도 없다. 학식을 갖추어 조정(朝廷)의 지위에 있는 자가 곧 '士'라는 구체적 설명이 등장했다는 사실은 '선비' 개념의 생성과정을 추적하는 데 간과해선 안 될 중요한 관건이 된다.

(5) 《신증유합(新增類合)》(1576)과 《천자문》(1583)

'士'에 처음으로 '됴ᄉ(朝士)'라는 구체적인 풀이를 제시한《훈몽자회》로부터 50년이 지나 출판된 유희춘(1513~1577, 해남 출생)의 《신증유합》과 그 7년 후 출판된 한호(1543~1605, 개성 출생)의 《천자문》에 이르면, 그 뜻이 바뀌어 '션비'라는 새로운 뜻이 붙여지며, 이 서적의 유행과 함께 '션비 士'는 식민지기까지 변함없이 이어진다. 훈민정음이 제정되고 130여 년 후 '션비 士'가 탄생한 것이다. 이는 곧 '선비' 개념 추적의 결정적인 계기가 된다.

즉, '학이거위왈(學以居位曰-)' '士'를 '됴ᄉ ᄉ'라 하고, '수도공학왈(守道攻學曰-)' '儒'를 '션븨 슈'라 하였던《훈몽자회》로부터 50년 후, '됴ᄉ(朝士)'의 '士(ᄉ)'에 '儒'의 뜻인 '션비'가 새로 붙여진 것이다. '학이거위(學以居位)'의 담당자에서 '수도공학(守道攻學)'의 담당자에로의 변화가 '士'에게 일어난 것이리라. '션비 士'가 탄생한 후의 추이를 보면 '儒'와 '士'에 모두 '션비'라 쓰여 있는 정약용(1762~1836)의 《아학편(兒學編)》(1804)에서는 '션비'로 정착되었음을 알 수 있으나, 한편 '션븨 儒'가 정해진《훈몽자회》이후 시조에서의 용례에서 보듯이 일상생활에서 '션비'와 '션븨'가 함께 통용되고 있었음을 알 수 있다.

(6) 정리 및 과제

이상에서 살펴본 '儒'와 '士'의 풀이 사례를 정리해 보면, 다음과 같이 요약할 수 있다.

	'儒'	'士'
《용비어천가》 (1445)	유생(儒生), 유사(儒士) = '션빅', '소유(小儒)', '노유(老儒)'의 '儒' = '션빅'	'군사(軍士)', '술사(術士)', '유사(儒士)', '경사(輕士)', '예사(禮士)', '의사(義士)'
주해(註解) (1445)	유생속사(儒生俗士)	'서사(庶士)', '중사(衆士)', '향사(鄕士)', '사마(士馬)', '士大夫', '麾下士', '道士'
《내훈》 (1475)	'대유(大儒)' = '큰션븨', '유술(儒術)' = '션븨의術'	'士ᄉ大夫大부', '將쟝士ᄉ', '사리(士吏)' = '아젼', '의사(義士)' = '용훈사룸'
《두시언해》 (1481)	'노유(老儒)', '부유(腐儒)'의 '儒' = '션븨', '문반(文武)' = '션븨와 호반', '종유(宗儒)' = '큰션븨', '션븨', '술업(術業)' = '유술(儒術)'	'의사(義士)', '장사(壯士)' '학사(學士)', '士' = '사룸', '士' = '사졸(士卒)'
《훈몽자회》 (1527)	'션븨 儒, 수도공학왈(守道攻學曰-)'	'됴ᄉ 士, 학이거위왈(學以居位曰-)'
《신증유합》 (1576)	'션븨 儒'	'션븨 士'
《천자문》 (1583)	-	'션븨 士'
《아학편》 (1804)	'션븨 儒'	'션븨 士'

훈민정음 제정 당시에는 '儒'에 주로 '션븨'가 대응되었으나 머지않아 '션븨'도 나타났고, 80여 년이 지나 '션븨 儒(슈)'로 정해진 후에도 '션븨'와 '션븨'가 함께 통용된다. 한편, 이때 '士'에 처음으로 '됴ᄉ'라는 풀이가 정해지

고, 다시 50여 년 후 그 뜻풀이가 바뀌어 '션비 亽(士)'가 등장해 그대로 정착해 간다.

다시 말해, '션븨' 또는 '션비'라 하였던 '儒'가 '수도공학(守道攻學)'의 '션비'로 정의될 때 일정한 뜻이 없던 '士'는 '학이거위(學以居位)'의 '됴亽'로 정의 되었는데, 이것이 바뀌어 '션비'가 되었다는 것은 '됴亽'로서의 정치참여 외에 '수도공학'의 '도학(道學)'의 준수와 연구가 그 역할 내지는 임무로 주어진 것이라 하겠다. 즉, 관(官)에 있을 때는 '도(道)'를 행하고, 그렇지 못할 때는 '도'를 지키며 학문 연구에 힘쓰는 것이 '士'의 임무가 된 것이다. '됴亽'에서 '션비'로 '士'의 뜻이 바뀐 것은 '儒'의 뜻 '션비'가 '士'에 포섭되면서 '士'의 역할 및 뜻이 확대, 심화된 것으로 볼 수 있다.

여기서 우리는 이러한 뜻이 변하는 시기에 주의할 필요가 있다.

《훈몽자회》에서 처음 제시된 '됴亽(朝士)'라는 뜻은 곧 '士'의 지위가 그렇게 확정되었음을 의미하는 것이며,《신증유합》과《천자문》의 '션비'에로의 의미 변화는 50여 년 사이에 있었던 '士'의 정치적 지위 및 사회적 역할 변화를 명시한 것으로 판단된다. 즉 '학식으로써 지위에 있는', '됴亽(朝士)'에서 '도를 지키며 학문에 힘쓰는' '션비'로 '士' 자신의 자의식(自意識) 변화가 있었던 것이며, 이를 반영하는 것으로 보아야 할 것이다. 여기서 우리는 학자로서 조정에서 국왕의 인정(仁政) 및 덕치(德治)를 도와 실천하던 '됴亽(朝士)'로서의 '士'의식을 넘어서, 도를 지키며 학문에 힘쓰는 사표(師表)로서의 역사의식을 체화(體化)하고 있는 '션븨/션비', '士'를 보게 된다.

앞서 본 사전의 '학식이 있되 벼슬하지 아니한 사람'이란 설명은 이상에서 본 바의 실상과는 상당히 다르다는 점을 지적하지 않을 수 없다. 다음 장에서 살펴 보겠지만 이는 조선후기에 나타나는 현상이다.

3) 고전 한어(古典漢語): 先輩

그렇다면 고전 한어로서 '先輩'의 의미는 어떠할까?

《한어(漢語)사전》에서 '先輩'를 찾아보면 대체로 "① 연령, 학식, 지위 등이 자기보다 위인 사람. 先進. ② 진사(進士)가 서로 존경하여 상대방을 부르는 말"이란 설명을 접하게 된다. 여기서 ①의 용례는 《시경(詩經)》에 기록되어 있을 정도로 오래되었으나, ②의 설명에서는 과거제도가 실시되었던 수당대(隋唐代) 이후 1차시험 급제자가 서로 '경의를 표시하는 호칭'으로 정착했음을 알 수 있다.

아래에서는 우리역사에서 찾아 볼 수 있는 용례로서 최치원, 김황원 그리고 이규보의 사례를 들어 보기로 한다.

(1) 최치원

당(唐)의 과거에 합격하여 10여 년간 관료생활을 하고 돌아온 최치원(858~?)의 《계원필경(桂苑筆耕)》에 고전 한어 '先輩'의 이른 시기의 용례가 있다. 최치원은 주변이라는 '수재(秀才)'가 《소산집(小山集)》을 보여준 것에 감사하는 편지글(〈謝周繁秀才以小山集見示書〉)에서 존경어로 '先輩'를 사용한다. '수재'는 앞서 《두시언해》의 용례에서도 보았듯이 과거 1차 합격자를 뜻한다. 최치원이 유학하고 있었던 당대(唐代)에는 이미 '수재'에 대한 경어로 '先輩'가 통용되고 있었다.

독서삼품과(讀書三品科, 788)가 실시된 지 100여 년이 지났고 신라인으로서 당의 빈공과(賓貢科)에 합격한 최초 사례는 821년 김운경(金雲卿)이었으니, 이미 최치원 당시에는 '先輩'가 통용되고 있었음을 충분히 짐작할 수 있을 것이다.

(2) 김황원

다음으로 주목되는 것은 《고려사(高麗史)》 및 《고려사절요(高麗史節要)》에 기록되어 있는 김황원(1045~1117)의 서거 기록인 〈졸기(卒記)〉의 용례이다. 《고려사절요》의 〈簽書樞密院事金黃元卒〉(1117)에 쓰인 인물평을 중심으로 관련 내용을 정리해 보면 다음과 같다. [참고자료(1)]

① 어려서 과거에 급제, ② 일찍이 고문(古文)을 배워 시류(時流)에 따르지 않고 문사(文詞)에서 해동제일(海東第一)로 인정받았고, ③ 사람됨이 청렴강직(淸廉剛直)하여 권세(權勢)에 아부하지 않았다. ④ 거란(契丹)의 사신(使臣)이 그의 시(詩)를 듣고 놀라서 글로 써 달라고 하여 가지고 돌아갔으며, ⑤ 재상(宰相)에 미움 받아서 한림원(翰林院)에서 쫓겨났고, ⑥ 지방관이 되어서는 혜정(惠政)을 행하였다. ⑦ 국왕(고려 숙종, 재위 1095~1105)이 책을 읽다가 의심나는 것을 질문할 때는 '先輩'라 부르고 이름을 부르지 않았다.

즉, 국왕이 신하를 대할 때 사용할 만큼 학덕 있는 관료에 대한 존경어로서 '先輩'가 이미 정착되었음을 확인할 수 있다.

(3) 이규보

고려시대의 또 한 가지 용례는 성숙한 귀족관료사회의 '방약무인(旁若無人)'인 '先輩'를 비판하는 청년 이규보(1168~1241)의 글 〈칠현설(七賢說)〉에서 찾을 수 있다. [참고자료(2)]

다음은 《동국이상국전집(東國李相國全集)》〈칠현설〉의 처음 부분이다.

> 先輩 가운데 세상에 문명(文名)이 있는 아무개 아무개 등 7인이 자칭 당대 호걸로 서로 '칠현(七賢)'이라 칭하였다. 진(晉)의 죽림칠현(竹林七賢)을 본뜬 것이다. 모일 때마다 술 마시고 시부(詩賦)를 즐기는 것이 방약무인이어서 세상 사람들이 이를 꾸짖었

더니 조금은 조심하게 되었다.

이어지는 에피소드의 대략은 다음과 같다.
그때 이규보 나이 열아홉. '망년우(忘年友)'인 오덕전이 칠현의 모임에 늘 그를 데리고 참석하였다. 그 후 덕전이 동도(東都)에 가고 이규보가 혼자 또 그 모임에 참석했더니, 이청경이 이규보를 가리키면서 "너의 덕전이 동도에 가서 돌아오지 않았으니, 네가 대신 메울 수 있겠는가?"라고 말하기에, 이규보는 자리에서 일어나 "칠현이 어찌 조정의 관작(官爵)이라고 그 빈 자리를 메우라고 하십니까? 아직 혜강(嵇康)과 완적(阮籍) 뒤에 이를 이은 자가 있었다는 말을 들은 적이 없습니다"라고 답했더니 참석한 모든 사람이 크게 웃었다. 또 春[봄 춘]과 人[사람 인]의 두 자를 주고 시를 지으라고 하기에 이규보는 일어나 소리를 가다듬고 "영광스럽게 참석한 대나무 아래의 모임, 기분 좋게 자빠진 술통 속의 봄. 여전히 알 수가 없네. 칠현 가운데 핵심을 꿰뚫은 사람이 누구인지?"라고 읊었더니 모두 하나같이 몹시도 화난 얼굴이었다. 곧 배짱 좋게 실컷 마시고 만취해서 자리를 떴다. 어려서 이렇게 미친 듯 행동했기에 세상사람들이 자기를 '광객(狂客)'이라 했다고 적고 있다.
이는 당시 고려 문인사회의 일면을 보여주는 동시에 '先輩'가 문인사회의 일상어였음을 엿볼 수 있는 사례라고 하겠다.

(4) 정리와 고찰
이상에서 확인할 수 있는 것은 ① '先輩'는 과거제도와 관련된 단어로 통일신라 때에 이미 수용되었으며, ② 고려시대에는 국왕이 학덕있는 관료에 대해 사용할 만큼 관료사회의 존경어로 '先輩'가 정착해 있었고, ③ '방약무인'의 '先輩'에 대한 세상사람들의 비난과 젊은 청년의 노골적인 비판이 있을 정도로 일상용어로서 '先輩'는 토착화되어 있었으니, 그만큼 고려의 문인사회는 타락했으면서도 열린 사회였다는 점이다.

여기서 '선배'가 북녘 3도의 사투리라고 설명한 한글학회 사전을 상기해 보자.

고려시대 왕경(王京)을 중심으로 고전 한어 '先輩(션빅)'가 토착화되었기 때문에 여전히 북녘 3도에는 사투리인 양 남아있었을 것이라고 추측할 수 있지 않을까. 그리고 조선 건국 후, 지배세력이 재편되는 과정에서 '先輩션비'가 전화(轉化)한 '先輩션빅'가 새 왕경을 중심으로 통용되기 시작하였던 것으로 봐야 할 것 같다. 즉 한글학회 사전의 설명은 북녘 3도에 토착화된 '선배(션빅)'를 한양(漢陽)을 중심으로 일상화된 '선비(션빅)'에서 봤을 때 사투리라고 해석한 것으로 보인다. 추측하건대 '션빅'는 한양을 중심으로 하여 이남 지역에서 이미 전화(轉化)된 것이 아닐까. 훈민정음 제정 이후에 나타나는 '션빅'와 '션빅'의 혼용(混用) 양상은 바로 이를 반영하는 것이리라.

4) 士/士大夫

'선비'를 논하는 자리에 반드시 따라서 등장하는 '군자(君子)', '사(士)', '사대부(士大夫)', '유자(儒者)', '유생(儒生)' 등의 한자어가 있다. 그래서 '선비론'은 곧 '사론(士論)', '사대부론(士大夫論)' 혹은 '군자론(君子論)', '유자론(儒者論)'이 되곤 한다. 앞에서 본《한국민족문화대백과사전》의 설명이 곧 그 단적인 예라 하겠다. 사실《천자문》에서 '선비 士', '선비 儒'라 하였으니 서로 겹치는 부분이 없을 수는 없겠으나, 이는 서로 엄격히 구분해서 사용해야 할 용어 및 개념이다. 특히 철학, 사상 연구에 있어서는 더욱 그렇다.

앞서 '先輩'에 대해서 살펴보았으니 여기서는 '士'에 대해서 살펴보기로 한다.

중국의 경우 고대사회에서부터 '사(士), 농(農), 공(工), 상(商)'을 이른바 '사민(四民)'이라고 했으며, 천자(天子) 아래에 '공(公), 경(卿), 대부(大夫), 사(士)'

가 있다고 했다. 용어의 예를 들어본다면 '병사(兵士)'가 전자의 용례이고 후자에는 '박사(博士)'가 있다. 즉, '士'는 '군(君)'에 대해서는 '신(臣)'이고 '민(民)'이면서, 다른 한편으로는 '지배계급=관(官)'과 '피지배계급=민(民)'의 경계에 위치해 있었다. 이러한 '士'의 지위가 크게 변하게 되는 것은 첫째, 전국(戰國)시대 이후의 일이고, 그 다음이 과거제도가 정착해 가는 당(唐), 송대(宋代)의 일이다. '박사(博士)'가 크게 활약하는 것은 한대(漢代)였고, 당과 송대에는 '사대부'가 주인공이었다. '사대부'란 '士'의 대부화(大夫化), 즉 '士'의 사회적 지위 향상을 뜻하는 것으로 이들은 새로운 유학인 성리학을 배태, 탄생시키는 주인공이 된다.

이와 같은 '士'의 성장은 중국 역사에 있어서 중요한 변화였다. 정주성리학(程朱性理學)의 전파와 함께 '士' 문화가 한국과 일본에도 수용되기에 이른다.

한국역사에서는 고려초기의 과거제도 도입 이후 양반을 중심으로 한 관료사회화가 진전되었고, 중기 이후 무신정권의 등장으로 이른바 '신진사류(新進士類)'의 정계진출이 가속화되었으며 원(元)의 지배 아래서 정주성리학에 기초한 원의 과거에 급제하는 고려의 '士'가 속출하면서 '士'는 신유학 수용의 담당자가 된다. 이들의 지위가 향상됨은 물론이다. 이에 대해서는 다음의 제3장에서 고찰한다.

앞 절의 김황원과 이규보의 사례에서 보았듯이 고려의 관료사회화가 진전되는 가운데 경의를 표하는 '先輩'라는 호칭의 토착화가 이루어졌으며, 정주성리학의 수용과 함께 담당자로서의 '士大夫' 및 '士' 개념도 수용된다. 이 '士大夫' 및 '士' 개념과 토착화된 '先輩'와의 만남은 고려말기의 새로운 사건이었다. 앞 절에서 본 바와 같이, 역성혁명(易姓革命) 후 창제된 훈민정음으로 한자(漢字)의 뜻을 대응시켜 그 뜻이 정착해 가는 과정에서 드러나는 변화 양상이 곧 신유학 담당자인 '士' 개념의 정착 과정이면서 또한 토착화한 호칭 '先輩'의 개념화 과정이었다.

5) 정리: '先輩'와 '션비'

이상, '선비'라는 말과 그 뜻에 관하여 현대어, 고어의 사전 설명을 중심으로 고찰하였고, 관련 고전 한어 '先輩'와 '士'에 대하여 살펴보았다. 특히 어원에 대한 우리말사전 및 백과사전의 내용을 확인하면서 그 문제점도 지적하였다. 그리고 '선비'의 옛말 '션비'가 고전 한어 '先輩'라는 '일반적' 견해를 거부할 이유를 찾을 수 없었으며, 몽고어 및 만주어 기원설을 지지할 근거 역시 찾을 수 없었다. 오히려 통일신라 이래 존경어로 정착되었던 고전 한어 '先輩'가 훈민정음 창제 초기에 '유학' 담당자에 대하여 '션비'라 표기되었다고 보는 것이 자연스럽지 않을까. 그리고 백여 년 지난 후 그 '션비'가 한자 '士'의 뜻풀이로 등장하는데, 이 '션비 士'는 그 전에 제시되었던 뜻 '됴스'로부터의 전환이었다. 일정한 우리말 뜻이 없었던 '士'에 '션비'라는 뜻이 결정된 후, 그 의미가 변함없이 유지되어 역사상 독특한 개념으로 정착하게 된다.

한편, 이 글에서는 '션비'와 '선븨'와의 관계에 대한 북녘 3도의 사투리라는 설명에 주목하면서 다음 장에서 이를 한국사상사의 흐름 속에서 해석하고자 하나, 옛말의 방언화를 포함한 소리의 전화(轉化) 양상에 대한 고찰은 필자의 능력 밖이다. 다만 《교학 고어사전》(남광우 편저, 2002, 제7쇄/1997, 초판)에 수록되어 있는 다음의 사례를 아래 소개한다.

'가시-가식-가시(荊/棘)'   '기리-기릐-기리(長)'
'노피-노픽-노피(高)'   '마듸-마듸-마디(節)'
'말미-말믜-말미(緣)'   '무리-무릐-무리(雹)'
'부듸-부듸-부디'   '소리-소릐-소리(聲)'

'션비(先輩)-션븨-선비'의 변화도 이와 같음은 물론이다.

한자어 '先輩'로 한자 '士'를 풀이한 것은 한자어 '百姓'으로 한자 '民'을 풀이한 것과 같으며, 이는 《훈몽자회》,《천자문》 등 한자학습서에 보이는 한자의 우리말 뜻풀이 방식 중 하나이다. 위에서 살펴본 바와 같이, '先輩'가 그만큼 우리말로 정착되어 있었던 것이다. 어린 초학자(初學者)를 위한 한자학습서에 있어서 '士'와 '民'에 필요한 설명 내지는 해석으로 붙여졌던 '先輩', '百姓'은 이미 우리말이 되어 있었던 것이며, '先輩'의 경우 지역에 따라서 '션비' 또는 '션븨'라는 말로 정착되어 있었기 때문에 훈민정음으로 출판된 초기 서적에 '儒'의 뜻으로 혼용되었던 것이다. 그리고 나서 '士'에도 그 뜻이 붙여져 '션빅 士'가 탄생한 것이다.

3. 선비 개념의 생성, 그 역사적 고찰

여기에서는 고전 한어 '先輩'가 유행하는 고려사회의 특징을 살펴보고, 중기 이후의 사회변동으로부터 신유학 수용의 역사적 필연성을 논한 후 조선왕조의 정치적 사건으로 인한 사회적 변화 가운데 구축되어 가는 '선비' 개념의 형성과정에 대해서 논하고자 한다.

먼저 관료사회화와 혈연사회화가 고려시대의 특징으로 나타난다는 점과 이러한 사회변동 가운데 신유학 수용의 담당자가 배출되고 있었다는 점에 주목하고자 한다. 그리고 역성혁명 과정 및 신왕조의 체제구축 과정에서 발생하는 정치적 사건 가운데 '선비상'의 원형이 잉태되었고, 이들 사건을 논의하는 과정에서 이를 재확인하면서 '선비'개념이 형성되어 가는 과정을 고찰해 가기로 한다.

1) 고려왕조의 특징:
관료사회화[=과거(科擧)]와 혈연사회화[=성, 본관(姓, 本貫)]

고려 태조(재위 918~943)는 국교(國敎)인 불교와 더불어 유교 또한 중시하는 사상 정책 아래, 공신에게는 '사성(賜姓)'을 행하고 지방호족에게는 출신 군현(郡縣)의 '토성(土姓)'을 분정(分定)하여 새로운 국가사회를 구축해 간다. 또 과거제도(958) 및 전시과(田柴科, 976)를 도입하면서 왕경을 중심으로 한 귀족적 관료사회를 형성해 간다. 즉 중앙에서는 문무의 양반 관료제도가, 지방의 5도(道) 양계(兩界)에서는 군현제 아래 향리(鄕吏)제도가 정비된다(고려 성종, 재위 981~997).

공신에의 '사성'은 그 본관(本貫)을 중심으로 재지화(在地化)해 가고, '토성'을 분정 받은 호족은 '호장(戶長)'이라 불리면서 '향리화(鄕吏化)'해 간다. '사심관(事審官)', '기인(其人)' 제도를 이용한 국가에 의한 향촌사회의 재편이 촉진되면서 향촌사회에서는 '성(姓)', '본관(本貫)'과 같은 혈연에 기초한 질서화가 진행된다. 이에 이어서 족보가 출현한다. 나중에 '百姓(빅셩)'이 '民'의 뜻으로 정해지는 사회적 토대도 여기서 마련되기 시작한다.

한편, 거란의 침략(993, 1010, 1018)과 여진(女眞)의 압력(1115, 1131)에 대항/대응하면서 성장한 무신세력은 귀족화한 문신의 차별과 멸시에 반발하여 끝내 정치적 실권을 장악하게 된다. 이렇게 탄생(1170)한 무신정권이 지속되는 100여 년간, 신진(新進)관료 등용이 진전되어 향촌사회는 신진관료 배출처로서 성숙하고 중앙의 귀족적 관료사회는 변화하지 않을 수 없게 된다. 게다가 천민의 반란(1176, 1198)은 사회변동을 더욱 가속화시킨다. 이규보가 활동했던 고려사회의 현장이 이때였다. 결국 몽골의 침략(1231)을 받으면서 무신정권은 힘을 잃고 몰락한다(1270).

몽골의 신세국인 원의 부마국(駙馬國, 충렬왕 즉위년1274~공민왕 즉위년1351)이 된 고려의 중앙정계에는 새로 친원세력이 형성되면서 또 다시 귀족화되어 가는 한편, 이미 성장한 향촌사회가 배출하는 신진관료는 정주성리학을 교학(敎學) 이데올로기로 한 종주국(宗主國) 원의 사상 현장을 목격하면서 신유학 수용의 담당자가 된다. 정주성리학을 기본교양으로 하는 신진사대부(新進士大夫) 관료의 탄생이다. 이들의 성장과 함께 원의 비호 아래 권력을 휘두르던 친원세력의 전횡과 부정을 고발하면서 이를 바로잡고자 노력하는 혁신세력이 형성된다. 이들은 때마침 등장한 한족(漢族)정권인 명(明)과의 관계 구축을 통하여 국권회복을 도모해 간다. 이러한 내정개혁과 외교관계 쇄신을 위해 신진사대부관료는 결집하였고, 이를 스스로의 사명으로 여겼다.

원과의 종속적 관계에서 벗어나 국권을 회복하면서 내정개혁에 박차를 가하고자 하는 가운데, 명의 중원장악에 자극 받은 신진사대부관료들 사이에 혁명의 기운이 일어난다. 혁명세력은 고려왕조의 유지를 주장하면서 혁명에 반대했던 정몽주(1337~1392)를 살해하고, 무장 이성계(1335~1408)를 국왕으로 추대하여 역성혁명을 완수한다. '불사이군(不事二君)'을 고집하고 은거한 '두문동학사(杜門洞學士)'는 72명에 이르렀다.

위와 같이 관료사회화와 혈연사회화의 역사를 걸어온 고려사회의 특징을 다음과 같이 정리할 수 있다.

① 고려는 중앙집권적인 관료체제를 구축하고, 귀족사회에서 관료사회에로 이행해 간다.
② 공신의 '사성(賜姓)'은 그들의 본관(本貫)에서 재지화(在地化)해 간다.
③ 호족의 '토성(土姓)' 분정과 향리화는 '성(姓)', '관(貫)'에 의한 향촌사회의 질서화, 즉 혈연사회화의 기반이 된다.
④ 북방민족과의 전란의 간헐적 발생 및 무신정권의 지속, 그리고 천민의 반란은 급격한 사회변동을 가져왔으며, 그 과정에서 '民'의 자각 및

'國'에 대한 인식을 새롭게 하는 계기가 마련된다.
⑤ 향촌사회가 배출하여 '吏'에서 '士'가 된 신진관료는 무신정권하에서 전문관료로서의 지위를 확보하게 되고, 원 지배하에서는 신유학 수용의 담당자가 되어 이윽고 고려의 주권회복을 달성하고 체제재건의 주동자가 된다.

이러한 고려사회의 변동 가운데 신진관료에게는 정치적 과제와 함께 사상적 과제도 강하게 의식되어 간다. 이들의 의식은 다음 두 가지로 요약할 수 있다.

첫째, 관료로서 정치에 책임을 지는 전문성과 도덕성. 이는 귀족화한 관료를 비판하는 데서 생겨난 의식이다.

둘째, 향촌사회에 대해 책임을 지는 '民의 대표의식'과 '士로서의 정치적 사명의식'이다. 이는 향촌의 '吏'에서 중앙에 진출한 '士'의 자의식이라고도 할 수 있다.

이러한 '士'의 자의식은 신유학 수용과 함께 강화된다. 처음에는 원과의 종속관계를 어떻게 척결할 것인가의 문제를 담당하였고, 그 후에는 결국 혁명이냐 반혁명이냐로 대립하였다. 혁명 후에도 '士'의 자의식이 지속되었음은 물론이다. 또 역성혁명을 달성함으로써 이 '士'의 자의식은 '군민공치(君民共治)'의 이상으로 고양된다. 이는 다음 절의 과제이다.

이상 관료사회화, 혈연사회화를 고려사회의 특징으로 꼽아 정리해 보았다. 관료사회화 과정에서 '先輩'의 토착화가 있었고, 또한 향촌 출신 신진관료가 성장하는 가운데 정주성리학 수용의 토양도 준비되고 있었다. 고려후기에 신유학 담당자인 '士', '士大夫'가 등장함으로써 토착화한 '先輩'와 '士'가 만나게 된다. '유생(儒生)', '유술(儒術)' 등의 단어를 매개로 하여 이루어지는 이 두 단어의 철학적 만남은 훈민정음과 함께 그 모습을 드러내게 된다.

2) 조선왕조의 특징: '군민공치'의 관료사회

'숭유척불(崇儒斥佛)' 정책 아래 신유학은 혁명왕조의 정치사상으로서 '民'의 교화를 자임하고 현실중시의 사상으로 수용되어 발전해 간다. 즉 행정의 전문적 학식과 도덕적 인격을 겸비한 '士'는 당초 출신 향촌사회를 대표하는 '民'이었는데, 이제 신왕조 건설의 주체로서 국정에 참여하게 된 것이다.

(1) '역성혁명'과 '군민공치'

'군민공치'란 근대 서양의 국가형태 가운데 '입헌군주제'를 설명하는 근대 한어인데[참고자료(3)], 이 글에서는 여말선초의 정치상황 아래 등장하는 사상을 뜻하는 용어로 사용한다. 즉 '民'의 대표인 '士'로서의 '臣'과 '士'의 대표로서의 '王'의 '공조공치(共助共治)'의 합의가 역성혁명 과정에서 '위민(爲民)'의 이념 아래 '王'이 될 자와 '臣'이 될 자 사이에 성립했을 것으로 보는 것이다. 이런 결의가 없었다면 혁명은 성공할 수 없었을 것이라고 생각하기 때문이다.

혁명을 주도한 정도전(1342~1398)은《주례(周禮)》에 입각하여 혁명왕조에 걸맞은 '군민공치' 체제를 구상하였다.[참고자료(4)] 그 특징적 예를 들면, 국왕을 보좌하여 정무를 담당하는 '재상(宰相)'을 두었으며 국왕과 학자관료와의 직접토론 및 강학을 제도화한 '경연(經筵)' 제도를 마련하였고, 풍속을 바로잡을 뿐만 아니라 국왕의 잘잘못을 지적, 시정하고자 '대간(臺諫)' 제도 등을 마련하였다. 정도전이 구상한 '民-士-王'이 소통하는 '위민(爲民)'의 제도는《경국대전(經國大典)》에 반영되어 존속한다.

(2) 왕권(王權)과 신권(臣權)의 대립, 그리고 士의 등장

이렇게 혁명왕조의 기초를 준비하던 중, 왕위계승 문제로 인해 '왕자의 난'(1398, 1400)이 일어나고 정도전이 살해된다. 이는 왕권과 신권이 대립한 결과이며, 이로 인해 왕권이 강화되고 신권이 저하된다. 혁명중심세력과의 '군민공치'를 거부하고 '패륜'의 '왕자의 난'을 거쳐 왕위에 오른 태종(재위 1401~1418)은 자신의 지시로 살해된 반혁명세력의 대표 정몽주의 명예회복을 허락하고 '문치(文治)'의 의지를 새롭게 한다. 이렇게 복권된 정몽주는 이후 문묘에 종사되면서 '불사이군'의 절의(節義)를 관철한 '士'의 한 전형이 된다.

'문치'의 실적은 태종의 뒤를 이은 세종(재위 1419~1450)에 의해 이루어진다. 과거성적이 우수한 집현전 학사에 의한 '훈민정음' 창제 등의 연구와 과학기술 개발 및 산업물산 장려 등이 그 대표적인 예이다. 이러한 '문치'의 풍토에서 정치력을 키우게 된 집현전 학사 출신 관료의 신권 제어를 기도하는 동시에, 왕위의 적장자(嫡長子) 계승(《가례(家禮)》의 논리)에 의한 왕권 약화를 우려한 수양대군은 조카인 단종(재위 1452~1455)의 양위로 즉위한 뒤 그를 폐위, 살해하기에 이른다. 이와 같이 '인륜'에 반하며 '군민공치'를 무시하는 세조(재위 1455~1468)에 저항한 '사육신(死六臣)'과 '생육신(生六臣)' 역시 '士'의 한 전형이 된다.

조선왕조의 성문법인 《경국대전》은 세조 때 편찬이 시작되어 성종(재위 1470~1494) 때 완성되는데, 사건은 이때 일어난다.

《세조실록(世祖實錄)》 편찬 시 세조의 왕위찬탈을 비유한 김종직(1431~1492)의 '조의제문(弔義帝文)'을 그 제자인 김일손(1464~1498)이 사초(史草)에 넣은 것이 문제되어 무오사화(戊午士禍, 1498)가 발생하였고, 이어서 갑자사화(甲子士禍, 1504)가 발생했다. 연산군(재위 1495~1506)의 타락한 행동과 폭정에 종지부를 찍은 중종반정(中宗反正, 1506)으로 연산군 측근 '士'류가 처형되고, 반정공신(反正功臣)에 대한 서훈(敍勳)과 함께 김종직, 김일손 및 김굉필(1454~1504) 등 사화 피해자의 신원(伸寃)이 이루어진다. 중종(재위 1506~1544)이 발탁한 조광조(1482~1519)에 의하여 최충, 안향, 정몽주 등의 문묘종사가 결정되고, 반정공신의 위훈(僞勳)삭제론이 화근이 되어 조광조는 동지와 함께 처형된다[기묘사화(己卯士禍), 1519]. 을사사화(乙巳士禍, 1545)는 외척 간의 권력다툼에 '士'가 희생된 사건이다. 조광조의 복권(復權)은 100여 년 지나 일어난 인조반정(仁祖反正, 1623)의 산물이었다. 이러한 사화를 통하여 훈구파(勳舊派)에 대항해 온 '사림파(士林派)'의 시대가 도래했다고 역사교과서는 쓰고 있다.

(3) '선비상'의 형성

'사화'를 통해 '선비상'이 드러난다.

세조의 왕위찬탈을 비유한 '조의제문'을 쓴 김종직과 그를 실록에 남기려고 한 김일손, 소학동자(小學童子)라 불릴 정도로 일상도덕을 궁행(躬行)한 김굉필, 지치(至治)를 실현하고자 한 조광조. 이들은 희생을 두려워하지 않고 유학의 이상(理想)을 실현하고자 행동한 '士'(선비상1)였으며, 조광조는 위훈을 삭제함으로써 '士'가 화(禍)를 당하는 부조리를 바로잡고자 한 '士'(선비상2)이기도 하였다.

이러한 '선비상'은 사화 희생자의 명예회복 논의와 문묘종사 논의 과정에서 구체화되어 간다. 즉, 문묘종사 논의 및 결정 과정에서 정몽주를 '동방이학(東方理學)의 조(祖)'로 하여 '정몽주-길재-김종직-김굉필·김일손-조광조'의 사제관계에 입각한 동방이학의 정통론이 주장되어 정착되어 간다. 이는 조선유학 특유의 사상임에 주의할 필요가 있다.

'士'의 화(禍)를 막지 못한 것은 국왕을 제대로 보좌하지 못했기 때문이라는 반성에서 탄생한 것이 다름아닌 '성학(聖學)'이다. 퇴계 이황(1501~1570)의 《성학십도(聖學十圖)》와 율곡 이이(1536~1584)의 《성학집요(聖學輯要)》는 위에서 본 바와 같은 역사 경험을 거울 삼아 국왕 선조(재위 1567~1608)에게 올린 경연(經筵) 교재였다. 국왕을 위한 '성학'이었을 뿐 아니라 보좌의 임무를 맡은 '士'야말로 스스로 '성학'을 달성해야 했으며, 따라서 일상도덕의 궁행과 엄격한 자기규율이 요구되었던 것이다. 퇴계가 사직원을 내고 향리(鄕里)의 산림에 물러나 학문을 닦고자 한 것도 이 때문이었다. 퇴계와 율곡은 국왕의 '성학'을 보좌하는 교육자 '師(스승 사)'의 전형(선비상3)이 된다.

이상에서 본 바와 같이 조선유학 사상사에 있어서 '士'의 이미지로 다음과 같은 세 유형이 형성된다.

1. 도(道)와 리(理)를 실천하는 자
2. 비도(非道)와 비리(非理)를 바로잡고자 비판하고 저항하는 자
3. 도(道)와 리(理)를 지키고 전하는 사표(師表), 학자(學者)

'士'가 담당하는 이른바 '성학'은 인간도덕의 보편성에 입각하여 "배워서 성인(聖人)이 될 수 있다"는 도덕완성의 가능성을 '이기(理氣)', '성정(性情)', '심(心)'에 대한 철학적 탐구를 통하여 구축된 것이며, 또한 '군민공치'를 실현하고자 행동한 '士'의 역사경험이 잉태한 학문적 결실이었다.

(4) '션빅'의 재생: 儒에서 士로, '됴ᄉ'에서 '션빅'로

여기서 앞에서 본 《훈몽자회》의 '학이거위왈(學以居位曰-)'의 '됴ᄉ 수(士)'와 '수도공학왈(守道攻學曰-)'의 '션빅 슈(儒)'가 곧 '도(道)와 리(理)를 실천하는 자', '비도(非道)와 비리(非理)를 바로잡고자 비판하고 저항하는 자', '도(道)와 리(理)를 지키고 전하는 사표(師表), 학자(學者)'를 가리킨다는 것을 깨닫게 된다.

다시 상기해 보면, 초학자를 위한 한자학습서인 《훈몽자회》(1527)에서 '儒'의 뜻이 '션빅'로 정해지고 《신증유합》(1576)과 《천자문》(1583/광주판1575)에서 '士'의 뜻으로 '션빅'가 등장하는 것이 곧 이제까지 살펴본 '사화(1498,

1504, 1519, 1545)'를 경험한 다음이라는 사실을 여기서 발견한다. 그리고 퇴계와 율곡이 관여하였던 유학경전의 언해인《소학언해(小學諺解)》(1588),《논어언해(論語諺解)》(1590 추정),《맹자언해(孟子諺解)》(1590 추정),《중용언해(中庸諺解)》(1590 추정),《효경언해(孝經諺解)》(1590 추정) 등의 유통과 함께 '성학'의 담당자인 '션븨/션븨 儒', '션븨 士'의 풀이는 전파되어 정착된다.

다시 말해 과거급제자 상호간의 존칭이었던 한어(漢語) '先輩'는 통일신라시대에 수용되어 고려시대에 토착화되었고, 조선시대에 들어서서는 혁명왕조의 이념을 실현시키고자 하는 가운데 발생한 정치적 사건을 겪으면서 '朝士'로서의 '士'의 자의식이 위에서 추출한 세 유형으로 드러났으며, 이윽고 그 자의식을 제대로 표현하고자 존경받아 마땅한 '士'의 뜻풀이로 '先輩'가 선택되었던 것이다. 곧 '선비상'의 세 유형을 함의한 '선비' 개념은 '션븨 士'의 탄생으로 완성되었다고 하겠다.

역성혁명을 통하여 '군민공치'의 이상사회를 실현하고자 하였던 조선의 '유자(儒者)' 및 '士'가 왕자의 난과 일련의 '사화'와 '반정'이라는 역사경험을 통하여 어떠한 '화(禍)'에도 굴하지 않고 '志'를 관철/완수하는 '士'의 '선비(先輩)'상을 구축하게 된 것이며, 이것이 한자학습서에 '儒 및 士'의 뜻으로 채택되어 정착하게 된 것이다. 즉, 이미 토착화된 고전 한어 '先輩'가 훈민정음의 '션븨/션븨'라 읽혀지던 것이 '사화'를 겪으면서 '士'를 뜻하는 우리말로 다시 태어나 '성학'의 담당자가 되었던 것이다.

4. 선비 개념의 변화 양상

이상에서 보아 온 바와 같이, 조선 특유의 '士'의식을 보여주는 '선비' 개념은 혁명왕조인 조선 특유의 '위민(爲民)' 정치를 실현하고자 했던 역사 경험 속에서 잉태되고, 한자학습서의 '션비 士'라는 풀이가 결정되어 탄생한 것이다.

그런데 그러한 '선비' 개념 혹은 '선비상'은 임진왜란(1592), 정유재란(1597)의 7년간의 전란, 그리고 정묘호란(1627)과 병자호란(1636)을 거치면서 변화 양상을 보인다. 전쟁수행 과정, 전후 복구 및 국가체제의 재정비 과정에서 발생한 사회변동은 향촌사회의 몰락양반 발생 및 향리의 지위향상, 그리고 천민의 상민화(常民化) 등으로 나타났으며, 또한 당쟁으로 인해 폐족(廢族)몰락하는 양반도 출현한다. 이 가운데 '士' 이미지, '先輩선비/션븨' 이미지 역시 사회변동과 연동하면서 변화해 간다.

1) 선비상의 복합
(1) 의병(義兵)
　먼저 주목되는 새로운 선비상은 의병이다.
　지방의 양반유생은 의병을 일으켜 의병장으로서 위기에 직면한 향촌사회와 국가를 지키기 위해 투쟁하였다. 이에 "침략자와 싸우는 의병장"도 '선비상'의 하나가 된다. 적극적 실천가(1)와 비판을 넘어선 저항자(+2)로서의 '선비(1,+2)'라고 하겠다.

(2) 의리(義理)
　또 하나의 '선비'상은 의리를 고집하는 이미지이다.
　북방에서 새로운 세력으로 등장한 후금(後金)과의 군사적 충돌을 피하고자 외교에 힘쓰던 광해군(재위 1623~1649)은 참언(讒言)과 역모 가운데 친형인 임해군과 배다른 동생 영창대군을 살해하고, 모후(母后)인 인목대비마저 유폐시키는 패륜행위를 저지른다. 이에 친명세력은 '인조반정'을 일으켜 광해군을 폐서인(廢庶人) 시킨다. '친명배금(親明背金)'을 표방한 인조정권은 결국 정묘호란과 병자호란으로 후금[=청(淸)]과 군신관계를 맺고, 소현세자와 세자빈, 그리고 봉림대군과 주전론자(主戰論者)인 삼학사(三學士)를 인질로 심양(瀋陽)에 보내는 굴욕을 당한다.

'왜란 때 명(明)에게 입은 '재조(再造)의 은혜[恩]'를 어떻게 할 것인가?', '청과 군신관계를 맺은 주화(主和)의 결정을 어떻게 받아들여야 할까?' 의리상의 모순과 혼란이 사상과제가 되면서 대명의리론(對明義理論)과 주전론(主戰論)은 고집완고한 '선비상'을 만든다. 적극적 비판자(2)와 완고한 사표(師表)(+3)로서의 '선비(2,+3)'라고 하겠다.

(3) 산림(山林)

한편, 당쟁의 심화과정에서 새로운 '선비상'이 등장한다. 왜란과 호란을 거치면서 향촌의 '士' 사회는 서원을 중심으로 형성되었는데, 이에 '士'가 '공론(公論)'을 담당하게 되면서 공론의 경합이 곧 당쟁으로 전개되었다. 문묘종사(文廟從祀)의 예를 보더라도 광해군 2년에 있었던 김굉필, 정여창, 조광조, 이언적, 이황의 이른바 동방5현(東方五賢)의 종사결정 때와는 차원을 달리하는 논쟁이 계속되었다. 숙종(재위 1674~1720) 8년의 이이, 성혼의 종사결정, 숙종 15년의 출향(黜享), 그리고 다시 숙종 20년의 복향(復享) 결정까지가 그 단적인 예이다. 숙종 43년의 송시열, 송준길, 박세채의 종사결정은 서인정권의 독재 확립을 상징하는 것이었다.

이렇게 존경받아 마땅한 선현(先賢)의 표창을 둘러싸고 '공론'이 서로 대립하여 정쟁(政爭)의 재료로 전락하면서 '공론'의 '당론화(黨論化)' 현상이 일어난다. 이상사회 실현과는 동떨어진 권력쟁탈이 계속되는 가운데 '士'의 '출처진퇴(出處進退)'가 주목받게 된다. 과거에도 응시하지 않고 '수도(守道)'를 자임하는 '산림(山林)'이라 불리는 재야은일(在野隱逸)의 '선비상'이 유행하게 된 것이다. 이와는 다소 다른, 정쟁으로 인한 폐족 출신의 수도공학(守

道攻學)의 '士'의 사례도 있다. 소극적 비판자(-2)와 사표(3)로서의 '선비(-2, 3)'라고 하겠다. "① 학식이 있되 벼슬하지 아니한 사람"이라는 사전설명은 이러한 시대의 '선비상'을 반영한 것이다.

'선비' 개념 형성 이후의 변화 양상으로 위의 세 가지 유형을 추출해 보았다. 이들의 공통된 의식은 이상사회 건설에 대한 '民'과 '天下'에 대한 책임의식, 희생적 실천정신, 도리(道理)와 지조를 지키는 사표(師表)로서의 자제적(自制的) 역사의식이다.

양란(兩亂) 후 국가체제의 재구축과 사회질서의 회복이라는 역사적 과제를 수행하면서 지배계층의 당파적 분열이 정쟁과 함께 계속되었던 조선후기 역사의 실상으로 인해 이러한 복합적이며 극단적인 '선비상'이 등장하였던 것이다. 자기희생의 저항, 타협을 불허하는 완고한 고집, 현실과 괴리된 이상 추구는 그들의 뒷모습이라 하겠다.

2) 선비상의 복원 및 괴리

그런데 이러한 변화 이후, '士'와 '션비/션븨=先輩'의 복원 및 재생의 움직임과 함께 분리 및 괴리의 양상이 발견된다. 각각의 사례를 보기로 하자.

(1) 천자원사론(天子原士論)

먼저 박지원(1737~1805)의 '원사론(原士論)'을 살펴보자. [참고자료(5)]

박지원은 "천자(天子)란 원사(原士)이며, 원사는 사람을 살리는 근본[生人之本]이다. 그 爵[벼슬 작]이 천자이고, 그 身[몸 신]은 士이다"라고 한다. '천자'라 함은 일반적으로 천하를 다스리는 중국의 '황제'를 가리키는 말인데, 알다시피 혁명을 통하여 새로운 왕조가 생성, 소멸하였음을 상기해 보면 새 왕조를 일으킨 자의 출신이 대체적으로 '民'이고 '士'였음을 새삼 깨닫게 된다. 조선왕조를 건국한 혁명세력 역시 '사람을 살리는 근본'으로서 '士'를 자부하였으리라.

즉, 박지원의 '천자원사론'은 역성혁명 이래의 '군민공치' 이념과 '士'의 원래 모습을 회복시키고자 주장된 조선 유학사상의 한 전형이라고 할 수 있으며, 조선의 독특한 '사론(士論)'이라 할 수 있다. 앞에서 본 바와 같이 역사경험을 통하여 체화된 '션비/션븨 士' 의식의 재생, 부활을 기대하였던 것이리라.

(2) '비칭(卑稱)' 先輩

다른 하나는 비칭으로서의 '先輩' 사례로, 이규경(1788~?)의 '선배진사변증설(先輩進士辨證說)'이 지적하고 있다. [참고자료(6)]

이규경은 우리나라에서 '유생(儒生)'을 '先輩'라 칭하는 것과 일상에서 '진사(進士)' 및 '생원(生員)'이란 어휘를 사용하는 것의 문제를 지적했는데, 특히 '유생(儒生)'을 '先輩'라 칭하는 것은 명실(名實)에 어긋난다고 주장했다. '우리나라의 외읍(外邑)에서는 천인(賤人)에서 향족(鄕族)에 오른 자를 '先輩'라 한다. 이렇게 하여 先輩가 비칭이 되었다'라는 것이다.

이규경의 지적을 어떻게 이해할 수 있을까?

이는 양란을 거치면서 천민에서 신분상승한 향족이 향촌사회에서 '先輩'라고 불렸음을 알려주는 사례인데, '先輩'가 이미 '비칭'이 되었다는 것은 '士'와 분리 및 괴리된 '先輩'의 유행 및 정착현상으로 볼 수 있다. 다시 말해 '션비/션븨 士'의 '선비' 개념이 정립된 후 양반, 상민, 천민의 사회계층 간의 변동이 진행되는 가운데 '先輩'가 천민출신 향족의 호칭이 되었다는 것은 용어 '先輩'의 속화(俗化) 내지는 저변화(底邊化)로 볼 수 있으며, 이를 '士'의 입장에서 본다면 '先輩' 개념의 껍데기로의 변질, 곧 형해화(形骸化)라고 할 수 있다. 조선후기 향촌사회에서 빈발했던 '향족'과 '사족' 간의 세력다툼,

이른바 '향전(鄕戰)' 현상의 일면이라 볼 수도 있을 것이다.

고려시대 '향리'의 '士'로의 진출현상을 상기해 보면, 조선시대 후기에 이르러 나타난 용어 '先輩=선비/션븨'의 사회적 확산 내지는 해체 양상을 여기서 엿볼 수 있을 것이다. 이는 같은 시기 사회적으로 확산, 대중화되어 가는 용어인 '양반'의 경우와도 유사하며, 족보의 대량 출현 현상과도 무관하지 않을 것이다.

3) 선비의 황국신민화

마지막으로 일제강점기의 '선비' 용례를 한글판 어용신문 《매일신보》의 두 기사를 통해 살펴보자.

(1) 근로(勤勞)는 선비의 본분(本分)

《매일신보》는 국민총력조선연맹(國民總力朝鮮聯盟)이 벌인 '국민개로운동(國民皆勞運動)'의 일환으로 각계 권위자의 이야기를 소개한 '근로정신(勤勞精神)의 원천(源泉)을 찾아서' 시리즈를 연재하였다.

그 목적 및 의도는 이러한 것이었다.

> 일하지 안는 사람은 황국신민이 아니다. 이 말에서 우리는 총후를 직히는 큰 의무로 근로봉사에 쌈을 이바지하지 안으면 안 될 비상지추라는 것을 깨닷지 안으면 안된다. 이번 국민총력조선연맹에서는 二천四백만동포를 총동원하는 국민개로운동(國民皆勞運動)을 오는 二十一일부터 두달 동안 전개식혀 너도나도 나라를 위하야 일하라! 놀고먹는 구습을 버리자!고 열렬히 외치고 나섯다. 이 외침에 대하야 우리는 총을 잡고 제일선에 나스는 그러한 각오로 이 개로운동에 용감히 나서야 된다. 이

> 러한 의미에서 과거 우리들의 명현선철(名賢先哲)은 근로의 귀함을 어쩌케 말하엿고 쏘 실천하엿는지 여기에 '근로정신의 원천을 차저서'라는 제목 아래 각방면 권위자들의 이야기를 드러 국민개로운동의 참고로 한다.
>
> (쉼표, 마침표, 띄어쓰기의 일부, 밑줄강조: 필자. 아래도 같음)

이러한 머리글에 이어 1942년 9월 18일 기사로 명륜전문학교 교수 안인식(1891~1969)의 '근로는 선비의 본분: 유가(儒家)의 범(範)을 보인 이율곡선생(李栗谷先生)'이 실렸다. 안인식은 율곡뿐만 아니라 다음과 같은 조선의 명현선철에 대한 담화를 전하고 있다.

그는 율곡선생이 '손수 풀무질을 하여서 호미를 만들기도 하고 이 호미를 팔아서 농사의 밑천을 삼기도 하여 이웃에 일하는 것이 귀하다는 것을 일깨워주셨다'고 하며, 모재(慕齋) 선생은 '손수 감농(監農)을 하는 한편 벼 이삭 하나라도 헛되이 버리지를 않고 주워서 모으셨다'고 하고, 이항복(李恒福)선생이 최정우(崔正宇)에게 보낸 편지의 "대체로 아직것 선비들은 일하지 않는 것을 자랑삼고, 일하지 않음이 선비의 선비 된 소이로 생각하는 것은 큰 잘못이다"는 구절을 소개하고 나서, "이러한 글을 본다 하더라도 옛 선비들이 근로를 하는 것을 얼마나 귀하게 여기고 근로정신을 고취시켰는가를 알 수 있습니다"라고 끝맺고 있다.

대일본제국을 중심으로 한 '대동아신질서건설' 및 '대동아공영'의 슬로건 아래, 조선인이야말로 대일본제국의 국민으로서 모범이 되어야 한다고 앞장서는 조선인도 적지 않았으며 '국민총력조선연맹'은 곧 운동의 중심이었다. 후방(銃後)에서의 '근로봉사', '국민개로'의 모범으로서의 '선비'상이 이이, 김안국, 이항복의 에피소드와 함께 새로 제시되었던 것이다.

(2) 순종보국(順從報國)의 사무라이[武士]

두 번째 사례는 《매일신보》의 1943년 9월 5일자 기사이다. '성현(聖賢)과 그 어머니' 시리즈에서 鈴川壽雄(스즈카와 ?) 조선화재보험회사(朝鮮火災保險會社) 사장(社長)은 '요시다 쇼인(吉田松陰)과 모당(母堂) 다끼꼬(瀧子) 여사(女史)'를 '빈한(貧寒)한 선비의 아내: 몸소 밭 갈면서 6남매(六男妹)를 성육(成育)'이란 제목 아래 소개한다. 이 기사의 머리글은 아래와 같다.

> 황국 어머니의 힘은 거룩하고도 위대하다! 무적황군장병들이 비쌀치듯하는 포연탄우를 헤치면서 성낸 사자처럼 적진을 돌격하다가 불행히 적탄에 마저 장렬한 전사를 하는 그 순간에 웨치는 것은 천황폐하만세와 함께 어머니를 부르는 소리라고 한다. '화와이'해전에서 세계를 경동시킨 九군신들의 어머니의 늠늠한 태도와 굿세인 자애의 힘은 一억의 가슴에 영원히 사러지지 안흘 기픈 감명을 색여 너엇다. 실로 인류역사를 창조하는 위대한 우리황국의 지도자들은 반드시 자애롭고 굿세고 현숙한 어머니들을 가젓섯다. 이에 우리는 유구 三천년의 황국역사상에서 혹은 장렬하게 혹은 혁々하게 신절(臣節)을 빗내인 위대한 국사(國士)와 성현들의 어머니들에게서 가장 아름답고 깁고 맑고 성스러운 이 모습 저 모습을 차저보기로 하자. 그리하야 지금 황공하옵신 부르심을 밧잡고 무적황군 육해군이 될 씩씩한 아들들을 나라에 바칠 징병반도의 어머니들에게 전달함으로써 그들에게 한층 철저한 결의와 각오를 촉구하는 동시에 순진하고 명랑하고 용기잇는 반도청소년들에게 충효일본(忠孝一本)의 숭고한 일본정신을 더욱 기피 체득시켜 순종보국의 지성을 발휘시킴에 커다란 도움이 되게 하고저 한다.

요시다 쇼인(1830~1859)의 쇼카손주쿠(松下村塾)에서 배운 타카스기 신사쿠(高杉晉作, 1839~1867), 기도 다카요시(木戶孝允, 1833~1877), 이토 히로부미(伊藤博文, 1841~1909), 야마가타 아리토모(山縣有朋, 1838~1922)는 메이지 유신의 주역으로 활약하며 '신절(臣節)을 빛낸 위대한 국사(國士)'였고, '황국(皇國)의 지도자'였다. 강연자 역시 이를 강조하면서 그들을 지도한 요시다 쇼인의 어머니 다끼꼬 부인을 소개하고 있는데, 타이틀에서 보듯이 '몸소 밭갈면서 6남매(六男妹)를 성육(成育)'해 낸 '빈한(貧寒)한 선비의 아내'였다.

주목하고자 하는 것은 '시하(侍下)에서 묵묵히(默々と) 근로(勤勞)'라는 소제목 아래의 다음 글이다.

> 다끼꼬부인은 젊어서 스기 유리노스께(杉百合之助) ― 쇼-인선생의 아버지 ― 와 결혼하엿스나 스기씨의 가별은 소록(小祿)의 선배엿기 째문에 극히 가난하여, 다끼꼬부인도 여간 일을 만히 하지 안흐면 안 되게 되엿섯다. 당시의 소록의 무사는 누구나 한편으로 농사를 지엇는데 부인은 일즉부터 논밧과 들에 나가고 된일을 햇다. 남편 유리노스께씨가 에도(江戶)로 써나고 집에 업슬 째는 자신이 말을 부려 논밧을 갈고 농사를 지엇고, 집안에 잇슬 째는 늙은 시어머니의 여섯 아들들을 보살피기에 몹시 바써는데, 그우에 시어머니의 누이동생이 되는 아즈머니의 불구의 몸까지 불평 한마디업시 간호해 주엇다. (중략) 이러케 눈을 쓸 수 업시 분주한 집안일과 들의 농사일을 하는 여가를 타서는 쇼-인선생 형제에게 책을 읽히고 글씨공부를 시켜따. 아들들은 좀 자란 다음부터는 제각금 선생에게서 배우게 되엿지만 딸 삼형제는 모두 어머니만의 훈육으로 길러낫다.

쇼인 어머니의 평소 생활상을 자세히 소개하고 있는 이 기사에서, '소록의 무사'인 쇼인의 아버지의 신분에 대해 '소록의 선배'라고 한 설명에 주목하지 않을 수 없다. 식민지기 출판된 자전(字典) 및 천자문류에서 보듯이(부록) '士'에 대해 '션비/선배/선비/선비'와 함께 '사무라이(サムライ)'라는 뜻풀이는 이미 널리 알려져 있었으며, '빈한(貧寒)한 선비의 아내'라는 타이틀에서 보듯이 조선의 '선비'는 이미 대일본제국의 '사무라이(サムライ)/무사(武士)'와 동의어가 되었으니, 대일본제국의 주군(主君)인 천황에 대한 충성이 있을 뿐이었다. 따라서 '씩씩한 아들들을 나라에 바칠 징병반도의 어머니'가 '황국의 어머니'가 되길 기대했고 또 강요했던 것이다. 때는 이미 '내선일체(內鮮一體)'의 슬로건과 함께 조선 청년에게 징병제가 실시되고 한 달 후였다.

5. 결론

이 글은 우리말 '선비'가 고전 한어 '先輩'에서 유래했다는 입장에서 말과 뜻의 역사적 실상과 변천양상을 살펴보면서 '션비 士'의 정착 상황을 확인하였고, 이를 한국사상사의 흐름과 관련하여 '先輩=션비'와 '士'가 '션비 士'로 만나기까지를 '선비' 개념의 생성과정으로 보고 그를 규명하여 정리해 보았다. 그리고 이어서 그 후의 변화 양상까지 추적해 보았다.

'先輩'가 곧 선비의 고어 '션비'라는 '일반적' 견해는 우리말사전이 본격적으로 편찬되기 시작했던 일제강점기에 채택되었던 설명이었다. '명확하게 밝혀진 바는 없다'는 지적을 그대로 따르고 있는 것과 같이, 현재 유통되고 있는 우리말사전에는 '先輩'와의 관계에 대한 직접적인 설명이 없다. 추측하건대, 이는 아마도 '선비' 고유어설의 영향이 아닐까 싶다. 여기서 잠깐 고유어설을 주장한 신채호(1880~1936)의 《조선상고사(朝鮮上古史)》(1931년 조선일보 연재)에서 그 내용을 보기로 하자.

신채호는 "삼국시대에 '수두(蘇塗, 소도)' 교도(敎徒)의 일단(一團)을 '선배'라 칭하고, '선배'를 이두자(吏讀字)로 '선인(仙人)' 혹은 '선인(先人)'이라 기록한 것"이라고 한다. 그리고 조선 상고시대를 '수두' 시대라 이름하면서 다음과 같이 서술하고 있다.

> 조선족(朝鮮族)은 우주(宇宙)의 광명(光明)이 그 숭배(崇拜)의 대상이 되어, 태백산(太白山)의 수림(樹林)을 광명신(光明神)의 서숙소(棲宿所)로 믿어, 그 뒤에 인구(人口)가 번식(繁殖)하여 각지(各地)에 분포(分布)하매, 각기 거주지(居住地) 부근에 수림(樹林)을 길러 태백산(太白山)의 것을 모상(模像)하고 그 수목(樹木)을 이름하여 '수두'라 하니, '수두'는 신단(神壇)이란 뜻이니, 매년 5월과 10월에 '수두'에 나아가 제(祭)할 새, 1인(一人)을 뽑아 제주(祭主)로 삼아 '수두'의 중앙(中央)에 앉히어 '하느님', '천신(天神)'이라 이름하여 중인(衆人)들이 제를 올리고, '수두'의 주위에 금줄을 매어 한인(閑人)의 출입을 금하고, 전쟁이나 혹 기타 대사(大事)가 있으면, 비록 5월, 10월의 제기(祭期)가 아니라도 소를 잡아 '수두'에 제(祭)하고, 소의 굽으로써 그 앞에서 길흉을 점할 새, 굽이 떨어지면 흉하다 하고, 붙어 있으면 길하다고 하였나니, 이는 지나(支那)의 팔괘(八卦) 음획(陰劃), 양획(陽劃)의 기원이 될 것이니라.

이는 최남선에게서도 보이는 중국고대문명의 동방기원설(東方起源說)에 입각한 설명인데, 어쨌든 역사서에 보이는 '소도(蘇塗)'가 '수두'의 음역(音譯)

이라는 것이다.

신채호의 이러한 상고사관(上古史觀)은 이전부터 있어 온 '국선도(國仙道)', '단군사상(檀君思想)/신앙(信仰)'을 계승한 것으로, 대한제국이 멸망하는 역사 현장을 목격한 지식인의 역사관이란 점에 특히 유의할 필요가 있다. 즉, 대일본제국의 침략전쟁과 병행해서 발달한 근대일본의 역사학계에서 '일선일역(日鮮一域)', '동문동종(同文同種)'의 사론(史論)을 주장하였던 학자들은 대한제국의 병합을 '복고(復古)'의 실현이라 칭송하였고, 본가(本家)를 떠나 오랫동안 중국의 속국이 되어 고생 많았던 옛 동포가 귀환하는 것이라며 반가워했다. 신채호의 상고사관은 이러한 근대일본의 자국중심의 역사인식에 대응한 것으로 이와 불가분의 관계에 있다는 점을 간과해서는 안 될 것이다. 당시 첨단의 연구방법론인 고유언어분석을 통한 역사연구를 조선에 적용하였던 시라토리 쿠라키치(白鳥庫吉, 1865~1942)의 조선사연구에서 보듯이, 고유언어에 착목한 실증적 역사연구는 초기 근대사학의 주류였다. 무정부주의에 심취하면서 한편으로 민족주의사학의 기초를 제시하고자 한 신채호 사학의 역사적 의의는 결코 작지 않다. 그러나 같은 시대의 학문적 영향의 유무 및 그 가능성에 주의하면서 이해해야 함은 물론이다.

어쨌든 이 글은 우리말사전의 설명을 단서로 삼아 고전 한어 '先輩'의 토착화를 고려시대의 현상으로 보았으며, 고려 말에 수용된 정주성리학의 담당자인 '士'가 역성혁명을 거친 후 걸어온 고난의 역사 속에서 '先輩'와 만나기까지를 훈민정음 제정 이후의 문헌의 용례와 한자학습서의 기술내용을 추적하면서 확인하였다.

즉, '션비'='儒'가 '션비 儒'로 정해지면서 '션비'와 '선비' 두 어휘가 공존하며 혼용되었고, 그와 동시에 처음으로 '됴ᄉ'라고 그 풀이가 정해졌던 '士'는 다시 50여 년 후 풀이가 바뀌어 '션비 士'로 정착되었다.

이러한 풀이의 변화는 그에 앞서 있었던 '士'의 화(禍)가 계속되는 과정에서 생성된 '士'의 자의식을 반영하는 것으로 보았다. '됴스'라는 풀이의 선택과 결정도 그렇거니와, 다시 '션비'로 변화한 것 또한 마찬가지이다. 다시 말해, '사화'라는 '士' 자신의 역사경험을 거치면서 처음으로 '됴스'라 했던 자기정의를 '션비'라고 고쳐 잡은 것이었다. 즉, "학식으로써 지위에 있는" '됴스(朝士)'에서 "도를 지키며 학문에 힘쓰는" '션비/션비先輩'로 '士'의 자의식이 확대, 심화하였던 것이다. 그리고 '션비'라는 '士'의 자기정의가 정착하는 시기에 등장한 것이 조선유학의 학문적 결실인 '성학'이었다.

이상 실현을 위한 자기희생적 실천, 불의부정에 대한 비판과 저항, 인격완성을 위한 성실한 노력과 '성학'의 전수, 이 세 요소가 '션비'라고 정의한 '士'의 자의식이었다는 것이 이 글의 첫째 결론이며, 이 글의 핵심이다.

그런데 문제는 여기서 그치지 않고, 그 후에 발생한 전란 및 당파의 분열과 정쟁이 '士'의 자기정의에 대한 또 다른 변화를 가져왔다는 점이다. 전란과 관련하여 첫째, '의병장'으로서의 '선비'상을, 둘째, 대명의리론과 주전론의 고집완고한 '선비'상을 제시해 보았다. 그리고 출처진퇴의 판단이 중시되는 당쟁의 와중 속에서 폐가몰락한 양반 후예의 수도공학(守道攻學)의 '선비'와 입신출세의 뜻을 버리고 재야에 은둔하는 수도강학(守道講學)의 '선비'도 등장했다. 도리의 실천, 비판과 저항, '성학'의 전수의 세 요소가 적극/소극의 정도의 차이를 수반하면서 이를 복합한 '선비상'이 나타났던 것이다. 이것이 첫째 결론의 부수적 결론의 하나이다.

한편, '천자(天子)=원사(原士)'론은 조선왕조 건국이념의 재확인과 '士' 개념의 재생, 부활을 모색하려는 철학적 전환 및 회귀의 주장이라고 볼 수 있다. '선비' 복원론이라 이름한 것은 이 때문이다. 사회변동의 격류속에서 '先輩선비'의 속화(俗化)는 곧 '先輩'의 비칭(卑稱)에로의 전락으로 나타났고, 이를 '션비 士'의 분열, 괴리 현상으로 지적해 보았다. 이것이 부수적 결론의 둘째이다.

대일본제국의 식민지 조선에서는 '선비' 개념이 또 다른 변화 양상을 보이고 있었다. 첫째, '선비'의 본분으로서 '근로'가 강조되었고, 둘째, '충효일본(忠孝一本)'의 일본정신을 체득한 황국신민을 키워내는 '징병반도의 어머니', '선비의 아내'에서는 '순종보국(順從報國)'의 반도청소년 '무사=선비'상이 광고되고 있었다. 이때까지 그대로 존속하고 있었던 '션븨儒'와 '션븨士'라는 뜻 읽기는 부록에서 보듯이, '션븨士'에 '사무라이サムライ'라는 의미가 부여되고 '션븨儒'에 '모노시리(物知り, 박식)'라는 설명이 부여되면서 분열되었고 또 왜곡, 변형되었던 것이다. 이것이 부수적 결론의 셋째이다.

그런데 같은 시기에 있었던 조선인의 '선비' 인식 사례의 하나가 곧 김동인의 작품 속의 '선비'였다. 머지않아 세조가 되는 수양대군을 '선비'라 칭한 김동인의 의식에서 박지원의 '천자원사론'의 일면과 '군민공치' 의식이 계승되고 있음을 엿볼 수 있다. 이는 일제강점기의 변질적 사례와 함께 시대 상황에 길항(拮抗)하면서 변형되고 재생되는 '선비상'을 대변하고 있다고 하겠다.

우리는 '선비 士'의 사전적 설명에 대한 분석에서 출발하여 '션븨士'에 대한 복합, 괴리/분리, 복원/회귀 등 역사상의 변화 현상까지 확인하였다.

여기서 다시 서론에서 인용했던 조지훈의 주장을 되새겨 보자. 그는 '지조(志操)란 것은 순일(純一)한 정신을 지키기 위한 불타는 신념이요, 눈물겨운 정성이며, 냉철한 확집(確執)이요, 고귀한 투쟁이기까지 하다'라고 하면서, '역시 지조는 어느 때나 선비의, 교양인의, 지도자의 생명이다'라고 썼다. '변절자(變節者)를 위하여'라는 부제가 웅변해 주듯이, 친일파의 변절과 배신의 생생한 기억 위에 이를 다시 반복하는 현장을 목격하고 있었던 조지훈의 '선비' 복원론이 곧 '지조론'이었다.

그로부터 한 달이 지난 4월 19일, 이승만 체제가 막을 내리고 난 다음, 그들 '선비', '교양인', '지도자'들이 어떠한 길을 걸었던가. '선비'에게 어떤 외

부적 왜곡과 조작이 있었으며 또한 어떠한 내적 전변(轉變)과 재생이 있어 오늘날에 이르렀는지 파악하는 것이 또 다른 연구과제임은 두말할 것 없다.

    2000년대 이후, '선비'가 다시 화제의 주인공이 되고 있다. 산적해 있는 역사과제를 앞에 두고 지금 '선비'를 논하매, 보다 나은 내일을 위해 오늘을 살면서 우리가 생각해야 할 것은 무엇인가? 실천해야 할 것은 무엇인가? 행동하기 전에 확인해야 할 것이 있지 않는가? 이렇게 자문하면서 이 글을 덮는다.

【부록】 식민지기(植民地期) 출판(出版) 《천자문》류(類)의 '士'의 뜻[訓]

著者·出版年·書名	訓·註解	「關聯原文」	出版社
金瑃鴻1913『註解千字文』	士 션비 ᄉ 儒者。本, 일ᄉ 事也。군ᄉᄉ -卒。四民之首, 四民士農工賈。 註：俊乂在宮, 國以寧謐。詩曰, 濟濟多士, 文王以寧。是也。	「多士寔寧」	在田堂書舖：大邱
金瑃鴻1935『日鮮文四體千字文』	士 션비 사 サムライ シ		在田堂書舖
池松旭1913『千字文』	士 션비 ᄉ		新舊書林
李鍾麟1914『蒙學二千字』	士 션비 ᄉ 儒 션비 유	「達士知命」 「儒專秩序·耶救靈魂」	滙東書舖
李鍾模1915『訂正千字文』	士（쓰）션비 ᄉ	「多士寔寧」	李敏漢
姜義永1916『三體註解千字文』	士 션비 ᄉ 註解：쥰걸과ᄌᄉ가벼슬에잇ᄉ니나라이편안ᄒ다 시젼에닐딕졔々히만흔션비여문왕이뻐편안타ᄒ니라。		滙東書舖
姜義永1925『漢日鮮三體千字文』	士 션비 ᄉ サムライ シ		永昌書舖
姜義永1925『新訂體法日鮮二千字』	士 선배 사 サムライシ 儒 선배 유 モノシリジュ	「將相卿士」 「儒俠醫巫」	永昌書舖
姜義永1936『日鮮圖像千字文』	士 선배 사 サムライ シ		永昌書舖
朴永鎭1916『篆草諺註千字文』	士 션비 ᄉ 諺註：쥰걸과ᄌᄉ가벼슬에잇ᄉ니나라이편안ᄒ다 시젼에닐딕졔々히만흔션비여문왕이뻐편안타ᄒ니라。		天寶堂
崔弘善1916『千字文』	士 션비 ᄉ		弘壽堂
梁珍泰1916『(蒙學)二千字』	士 션비 ᄉ 儒 션비 유	「達士知命」 「儒專秩序·耶救靈魂」	多佳書舖：全州
白斗鏞1916『千字文』	士 션비 ᄉ		翰南書林
白斗鏞1917『註解千字(文)』	士 션비 ᄉ 儒者。本, 일ᄉ事也。군ᄉᄉ -卒。四民之首, 四民士農工賈。 註：俊乂在宮, 國以寧謐。詩曰, 濟濟多士, 文王以寧。是也。		翰南書林

白斗鏞1932 『蒙學圖像日鮮千字文』	士 션빈 스 サムライ シ	翰南書林
盧益亨1917『千字文』	士 션빈 스	博文書館
盧益亨1930 『漢日鮮新四體千字文』	士 션빈 스 サムライ シ	博文書館
張煥舜1917『千字文』	士 션빈 스	七書房：全州
趙慶勳1917 『圖像註解千字文』	士 션빈 스 四民之首曰士。 シ	趙慶勳家
尹泰晟1919『訂正千字文』	士(쓰) 션빈 스 「多士寔寧」	天一書舘
高裕相1922『圖形千字文』	士 션빈 스 「士農工商」 儒 션배 유 「儒佛仙」	滙東書舘
高裕相1925『千字文』	士(쓰) 션빈 스 サムライ シ	滙東書舘
李正淳1926『千字文』	士 션빈 스 *	廣安書館
玄公廉1926 『漢日鮮二千字』	士 션배 스 サムライ シ 「將相卿士」 儒 션배 유 モノシリ ジュ 「儒佛性情」	大昌書院
玄公廉1928『千字文』	士 션배 스 サムライ シ	大昌書院
金文演1926 『訓蒙日鮮二千字』	士 션배 사 サムライ シ 「士農工商」	新舊書林
金益倍1932『日鮮千字文』	士 션배 사 サムライ シ	宇宙書林
申泰三1934 『漢日鮮千字文』	士(쓰) 션빈 스 サムライ シ	世昌書舘
李相焄1935 『訂正新編千字文』	士 션비 사 「多士寔寧」 *	三成書林
高敬相1935 『日鮮四體千字文』	士 션배 사 サムライ シ	三文社
金松圭1937 『日鮮四體千字文』	士 션배 사 サムライ シ	廣韓書林
梁承坤1937 『(蒙學)二千字』	士 션빈 스 「達士知命」 儒 션빈 유 「儒專秩序・耶救靈魂」	梁册房：完州
梁承坤1937 『日鮮千字文』	士 션빈 스 サムライ シ	梁册房
金東縉1937 『新釋漢日鮮文註解千字文』	士 션비 사 サムラヒ シ 「多士寔寧」 註解：선배만흐미에이편안하도다준걸재사가만흐니국가안령함이라	德興書林

【참고】解放後에 出版된 『千字文』類

魯汝天1947『註釋千字文』	士 선비 사	*	文明堂
金赫濟1950『四體圖像二千字文』	士 선비 사 儒 선비 유	「達士知命」 * 「儒遵孔範·耶導靈魂」	明文堂
白吉順1952『四體二千字文』	士 선배 사 儒 선배 유	「達士知命」 「儒遵孔範·耶導靈魂」	大志社
申泰三1956『四體圖像註解世昌千字文』	士 선비 사 註解 : 준걸과재사가 조정에많이모였으니 국가가 안정함이다.	*	世昌書舘
申泰三1956『圖像四體註解世昌二千字文』	士 선비 사 註解 : 사리에통한사람은천명을안다. 儒 선비 유 註解 : 유교를좇고공자님을본뜨자/예수교는영혼을인도한다.	「達士知命」 * 「儒遵孔範·耶導靈魂」	世昌書舘

【참고】字典·玉篇

崔南善1905『新字典』	士 사 ㅅ　四民之首儒也션비,션배 * 　　　　　○官総名벼슬　○事也일　○-卒군사 儒 유　　學者稱션비, 션배		新文館
池錫永1909『字典釋要』	士 ㅅ　四民之首, 션배 사　○事也, 일 사 儒 유　學者之稱, 션배 유		滙東書舘
玄公廉1913『漢日鮮新玉篇』	士 션비 사　四民之首,儒也. 事也. 武夫. 仕通. 〔シ〕サムラヒ。コト。ツハモノ。 儒 션배 유　學者之稱. 博識者. 柔也. 〔ジュ〕モノシリ。ハカセ。ヤハラカ。		永昌書舘
池錫永1913『校訂全韻玉篇』 白斗鏞1917『全韻玉篇』	訓 없음		新舊書林 翰南書林
金赫濟1960『松亭新玉篇』 (1954初版)	士 사　　儒也, 四民之首, 선비 사。 벼슬 사。 * 　　　　事也일 사. -卒군사 사. 儒 유　　學者之稱, 선비 유.		明文堂

주) ① 이상은 국립중앙도서관 디브러리의 전자책을 사용하였다.
　② '士'의 뜻, 즉 訓이 '션비' 아니면, '선비'인 경우, 오른쪽에 *을 더했다.

【참고자료】

(1) 《고려사절요(高麗史節要)》권8(卷之八), 예종문효대왕 정유12년(睿宗文孝大王丁酉十二年)
「秋八月… ○簽書樞密院事金黃元、卒。黃元、自幼好學、登科、文詞、推爲海東第一。性、淸勁、不附勢。與李載、同在翰林齊名。時、契丹使至。黃元作內宴、口號有「鳳含綸綍從天降、鼇駕蓬萊渡海來」之句、使、驚嘆、求寫全篇而去。然二人、皆學古文、不隨時態。宰相李子威、惡之曰「若此輩、久在文翰之地、必誑誤後生。遂奏斥之、後、出爲京山府使、有惠政。肅宗、開延英殿、召掌書籍、每觀書有所疑、則輒質之、呼爲先輩而不名。…」

(2) 이규보(李奎報), 〈칠현설(七賢說)〉《동국이상국전집(東國李相國全集)》권 제21(卷第二十一)
「先輩有以文名世者、某某等七人、自以爲一時豪俊、遂相與爲七賢。蓋慕晉之七賢也。每相會、飮酒賦詩、旁若無人。世多譏之、然後稍沮。時予年方十九、吳德全許爲忘年友、每携詣其會。其後德全遊東都、予復詣其會。李淸卿目予曰、子之德全、東遊不返、子可補耶。予立應曰、七賢豈朝廷官爵而補其闕耶、未聞嵇·阮之後有承之者。闔座皆大笑。又使之賦詩、占春人二字。予立成口號曰、榮參竹下會、快倒甕中春、未識七賢內、誰爲鑽核人。一座頗有慍色、卽傲然大醉而出。予少狂如此、世人皆目以爲狂客也。」

(3) 이헌영(李[金憲]永, 1837~1907), 〈중전무웅서(中田武雄書)〉《일사집략(日槎集略)》(人)散錄
「國體之爲組織也、大別萬國爲五種。一曰君主專制、二曰君主專治、三曰貴族專治、四曰君民共治、五曰合衆政治。」

(4) 정도전 저(鄭道傳著),《경제문감(經濟文鑑)》정총서(鄭摠序)
「經濟文鑑、判三司事奉化伯鄭公之所著也。公自幼好學窮經、懷材抱道、慨然有經濟之志。及我殿下受命作興、公決疑定策、蔚爲元勳。以文武之略、兼將相之任。凡於國家之政、動引古法、參酌時宜、利興害除、民蒙其澤、其經濟也大矣。尙論古之人、博採歷代以來職任得失·人物賢否、筆之於書。其引用先儒之說、間有附以己見者、不復識別、簡而不略、詳而不繁、可法可戒、將俾之居官者、皆知其任之不易而莫不勉勉循循思所以稱其職、其有補於世也、亦大矣。予觀是書、其首之以相業者、宰相之任、論道經邦、燮理陰陽、關係至重、非他官比也。古之能稱其職者、幾何人哉。三代以上、稱夔皐稷契伊傅周召。三代以下、稱漢之蕭曹丙魏·唐之房杜姚宋·宋之韓富王范司馬諸公而已。吁、相業不亦難乎。是故人君當以擇相爲先、而爲相者亦當思稱其職可也。次之以臺諫者。臺官糾禁風俗之惡、諫官論奏人主之失、實國家之所重而居是職者、豈可以唯唯悠悠而瘝厥官也哉。且又府衛之兵、在於練養、無事則宿衛于內以備患於非常、有事則折衝于外以靖難於危急、不可以不之重也。監司之任、在乎澄淸、懲豪猾而治冤抑、恤民隱而擧賢才、不可以不之謹也。州牧郡守縣令、人主之所與共治者也。其人賢則民受其

福、苟不賢則民受其禍、其不擇人而除授可乎、此又所以相繼而居其次也。然則爲府兵爲監司爲州牧守令者、可不思所以稱其職也哉。爲國之要、不越乎是數者、苟能各稱其職、則雖天下不難爲也、況一國乎。於此見公之學有淵源、而公之才爲適用也。客有語予者曰、大抵古人之著書者、有志而不得見諸行事者之所爲也。公遭遇聖明、位爲宰輔、時不可謂不遇、而道不可謂不行也。何著書爲。予曰、公之心、必欲堯舜君民而後已、其行道也一毫不盡、則其中固有歉然者矣。此公之所以著書之意也歟。蒼龍乙亥後九月下澣、純忠佐命開國功臣·資憲大夫·藝文春秋館大學士·同判都評議使司事·世子右賓客·西原君鄭摠序。」

(5) 박지원(朴趾源, 1737~1805), 〈원사(原士)〉《연암집(燕巖集)》권10(卷之十)
「夫士、下列農工、上友王公。以位則無等也、以德則雅事也。一士讀書、澤及四海、功垂萬世、易曰「見龍在田、天下文明」、其謂讀書之士乎。故天子者、原士也。原士者、生人之本也。其爵則天子也、其身則士也。故爵有高下、身非變化也。位有貴賤、士非轉徙也。故爵位加於士、非士遷而爵位也。
大夫曰士大夫、尊之也。君子曰士君子、賢之也。軍卒曰士、衆之也。所以明人人而士也、執法曰士、獨之也。所以示公於天下也。」

(6) 이규경(李圭景, 1788~?), 〈선배진사변증설(先輩進士辨證說)〉《오주연문장전산고(五洲衍文長箋散稿)》권30(卷三十)
「我東、稱儒生曰先輩。(按顧炎武『日知錄』「唐世擧人、呼已第者爲先輩。今攷『吳志』、闞澤言、州里先輩丹陽唐固、修身積學。『晉書』、羅憲傳言、詔問先輩宜時敘用者、憲薦蜀人常忌·杜軫、是先輩之稱、起於三國之時、鄭氏『詩采薇箋』曰、今薇生矣、先輩可以行也。是亦漢末人語』。然則儒生之稱先輩、亦名實乖宜者。我外邑、則以賤人陞鄕族者、曰先輩、此則以先輩爲卑稱者也。)至進士、則進士二字、見於王制。入於詩則始于唐、徐凝答施先輩曰、料得爲官列仙者、如君進士出身稀。『文獻通考』唐時所放進士、每歲不過二三十人。及第者未便解褐入仕、尙有試吏部一關。故韓文公、三試於吏部无成、則十年猶布衣。且有出身二十年不獲祿者、東萊呂氏曰、唐時進士登第者、尙未釋褐、或是爲人所論薦、或再應皆中、或藩方辟擧、然后始得釋褐云。其宦路之難、有如是矣。我東進士、自高麗光宗九年戊午、王以策·詩·賦·頌試士、取甲科二人、明經三人、卜業二人、題以玄鶴呈瑞詩、知貢擧翰林學士雙冀(宋人、王請帝、自辟爲僚。)御威鳳樓放榜甲科進士崔暹進十三字、始見于此、德宗辛未、始設國子監試而有進士之名。睿宗丁酉、始有生員之稱。入于 國朝、中國子監試、初場詩賦者爲進士、終場義疑者爲生員、竝稱小科。年過卅后、始得。一命筮仕、稱南行。即未第蔭官之稱也。」

선비의 유형과 현실 대응 양상

이형성 전북대학교

1. 서론

　최근 각 지역에서 선비와 관련된 축제나 선비문화를 체험할 수 있는 다양한 행사를 개최하고 있다. 이는 참여자들이 세속적 가치에서 벗어나 조금이나마 참다운 선비정신을 헤아릴 수 있도록 하는 것이다. 하지만 선비정신이 무엇인지 결단하여 말하기에는 어려운 면이 많다. 일반적으로 '선비'란 부지런히 학문에 힘쓰면서도 대쪽같이 올곧고 소신 있게 처신하는 기개와 이상이 있는 인물이다. 아마도 각 지역의 선비문화 체험은 이를 각성시키기 위함일 것이다. 그런데 또 한편으로 "선비는 얼어 죽어도 겻불은 쬐지 않는다"라는 말이 있다. 이는 선비의 고지식한 성향을 직설적으로 표현한 말이지만 '한 번 하지 않겠다고 마음 먹으면 절대로 하지 않는' 원칙주의자이자, 얼어 죽을지언정 겻불은 쬐지 않겠다는 대장부의 기상을 소유한 '선비'의 정신을 잘 보여주는 말이기도 하다.
　선비의 기개와 이상은 어떻게 가능한 것인가? 공자는 제자들에게 선비는 가장 먼저 도(道)에 뜻을 두어야 한다고 훈도(薰陶)하였다. 도에 뜻을 두게

한 것은 바로 참된 지식 공부를 통해 성인(聖人)이 되겠다는 마음을 갖도록 하기 위한 것이었다. 공자의 제자들은 똑같이 도에 뜻을 두고 학문에 임하였는데도 서로 다른 양상의 성격을 보였다. 예컨대 안연(顔淵)은 학문을 좋아하면서 인(仁)을 어기지 않으며 도(道)를 간직하려 하였고, 증점(曾點)은 기수(沂水)에서 목욕하고 무우(舞雩)에서 바람이나 쐬며 시나 읊으려고 하였으며, 자로(子路)는 용맹을 좋아하여 삼군(三軍)을 진두지휘할 수 있었고, 자공(子貢)은 화식(貨殖)에 능하여 재물을 잘 축적하였다. 공자는 제자들을 덕행(德行)·언어(言語)·정사(政事)·문학(文學) 등의 관점에서 바라보고,[1] 진리[道]를 알고 실천한다는 지행(知行)의 측면에서 지자(智者)·인자(仁者)·용자(勇者) 및 지자(智者)·우자(愚者)·현자(賢者)·불초자(不肖者)로 분류하기도 하였다.

그렇다면 도에 뜻을 두고 지식을 알아 실천하는 선비들도 다양한 유형으로 드러날 것이다. 선비는 어려운 처지에 있으면 안빈낙도(安貧樂道)의 삶을 지향하기도 하고, 때를 만나 벼슬에 나가게 되면 공(公)과 사(私)를 뚜렷하게 구별하면서 도덕적 양심에 의거하여 행동하기도 한다. 이는 진퇴(進退)에 따른 유형이다. 진정한 선비란 자신이 처한 현실 상황을 직시하고 도에 기초한 참된 뜻을 발휘해야 한다. 즉, 내면 세계에서 지향하고 있는 참된 뜻을 가지고 현실에 대응해야 하는 것이다. 이와 같이 언표(言表)한 선비상을 보면, 분명 '선비'라고 칭송되는 인물들에게는 도를 향하는 참된 목표와 지향에 의한 표상이 있음을 알 수 있다.

본 논제 "선비의 유형과 현실 대응 양상"은 논자에게 주어진 것이다. 이는 많은 선비들에게는 학문적 목표나 지향점이 서로 다르기에 그 유형과 현실 대응 역시 다양하다는 것을 고찰하기 위함이다. 글의 전개는 크게 '선비의 의미와 선비관 구축', 그리고 '성리학과 실학을 지향하는 선비들의 이상

---

[1] 《논어(論語)》권11 〈선진(先進)〉제2장: 德行, 顔淵閔子騫冉伯牛仲弓; 言語, 宰我子貢; 政事, 冉有季路; 文學, 子游子夏. 참조.

적 현실 대응으로 구분하였다. 전자의 세부적 갈래는 '선비의 의미와 유형', '한자수용에서의 선비 유형', '유학 이념에 뿌리한 선비관 구축'이고, 후자의 갈래는 '성리학 정초와 수립에서의 선비상', '선비의 국난극복과 이용후생적 (利用厚生的) 삶 도모', '왜양세력(倭洋勢力)에 대한 선비의 대응 양상' 등이다.

2. '선비'의 의미와 선비관 구축

1) '선비'의 의미와 유형

흔히 '선비'는 절의(節義)를 지키며 올곧고 청렴하게 살아가는 인간상으로 비춰진다. 그러나 이렇게 각인된 의미가 언제부터 사용되었는지는 정확하게 알 수 없다.[2] 다만 상고(上古)로부터 '선비'의 의미가 전승되다가, 한글 창제 이후 '션비'로 쓰였을 것이라 추측할 수 있다. 그렇다면 '선비'의 어원이 '션비'라는 것은 분명한 사실이다.

'션비'에 해당하는 한자로는 '士'·'儒'·'彦' 등이 있다. 세 한자에 대한 자원적 기원이나 개념은 논외로 한다. 다만 몇 권의 전적으로 그 의미를 살펴보겠다. 먼저 사전적 성격을 지닌 《이아(爾雅)》를 보면, '사(士)'는 형벌을 살피는 벼슬 또는 모사(髦士)라는 벼슬로, 혹은 미녀(美女: 여자)와 상대시킨 미사(美士: 남자)로 간주하였고, 직위적 입장에서 배 한 척을 사용하는 것으로 여겼다.[3] 《이아》는 '사'를 '미사'로 보면서 '언(彦)'을 '미사'로 풀이하기도 하였는데 이는 의식적(儀式的) 예(禮)를 마친 사람을 대우하는 뜻일 것이다.[4] '사'

---

[2] 우리의 언어를 우랄알타이어 계통으로 보고, '선비'의 '선'은 몽고어의 '어질다'는 말인 'sait'의 변형인 'sain'과 연관되며, '선비'는 몽고어 및 만주어에서 '지식이 있는 사람'을 뜻하는 '박시'의 변형인 '부이'에서 온 말이라고 분석하기도 한다.

[3] 《이아》上: ① 在·存·省·士, 察也. (士者, 察刑之官.); ② 髦士, 官也. ③ 美女爲媛, 美士爲彦.
《이아》中: ④ 士特舟.

[4] 시라카와 시즈카(白川靜), 《자통(字統)》, 平凡社, 2006(초판 3쇄), 280쪽.

는 경(卿)과 대부(大夫) 아래에 속한 국인층(國人層)이었지만, 동시에 사농공상(士農工商)을 합쳐 '사민(四民)'으로 불리면서 사회적 하층에 속하게 되었다. 하지만 이때 하층의 '사'는 학문을 익혀 훗날 위정자가 될 수 있는 계층이기도 하였다.

'유(儒)'는 《이아》에는 보이지 않는다. 《주례(周禮)》를 보면, "도(道)로 백성을 얻는다"[5]라고 하며 '유'를 교화적 측면에서 이해하고 있다. 덧붙여 《설문해자(說文解字)》에서 언급하고 있는 "사(士)"[6]·"유(儒)"[7]·"언(彦)"[8] 등을 보면, 《이아》와 《주례》의 용례와는 그 의미적 차이가 있음을 엿볼 수 있다. 그러나 '선비'에 해당하는 한자들은 공통적으로 '남자'라는 신분을 가리키며, 그 의미에는 '재주'와 '덕망'이 동반하고 있음을 알 수 있다. 특히 《설문해자》에서 '유'는 "부드러움이니, 술사(術士)를 일컫는다"고 하였는데, 여기서 '부드러움'이란 강유(剛柔)의 덕을 구비해야 하지만 많은 사람을 포용하려면 부드러운 마음 자세가 필요했기 때문에 강조되었을 것이다. 그리고 '술사'에는 여러 의미가 있다. 전체적으로 정리하면, ① 유술에 정통한 사람, 즉 유생(儒生)이나 유학자, ② 방술에 정통한 사람, 즉 방사(方士), ③ 유생 가운데 음양이나 재이(災異) 등을 강론하는 일파의 사람, ④ 점술·천문 따위를 직업으로 하는 사람, ⑤ 법술을 하는 사람, ⑥ 술책을 잘 꾸미는 사람, 즉 책사(策士)나 모사, ⑦ 술가(術家) 등이다.[9] 이를 보면, 주나라 이후 '유(儒)'의 지위에 있었던 사람들은 '지식'이 많은 사람임을 확인할 수 있다. 《예기주소(禮記注疏)》에는 다음과 같은 기록이 있다.

---

5 《주례》권2 〈천관(天官)·대재(大宰)〉: 四曰儒以道得民.
6 《설문해자》1편(一篇) 上 〈사부(士部)〉: "士, 事也. 數始於一, 終於十. 从一从十. 孔子曰: '推十合一爲士'" 天工書局印行, 20쪽.
7 《설문해자》8편(八篇) 上 〈인부(人部)〉: "儒, 柔也. 術士之稱." 天工書局印行, 366쪽.
8 《설문해자》9편(九篇) 上 〈삼부(彡部)〉: "美士有彣, 人所言也." 天工書局印行, 429쪽.
9 이에 대한 자료는 《중문대사전(中文大辭典)》(대만), 《대한화사전(大漢和辭典)》(일본), 《한어대사전(漢語大詞典)》(중국), 《교학(敎學)대한한사전(大漢韓辭典)》(한국), 《한한대자전(漢韓大字典)》(한국) 등을 참고하였다.

《예기》에 〈유행(儒行)〉이라고 이름 지은 것은 그 기록에 도덕이 있는 것으로 행동하였기 때문이다. '유(儒)'의 말이란 넉넉함이고 부드러움이니, 사람을 편안하게 할 수 있고 사람을 복종시킬 수 있다. 또 '유'란 윤택함이니 선왕(先王)의 도(道)로 그 몸을 윤택하게 함이다.[10]

이러한 뜻을 지닌 '유'란 바로 선비의 집단이 사람을 편안하게 하면서 복종시킬 수 있는 능력이 있었고 또한 선왕(先王)의 좋은 도리로 자신의 몸을 닦아 윤택하게 한 것을 언표한 것이다. 그렇다면 '유란 선비의 집단'은 어떤 학문을 지향한 것인가? 《전한서(前漢書)》에는 "유가(儒家)란 유파는 사도(司徒)의 벼슬에서 나와 임금을 돕고 음양의 원리에 따르며 교화를 밝히는 것이다. 학문을 육경(六經) 가운데서 노닐고 뜻을 인의(仁義)의 가장자리에 머물게 하며, 요임금과 순임금을 조술(祖述)하고 문왕과 무왕을 헌장(憲章)하며 중니(仲尼)를 종사(宗師)하고 그 말을 소중히 하여 도(道)를 가장 숭고하게 여긴다"[11]라고 하였다. 이를 보면, '유'는 분명 국가의 정교(政敎)에 가장 필요한 인물 집단이었음을 알 수 있다. 이들은 당시 위정자들에게 신분적 보장을 받아 정사에 참여하여 그 직분에 알맞은 역할을 수행했다.

'사(士)'·'유(儒)'·'언(彦)'은 그 역할에 따라 차이가 있다. '사'는 사농공상이란 말과 같이 사회적 하층에 속하지만 뛰어난 학문을 지니게 되면 위정자가 될 수 있는 신분의 선비이다. '유'는 벼슬을 하면서 육경을 기반으로 학문을 하고 인의를 실천하되 도를 숭고하게 여기는 선비이다. '언'은 풍모와 인격이 구비되었을 때 미칭(美稱)으로 부르는 선비이다.

---

10 《예기주소》권 제59 〈유행제사십일(儒行第四十一)〉1841쪽: 正義曰: 案: 鄭目錄云: "名曰儒行者, 以其記有道德者所行也. 儒之言, 優也·柔也. 能安人, 能服人. 又儒者, 濡也, 以先王之道能濡其身."
11 《전한서》권30 〈예문지제십(藝文志第十)〉: 儒家者流, 蓋出於司徒之官, 助人君順陰陽·明教化者也. 游文於六經之中, 留意於仁義之際, 祖述堯舜, 憲章文武, 宗師仲尼, 以重其言, 於道最為高.

이 세 유형의 '선비' 각각의 학문적 목표와 지향하는 행의(行誼)에 따라 이들에게 다양한 수식어가 붙으면서 특정한 '어휘'가 생겼으며, 이를 통해 각기 다른 선비 유형의 특성이 드러났다. 그러한 어휘는 십삼경(十三經)[12]을 비롯한 많은 전적(典籍)에 기록되었다. 전적에 기록된 것을 자전류(字典類)는 운부(韻府)에 따라 기록하였으니, 진나라 때의 《자림(字林)》, 북조(北朝) 북위(北魏)의 《자통(字統)》, 남조 양나라의 《옥편(玉篇)》·《대광익회옥편(大廣益會玉篇)》, 송나라 때의 《예부운략(禮部韻略)》, 원나라의 《운부군옥(韻部群玉)》, 명나라의 《오거운서(五車韻瑞)》 등이 그것이다. 이러한 자전류에 수록된 어휘를 체계적으로 모두 정리한 것이 청나라 1711년에 편찬된 《패문운부(佩文韻府)》이다. 이 책에 수록된 '선비'에 해당한 한자 '유'·'사'·'언'과 연관된 어휘를 보면 '선비의 유형'을 짐작할 수 있다.

《패문운부》에 수록된 어휘는 운부에 따라 2자 어휘, 3자 어휘, 4자 어휘로 분류된다. 어휘의 수를 살펴보면, '사'와 연관된 어휘로는 2자 어휘 284개, 3자 어휘 132개, 4자 어휘는 2개이다.[13] '유'와 연관된 어휘로는 2자 어휘 130개, 3자 어휘 43개, 4자 어휘는 없다.[14] '언'과 연관된 2자 어휘는 57개, 3자 어휘는 45개이며, 4자 어휘는 없다.[15] 그 수를 전체적으로 헤아리면 '사'는 418개, '유'는 173개, '언'은 102개이다. 다음 주요 어휘만을 살펴보자.

---

12 십삼경(十三經)은 중국 송나라 진종 때 완성된 《역경(易經)》(《주역(周易)》), 《서경(書經)》(《상서(尙書)》), 《시경(詩經)》(《모시(毛詩)》), 《주례(周禮)》, 《예기(禮記)》, 《의례(儀禮)》, 《춘추좌씨전(春秋左氏傳)》, 《춘추공양전(春秋公羊傳)》, 《춘추곡량전(春秋穀梁傳)》, 《논어(論語)》, 《효경(孝經)》, 《이아(爾雅)》, 《맹자(孟子)》를 말한다.
13 《(색인본(索引本))패문운부》2 《패문운부》권34 下 〈士〉1,595쪽(중단)~1,600쪽(상단).
《(색인본)패문운부》6 《운부습유(韻府拾遺)》권34 〈士〉4,481쪽(중단).
14 《(색인본)패문운부》1 《패문운부》권7 上〈유(儒)〉260쪽(상단)~261쪽(하단).
《(색인본)패문운부》6 《운부습유》권7 〈유(儒)〉4,308쪽(중단).
15 《(색인본)패문운부》4 《패문운부》권76 下〈언(彥)〉3,069쪽(하단)~3,070쪽(중단).
《(색인본)패문운부》6 《운부습유》권76 〈언(彥)〉4,644쪽(중단).

①【士】거사(居士), 경사(勁士), 고사(高士), 공사(恭士), 광사(狂士), 교사(敎士), 교사(驕士), 국사(國士), 달사(達士), 담사(談士), 덕사(德士), 명사(名士), 미사(媚士), 미사(美士), 박사(博士), 선사(善士), 열사(烈士), 염사(廉士), 용사(勇士), 우사(愚士), 은사(隱士), 의사(義士), 장사(壯士), 재사(才士), 재사(材士), 절사(節士), 정사(正士), 정사(貞士), 준사(俊士), 지사(志士), 지사(智士), 직사(直士), 진사(眞士), 처사(處士), 호사(豪士), 결백사(潔白士), 경부사(輕薄士), 고고사(枯槁士), 궁항사(窮巷士), 권변사(權變士), 극언사(極言士), 방외사(方外士), 선유사(善諛士), 암혈사(巖穴士), 오경사(五經士), 정근사(精勤士), 진신사(縉紳士), 풍류사(風流士).

②【儒】거유(鉅儒), 겸유(謙儒), 경유(敬儒), 군유(羣儒), 궁유(窮儒), 귀유(貴儒), 기유(耆儒), 나유(懦儒), 노유(老儒), 도유(道儒), 도유(盜儒), 명유(名儒), 문유(文儒), 박유(樸儒), 박유(薄儒), 벽유(僻儒), 부유(腐儒), 사유(邪儒), 선유(先儒), 세유(世儒), 순유(惇儒), 순유(醇儒), 아유(雅儒), 우유(優儒), 우유(愚儒), 우유(迂儒), 우유(諛儒), 주유(侏儒), 진유(眞儒), 천유(淺儒), 홍유(鴻儒), 희유(戱儒), 경제유(經濟儒), 과목유(科目儒), 군자유(君子儒), 대소유(大小儒), 문학유(文學儒), 박아유(博雅儒), 성인유(聖人儒), 소인유(小人儒), 인의유(仁義儒), 장구유(章句儒), 초의유(草衣儒).

③【彦】덕언(德彦), 명언(名彦), 무언(茂彦), 문언(文彦), 미언(美彦), 사언(士彦), 성언(盛彦), 수언(秀彦), 양언(良彦), 영언(英彦), 위언(偉彦), 유언(儒彦), 준언(俊彦), 철언(哲彦), 청언(淸彦), 현언(賢彦), 호언(豪彦), 훈언(勳彦), 경술언(經術彦), 성덕언(成德彦), 천하언(天下彦), 청운언(靑雲彦)

위에서 인용한 것은 관직명이나 인명, 그리고 특별한 의미의 상징을 제외하고서 자주 언급되는 어휘이다.[16] '사'는 학문을 익히고 그것을 지향하는 면에서, '유'는 백성을 교도(敎導)하면서 그것을 드러내는 '행의'의 면에서, '언'

---

16 《(색인본)패문운부》4 《패문운부》권76 下 〈언(彦)〉3,069쪽(하단)~3,070쪽(중단).
《(색인본)패문운부》6 《운부습유》권76 〈언(彦)〉4,644쪽(중단).

은 재덕과 행의를 예찬하는 면에서 어휘가 파생한 측면이 엿보인다. 그러한 파생 어휘의 수는 '사'가 가장 많다. 이는 사농공상이라는 엄격한 신분구조 내에 있었던 '사'가 시대의 변천에 따라 학문을 익히고 벼슬에 나아가 여러 역할을 수행하였기 때문일 것이다.

'사'의 역할이 급부상하기 시작한 것은 중국 송나라 시대이다. 그것은 '사'와 '대부'의 결합에 의한 것이었다. 즉, 송나라에 성립한 사대부란 문화적으로는 독서인, 정치적으로는 관료, 경제적으로는 지주·상업자본가인 신귀족 계급으로 규정된다.[17] 이는 《주례》에서 말하는 "작이행지(作而行之)"[18]한다는 의미의 사대부와는 차이가 있는 것이다.[19] 송대에 급부상한 '사대부'에서 '사'인 선비는 독서인으로서 학문을 익히고 과거를 통해 대부의 반열에 나아가 자신의 능력을 발휘하는 인물이다. 그러한 능력을 발휘하지 못하면 민(民)과 결합하여 '사민(士民)'으로, 혹은 서인(庶人)과 결합하여 '사서인(士庶人)'으로 전락하게 되는 것이다. 이는 선비가 지배계층으로 신분 상승할 수도 있지만, 대중들과 함께 피지배층을 이룰 수도 있다는 것을 보여준다. 때문에 '사'인 선비는 끊임없이 학문을 연마하지 않으면 안 되었다. 또 스승에게 나아가 경전을 익히면서 성인이 지향하였던 정신과 그 학문을 추구하였고, 그러한 학문을 현실사회에 실현하려는 의지를 드러내었다. 그들은 요임금·순임금과 문왕·무왕, 그리고 공자·맹자가 지향하였던 유가(儒家)의 도(道)를 지키며 그것을 현실사회에 구현하는 것을 최상의 목표로 여겼다. 그리하여 선비의 집단은 인간의 가치를 재주보다는 덕망에 비중을 두었던 것이다.

---

[17] 미조구치 유조(溝口雄三) 외 지음·김석근 외 옮김, 《중국사상문화사전》, 민족문화문고, 2003, 426쪽.
[18] 《주례주소(周禮注疏)》에 의한 "작이행지(作而行之)" 풀이는 "친히 그 직분을 받아 그 벼슬에 거처한다(親受其職居其官也)"라는 뜻이다.
[19] 《주례》권39 〈冬官考工記第六〉: 作而行之謂之士大夫

2) 한자 수용(漢字受容)에서의 선비 유형

한자가 언제 전래되었는지는 알 수 없으나, 전래된 한자는 우리의 음소 (音素)로 그 글자를 구별짓고 소리 내어 읽었으며 차용하여 표기하였을 것이다.[20] 중국과 인접한 부여(夫餘)에서 한자를 사용한 흔적, 그리고 그들이 한자를 활용하여 남긴 시문(詩文) 작품을 보면[21] 짐작할 수 있다. 그 후 372년, 고구려가 태학(太學)을 세워 유교 경전과 문학·무예를 교육시켰으니[22] 한자의 활용이 많았음을 알 수 있다. 또한 백제의 왕인(王仁)이 일본에 《논어》와 《천자문》을 전하였다는 사실에 의거하면 국가 체제 내에서의 한문의 필요성을 가히 짐작할 수 있다. 신라 중대의 대학자인 설총(薛聰)이 우리의 말로 구경(九經)을 해독하여 후학(後學)을 훈도하였고,[23] 이어(俚語)로 이찰(吏札)을 지어 관부(官府)에서 통용케 하였다고 하니[24] 한문 보급의 보편을 모색하였음을 알 수 있다. 고려를 거쳐 조선에 이르러서야 우리의 음소(音素)로 한자와 한문을 훈음(訓音)하였다. 조선은 체계적 한문 학습을 주도하지만 세종 때 한글이 창제되면서 한자를 한글로 정확하게 훈독하고 음독하기 시작하였다.[25]

한문이 전래된 이후, 한문 학습은 주로 문헌을 암송하여 한자와 어휘의 의미를 구사하는 식으로 이루어졌을 것이다. 이후 중국의 자전류(字典類)로 《옥편(玉篇)》·《자통(字統)》·《자림(字林)》, 후한 말기부터 동진 시대까

---

[20] 한자에 대한 학습은 13경(經) 가운데 하나인 《이아》란 사전적 성격을 지닌 서책이 전해져 한자의 의미와 그 형태를 파악했을 것이다.
[21] 한자를 원용한 작품은 〈공후인(箜篌引)〉, 〈황조가(黃鳥歌)〉, 〈여수장우중문시(與隋將于仲文詩)〉 등을 들 수 있다.
[22] 고구려 국초부터 지방의 민간 교육 기관이었던 경당(扃堂)에서 유교 경전을 가르쳤음을 상기한다면 한자는 상당히 널리 보급되었을 것이다.
[23] 《삼국사기(三國史記)》권 제46 〈설총(薛聰)〉: 聰(…), 以方言讀九經, 訓導後生.
[24] 《동경잡기(東京雜記)》권2 〈인물(人物)〉, 조선광문회본, 1913년, 31쪽.
[25] 한글 창제 이후, 세종 때 《월인석보(月印釋譜)》 및 《훈민정음언해(訓民正音諺解)》, 그리고 세조 이후 여러 언해본이 이를 입증할 것이다.

지의 명사들의 일화를 담은 《세설신어(世說新語)》,[26] 문학서의 백미라 할 수 《문선(文選)》이 전래, 유포되면서 한자학습이 보다 체계적으로 이루어졌을 것으로 추측된다. 이제 우리나라에 전래된 한자 중 '선비'에 해당하는 '사(士)'·'유(儒)'·'언(彦)'의 의미와 그 유형을 알기 위해서는 오래된 문집을 살펴야 한다. 예컨대 최치원(崔致遠, 857~?)의 《고운집(孤雲集)》, 이규보(李奎報, 1168~1241)의 《동국이상국집(東國李相國集)》, 진화(陳澕)의 《매호유고(梅湖遺稿)》 등과 같은 문집이다. 아래는 이 세 문집에 수록된 '사'·'유'·'언' 자의 용례이다.

【士】 [2자어구] 거사(居士), 경사(卿士), 곡사(曲士), 공사(貢士), 국사(國士), 군사(軍士), 궁사(窮士), 기사(奇士), 달사(達士), 도사(道士), 명사(名士), 문사(文士), 문사(門士), 박사(博士), 법사(法士), 병사(兵士), 속사(俗士), 술사(術士), 역사(力士), 열사(烈士), 엽사(獵士), 예사(禮士), 운사(韻士), 유사(儒士), 의사(義士), 일사(逸士), 장사(壯士), 재사(才士), 전사(戰士), 조사(朝士), 진사(進士), 처사(處士), 학사(學士), 현사(賢士), 호사(豪士). [3자어구] 대학사(大學士), 광거사(狂居士), 산한사(酸寒士). [4자어구] 갈관맹사(鶡冠猛士), 기성학사(騎省學士), 능문지사(能文之士), 대덕도사(大德道士), 영호지사(英豪之士), 운대학사(芸臺學士), 진신학사(搢紳學士), 탁타지사(跅之士), 한림학사(翰林學士). [기타어구] 논시작부지사(論詩作賦之士), 현량문학지사(賢良文學之士).

【儒】 [2자어구] 거유(巨儒), 거유(鉅儒), 구유(癯儒), 군유(群儒), 노유(老儒), 노유(魯儒), 대유(大儒), 명유(名儒), 문유(文儒), 부유(府儒), 부유(腐儒), 소유(小儒), 송유(宋儒), 순유(醇儒), 우유(愚儒), 주유(侏儒), 진유(眞儒), 홍유(弘儒). [4자어구] 섭렵지유(涉獵之儒), 박대지유(博大之儒), 박대진유(博大眞儒), 부란지유(腐爛之儒), 부수

---

[26] 이 책은 유의경(劉義慶, 403~444)이 지었다고 하여 《유의경세설(劉義慶世說)》로 일컬어지다가 《세설신서(世說新書)》로도 불렸다. 북송 이후부터 세인들은 그 책명을 《세설신어》로 부르면서 현재에 이르고 있다.

지유(膚受之儒), 장보지유(章甫之儒). [기타어구] 장구천찬지유(章句穿鑿之儒).

【彦】[2자어구] 군언(群彦), 방언(邦彦), 재언(才彦). [4자어구] 미방지언(美邦之彦).

위의 어휘를 보면 '사'·'유'·'언'의 의미와 그 유형을 어느 정도 짐작할 수 있을 것이다. 세 권의 문집에는 앞에서 언급한 한자에 대한 의미적 풀이가 없다고 해도 과언이 아니다. 그런데 최치원은 《세설신어》의 "마음을 씻는 것을 재(齋)라 하고 근심을 막는 것을 계(戒)라 한다"[27]라는 문장으로 '유'의 의미를 이해하였다. 이는 불교와 대비하면서 유교적 "목욕재계(沐浴齋戒)"를 통해 '유'의 의미를 드러내는 것이라 하겠다. 이규보에 의하면, '유'는 무당이나 박수의 허망한 말을 삼가야 하면서도[28] 예로 인륜을 따르고 검속해야 하는 것으로 여겨졌다.[29]

이규보는 선배 민식(閔湜, ?~1201)으로부터 선비는 겸양(謙恭)과 외신(畏愼)으로 뜻을 삼아야 한다는 것을 배웠다.[30] 민식이란 인물은 권세에 아부하지 않고 모든 일을 공평하게 처리하여 많은 사람들에게 칭송을 받았으니, 유가의 '사(士)'의 정신을 본받은 것이라 할 것이다. 특히 그에 의하면, '사'란 자신이 해야 할 모든 일을 구비하고 세상에 나가야 하지만 그렇지 못할 경우에는 자신의 기용(器用)을 더욱 예리하게 연마해야 하고,[31] 마음에 수렴된 덕이 안에서 밝고 세상에 크게 빛나야 하며,[32] 또한 사람을 가려서 교류해야 한다.[33] 그것은 선비가 출세하기 전에는 조정 대신들의 출처나 거취를 논박하기 좋아하면서도, 그 자신이 출세한 이후에는 그 말처럼 이행하지 못하는

---

27 《고운문집(孤雲文集)》권1 〈新羅伽倻山海印寺結界場記〉: 洗心曰齋, 防患曰戒. 儒猶若此, 釋豈徒然? 참조.
28 《동국이상국전집(東國李相國全集)》권 제24 〈桂陽草亭記〉 참조.
29 《동국이상국전집》권 제34 〈律業首座都行官誥〉 참조.
30 《동국이상국전집》권 제26 〈上閔上侍湜書〉 참조.
31 《동국이상국전집》권 제21 〈送崔先輩下第西遊序〉 참조.
32 《동국이상국전집》권 제22 〈唐書杜甫傳史臣贊議〉 참조.
33 《동국이상국전집》권 제15 〈古律詩 桂陽所著·次韻皇甫書記用東坡哭任遵聖詩韻 哭李大諫眉叟〉 참조.

것을 경계삼고자 하였기 때문일 것이다.[34] '언(彦)'에 대한 것은 특별히 없고 '미사(美士)'의 의미로 받아들인 것으로 보인다. 특히 훗날 이규보의 제자 이수(李需)가 스승을 '천지에 달통한 유자'라 칭한 것을 보면, '유'가 '사'나 '언'보다 한 차원 격이 있는 것으로 보인다.

조선전기 중국에서 새로운 학문이 수용되고 한글이 창제되어 여러 책이 언해되었는데《용비어천가》에는 유생(儒生)·유사(儒士)·유(儒)를 '선비'로 표기하였고,《내훈(內訓)》에도 '유(儒)'를 '선비'로 언해하였다. 이 두 책은 '사(士)'를 언해하지 않고 그대로 두었는데《두시언해》도 마찬가지였다. 그런데《동국삼강행실열녀도》는 "최씨영암사인인우여야(崔氏靈岩士人仁祐女也)"에 대해 "최시논녕암언션비열사롭인후의…"라고 하여 '사(士)'를 '션비'로 언해하였다.[35]

그 후 한자 입문서에 해당하는《천자문》과《유합(類合)》에 수록된 한자의 새김과 독음을 붙여 그 이해를 시키면서, '선비'의 어원인 '션비'라는 어휘가 보편적으로 쓰인 듯하다. 그 글자는 아래와 같다.

①《천자문》, "多士寔寧" → '士' : '션비ㅅ'
②《유합》, "君臣公卿士民" → '士' : '션비ㅅ'

이 두 권의 입문서 보급으로 초학자의 한자 학습 능력이 향상되었지만, 몇몇 지식인들은 이 책들이 초학자가 배우기에 너무 추상적이라고 지적하였다. 이에 1527년(중종 22) 최세진(崔世珍, 1468~1542)은 수록된 각 글자에 새김·자음·주석을 붙여 그 의미를 정확히 알 수 있도록 한 한자 학습서인《훈몽자회(訓蒙字會)》를 편찬하였다.

---
34 《동국이상국전집》권 제23 〈金紫光祿大夫守司空尙書左僕射太子賓客田公墓誌銘〉 참조.
35 이장희, 《조선시대 선비연구》, 박영사, 1989, 7~8쪽.

③《훈몽자회》〈유학(儒學)〉, "科第儁儒" → '儒' : '션비유'; 守道攻學曰儒. 俗稱秀
④《훈몽자회》〈인류(人類)〉, "士隸民氓" → '士' : '됴숫ᄉ'; 學以居位曰士.

위의 인용에서 본 바와 같이 '유(儒)'와 '사(士)'에 대한 언해와 그 의미가 서로 다르다. '사'의 풀이 '됴숫ᄉ'는 정확한 의미를 알기 어렵지만, 추측하건대 '됴'를 "아춤됴(朝)"의 '됴'와 "됴홀션(善)"의 '됴', 또는 "됴ᄒ다(좋다)"의 '됴'로 보면 '조사(朝士)'·'선사(善士)'·'좋은 선비'라는 의미로 보인다. 최세진은 왜 '유'와 '사'의 차이를 두었을까? '유'는 도를 지키며 유학만을 전공하는 것으로 여기고, '사'는 학문을 닦으면 조정의 선비인 '조사'로 영전할 수 있는 인물이고, 또는 그 역할을 잘 수행하여 '선사(좋은 선비)'가 될 수 있는 것으로 여겼기 때문일 것이다. 다시 말하면 '유'는 배움에 한 단계에 나아가 '도를 수호하는 측면'이 강한 반면, '사'는 초학자에게 '배움의 중요성과 유익함', 곧 '배워서 벼슬 자리에 거처하면 좋다'라는 것을 인지시키는 것이라 하겠다. 이러한 의미는 이후 줄곧 전승되었을 것이다.

조선중기 1574년(선조 7) 경서를 언해할 당시에는 일반 독자들의 이해를 돕기 위해 순수 국어를 많이 사용하였다. 하지만 '사(士)'와 '유(儒)' 글자가 있는 《논어언해》에서는 뜻을 모두 풀이하지 않고 한자를 그대로 표출하였고, 그 후 언해된 《소학》이나 《주역언해》·《시경언해》·《서경언해》도 마찬가지였다. 이이(李珥, 1536~1584)는 경전의 원뜻을 손상시키지 않는 범위 내에서 사서에 대한 언해본《四書栗谷先生諺解》을 따로 저술하였으나 그 역시 '사'와 '유' 글자를 표출하였다. 이러한 언해본 자료들은 경전에 입문하는 초학자들에게 필독서로 자리매김하였다. 특히 이이의 언해본은 그의 사상을 계승한 학자들에게 면면히 이어졌다.

그런데 일제강점기 때 유교경전강구소(儒敎經典講究所)에서 발행한《(언해) 논어》,《(언해) 대학·중용》,《(언해) 맹자》,《(언해) 시경》,《(언해) 서경》, 그리고 이범규(李範圭, 1874~?)가 언해한 《언해사서》 등은 '사'나 '유'를 순수 우리말인 '선비'로 언해하면서도 한자로 표출해야 할 부분에서는 한자를 그대로 썼다. 이는 당시 일제의 '어문말살정책'에 대한 도전이자 우리의 말을 수득(修得)하여 우리들에게 깃든 '혼'을 고취시키고자 하는 암묵적 저항이었다고 하겠다.

3) 유학 이념에 뿌리한 선비관 구축

한자의 전래와 함께 중국의 사상도 소개되었다. 초기의 수용 단계를 벗어난 후에는 중국의 여러 전적을 접하며 독자적으로 학문의 깊이를 더해 갔다. 삼국시대와 고려시대는 국가의 정신적 이념이 불교였기에 지식인들, 특히 그 종교와 사상에 귀의·출가한 승려들은 불교와 관련하여 많은 저술을 남겼다. 반면 유가나 도가의 책들은 치세 그리고 처세와 출세를 위한 독서인의 책이었기에 그 사상이 크게 발전하지 못하였다. 당시 처세와 출세를 지향한 지식인들은 한편으로 '경전에 통달하고 역사에 밝을 것[통경명사(通經明史)]'을, 또 한편으로는 '시나 문장에 능할 것[사장(詞章)]'을 기대하였다. 이는 선비에 해당하는 지식인들이 과거를 통한 자기 영달을 꾀한 것이다.[36]

고려후기에 정주학(程朱學)이 수용되자 고려에서도 중국 송나라와 같이 재야의 독서인이었던 '선비', 즉 '사(士)'가 중앙에 진출하면서 신흥 사대부 계층이 형성되었다. 이들은 중앙 정계에 진출하기 전 '정주학'을 학문의 근간으로 삼았다. 당시 선비의 역할은 천지의 사이에 태어나 빼어난 기운을 모아 문장으로 발현시켜, 천자의 조정에서 드날리고 제후의 나라에서 벼슬하는 것이었다.[37] 고려후기의 선비는 시나 문장에 능한 것을 가지고 관료로

---

36 현상윤 지음·이형성 교주, 《(현상윤의) 조선유학사》, 심산, 2010, 34쪽 참조.
37 《삼봉집(三峯集)》〈도은문집서(陶隱文集序)〉(戊辰十月): 士生天地間, 鍾其秀氣, 發爲文章, 或斂于天子之庭, 或仕于諸侯之國.

나가 경세제민(經世濟民)에 큰 도움을 주는 역할자로 자리매김하였다. 즉, 그들은 시문을 통해 국정과 외교에 참여하는 관료 지향자였다. 하지만 당시 이들은 유학 이념에 근본한 정주학을 수용하면서 정신세계의 큰 변화를 가져오게 된다. 아래에서는 먼저 유학 이념에 근본한 선비관이 무엇인지 살펴본 다음, 고려말기와 조선 건국 이후의 선비관을 고찰해 보자.

주지하다시피, 공자는 선비가 도(道)에 뜻을 두었다면 자기의 의식(衣食)이 좋지 않아도 부끄러워함이 없어야 한다고 하였다.[38] 보통사람도 자신이 처한 상황이 좋지 않은 상황이라면 어쩔 수 없이 나쁜 옷을 입기도 하고 좋지 않은 음식을 먹기도 하지만, 양심에서 벗어나 행동하지는 않는다. 하물며 도에 뜻을 둔 선비는 더할 나위가 없을 것이다. 선비가 부끄럽게 여기는 것은 허명(虛名)을 팔아 실질적 이익을 취하는 것이다.[39] 때문에 선비의 입지(立志)가 진실하고 독실해야 하는 것이다.[40] 도에 뜻을 둔 선비는 일반 사람이 추구하는 것과 다른 심지(心志)가 있어야 한다.[41] 그 심지의 궁극은 무엇인가? 공자는 그것에 대해

> 뜻있는 선비와 어진 사람은 살기를 희구하여 인(仁)을 해치는 것이 없고 자기 몸을 죽여 '인'을 이루는 것이 있다.[42]

라고 하였다. 여기서 뜻있는 선비와 어진 사람이 추구하는 것은 바로 '인'이다. 추구하는 목표와 입장에서 보면 두 인간 유형은 동격이 될 것이다. 그렇다면 공자가 말하는 '인'이란 무엇인가?《논어》482단락에서 58번이나 언급

38《논어》권4〈이인(里仁)〉제9장: 子曰: "士志於道, 而恥惡衣惡食者, 未足與議也."
39《퇴계전서(退溪全書)》권7〈乞致仕歸田箚子三(三月二日)〉: 夫士之所恥, 莫甚於騁虛名而取實利.
40《퇴계전서》권24〈答鄭子中(惟一○丙辰)〉: 夫士之所病, 無立志耳. 苟志之誠篤, 何患於學之不至而道之難聞耶?
41《율곡전서(栗谷全書)》습유(拾遺) 권3〈送李春卿(純仁改字伯生)序〉: 求士之道, 在於求其志而已.
42《논어》권15〈위령공(衛靈公)〉제8장: 子曰: "志士仁人, 無求生以害仁, 有殺身以成仁."

된 '인'은 그 뜻이 광범위하지만, 한마디로 말하면 '사람을 사랑하는 것'이다.[43] 뜻있는 선비나 어진 사람은 사람을 사랑하는 마음이 충만하기 때문에 자기 몸을 죽여서까지 '인'을 완수하려는 것이다. 참된 '도'나 '인'에 뜻을 두고자 하는 인물, 곧 선비가 도를 배워 사람을 사랑하는 정신을 실천하고 지향하고자 하는 것은 사필귀정(事必歸正)이 아니겠는가?[44]

공자는 선비가 추구하고 완수해야 할 '인'을 고원(高遠)한 곳에서 찾지 않았다. 가까이 있는 벗끼리 간곡하고 은근하게 지내고, 형제끼리는 책선(責善)보다는 온화하게 지내는 데에 '인'이 있다고 했다.[45] 이렇게 가까운 곳에서 '인'의 실현을 체득해야 그 이상을 나아갈 수 있으며, 가까운 곳에서의 '인의 실현'이 바로 세상을 두루 통하는 길이자 '도'라는 것이다. 아울러 공자는 '세상에서 두루 통함[達]'과 '그저 명성만 소문남[聞]'를 비교하여 언급한 바, 전자는 질박하고 정직하면서 의로움을 좋아하고 상대의 말과 얼굴을 관찰하여 깊이 생각하며, 남에게 자신을 낮추며 겸손한 것을 뜻한다. 후자는 겉으로 어진 모습을 취하고 있는 반면, 행의는 어긋나며 그렇게 살면서도 전혀 자신에 대해 의심을 품지 않는 것을 말한다.[46] 즉, 전자는 상대가 말하는 의향이나 안색에 띠는 감정을 존중하면서 자신의 뜻이 두루 통하게 하는 것이다. 이러한 마음 자세가 있기에 선비가 벼슬에 나가면 자신의 행동이 예의에 벗어나지 않았나 하는 부끄러움을 가지기도 하고 외국에 사신으로 가서 임금의 명령을 욕되게 하지 않았나 하는 마음을 갖게 되는 것이다.[47]

---

43 《논어》권12 〈안연(顔淵)〉제22장: 樊遲問仁. 子曰: "愛人."
44 《논어》권17 〈양화(陽貨)〉제4장: 子游對曰: "昔者偃也聞諸夫子曰: '君子學道則愛人, 小人學道則易使也'"
45 《논어》권13 〈자로(子路)〉제28장: 子路問曰: "何如斯可謂之士矣?" 子曰: "切切·偲偲·怡怡如也, 可謂士矣. 朋友切切·偲偲, 兄弟怡怡."
46 《논어》권12 〈안연〉제20장: 子張問: "士何如斯可謂之達矣?" 子曰: "何哉, 爾所謂達者?" 子張對曰: "在邦必聞, 在家必聞." 子曰: "是聞也, 非達也. 夫達也者, 質直而好義, 察言而觀色, 慮以下人. 在邦必達, 在家必達. 夫聞也者, 色取仁而行違, 居之不疑. 在邦必聞, 在家必聞." 참조.
47 《논어》권13 〈자로〉제20장: 子貢問曰: "何如斯可謂之士矣?" 子曰: "行己有恥, 使於四方, 不辱君命, 可謂士矣."

이는 선비가 벼슬에 있을 적에 철저한 책임의식을 갖고 취하는 행의이다. 때문에 증자(曾子)는 "선비는 마음이 넓고 굳세지 않을 수 없을 것이니, 책임은 무겁고 갈 길이 멀기 때문이다. 선비가 '인'으로 자기의 책임을 삼으니 또한 중대하지 아니한가? 죽은 뒤에 그만두니 또한 멀지 아니한가?"[48]라고 하였다. 이러한 선비의 책임의식은 의리나 절의가 없으면 불가능하다. 의리나 절의에 기초한 책임의식은 당시 선비들에게 깊은 영향을 끼쳤다.

3. 성리학과 실학 지향적 선비의 현실 대응

1) 성리학 정초와 수립에서의 선비상

고려말기 정주학을 수용한 선비, 즉 사대부들은 불교계의 부조리한 폐단을 비판하며 사회의 잘못된 제도와 병폐를 비판하였다. 당시 온건한 개혁을 주장하는 사대부도 있었지만, 급진적인 혁파를 주장하는 사대부도 적지 않았다. 온건 개혁파는 고려왕조를 유지하고자 했고, 급진 개혁파는 새로운 왕조를 건국하고자 하였다. 이 두 세력의 대립 속에서 고려에 대한 충의를 다하려는 온건 개혁파는 끝내 자신들의 뜻을 이루지 못하고 말았다. 이들 가운데 춘추대의(春秋大義)에 투철하여 '불사이군(不事二君)'의 절의를 지키고자 했던 인물들이 있었으니, 그 대표적 선비로 목은(牧隱) 이색(李穡, 1328~1396), 포은(圃隱) 정몽주(鄭夢周, 1337~1392), 야은(冶隱) 길재(吉再, 1353~1419) 등이 있다. 또 조선이 건국되자 72인의 태학생들이 집단으로 두문동(杜門洞)에 은거하였다가 각 지방 향촌으로 삶의 터를 옮겨 그곳에서 은일(隱逸)의 지사(志士)로 후학을 양성했다는 구전(口傳)이 전해지기도 한다.

---

[48] 《논어》권8 〈태백(泰伯)〉제7장: 曾子曰: "士不可以不弘毅, 任重而道遠. 仁以爲己任, 不亦重乎? 死而後已, 不亦遠乎?"

조선은 건국 이후 이상적인 유교 국가를 실현하기 위해 사회 전반의 제도와 규범들을 조직하였다. 체계적인 제도를 구축하여 국가의 정치적 안정을 이루자, 태종은 유학 이념에 뿌리한 충절의 신하를 필요로 하였다. 이에 1405년, 태종은 춘추대의에 입각해 절의를 지킨 정몽주의 정신을 기리면서 새 나라의 기틀을 확고히 하고자 하였다. 결국 정몽주는 고려의 충신이었지만 조선에서는 '충절의 표본'이 되었고, 또 그의 학문과 정신은 조선 사풍(士風)을 형성케 하는 데 큰 원동력이 되었다.[49] 그 '사풍'이란 덕(德)이 닦이지 않음을 근심할 뿐이지 이름이 세상에 알려지지 않는 것을 근심하지 않으며, 학업이 광대하지 못함을 근심할 뿐이지 일을 맡지 못하는 것을 근심하지 않는 마음 자세를 배양하는 것이다.[50] 이러한 소임의식을 완전히 발휘하려는 선비가 바로 나라의 으뜸이 되는 기운이다[사국지원기(士國之元氣)]. 때문에 수양대군이 왕위를 찬탈하였을 때 사육신(死六臣)·생육신(生六臣)·생절신(生節臣) 등은 자신들에게 잠재하였던 춘추절의 정신을 통해 선비로서의 책임의식과 소명의식을 다하였다.

김종직(金宗直, 1431~1492)은 김숙자(金叔滋, 1389~1456)의 아들로, 가학(家學)을 계승하여 절의와 실천을 추구하는 학문을 지향하였다. 그의 학문을 따르는 일군이 형성되었으니 이들이 바로 사림파다. 사림파의 최고의 선비라 한다면, 유학에서 추구하는 지치(至治), 즉 치군택민(致君澤民)을 갈구한 정암(靜庵) 조광조(趙光祖, 1482~1519)를 꼽지 않을 수 없다. 퇴계(退溪) 이황(李滉, 1501~1570)은 그의 공훈에 대하여

세상의 선비 된 자가 여전히 왕도(王道)를 높이고 패술(霸術)을

---

49 《포은집(圃隱集)》〈圃隱先生詩卷序(權採)〉: 先生之節, 因我朝而益高; 聖朝之德, 因先生而益大. 扶植萬世綱常之道, 以勵士風之機, 實關於此. 참조.
50 《성호사설(星湖僿說)》권17 〈인사문(人事門)〉 "士風自重": 士患德不修, 不患無聞; 業患不廣, 不患無任也.

천하게 여길 줄 알며, 바른 학문을 숭상하고 이단(異端)을 배척하며, 정치하는 도리는 반드시 몸을 닦는 데에 근본하고, 쇄소응대(灑掃應對)로부터 궁리진성(窮理盡性)에 이르기까지 〈선비들이〉 점점 흥기하고 분발하여 작위가 있었다. 이것이 누구의 공이며, 누가 그렇게 시켰는가? 하늘의 뜻을 여기서 볼 수 있을 것이고, 성조(聖朝)의 교화가 여기에서 무궁하게 될 것이다.[51]

라고 하였다. 주지하다시피, 조광조 이전 선비의 표본은 정몽주였다. 정몽주 계열의 사림정신을 계승한 조광조가 중종 때 활약한 이후, 조선의 많은 선비들은 그의 정신을 본받으려 하였고 붕당(朋黨) 이후에도 당(黨)를 초월하여 그의 지치주의적 유학사상과 애민정신을 본받으려 하였다. 그가 이와 같이 후학에게 영향을 끼친 이유는 바로 장구(章句)나 문사(文士)만을 좇는 사장학(辭章學)을 추구하지 않고 사물의 원리를 깨닫고 그 마땅함을 처리할 수 있도록 하는 성리학적 실천의 학문을 배양하였기 때문이다.[52] 이러한 학문관을 가지고 있었기에 당시 사림들이 그를 많이 따랐다. 반면 사장학에 중점을 두었던 관료들은 그가 실현하고자 한 참되고 지극한 정치를 시기하고 방해하였다.[53] 그러나 그는 몸을 잊고 나라를 위해 죽더라도 불행한 변고나 근심을 헤아리지 않는다는 선비관이 확고하였기에[54] 불의에 굽히지 않았다. 이는 아무리 위태한 상황이라도 자신의 목숨을 다 바치며 의로움을 생각하는 참된 선비로서의 자세였다.[55] 이러한 의연한 자세를 가지고 왕도와 패술

---

51 《퇴계전서》권48 〈靜庵趙先生行狀〉: 世之爲士者, 猶知尊王道賤霸術, 尚正學排異敎, 治道必本於修身, 灑掃應對, 可至於窮理盡性, 而稍稍能興起奮發而有爲焉. 此伊誰之功, 而孰使之然哉? 則上天之意, 於是乎可見, 而聖朝之化, 於是乎爲無窮矣.
52 《정암문집(靜菴文集)》권1 〈送叔父赴慶源鎭幷序(○叔父名元紀 侍讀官時啓二)〉: 學之名, 非徒章句文辭而已, 學知事物之理, 處得其宜之謂.
53 《정암문집》권4 〈侍讀官時啓二〉: 夫士之不能爲善者, 由有媢疾之人也.
54 《정암문집》권3 〈侍讀官時啓二〉: 士皆忘身徇國, 不計禍患.
55 《논어》권19 〈자장(子張)〉제1장: 子張曰: "士見危致命, 見得思義, 祭思敬, 喪思哀, 其可已矣."

을 구분하며 이치를 궁구하고 본성을 극진(極盡)하는 '궁리진성'의 정신으로 모든 것을 일관하면서도 항상 임금의 마음만을 믿었다.[56]

그의 성리학적 실천의 학문관은 당시 사림계나 산림처사들에게 많은 감명을 주었다. 때문에 임금도 그의 학문에 큰 신임을 보냈던 것이다. 선비란 임금에게 신임을 받은 뒤 벼슬에 나가 임금을 섬기는 것이었지만,[57] 그는 공평무사한 행의를 통해 백성에게 도움을 주는 선비관을 지향했다.[58] 그가 대사헌이 되었을 때 법을 집행하는 것이 공평하고, 교화시켜 이끄는 것이 아울러 지극하므로, 습속(習俗)이 한 번 변하여 저잣거리의 백성들이 효(孝)와 경(敬)을 알고, 물건을 사고 파는 데 속임이 없으며 관리가 청렴결백을 힘쓰고 남녀가 길을 달리하였다 한다.[59] 이러한 그의 행의가 선비로서 성리학적 실천의 이념을 실현시키고 정착하도록 한 것이라 할 수 있다.

하지만 당시 역사적 상황과 정치적 현실에서 시비(是非)와 사정(邪正)을 분별하며 국시(國是)를 세우려는 조광조의 노력은 급진적인 면이 없지 않았다. 더구나 그를 따랐던 젊고 패기 있는 사림들 역시 지나치게 개혁을 종용하는 경향이 있었다. 이에 당시 훈구적 관료들로부터 큰 역풍을 맞아 조광조를 비롯한 사림들의 성리학적 지치주의는 좌절하기에 이르렀다. 사림들의 정신과 학문은 후학들에게 많은 영향을 끼쳤지만, 현실에 대응하는 경세적 방법이나 행동은 재론(再論)의 여지를 남겼다. 그리하여 이황은 59세 때 다음과 같이 자신의 선비관을 피력하였다.

> 대저 선비가 세상을 살면서 벼슬하기도 하고 물러나기도 하며, 〈때를〉 만나기도 하고 만나지 못하기도 하지만, 귀결은 몸을

---

[56] 《정암문집》권2 〈獄中供辭(出己卯黨籍補)〉: 士生斯世, 所恃者君心而已.
[57] 《정암문집》권2 〈兩司請改正靖國功臣啓三〉: 士須見信於君, 然後乃可出而事君矣.
[58] 《정암문집》권2 〈因不從改正功臣事辭職啓三〉: 士生於世, 業爲學問者, 冀得展其懷抱, 有補於生民耳.
[59] 현상윤 지음·이형성 교주, 《(현상윤의) 조선유학사》, 83쪽.

깨끗이 하며 의(義)를 행할 따름이고 화와 복은 논할 것이 아니다. 그러나 〈나는〉 일찍이 우리나라의 선비 가운데 점점 도의(道義)에 뜻을 두고 사모하는 사람들이 대부분 세환(世患)에 걸린 것을 괴이하게 여겼다. 이것이 비록 땅이 좁고 인심이 야박한 까닭에서 연유하였지만, 또한 그들 스스로 행동한 것에 미진함이 있어 그러한 것이다. 그 '미진했다'는 것이란 다름이 아니라 학문이 지극하지 못하고서 스스로 처한 것이 너무 높고, 시의를 헤아리지 못하고서 세상을 경륜(經綸)하는 데 용감했다는 것이다. 이것은 실패한 도(道)를 취하여 큰 명예를 짊어지고 큰 일을 감당하는 사람의 절실한 경계이다.[60]

즉, 선비란 출사 여부나 시운(時運)에 매달리기보다는 몸을 깨끗이 하고 의를 행한다는 '결신행의(潔身行義)'를 중시해야 한다는 것이다. '결신'은 '수신(修身)'의 의미로 몸을 닦는다는 뜻이나 이는 사사로이 거처할 때 취할 선비의 처신이다. '행의'는 절의나 의리를 실천한다는 뜻이나, 이는 공무(公務)나 어떤 일에 처했을 때 취할 선비의 직분이다. 이 처신과 직분은 선비에게 가장 필수요건이라는 것이다. 이 요건은 선비가 어느 곳에서나 자기의 소임으로 여기고 힘써야 하는 것이다. 때문에 그 속에는 봉공(奉公)의 정신이 깃들어 있다 하겠다. 봉공의 정신이 깃든 선비라면, 향촌과 정계의 모든 사람들은 그의 정신에 저절로 교화될 것이다. 특히 이황에 의하면, 선비의 학문은 거경궁리(居敬窮理)를 통한[61] 정의와 이욕(利慾)을 분명히 하여[62] 천리를

---

60 《퇴계전서》권16 〈답기명언(答奇明彦)〉: 夫士生於世, 或出或處, 或遇或不遇, 歸潔其身行其義而已, 禍福非所論也. 然當怪吾東方之士稍有志慕道義者, 多罹於世患. 是雖由地褊人澆之故, 亦其所自爲者有未盡而然也. 其所謂未盡者, 無他. 學未至而自處太高, 不度時而勇於經世. 此其取敗之道而負大名當大事者之切戒也.
61 《퇴계전서》권12 〈答崔見叔問目〉: 乃知朱門大居敬而貴窮理爲學問第一義.
62 《퇴계전서》외집(外集) 권1 〈送金惇敍之玄風(四首)〉: 學問要須明義利.

알고 실천하는 데 있는 것이다.⁶³ 시의란 그 당시 일의 마땅한 것에 가장 알 맞은 것이나 요구 등을 가리킨다. 시의를 잘 헤아려 외적 상황에 가장 잘 들어맞게 하기 위해서는 자신의 학문이 진실무망(眞實无妄)한 성실이어야 한다.⁶⁴ 즉, 선비란 진실한 학문을 가지고 시의를 중도에 알맞게 헤아려 세상을 다스리는 참된 인물이라 할 수 있다.

이이도 진퇴의 입장에서 선비상을 말하는바, 이황의 수신적 '결신'을 '뜻을 지킨다'는 '수지(守志)'로 선비의 임무로 삼고, 절의나 의리를 실천한다는 '행의'를 '도를 실행한다'는 '행도(行道)'로 선비의 역할을 설명하였다.⁶⁵ 이이에 의하면, 선비가 벼슬에 나가 도를 실행할 적에는 예(禮)에 의거하고, 물러나 뜻을 지킬 적에는 '의(義)'로 마음을 정제해야 한다는 것이다.⁶⁶ 그가 말하는 '선비의 진퇴적 소임'은 이황이 말하는 것보다 더 능동적인 측면이 있다 하겠다. 특히 그는 선비가 참다운 마음을 간직하고 일을 처리하는 것은 청천백일(靑天白日)같이 하여서 모든 사람이 알도록 해야 한다고 하여,⁶⁷ 마음 수양과 일 처리가 공평무사하였음을 알 수 있다. 즉, 사욕(私慾)을 버리고 현실에 알맞은 실질적 도를 가지고 임금을 돕는 청백리와 같은 선비상을 지향한 것이다. 때문에 이이는 사군(事君)하는 주체로서의 선비와 용사(用士)하는 주체로서의 임금에 대해

> 선비가 임금을 섬기는 것은 이익과 녹을 위해서가 아니라 그가
> 체득한 것을 미루어 그것을 나라에 시행하고자 할 따름이다.

---

63 《퇴계전서》속집(續集) 권8 〈天命圖說(圖與序見文集)〉: 學問之道, 不係於氣質之美惡, 惟在知天理之明不明, 行天理之盡不盡如何耳.
64 《중용(中庸)》제25장: 誠者, 非自成己而已也, 所以成物也. 成己, 仁也; 成物, 知也. 性之德也, 合外內之道也, 故時措之宜也. 참조.
65 《율곡전서》권6 〈사대사간소(辭大司諫疏)〉: 士生斯世, 進則行道, 退則守志. 참조.
66 《율곡전서》권8 〈六疏後請罪啓〉: 竊聞自古儒者, 進退不苟, 其進以禮, 其退以義. 참조.
67 《율곡전서》권38 〈諸家記述雜錄〉: 嘗謂學者曰: "士君子持心處事, 當如靑天白日, 使人人得而見之, 眞可謂言行表裏如一也.

> 임금이 선비를 등용하는 것은 은혜나 총애를 위해서가 아니라
> 선비가 지닌 것을 자료삼아 정치에 응용하고자 할 따름이다.[68]

라고 하였다. 즉, 선비는 자신이 체득한 학문을 가지고 나라에 이바지하고, 임금은 그 선비가 지닌 능력을 국정에 활용하는 것이다. 이것이 바로 선비와 나라 그리고 임금의 상수적(相須的) 관계에서의 올바른 역할론이다. 유학을 숭상하는 선비[儒]라면 당연히 나라와 임금을 위해 자신의 직분을 다하는 것이 선비의 의로운[義] 도리이다. 이러한 선비의 의로운 도리는 세속의 상정(常情)과는 거리가 있는 듯하다. 이이는

> 대개 세속의 상정으로 말하자면, 선비는 진실로 미워할 만하다. 다스림을 논할 적에는 멀리 당우(唐虞: 요임금과 순임금)를 끌어대고, 임금에게 간할 적에는 어려운 일로 책망하며, 잡아두어도 머물지 않고, 총애해도 즐거워하지 않으며, 오직 자기 뜻을 행하려는 데에만 마음을 쓰니 참으로 쓰기가 어렵다. 그런데 그 가운데 과격한 자도 있고, 세상일에 어두운 자도 있고, 또한 명성을 좋아함이 있는 자는 간혹 그 대열에 기웃거리기도 하니, 어찌 임금들이 미워할 만한 대상이 되지 않겠습니까?[69]

라고 하였다. 이는 임금이 의로움을 추구하는 선비와 미워할 선비를 올바르게 직시하도록 일깨워주고 있는 것이다. 사실 임금의 입장에서 보면 의로운

---

68 《율곡전서》권3 〈辭校理仍陳情疏〉: 士之事君, 非爲利祿也, 欲推其所得, 施之於邦國而已. 君之用士, 非爲恩倖也, 欲資其所有, 達之於政治而已.
69 《율곡전서》권6 〈疏箚(四)·應旨論事疏〉: 夫以世俗常情言之, 則儒者, 固可惡也. 論治則遠引唐虞, 諫君則責以難事, 縻之不留, 寵之不樂, 惟在於欲行其志焉, 固是難用. 而其間或有過激者, 或有迂闊者, 亦有好名者或廁乎其列, 豈非世主之所可惡者乎?

행의를 가지고 원칙을 추구하며 임금의 잘못된 일을 조목조목 따지는 선비는 등용시켜 쓰기가 어려운 면이 없지 않을 것이다. 선비가 유학을 배웠어도 출사하여 세속적 가치를 추구하고 좋은 벼슬자리를 얻기 위해 임금에게 아첨하는 경우가 빈번하였다. 특히 임금의 정사가 잘못되었을 때, 물러날 것을 각오로 직간(直諫)하기보다는 침묵으로 일관하며 자리를 보존하는 경우도 많았다. 그리하여 이이는 참된 선비, 즉 '진유(眞儒)'를 언표하였다. 그는 "이른바 '진유'란 벼슬에 나가면 한 시대에 도를 행하여 백성으로 하여금 태평을 누리게 하고, 물러나면 온 세상에 교화를 베풀어 배우는 이들로 하여금 큰 잠에서 깨어나게 하는 것이다. 벼슬에 나아가 도를 행할 수 없고 물러나 가르침을 전할 수 없다면 사람들이 비록 진유라 할지라도 나는 믿지 않는다"[70]라고 하였다. 이는 벼슬의 진퇴 입장에서 참된 선비로서의 '진유'를 피력한 것이다. 즉, 선비가 벼슬에 있을 때와 벼슬에서 물러나 있을 때, 세속적 가치 추구보다는 참된 선비로서의 처신과 행의를 통해 선비의 당위적 직분을 실현하도록 하는 것이었다.

2) 선비의 국난 극복(國難克復)과 이용후생적(利用厚生的) 삶 도모

성인의 학문에 뜻을 둔 선비는 누구보다도 강한 자주의식으로 현실 사회에 참여하기를 갈망한다. 일찍이 공자는 천하를 주류(周流)하다가 은자(隱者)로 여겨지는 선비를 만나 자신의 강한 자주의식을 드러내었다.[71] 그의 자주의식이란 아무리 세상이 난세이더라도 세상 사람을 등지고 살 수 없다는 것

---

[70] 《율곡전서》권15 〈東湖問答(己巳○月課)〉: 夫所謂眞儒者, 進則行道於一時, 使斯民有熙皞之樂; 退則垂敎於萬世, 使學者得大寐之醒. 進而無道可行, 退而無敎可垂, 則雖謂之眞儒, 吾不信也. 참조.

[71] 《논어》권18 〈미자(微子)〉제6장: 長沮·桀溺耦而耕, 孔子過之, 使子路問津焉. 長沮曰: "夫執輿者爲誰?" 子路曰: "爲孔丘." 曰: "是魯孔丘與?" 曰: "是也." 曰: "是知津矣." 問於桀溺. 桀溺曰: "子爲誰?" 曰: "爲仲由." 曰: "是魯孔丘之徒與?" 對曰: "然." 曰: "滔滔者天下皆是也, 而誰以易之? 且而與其從辟人之士也, 豈若從辟世之士哉?" 耰而不輟. 子路行以告. 夫子憮然曰: "鳥獸不可與同羣, 吾非斯人之徒與而誰與? 天下有道, 丘不與易也."

이었다. 즉, 선비란 사회가 처한 당면 과제에 지대한 관심을 갖고 있어야 함을 언명한 것이라 하겠다.

　조선은 임진왜란 때 많은 선비들이 난국을 극복하고자 하였다. 선비는 독서인이지만 그저 성인의 경전을 보는 것이 아니라 병법(兵法)의 책도 읽는다. 그들은 병법을 토대로 하여 관군을 돕거나 의병을 직접 일으켜 전투에 참여, 지휘한다. 예컨대 전라도 광주에서는 고경명(高敬命, 1533~1592), 나주에서는 김천일(金天鎰, 1537~1593), 경상도에서는 김성일(金誠一, 1538~1593)과 유생(儒生) 곽재우(郭再祐, 1552~1617), 충청도 옥천에서는 조헌(趙憲, 1544~1592) 등이 의병을 일으켰다. 이들이 의병을 일으켜 왜적에 대항할 수 있었던 큰 원동력은 각 향촌사회에서 학문에만 뜻을 둔 것이 아니라 선비가 지녀야 할 덕(德)을 함양하였기 때문이다. 민중이 믿고 따르도록 하는 힘은 '덕'만한 것이 없을 것이다.[72] 때문에 《춘추》에서 '삼불휴(三不朽)'로 언표되는 '입덕(立德)', '입공(立功)', '입언(立言)' 가운데 최고의 가치는 바로 '입덕'이며,[73] '입덕'의 가치를 실천한 선비야말로 '나라의 으뜸이 되는 기운'인 것이다.

　병자호란 때 각 향촌사회에서 절의있는 선비들이 화의(和議)를 반대하기 위해 의병을 이끌고 남한산성으로 향한 것도 덕의 실현이 있었기에 가능한 것이었다. 특히 인조가 삼전도(三田渡) 굴욕을 겪으면서 화의가 성립되자, 평양의 서윤(庶尹) 홍익한(洪翼漢, 1586~1637), 교리 윤집(尹集, 1606~1637), 오달제(吳達濟, 1609~1637)는 화의를 반대하고 조선의 자주권을 발휘하기 위해 결사 항전을 주장하였다. 이들은 심양으로 붙잡혀 가서 모진 고문과 회유에도 척화의 뜻을 굽히지 않는 충절을 보였는데 이는 존왕양이(尊王攘夷)의 춘추정신에 의거한 저항이라 할 수 있다.

　임진왜란과 병자호란 이후, 조선은 사회·경제적 변동에 따라 기존의 질

---

72 《논어》권4 〈이인〉제25장: 子曰: "德不孤, 必有隣."
73 《춘추좌전(春秋左傳)》권35 〈襄公 24年條〉: "太上有立德, 其次有立功, 其次有立言, 雖久不廢此之謂不朽.

서가 붕괴되고 여러 모순이 노정(露呈)되었다. 학계나 정계는 새로운 국제 질서에 대응하면서 국익을 도모하려는 노력을 기울였다. 조선에 민족적 치욕감을 준 청나라에 대해 북벌(北伐)로 자존심을 유지하고자 하는 소중화적(小中華的) 의식을 발휘한 선비가 있는가 하면, 새로운 문물을 수용하며 실리를 추구하고자 하는 선비들도 있었다. 이런 와중에 현종과 숙종 대에 왕실의 복상기간(服喪期間)을 둘러싸고 서인과 남인 간에 논쟁하였던 예송(禮訟)은 붕당에 치우쳐 격화된 감이 적지 않았다. 이러한 정치적 대립은 사회 질서 확립을 둔화시켰다. 이에 현실의 구체적인 모순과 병폐를 해결하기 위한 개혁을 시도하는 학풍이 일어났다.

조선후기 개혁 시도에 앞장 선 인물은 바로 반계(磻溪) 유형원(柳馨遠, 1622~1673)이다. 현실을 직시한 유형원은 매우 격앙(激昂)하여 "하늘이 사농공상이란 사민(四民)을 내었으니 각각 그 직분이 있다. 나는 선조의 음덕(蔭德)에 힘입어 편히 앉아 먹고 지내니 이는 천지 사이에 한 마리 좀벌레이다. 마땅히 선왕의 '도'만을 강구하여 내가 선비 된 직분을 넓힐 뿐이다"[74]라고 하였다. 양반 사대부로서 누리는 사회적 특권에서 벗어나 선비의 직분을 자각하고 이를 실천에 옮기는 태도였다.[75] 그는 《반계수록(磻溪隨錄)》을 통해 조선후기 사회와 정치의 전반에 걸친 현실 법제의 모순을 근본적으로 개혁하여 안정된 민본주의가 확립하도록 단행하였다. 그의 후생(厚生)을 위한 개혁사상은 당파를 초월하여 모든 학자들에게 깊은 영향을 주었으니, 근기 남인 학자 성호(星湖) 이익(李瀷, 1681~1763)과 그 학파, 그리고 강진으로 유배간 다산(茶山) 정약용(丁若鏞, 1762~1836)이 그 대표적 인물이다. 특히 정약용은 일표이서(一表二書)라고 하는 《경세유표(經世遺表)》·《목민심서(牧民心書)》·《흠

---

[74] 《반계수록》부록(附錄) 〈전(傳)〉 洪啓禧 撰: 常自激仰曰: "天生四民, 各有其職. 余藉先蔭, 安坐饘粥, 是天地間一蠹. 只當講究先王之道, 充吾爲士之分而已.
[75] 김준석, 《조선후기 정치사상사 연구》(연세국학총서32), 지식산업사, 2003, 100~101쪽 참조.

흠신서(欽欽新書)》를 저술한 바, 이는 새로운 국가의 이상을 실현하기 위한 우국충정에서 나온 개혁안이었다.[76]

유형원 → 이익 → 정약용으로 이어지는 선비군은 경세치용(經世致用)적 측면에서 조선 사회 내부의 구조적 병폐를 개혁하는 데 주력하였다. 또 다른 부류로 유가의 정덕(正德) 중시보다는 이용후생(利用厚生)에 치중하여 서구의 근대 과학기술과 청나라 선진 문물을 수용하자고 주장한 선비층도 있었다. 담헌(湛軒) 홍대용(洪大容, 1731~1783)을 비롯한 북학파(北學派)가 그들이다. 홍대용은 서구의 과학사상에서 큰 영향을 받아 학문을 전개하면서도 사회의 계급적 신분 차별에 반대하고 백성 모두에게 균등한 교육의 기회를 부여해야 하며, 재능과 학식에 따라 일자리가 주어져야 한다고 주장하였다. 즉, 신분 세습이 아니라 균등한 교육을 통해 재능과 학식을 기른 선비가 사회 구성원으로 제 역할을 해야 백성들이 후생적 삶을 도모할 것으로 여긴 것이다. 초정(楚亭) 박제가(朴齊家, 1750~1805)는 청나라에서 견문한 것을 주 내용으로 하여 1778년 편찬한 《북학의(北學議)》에서, "이용과 후생에서 하나라도 닦이지 않음이 있다면 위로 정덕을 해친다"[77]라고 하였다. 백성이 삶의 안정적 도모 없이 덕을 올바르게 한다는 것은 존립할 수 없음을 천명한 것이다.[78] 연암(燕巖) 박지원(朴趾源, 1737~1805)은 1799년 농업에서의 여러 문제점을 해결하고자 저술한 《과농소초(課農小抄)》에서 선비의 역할론을 다음과 같이 말한다.

> 옛날 백성이 되는 것은 네 가지이니, 사(士)·농(農)·공(工)·고(賈)이다. 선비가 학문을 한 것은 오래이지만, 농·공·상·고의 일

---

[76] 윤사순, 《한국유학사》下, 지식산업사, 2012, 107~114쪽 참조.
[77] 《정유각문집(貞蕤閣文集)》권1 〈북학의자서(北學議自序)〉: 夫利用厚生, 一有不脩, 則上侵於正德.
[78] 한국철학사연구회 엮음, 《한국실학사상사》(개정판), 심산, 2008, 221~236쪽 참조.

도 그 시초 역시 성인의 이목과 심사에서 나와서 대대로 전습되어 각각 그 학술이 있지 않음이 없다. (…) 그러나 선비의 학문은 실로 농·공·고(賈: 商)의 이치를 아울러 포함하고 있어 이 세 가지의 일은 반드시 모두 선비를 기다린 뒤에 이루어지는 것이다. 무릇 농사를 밝힌다거나 상업을 유통시키며 공장을 돌본다는 것에서 그 밝히고 유통시키고 돌보는 자가 선비가 아니고 누구인가? 그러므로 신은 그윽이 후세 농·공·상이 일을 잃은 것은 바로 선비에게 실학(實學)이 없는 허물이라고 생각하였다.[79]

선비란 농·공·상의 전체를 아우르는 실질적 학문, 즉 실학을 추구해야 한다는 것이다. 선비가 그저 의리나 절의만을 따져서는 안 되며, 주어진 환경을 직시하고 그 시대에 알맞은 학문을 추구해야 함을 역설한 것이다. 그는 이용과 후생이 정덕에 앞선다는 논리로, "이용한 다음에 후생할 수 있고, 후생한 뒤에 그 덕을 올바르게 할 수 있다. 그 쓰임을 이롭게 하지 못하고 그 삶을 두텁게 할 수 있는 것은 드물 것이다. 삶이 이미 각자 두텁지 못하다면 또한 어떻게 그 덕을 올바르게 할 수 있겠는가?"[80]라고 하였다. 이는 덕을 위주로 하는 성리학적 세계관과 선비관에서 벗어나 이용후생을 도모할 수 있는 선비의 역할을 매우 중시한 것이다. 박지원은 선진시대 맹자가 사민(士民: 선비와 백성)을 구분하여 전개하던 양상에서[81] 벗어나 사농공상을 하나의

---

79 《연암집(燕巖集)》권16 별집(別集) 〈과농소초(課農小抄)〉제가총론(諸家總論): 臣謹按古之爲民者四, 曰士農工賈. 士之爲業尙矣, 農工商賈之事其始亦出於聖人之耳目心思, 繼世傳習, 莫不各有其學. (…) 然而士之學, 實兼包農工賈之理, 而三者之業, 必皆待士而後成. 夫所謂明農也通商而惠工也, 其所以明之通之惠之者, 非士而誰乎? 故臣竊以爲後世農工賈之失業, 卽士無實學之過也.
80 《연암집》권11 별집 〈열하일기(熱河日記)〉도강록(渡江錄)〈起辛未 止乙酉 自鴨綠江 至遼陽十五日〉: 利用然後可以厚生, 厚生然後正其德矣. 不能利其用而能厚其生, 鮮矣. 生旣不足以自厚, 則亦惡能正其德乎?
81 《맹자(孟子)》권1 〈양혜왕상(梁惠王上)〉제7장: 曰: "無恒産而有恒心者, 惟士爲能. 若民, 則無恒産, 因無恒心. 苟無恒心, 放辟, 邪侈, 無不爲已. 及陷於罪, 然後從而刑之, 是罔民也." 참조

민(民)이라는 일원적 관점에서 파악하고, '백성의 이용후생적 삶'이 바로 국가의 기틀임을 강조하였다. 즉, 선비는 명분보다는 실리적 학문을 추구하여 유학의 민본주의를 실현하는 데 그 목적이 있음을 피력한 것이다.

3) 왜양 세력(倭洋勢力)에 대한 선비의 대응 양상

조선은 19세기 초중엽부터 왜양 세력이 들어오고 국내에서는 농민의 동요가 일어나 국내외적으로 큰 혼란에 직면하였다. 이러한 상황에서 자주적 국가수호라는 명분을 내세워 대응한 이가 바로 흥선대원군 이하응(李昰應, 1820~1898)이다. 그는 "서양 오랑캐가 침범하는데 싸우지 않으면 화친하는 것이니, 화친을 주장하는 것은 나라를 파는 것이다(洋夷侵犯 非戰則和 主和賣國)"라고 언표하고 쇄국정책을 강화하였다. 또한 농민 동요의 직접적 원인이 되었던 조세수취제도를 개선하면서 일반 지주들의 양보를 강요하여 농민들의 불만을 해소시켰다. 선비들 역시 왜양 세력이 국기(國基)를 위태롭게 한다는 것을 목도한 이후에는 흥선대원군의 정책 노선에 따르는 양상이었다.

내외의 위기를 시의적절하게 대처한 흥선대원군이 1873년 갑작스럽게 하야하면서 조선은 개항을 추진한다. 고종은 1880년 수신사 김홍집(金弘集, 1842~1896)이 일본에서 가져온 《조선책략(朝鮮策略)》을 반포하고, 이듬해 일본과 청나라에 각각 신사유람단(紳士遊覽團)과 영선사(領選使)를 파견하여 근대화를 위한 개항을 모색하였다. 하지만 정부가 외세를 업고 개항을 추진하려 하자 전국의 선비인 유생들은 이에 대항하여 위정척사운동(衛正斥邪運動)을 벌였다. 특히 일본의 침략이 노골화되면서 당시 지식층이었던 선비와 유학자들은 서로 다른 대응 양식으로 외세에 항거하기에 이른다.

일본 침략에 대한 위정척사의 대응 양식은 자정(自靖)·순절(殉節)·거의(擧義) 등으로 나타났다. '자정'은 은거(隱居)해서 일제 침략에 비협조함으로써 몸을 깨끗이 지키는 것이고, '순절'은 자결(自決)해서 일제 침략에 항의하고 절개를 지키는 것이며, '거의'는 의병을 일으켜 일제 침략에 항거해서 싸우다가 목숨을 바치는 것이었다.[82] 위 세 가지 대응 양식의 공통분모는 의리를 지키는 것을 중시한다는 것이다. 아래에서는 이 세 가지 양상을 중심으로 선비의 현실 대응을 살펴볼 것이다.

첫째, '자정'은 본래 선비가 시국과 맞지 않았을 때 출사하지 않고 산림에 거처하며 학문을 연마하는 경향이다. 이러한 행의는 당시 많은 학인들이 긍정적으로 평가하지 않는 부분이 있었던 듯하다. 그리하여 간재(艮齋) 전우(田愚, 1841~1922)는 자정의 의미를 세분화하여

> 옛날 자정한 사람들은 바다를 건너 다른 곳으로 가기도 하고, 병들고 미쳐 스스로 폐인처럼 행동하기도 하고, 변고를 듣고 자결하기도 하고, 자취를 감추고 몸을 마치기도 하였다. 이 여러 가지의 어려움은 일본이 주는 고통보다 더 심할 것이다. (…) 구산노인(臼山老人: 전우)이 읊조리를 오래하다가 "바다를 건너는 것은 재물 있으면 할 수 있고, 병들어 폐인처럼 행동하는 것은 인성(忍性)이 있으면 할 수 있으며, 자결하는 것은 지절(志節)이 있지 않으면 불가능하고, 오직 자취를 감추고 자신을 잃지 않는 것은 도(道)에 얻음이 있지 않으면 반드시 스스로 하기가 어려운 것이다"라고 하였다. 앞의 세 가지는 내가 참으로 감히 말하기는 쉽지 않으나, 여기서 원하는 것이라면 최후 일단의 한 가지 일이다.[83]

---

82 이광린·신용하,《사료로 본 한국문화사―근대편》, 일지사, 1996(5쇄), 238~240쪽.
83 《간재문집(艮齋文集)》별편(別編) 권1 〈記晨囱私語(乙巳)〉: 古之自靖者, 或越海佗適, 或病狂自廢, 或聞變自裁, 或遯跡終身. 是數者之難, 更甚於日部之苦矣. (…) 臼山老人沈吟久之曰: "越海, 有財則可爲; 病廢, 有忍性則可爲; 自裁, 非有志節者, 不能; 惟遯跡而不自失, 非有得於道者, 定自難能也." 前三者, 吾固未敢易言, 乃若所願, 則最後一段事也.

라고 하였다. 즉, 전우가 원하는 것은 '자취를 감추고 자신을 잃지 않으며 유학의 도를 굳건히 지키려는 것'이었다. 그가 말하는 '감추다'의 돈(遯)은 바로 《주역》의 천산돈괘(天山遯卦)에서 말하는 '감추다'를 의미하는 것이다.[84] 전우가 말하는 '감추다'라는 것은 당시 시대상황이 외세(소인)가 유입되어 활개 치는 세상이므로 그 세상을 떠나 자기 자신을 엄격하게 하면서 군자가 지향하는 중용(中庸)의 도를 지키겠다는 의지로 잠시 자취를 감추는 것이지 영원히 숨는 것이 아니었다.[85] 이는 바로 '자취를 감추어 도를 지킨다'면 종국에 지뢰복괘(地雷復卦)가 도래하리라는 확신에 찬 말일 것이다.[86] 이를 보면 '자정'은 단순히 은거해서 일제 침략에 비협조함으로써 몸을 깨끗이 지키는 것만은 분명 아니다. 전우는 의리를 지키며 자정하였으나 '부유(腐儒)'로 지목되기도 하였다.[87] 하지만 그는 자신이 처한 시대적 상황을 최대한 고려하여 행동한 것이었다.[88] 그리하여 그는 "이제 비록 국가가 이미 기울고 인류가 장차 멸망하려 하지만, 우리들이 의리를 강명(講明)하고 사사로움을 제거하는 일과 후진을 교도(敎導)하는 마음은 더욱 더 간절해야 하고 조금도 해이해서는 안 된다. (…) 그렇다면 단지 자취를 감추고 자정하는 일이 있을 뿐이고 만일 핍박을 만나 이적(夷狄)의 제도를 따르게 된다면 죽음만 있을 뿐이다"[89]라고 하여, 삶을 마칠 때까지 해도(海島)에서 전통을 수호하면서 후

---

84 《주역》권12 〈돈괘(遯卦)〉참고.
85 《간재문집》전편(前編) 권8 〈與朴來源(丙申)〉: 士君子不幸遭此亂世, 四海腥穢, 上驕下贖, 無潔地可以寄身, 惟有鏟跡韜光, 以自靖而已. 夫遯世與避世不同. 避者必隱, 遯者不必隱. 君子有中庸之德, 則世自與之相違, 如天山之相望而不相親. 故曰遯. 此意學者不可以不知也. 참조.
86 《간재문집》전편 권12 〈분언(体言)〉: 君子之仕, 無必待擧世皆淸然後出脚之理. 又不可舍吾之所學, 包羞忍恥, 夷獸同羣, 而可以期異日之事功. 竊意惟杜門講學, 使一脈陽氣, 得以長養於積陰之中, 則雖不能奏功於一時, 而其澤亦足以及於無竆矣. 如此, 乃爲至公無我之心. 不然, 乃覇者之餘習, 豈足稱於聖賢之門乎? 참조.
87 현상윤 지음·이형성 교주, 《(현상윤의) 조선유학사》, 618쪽.
유명종, 《조선후기 성리학》, 이문출판사, 1988(2판), 577쪽.
88 《간재문집》전편 권7 〈與崔鍾和(甲辰)〉別紙: 我何嘗獨以自靖爲中庸? 中無定體, 隨地隨時, 而各自不同. 可以自靖則自靖爲中, 可以起義則起義爲中. 참조.
89 《간재문집》별편(別編) 권1 〈答王司諫(性淳○乙巳)〉別紙: 今雖國家已傾, 人類將滅, 而我輩講義祛私之功, 敎道後進之心, 則當愈益懇懇, 而不容少懈也. (…) 然則只有遯跡自靖一事, 而如遇逼迫, 令從夷制, 則有死而已.

진을 양성하는 데 적극적 자세를 보였다.

　면우(俛宇) 곽종석(郭鍾錫, 1846~1919)도 넓은 의미에서 자정의 입장을 취하였다. 그에 의하면 자정은 임금의 명을 더럽히지 않으면서 개인적 직분을 편안하게 여기는 것인데,[90] 그 방법은 두문불출하여 자신을 드러내지 않고 묵묵히 세상 변화에 대한 진리를 터득하는 것이다.[91] 그는

> 산골짜기에서 스스로 편안하게 지내면서도 여전히 학도를 모아 강학하며 앞 성인의 도를 미루어 밝혀 마침내 주자학을 천하에 전하는 것이다. 이는 대체로 천지를 위하여 마음을 세우고 만세를 위하여 태평성대를 연다는 것이니 진실로 자기 분수에 맞는 행의이다.[92]

라고 하였다. 이를 보면 그의 자정론은 왕성한 기운으로 나가 적과 싸우지 않고, 오직 운명에 따라 처신하고 의리에 의거하여 변파하겠다는 것이다.[93] 특히 "천지를 위하여 마음을 세우고 만세를 위하여 태평성대를 연다"라는 언표는 중국 송나라 때의 학자 장재(張載, 1020~1077)의 말을 원용(援用)한 것인데,[94] 이는 현실 대응에서 미래의 유가적 가치 기준을 올바르게 세우겠다는 신유학의 도학정신을 함축적으로 잘 드러낸 것이다. 특히 그가 국왕의 신하로서 국왕의 군대와 싸울 수 없다는 군주옹위론을 철저하게 지킨 것도 그러한 맥락일 것이다. 때문에 그는 철저하게 묵묵히 학문을 닦으며 마음을

---

90 《면우문집(俛宇文集)》권19 〈답신참정(答申參政)(癸卯)〉: 斯爲不辱乎君命而自靖於私分也.
91 《면우문집》권31 〈답리성양(答李聖養)(癸酉)〉: 自靖之方, 誠莫過於杜門韜默之爲得.
92 《면우문집》권50 〈답문사헌(答文士憲)〉: 自靖於丘壑之間, 而猶且聚徒講學, 推明先聖之道, 而卒傳朱子之學於天下. 蓋爲天地立心, 爲萬世開太平, 固自是分內也.
93 《면우문집》권21 〈여강학수(與姜學叟)〉: 大要只杜門自靖, 不必盛氣以相閱, 惟順命以處之, 據理以辨之而已.
94 《장자전서(張子全書)》권14 〈성리습유(性理拾遺)〉: 爲天地立心, 爲生民立道, 爲去聖繼絶學, 爲萬世開太平. 《심경(心經)·근사록(近思錄)》권2, 보경문화사, 1986, 참조.

보존하는 존심(存心) 공부를 통해 맑은 기를 기르며 스스로 자신의 몸을 편안하게 하는 것을 첫 번째의 의리로 여겼다.[95] 이러한 처세로 말미암아 그는 영남뿐만 아니라 국내의 많은 인사들로부터 적지 않은 비난을 받았고 '나유(懦儒)'라는 기롱(譏弄)을 감수해야만 했다.[96] 그러나 전우와 곽종석의 자정론은 수도적(守道的) 차원에서 후학을 양성하며, 그들에게 미래의 유가적 가치기준을 심어주려는 것이었다. 넓은 의미에서 두 선비의 자정론은 현재보다는 미래 사회의 책임을 짊어지겠다는 의미를 내포하고 있다.

둘째, '순절'은 우국지사(憂國之士)가 국권 피탈로 인한 울분의 항거정신을 절명으로 보인 것을 말한다. 일본이 1905년 을사늑약을 강제로 체결하고 국권을 박탈하자 전국에서 선비들이 반대투쟁을 일으켰고, 또한 송시열(宋時烈)의 9세손 송병선(宋秉璿, 1836~1905), 최익현(崔益鉉, 1833~1906), 전우(田愚), 곽종석(郭鍾錫) 등은 상소를 올려 조약의 무효와 '오적신(五賊臣)'을 벨 것을 청하였다. 그러나 이들의 뜻은 이루어지지 않았고 사실상 일제의 식민지 지배에 들어가기에 이르렀다. 특히 송병선은 목숨을 걸고 구국의 상소를 올렸으나 비답(批答)이 없자 상경하여 고종을 알현하고 조약파기운동을 전개하였다. 그러나 그는 일제에 종속된 정치권에 도저히 자신의 뜻을 관철시킬 수 없었다. 그리하여 끝내 70세의 선비 송병선은 국권을 강탈당한 통분으로 "수도(守道)"하겠다며 황제와 유생들에게 유서를 남기고 자결하였다.

매천(梅泉) 황현(黃玹, 1855~1910)은 을사조약이 체결되었다는 소식에 단식하고, 송병선의 순국 소식을 접하고서는 매우 통곡하였다. 더욱이 최익현의 죽음까지 접한 그는 난세에 절의를 지킨 열 사람을 그린 그림에 시를 써넣은 〈십절도시(十節圖詩)〉로 병풍을 만들어 '교교병(嘐嘐屛)'이라 하고 자신을

---

95 《면우문집》권28 〈답김치수(答金致受)〉: 默修潛養, 自靖其身, 固爲當今之第一義. 若其同志之可以相資相益者, 則正當無間追逐, 密切評證, 短長相濟, 勤慢相督. 不惟有輔於彼, 將以裨我闕而長我智也.
96 최영성, 《한국유학통사》下, 심산, 2006, 489쪽.

견주어 보기도 하였다. 그는 1910년 한일병합 소식을 듣고 〈절명시(絕命詩)〉 네 수를 남기고 자결하였다. 〈절명시〉의 첫 수와 셋째 수를 보자.

亂離滾到白頭年	난리 속에 백발의 나이가 되었구나!
幾合捐生却未然	몇 번 생을 버리려다 그러지 못했도다.
今日眞成無可奈	오늘 참으로 어찌할 수 없게 되니
輝輝風燭照蒼天	바람 앞 등불만 푸른 하늘에 비치도다.

鳥獸哀鳴海岳嚬	새나 짐승도 슬피 울고 강산도 찡그리니
槿花世界已沈淪	무궁화 온 세상은 이미 망해 버렸다네
秋燈掩卷懷千古	가을 밤 등불 아래 책 덮고 옛일 회고해 보니
難作人間識字人	인간 세상에서 지식인 노릇하기 어렵구나

규사(圭沙) 송주면(宋宙勉, 1856~1910)은 황현이 살았던 인근 지역인 전라도 화순 출신이다. 그는 동방예의지국의 문물이 없어짐을 매우 탄식하였다. 특히 나라가 망하는 것을 개탄하고 민영환(閔泳煥, 1861~1905)의 뒤를 따라 자기도 순절할 뜻을 보이기도 하였다. 〈을사의소(乙巳擬疏)〉를 올려 국력이 없어 외세의 간섭을 받는 것을 통분하면서 제도를 바꾸는 데 외국의 것을 모방하지 말고 옛날의 제도를 시정해서 써야 한다고 강력히 주장하였다. 1910년 조선의 통치권이 일본에 완전히 장악되자, "우리의 옛 강토를 내놓아라"라는 요지의 혈서로 일제 통감부를 힐난하고 일제의 기만정책을 강력히 규탄하였다. 그는 나라를 빼앗긴 울분과 강개(慷慨)를 못 이겨 〈절명시〉를 남기고 음독자결하려다 뜻을 이루지 못하자 그날 밤 우물에 투신하여 순절하였다.

마지막으로 '거의'는 '기의(起義)'와 같은 말로, 의리를 지키기 위해 의로운 병사를 일으켜 일제에 항거하는 것을 말한다. 일본의 침략이 노골적으로 표면화되자 전국에서 의병을 일으켰으니, 기정진(奇正鎭, 1798~1879)의 손자 기우만(奇宇萬, 1846~1916)은 1895년 통분의 상소를 올린 다음 의병(을미의병)을 일으켜 결사항쟁을 호소하였다. 최익현은 이항로(李恒老, 1792~1868)의 문하에서 학문을 닦으며 스승의 '애군여부 우국여가(愛君如父 憂國如家)' 정신, 즉 애국과 호국의 정신을 배양하였다. 그는 을사늑약이 체결되자 곧바로 상소하여 늑약의 무효를 적극 선언하고 을사오적을 처단할 것을 강력히 주장하였다. 이로 인하여 당시 집단으로 무력 항일의병운동이 전개되기에 이르렀다. 그 다음해 74세의 고령으로 전 낙안군수 임병찬(林秉瓚, 1851~1916)과 함께 전라북도 태인에서 의병을 일으켜 진충보국(盡忠報國)하고자 일제에 항거하였으나 병력과 무기 등 모든 측면에서 열세였기에 그 뜻을 이루지 못하고 대마도에 유배되었다. 그는 그곳에서 단식으로 저항하다가 순국하였다.

안중근(安重根, 1879~1910)도 일찍이 부친으로부터 유학을 수학한 선비였다. 그는 유학에서 표방하는 잠언들을 마음에 새겼으니, "궂은 옷, 궂은 밥을 부끄러워 하는 자와는 함께 의논할 수 없다[恥惡衣惡食者不足與議]", "장부가 비록 죽을지라도 마음은 쇠와 같고 의사는 위태로움에 이를지라도 기운이 구름 같도다[丈夫雖死心如鐵 義士臨危氣似雲]"라는 글이 바로 그것이다. 이를 보면 그의 선비상을 엿볼 수 있다. 안중근은 1907년 국채보상기성회 관서지부장이 되면서 반일운동을 전개하기 시작하였다. 그 후 군인이 되어서는 "나라를 위해 몸을 헌신하는 것이 군인의 본분이다[爲國獻身軍人本分]"라는 의지로 일제에 항거하였다. 그의 '국가안위 노심초사(國家安危 勞心焦思)', '견리사의 견위수명(見利思義 見危授命)' 언명은 일제가 아무리 총칼을 앞세워도 살신(殺身)하겠다는 의지의 발로라 하겠다. 그는 사형을 언도받고 죽음을 앞둔 며칠 전, "내가 죽거든 시체는 우리나라가 독립하기 전에는 반장(返葬)하지 말라. (…) 대한 독립의 소리가 천국에 들려오면 나는 마땅히 춤을 추며 만세를 부를 것이다"라고 유언하였다. 이는 나라를 위한 봉공의 행위가 바로 자신의 소임의식이라는 선비정신에서 기인한 것이다.

일본은 조선의 선비들이 거병(擧兵)하고, 또 민족혼이 투철한 안중근 같은 의사들이 등장하자 1940년 무렵 조선의 민족혼을 완전히 말살하려는 정책을 전개하기 이른다. 그 일환으로 창씨개명이 강요되었다. 스승 기우만을 따라 의병을 일으킨 설진영(薛鎭永, 1869~1940)을 비롯한 선비, 또는 참된 지식인들은 창씨개명을 강력히 거부하였다. 특히 설진영은 성을 맹세코 고치지 않겠다는 〈절명시〉를 남기고 우물에 투신하여 자결하였으니, 황현·송주면과 그 궤를 함께 한 것이었다.

19세기 조선은 왜양 세력이 들어오면서 내우외환(內憂外患)으로 충격과 시련을 겪는다. 당시 유학자인 선비들은 '척사위정(斥邪衛正)' 또는 '국기수호(國基守護)'라는 명분으로 국가를 지켰다. 이들의 현실 대응 유형에는 '자정'·'순절'·'거의' 등이 있었으나 의리를 지켜 항거하는 정신은 서로 상응하는 양상이었다. 또 이 세 가지 유형에는 들지 않았지만 당시 국내외에서 나라의 미래를 위해 선비로서 책임을 다하고자 한 인물들이 여럿 있었을 것이다.

4. 결론

한자가 중국 인근 나라에 보급되면서 국제관계의 문화적 교류나 자국의 역사 기록, 나아가 문학작품 창작에도 '음훈(音訓)'에 의거한 문장 구조가 사용되었다. 현재 우리가 쓰는 '선비'란 단어에 해당하는 한자로는 '士'·'儒'·

'彦' 등이 있다. 한글이 창제되기 전까지는 한문이 전용(專用)되었기에 그 한자들의 음훈을 정확하게 알 수 없다. 다만 그 한자들의 '훈(訓)', 곧 의미가 전승되었기에 한글이 창제되면서 '션빗'로 썼을 것이라 추측할 수 있다. 그렇다면 '선비'의 어원은 분명 '션빗'가 될 것이다.

앞에서는 '사'·'유'·'언' 한자와 결합한 어구들을 먼저 중국 자료를 중심으로 살펴보고, 한자가 전래된 이후 한국의 문집에서 언표한 어구를 고찰하였다. '선비'와 연관된 한자를 보면, 중국에서 사용되는 유형을 자연히 받아들이기도 했지만 새로운 의미를 창출하기도 하였다. 그런데 삼국과 고려시대의 많은 선비들은 중국의 당나라 선비풍에 따라 '경전에 통달하고 역사에 밝을 것'을, 또 한편으로는 '시나 문장에 능할 것'을 기대하며 자기의 영달을 꾀하는 경향이 많았다.

여말선초 정주성리학이 수용된 이래, 선비를 바라보는 의식이 변화되기 시작하였다. 출세를 위한 선비가 아니라 바로 나라의 으뜸이 되는 기운으로서의 '선비'라는 인식이 확대된 것이다. 조선시대 참다운 선비는 성리학적 유학 이념에 철저하면서도 공론을 이끌며 자신의 소임을 다하는 주체였다. 특히 국난을 당하였을 때 참다운 선비들은 국난을 타개하려 노력하였다. 또한 현실 사회의 모순적 부조리를 직시한 선비는 그것을 개혁하고자 하였다. 특히 조선후기의 몇몇 선비들은 성리학적 선비관에서 벗어나 나라의 부강을 위해 중국의 선진 문물을 적극 수용하고자 하였다. 조선말기 왜양 세력으로 인한 내외우환의 역사적 상황에서 선비들이 올바른 전통을 지키고 사특(邪慝)한 왜양을 물리친다는 '위정척사'라는 현실적 대응에는 세 가지 양상이 있었다. 그들의 절의적 행의는 모두 의리로써 왜양 세력에 항거하면서, 국민 모두가 올바른 정신 무장을 통해 서로의 단결을 도모하여 국난을 극복하자는 것이었다.

결론적으로, 우리 전통사회에서 선비는 자신들이 처한 시대에 따라 그 현실을 직시하고 대응하는 모습에서 서로 다른 양상을 드러냈다. 즉, 삼국과 고려시대의 선비들은 뛰어난 문장을 연마하는 사장학에 치우친 반면, 성리학적 유교사상을 받아들인 선비들은 도덕적 의리와 절의에 근본하는 도학(道學)을 지향하는 면이 강했다. 때문에 그들의 시국관이나 출처관은 분명 다르게 전개되었다. 우리가 말하는 참다운 선비상이란 바로 도학을 지향한 선비이다. 왜냐하면 그들은 국가에 대한 의리나 절의를 지키며 자주적 시대의식을 표명하였기 때문이다. 이제 우리는 그들의 학문과 사상을 통해 민족의 문화적 정체성과 정신적 가치, 나아가 그들이 지향한 현실의식이 무엇인지를 더 구체적이고 치밀하게 연구해야 할 것이다.

참고문헌

김준석, 2003, 《조선후기 정치사상사 연구》(연세국학총서32), 지식산업사.
미조구치 유조(溝口雄三) 외 지음·김석근 외 옮김, 2003, 《중국사상문화사전》, 민족문화문고.
시라카와 시즈카(白川靜), 2006(초판 3쇄), 《자통(字統)》, 平凡社.
윤사순, 2012, 《한국유학사》下, 지식산업사.
이광린·신용하, 1996(5쇄), 《사료로 본 한국문화사―근대편》, 일지사.
이장희, 1989, 《조선시대 선비연구》, 박영사.
최영성, 2006, 《한국유학통사》, 심산.
한국철학사연구회 엮음, 2008, 《한국실학사상사》(개정판), 심산.
현상윤 지음·이형성 교주, 2010, 《(현상윤의) 조선유학사》, 심산.

《周易》, 1983, 보경문화사.
《儀禮》(《十三經注疏》), 1980, 중화서국.
《春秋左傳》(《十三經注疏》), 1980, 중화서국.
《周禮》(《十三經注疏》), 1980, 중화서국.
《周禮注疏》(《十三經注疏》), 1980, 중화서국.
《禮記注疏》(《十三經注疏》), 1980, 중화서국.
《爾雅》(《十三經注疏》), 1980, 중화서국.
《經書》(《大學章句》·《論語》·《孟子》·《中庸章句》), 1968, 성균관대학교 대동문화연구원.
《孤雲文集》(《韓國文集叢刊》1), 1990, 민족문화추진회.
《東國李相國全集》(《韓國文集叢刊》1), 1991, 민족문화추진회.
《圃隱集》(《韓國文集叢刊》5), 1990, 민족문화추진회.
《三峯集》(《韓國文集叢刊》5), 1990, 민족문화추진회.
《靜菴文集》(《韓國文集叢刊》22), 1988, 민족문화추진회.
《退溪全書》, 1971, 성균관대학교 대동문화연구원.
《栗谷全書》, 1958, 성균관대학교 대동문화연구원.
《星湖僿說》(《韓國文集叢刊》198~200), 1997, 민족문화추진회.
《燕巖集》(《韓國文集叢刊》252), 2000, 민족문화추진회.
《貞蕤閣文集》(《韓國文集叢刊》261), 2001, 민족문화추진회.
《俛宇集》, 1983, 아세아문화사.
《艮齋集》(《韓國文集叢刊》332~336), 2004, 민족문화추진회.

《前漢書》(《二十五史》1), 1986, 상해고적출판사.
《(索引本)佩文韻府》(二)《佩文韻府》, 1994(1판 13차 인쇄), 臺灣商務印書館股份有限公司.
《說文解字注》, 天工書局印行, 1987(중화민국 76년 재판).

여성선비[女士]와 여중군자(女中君子)
─ 조선후기 지식인 여성의 자의식 ─

이남희 원광대학교

1. 머리말

　조선사회는 유교 문화에 바탕을 둔 남성 중심의 사회였다. 건국 초부터 시행된 유교화 정책, 각종 윤리서 및 《국조오례의(國朝五禮儀)》 등의 의례서 간행, 나아가 부녀자 재가(再嫁)금지 정책도 그런 측면에서 이해할 수 있다. 그래서 '조선시대의 여성' 하면 흔히 출가외인(出嫁外人), 여필종부(女必從夫), 일부종사(一夫從事) 등을 떠올리곤 한다.

　하지만 조선시대를 살았던 모든 여성들의 삶이 그와 같은 것은 아니었다. 특히 임진왜란과 병자호란을 거친 후 이른바 조선후기에 접어들게 되면, 보다 다양한 삶을 살았던 여성의 사례를 많이 찾아볼 수 있다. 조선후기에는 사회의 전반적인 보수화와 더불어 전통적인 여성상을 강조하는 교육과 정책이 여전히 이루어지고 있었으며, 열녀(烈女)와 정표(旌表) 정책으로 오히려 더 강화되는 측면마저 없지 않았지만 그와 동시에 그런 틀 안에 갇혀있지 않으려는 여성들이 나타나게 되었다.

　당시 여성들은 독서 및 글쓰기를 통해 다양한 지식과 정보를 얻을 수 있었다. 또 양반 집안 출신의 현모양처로서 유교적 지식과 식견을 겸비한 여성들이 등장했으며, 이 같은 현상은 문집이나 관찬사료(官撰史料)에서 보이는 여사(女士, 여성선비)와 여중군자(女中君子, 여성군자)라는 용어에 의해서도 뒷받침된다. 이들은 지식과 학문을 바탕으로 자신을 둘러싼 생활세계와 사회에 대해 독자적인 의식과 비판적인 견해를 가졌으며, 독자적인 학문 세계를 구축해 학자로서 문집을 남기기도 했다.

이 글에서는 선각적인 여성들의 학문과 삶을 검토함으로써 조선시대 여성에 대한 일반적인 인식의 한계를 넘어 조선후기 여성상에 대한 균형 잡힌 이미지를 제시하고자 한다. 이에 조선후기에 유교적 소양을 갖추고 한문으로 글을 읽고 쓴 지식인 여성에 초점을 맞춰, 그 구체적인 사례로서 한문 저작을 남겼으며 비슷한 시대에 살면서 당대에 여성선비와 여중군자로 평가받았던 임윤지당(任允摯堂, 1721~1793)과 이사주당(李師朱堂, 1739~1821)의 삶과 학문을 검토할 것이다.[1] 이는 조선후기 유교 선비 사회의 특질과 더불어 그 사회가 겪고 있던 변화의 성격을 이해하는 데에도 도움이 될 것이다.

2. 사회의 보수화와 여성의 자각

조선 사회는 임진왜란과 병자호란을 거치면서 급격한 사회변동을 겪게 되었다. 이른바 전환기 내지 사회변동기인 조선후기의 복합적인 현상은, ① 전반적인 사회의 보수화 경향, 그리고 그것과는 상치되는 것처럼 보이는 ② 여성의 자각으로 요약할 수 있다. 아울러 이 두 가지 현상이 동시에 진행

---

[1] 필자는 조선후기 지식인 여성들의 사례를 다룬 바 있다("조선후기 지식인 여성의 생활세계와 사회의식: 임윤지당과 강정일당을 중심으로", 《원불교사상과 종교문화》52, 2012; "조선후기 지식인 여성의 자의식과 사유세계: 이사주당을 중심으로", 《원불교사상과 종교문화》58, 2016).

되었다는 것이 이 시기의 가장 큰 특징이라 할 수 있다.

조선 사회의 보수화는 전쟁 이후 가장 두드러진 현상이다. 왜란과 호란을 겪은 후 야기된 사회적 혼란과 무질서를 극복하고 안정을 추구하고자 하는 바람 때문이었을 것이다. 남성 우위하에서의 전통적인 여성상을 강조하는 교육과 정책이 여전히 이루어지고 있었으며, 오히려 한층 더 강화되는 측면마저 없지 않았다. 이는 다음과 같은 두 가지 측면을 통해서 확인할 수 있다.

우선 열녀와 여성의 부덕(婦德)을 정책적으로 강조했으며 그와 관련된 윤리서의 간행 및 보급이 활발해졌다. 조선전기에 이미 《삼강행실도(三綱行實圖)》(1434), 《언문삼강행실열녀도(諺文三綱行實烈女圖)》(1481), 《속삼강행실도(續三綱行實圖)》(1514) 등을 간행하였으며, 소혜왕후는 《내훈(內訓)》(1475)을 저술하기도 하였다.[2] 또 인문지리서인 《신증동국여지승람(新增東國輿地勝覽)》(1530)에도 효녀나 정절을 지닌 여성들의 행적을 수록하였다.

임진왜란 이후 1617년(광해군 9)에는 전란 때의 효자·충신·열녀들의 행적을 기린 《동국신속삼강행실도(東國新續三綱行實圖)》를 발간하였다. 이어 1736년(영조 12)에는 중국의 여성교육서인 《여계(女誡)》·《여논어(女論語)》·《내훈》·《여범(女範)》의 네 책을 합본한 《여사서(女四書)》의 언해본(諺解本), 1797년(정조 21)에는 《오륜행실도(五倫行實圖)》가 간행되었다.

개인의 저술 역시 활발하게 이루어졌다. 《홍열부전(洪烈婦傳)》(이재), 《우암계녀서(尤菴戒女書)》(송시열)를 비롯해 《규범선영(閨範選英)》(1694, 이형상), 《여범》(사도세자 생모 영빈 이씨), 《사소절(士小節)》(1775, 이덕무), 《여자초학(女子初學)》(1797, 김종수), 《여소학(女小學)》(1882, 박문호) 등이 출간되었다.

게다가 부녀자의 정절을 장려하기 위해 건국 초부터 시행했던 정표 정책을 한층 더 강화했다.[3] 여성의 재가는 성종 대에 금지되었다.[4] 정절을 지

---

2 이에 대해서는 《진단학보》 85집(1998) 기획특집 《〈삼강행실도(三綱行實圖)〉의 종합적 검토》 참조.
3 정표는 그 집이나 마을 앞에 붉은 문을 세워주는 것이다. 《경국대전》에 효도, 우애, 절의 등의 선행을 행한 자

키는 여자를 열녀라 하여 정려문(旌閭門)을 세워 그들의 행적을 널리 세상에 알리거나 부역 등 세금을 면제하고 상물(賞物)을 하사하였다. 천인(賤人)의 경우에는 노비 신분을 벗어나게 해주고 신분 상승이 가능하도록 하는 등 실제 생활에 이익을 주어 정절을 권장하였다. 이렇게 여성의 행실이 가문의 영예뿐 아니라 생활에 보탬까지 되자 주변 사람들에 의해 여성의 희생이 강요되기도 하였다.

조선전기에는 주로 수절(守節)하는 여성이 정표의 대상이었으나, 후기가 되면 남편을 따라서 혹은 남편을 위해서 죽는 여성들이 포상되었다. 조선후기로 갈수록 열녀의 수가 급증하게 되는 것 역시 그와 무관하지 않다. 삼강윤리의 보급과 국가의 적극적인 정표정책으로 인해서 열녀 풍속이 양반층에서 일반 백성으로 퍼져나가게 된 결과인 것이다. 재가 금지의 윤리가 양반 사대부는 물론 일반평민에까지 확산되었고, 수절이 당연한 것으로 여겨졌다.

하지만 양난 이후 여성의 삶에 관한 한, 위에서 본 모습이 전부는 아니다. 사회가 보수화되는 동시에 여성의 자각 역시 이루어지고 있었던 것이다. 조선후기는 정치, 경제, 사회, 문화 등 모든 분야에서 역동적인 변화가 확산되던 시기였다. 경제 활동을 하는 여성의 비중이 높아지고 있었으며, 여성들 사이에서 책 읽기와 글쓰기가 유행하였다.

이 같은 경향은 18세기 영·정조대 문예부흥 이후 한층 더 가속화되었다. 이 시기에는 사회 전반의 생산력 증가와 생활수준 향상에 힘입어 서민문화가 꽃피우게 되었다. 또한 사회 모순의 시정을 추구하는 진보적 지식인들은 국학의 진흥에도 지대한 관심을 보였다. 언문(諺文)이라 경시하였던 한글 관

를 매 해 연말에 예조에서 정기적으로 선정하여 국왕에게 보고하여 장려하도록 하였다(《경국대전》 권3, 예전 장려).

4 《경국대전》 권3, 예전 과거. 과부의 재혼은 1894년 갑오경장에서 허용되었다.

련 연구 역시 활발해짐에 따라 언문으로 쓰인 국문 문학이 성장할 수 있었다. 이러한 생활수준의 향상과 국문 문학의 발달은 새로운 문화지평을 열어주었고, 책을 읽기 시작한 여성의 수가 점차 늘어났다. 또 교화(敎化)를 위해 국가정책으로 한글로 번역된 여성 수신서(修身書)를 보급했는데, 이는 결과적으로 여성들의 지식 습득과 자의식 고양에 큰 영향을 미쳤다.

그 같은 변화는 당연히 사대부 집안에서도 일어나고 있었다. 사대부가의 여성들은 어렸을 때 남자 형제들과 같이 공부하기도 했으며, 공부하는 가풍(家風) 속에서 어머니의 역할 비중은 더 확대되었다. 18세기 여성의 문중(門中)교육은 친정으로부터 받는 문중교육, 결혼 후 시가의 종부(宗婦)에게서 받는 문중교육 두 가지로 나누어 볼 수 있다.

종갓집에는 '여중군자'라는 용어가 전해지고 있다.[5] 아들이 크면 서울로 보내고 고향에 남아있는 며느리에게 사서오경(四書五經) 등을 공부시켰다. 어머니가 아들과 토론을 하기도 했는데 아들이 이기지 못하는 경우도 있었다. 그런 여성을 가리켜 여중군자라 불렀다. 흔히 전통사회에서는 여성들에게 교육을 시키지 않았다고 하지만 그것은 공교육이 없었다는 것이다. 사대부 집안의 여성들은 한글 뿐만 아니라 한문도 학습하였다.

이덕무는 《사소절》에서 여성들의 학문 내용을 자세하게 언급하고 있다.[6]

> 부인은 경서(經書)와 사서(史書), 《논어(論語)》·《시경(詩經)》·《소학(小學)》, 그리고 여사서(女四書)를 대강 읽어서 그 뜻을 통하고, 여러 집안의 성씨, 조상의 계보, 역대의 나라 이름, 성현의 이름자 등을 알아둘 뿐이요, 허황하게 시사(詩詞)를 지어 외간에

---

[5] 수 십 명의 종손 및 종부와의 인터뷰를 기반으로 명문 종가를 연구한 이순형의 지적은 참조가 된다(이순형, 《한국의 명문종가》, 서울대학교 출판부, 2000).
[6] 이덕무, 《청장관전서》권30, 〈사소절〉7 부의(婦儀) 2.

퍼뜨려서는 안 된다.

여성들이 언어 구사와 편지 쓰기에 필요한 한글을 습득하고, 경서·역사서·《시경》·《소학》·여사서 등을 독서할 것, 아울러 상식으로 여러 집안의 성씨, 조상의 계보 등을 알 것을 강조하였다. 조선후기 여성에게 요구되던 교양의 수준은 조선전기에 비해 높아질 수밖에 없었다. 여성들은《사기(史記)》, 《논어》,《시경》 등과 함께 성씨, 조상의 계보, 역대 나라이름, 성현의 이름과 자(字) 등도 습득하게 되었다.

고전과 경서를 읽는 여성들이 늘어남과 더불어 나타난 가장 중요한 변화는 마침내 여성들도 한문으로 글을 쓰기 시작했다는 것이다. 이는 여성의 자의식 표현이라는 점에서 큰 의미가 있다.

주지하듯이 한문으로 글을 쓰는 것과 한글로 쓰는 것 사이에는 큰 차이가 있다. 이 글에서 특히 주목하고자 하는 범주는 한문으로 글쓰기가 가능했던 지식인 여성들이다. 더 구체적으로는, 한문으로 시문을 넘어 유교 지식과 철학을 담은 글을 저술한 여성들이다.

3. 여성선비[女士]의 출현

조선후기에는 자신을 둘러싼 생활세계와 사회에 대해서 독자적인 의식을 가지고 학문세계를 구축하는 지식인 여성들도 나타났다. 그들은 한문을 읽고 쓸 수 있었고 유교적인 소양을 갖추고 있었으며 개인 시문집(詩文集)을 남겼다. 독서와 학문을 통해서 유교가 추구하는 인격적 완성을 이루고자 한 여사(女士), 즉 여성선비였다.

여사(女士)라는 용어는 고대 중국의 경서《시경》의 〈대아(大雅)〉, 〈생민지

십(生民之什)〉, 〈기취편(旣醉篇)〉에 나타난다. 주석을 보면, "여사는 여자로서 사행(士行)이 있는 자"라고 쓰였다. 기원전부터 여사라는 용어가 사용되었음을 확인할 수 있다.

《조선왕조실록(朝鮮王朝實錄)》에서 처음으로 여사(女士), 즉 여성선비 용례가 나타나는 것은 《세종실록》이다. "친족을 잘 보살피고 가정을 다스림에 항상 자비롭고 화목한 생각이 간절하였고, 홀몸이 되어서 한결 같은 마음으로 절개를 지킨" 신안택주(信安宅主)에게 '여사'라고 칭하고 있다.[7]

실록의 '여사' 용례를 보면, 자신의 결백을 밝히기 위해 죽은 홍처민의 14세 딸, 왕후와 왕대비 및 대왕대비, 관찰사 김보택의 아내, 이조 참의 박신규의 아내, 병사 이헌의 처(妻), 순종의 계비(繼妃) 황태후 등이 있다. '여사'가 가리키는 대상이 14세 여자아이에서 왕후와 대왕대비에 이르고 있다.[8]

제시된 덕목으로는 "천성으로 부드럽고 아름다운 덕을 타고나서 일찍부터 공손하고 검소한 마음", "수렴청정을 하여 몹시 곤란하였던 사세를 크게 구제"한 것, "현비(賢妃)로서 도와준 것이 컸고 성모(聖母)로서 성취시킨 것이 많다"는 것, "천지일월(天地日月) 같이 넓고 밝음으로 성인(聖人)의 배필이 되어 유유하게 부도(婦道)를 다하였으며, 단일성장한 덕으로 내치(內治)를 다한 것", "일상생활에서 행실이 아름다운 것" 등이 있다.

《승정원일기(承政院日記)》에서는 실록에 나온 문신 김보택의 처 이 씨 외에 양성(陽城)의 선비 권두용의 처 이 씨 사례가 보인다. 목숨을 끊어 마침내 큰 절개를 세운 김보택의 처 이 씨의 사례와 같이 권두용의 처 이 씨 또한 어려서부터 여사의 지조가 있었으며, 남편의 병으로 가세(家勢)가 기운데다가 남편이 죽자 그 애달픔으로 인해서 죽었다는 것이다. 또 순조 때 수렴청

---

[7] 《세종실록》 세종 15년 윤8월 15일.
[8] 여사(女士) 용례는 《조선왕조실록》 (http://sillok.history.go.kr); 《승정원일기》 (http://sjw.history.go.kr); 〈한국고전종합DB〉(http://db.itkc.or.kr) 등을 참조하였다.

정을 한 정순왕후와 조선에서 유일하게 헌종과 철종 2대에 걸쳐 수렴청정을 하였던 순원왕후에 대해서도 '여사'라고 칭하고 있다.

그런데 신분에 따라 사행(士行)의 내역이 다르다는 점에 주목해야 할 것 같다. 왕비, 대비, 왕대비 등의 왕실 여성에 대해서는 수렴청정의 다스림[治 市]을 강조하고, 아닌 경우에는 "시와 예를 행하는 훌륭한 여사로 내치(內治)를 다하였다", "지위가 높다고 해서 분노의 기색을 아랫사람에게 드러내지 않고 21년 동안 궁정에서 나쁘게 평가하는 말이 없었다"라고 하여 모범적인 행실을 칭하고 있다.

이에 비해 사대부 집안의 부녀자에 대해서는 "청렴한 명성과 곧은 절개", "남편이 죽고 장사(葬事)를 지낸 뒤에 가사(家事)를 처리하고 의연히 자결", "남편이 참화(慘禍)를 당하자 마침내 자살" 등 수절, 절개의 사례로 여사를 칭하고 있다. 심지어 14세 여성이 "추악하게 무함(誣陷)하는 정신병자의 말을 한 번 듣고 자살하여 절개를 지켰다"라며 그를 여사로 칭한 사례도 있다. 이렇게 여성의 신분에 따라 사행의 내역이 달라진다는 점은 실록과 승정원일기에 나타나는 여사 용례의 특징이라고 하겠다.

이처럼 '여사'라는 용어는 내용적으로 포괄적으로, 그리고 폭넓게 쓰이고 있었다. 조선후기 문집에서 여사로 평가되는 여성들의 덕목을 보면 예와 법칙에 맞는 바른 생활, 정절과 순절(殉節), 효도와 공경, 내조와 근검절약 등이 거론되고 있다.[9]

앞서 말했듯 조선후기에 접어들면서 여성들은 독서와 글쓰기를 통해 다양한 지식과 정보를 얻을 수 있었다. 언문을 넘어서 한문을 읽고 쓰는 것이 가능한 여성들도 있었으며, 자신을 둘러싼 생활세계와 사회에 대해 독자적인 의식을 가지고 학문세계를 구축해서 시문집을 남긴 여성들도 있었다. 이

---

[9] 정형지 외 역주, 《17세기 여성생활사 자료집》 1-4, 보고사, 2006; 황수연 외 역주, 《18세기 여성생활사 자료집》 1-8, 보고사, 2010 참조.

들은 경서와 역사서 등의 고전을 읽고 수많은 한문 전적(典籍)들을 섭렵하면서 필요한 자료를 선별하고, 사유의 결과를 한문으로 저술하는 것이 가능한 여성들이었다. 예컨대 개인 문집 《윤지당유고(允摯堂遺稿)》를 남긴 임윤지당(任允摯堂), 《의유당일기(意幽堂日記)》를 남긴 남의유당(南意幽堂), 《태교신기(胎敎新記)》를 저술한 이사주당(李師朱堂), 《규합총서(閨閤叢書)》와 《청규박물지(淸閨博物誌)》를 남긴 이빙허각(李憑虛閣), 《영수합고(令壽閤稿)》를 남긴 서영수합(徐令壽閤), 《정일당유고(靜一堂遺稿)》가 전해지는 강정일당(姜靜一堂), 시문집 《호연유고(浩然遺稿)》를 남긴 김호연재(金浩然齋), 《삼의당고(三宜堂稿)》를 남긴 김삼의당(金三宜堂) 등을 들 수 있다. 이들은 《조선왕조실록》, 《승정원일기》에 나오는 여사(女士)들과는 다소 구별된다고 하겠다.

전자를 넓은 의미의 여사라고 한다면 이들은 좁은 의미의 여사라고 할 수 있다. 이 글에서 다루고자 하는 지식인 여성들은 좁은 의미의 여사에 해당된다. 이들의 특징은 지적(知的) 사유가 자신들의 삶 자체를 기반으로 하고 있다는 것이다. 이들은 여성의 임신, 출산은 물론 가사노동에까지도 새롭게 접근했으며, 이를 자신의 고유한 지적 자원으로 전환시키고 재생산해 낸다.[10] 《태교신기》를 저술한 이사주당이나 《규합총서》를 남긴 이빙허각이 여기에 해당된다. 그렇다고 그들의 저술이 여성의 문제에 한정된 것은 아니었다. 인간과 자연, 고전과 사대부 지식인들에 대한 담론들도 없지 않았다.

그 예로 윤지당을 사숙(私淑)한 정일당을 들 수 있다. 그는 자신보다 50여 년 앞선 시대를 살았던 여성선비로서의 윤지당을 평소 사숙하고 있었다. 그는 남편에게 다음과 같은 편지를 남겼다. "윤지당께서 말하기를, '나는 비록 부인이지만 하늘에서 받은 성품은 애당초 남녀의 차이가 없다고 하였고, 또 부인으로 태어나서 태임(太任)과 태사(太姒)와 같은 성녀(聖女)가 되기를 스

---

10 이혜순, 《조선후기여성지성사》, 이화여대출판부, 2007.

스로 기약하지 않는 사람들은 모두 자포자기한 사람들이다'라고 하였습니다. 그렇다면 비록 부인들이라도 큰 실천과 업적이 있으면 가히 성인의 경지에 이를 수 있습니다."[11] 이는 정일당이 '하늘에서 부여 받은 성품은 남녀의 차이가 없다'는 것, 나아가 '부인들이라 할지라도 열심히 노력하면 요·순·주공·공자와 같은 성인의 경지에 이를 수 있다'는 윤지당의 명제를 받아들였다는 것을 보여준다.

이러한 지식인 여성들의 자의식 향상은 단지 자기 개인에 관한 것만이 아니라 여성들 전체의 능력에 대한 확신으로, 그리고 여성의 영역으로 한정 지어진 구속으로부터의 과감한 탈피로 이어졌다.

4. 임윤지당(任允摯堂)과 이사주당(李師朱堂)

종래에는 소수의 양반 부녀자들이나 일부 기녀들만이 글을 읽고 쓸 수 있었지만, 조선후기 문화 융성의 영향으로 점차 글을 읽고 쓰는 양반 부녀자들이 늘어나기 시작하였다. 그 중에서도 유교적인 소양을 갖추고 한문으로 글을 쓴 지식인 여성들, 나아가 혼인해서 가족적인 삶을 꾸렸던 여성들은 다른 여성들 및 남성들과도 확연히 구분되는 존재들이었다. 그들은 예능과 시에 능숙하였던 기생들과도 구분되었으며, 자유롭게 시문을 짓는 데 머물렀던 양반 집안의 여성들과도 달랐다.

더 나아가 성리학을 연구한 여성들도 있었다. 비슷한 시대를 살았던 임윤지당과 이사주당이 대표적이다. 이하에서는 이들 두 여성의 성장과 혼인, 가정과 부부 사이, 친정과 시댁 등과 같은 생활세계 및 그들의 사회 인식에

---

[11] 《정일당유고》〈척독(尺牘)〉42.

주목하고자 한다.

1) 임윤지당(任允摯堂)

임윤지당은 여성 성리학자로 평가받고 있다.[12] 그녀의 학문과 삶은 현전하는 《윤지당유고》를 통해 엿볼 수 있다.[13] 이는 윤지당 사후 3년이 지난 1796년(정조 20), 동생 서연관(書筵官) 임정주와 시동생 대사간(大司諫) 신광우가 함께 편찬한 것이다. 실려 있는 글 중 〈문집 초고를 정서(淨書)하여 지계로 보내며〉가 있는 것으로 보아,[14] 스스로 문집을 간행할 생각을 지니고 있었음을 알 수 있다. 당시 여성으로서 그런 발상을 하였다는 것 자체가 이미 파격적이었다. 임정주는 다음과 같이 적고 있다.

> 부인들의 저술이 예로부터 얼마나 많겠는가. 그러나 의미와 이치를 분석한 변론과, 성품과 천명을 논한 오묘함과 경의(經義)와 성리에 대한 담론은 마치 차 마시고 밥 먹듯이 자유로웠다. 이와 같이 집대성한 일은 아마도 문자가 생긴 이래로 찾아보지 못할 것이다. 그러니 이를 두고 천지간에 없을 수 없는 글이라고 해도 지나치지 않을 것이다.[15]

초고는 본래 40편이었으나 간추려서 30편으로 만들었다가 다시 5편을 추가해 총 35편이 되었다. 처음의 10편이 누락된 셈이다. 글이 그다지 많지

---

12 유학사적 위치에 대해서는 김현이 처음으로 녹문학파의 일원으로 다룬 바 있다(김현, "녹문학파", 《조선유학의 학파들》, 예문서원, 1997).
13 《윤지당유고》는 허미자가 편집한 《조선조여류시문집》(태학사, 1988)에 합편되면서 널리 알려지게 되었다. 이어 이영춘이 《임윤지당: 국역윤지당유고》(혜안, 1998)를 간행하였다. 그리고 원주시에서 간행한 《국역윤지당유고》(원주시청, 2001)가 있다. 이 글에서는 이영춘본을 참조하였다.
14 《윤지당유고》〈文草謄送溪上時短引〉. 자신의 문집을 편찬하기 위해 원고를 베껴서 동생 임정주에게 보낼 때 같이 써서 보낸 것으로 저자 서문의 성격을 지닌다.
15 《윤지당유고》〈우식(又識)〉.

않아서 일반적인 문집의 체제로 편차(編次)하기가 어려웠다. 이 때문에 초년, 중년, 만년의 저작 순서대로 정리하였고, 그 중 중년, 만년의 편차하기 쉬운 것은 문장의 종류별로 모았다. 저작 연도를 쓰지 않은 것은 작성 시기를 알 수 없었기 때문이다. 실린 글은 모두 한문으로 쓰였다. 언문으로 쓰인 편지글들은 제외되었다. 상·하 2편 1책, 서문은 없으며 권말(卷末)에 부록으로 신광우가 기록한 〈언행록(言行錄)〉과 임정주가 지은 〈유사(遺事)〉, 그리고 〈후기(後記)〉 등이 수록되었다.

문집의 내용을 보면 상편(上篇)에는 인물의 전기라 할 수 있는 〈전〉2편[宋氏(能相)傳, 崔洪二女], 역사·인물평론에 해당하는 〈논〉11편[論豫讓, 論輔果, 論未生高乞醯, 論顔子所樂, 論子路, 論賈誼, 論李陵, 論溫嶠絶裾, 論司馬溫公, 論王安石, 論岳飛奉詔班師], 책의 후기라 할 수 있는 〈발〉2편[續書先夫子所寫詩經後, 續書先夫子所寫楚辭後], 철학적인 논문에 해당하는 〈설〉6편[理氣心性說, 人心道心四端七情說, 禮樂說, 克己復禮爲仁說, 治亂在得人說, 吾道一貫說] 등이 실려 있다.

하편(下篇)에는 스스로 훈계하는 글로서의 〈잠〉4편[心箴, 忍箴, 時習箴, 勸學箴]과 〈명〉3편[鏡銘, 匕劍銘, 尺衡銘], 인물을 기리는 글로서의 〈찬〉1편[顔子好學讚], 가족을 위해서 쓴 〈제문〉3편[祭伯氏正言公文, 祭仲氏鹿門先生文, 祭亡兒在竣文], 서문에 해당하는 〈인〉1편[文草謄送溪上時短引], 유학경전의 해석과 관련된 〈경의〉2편[大學(六條), 中庸(二十七條)] 등이 실려 있다.

윤지당은 스스로 "어릴 때부터 성리(性理)의 학문이 있음을 알았다. 조금 자라서는 고기 맛이 입을 즐겁게 하듯이 학문을 좋아하여 그만두려 해도 할 수 없었다. 이에 감히 아녀자의 분수에 구애되지 아니하고 경전에 기록된 것과 성현의 교훈을 마음을 다해 탐구하였다. 수 십 년의 세월이 지나자 조금 말을 할 만한 식견이 생기게 되었다"[16]고 하였다. 그녀는 특히 성리의 학

---

16 《윤지당유고》〈文草謄送溪上時短引〉.

문, 즉 신유학에 깊은 관심을 가졌다. 유교 경전과 관련해서는 신유학의 사서 중에서도 핵심에 해당하는 《대학》과 《중용》에 깊이 침잠(沈潛)하였으며,[17] 나아가 조선 유학의 특징적인 논쟁이라 할 수 있는 이기심성론(理氣心性論), 인심도심(人心道心)논쟁, 사단칠정론(四端七情論)에까지 들어서고 있었다. 이에 대해 발문(跋文)을 쓴 신광우는 다음과 같이 말하고 있다.

> 모두가 경전을 담론하고 성리를 설파한 것으로서, 도심(道心) 가운데 말하고자 한 바를 서술한 것이다. 유인(孺人)은 예법을 애호(愛好)하고 경전과 역사에 침잠하였다. 옛날의 현철(賢哲)한 부녀들을 손꼽아 본다면 아마도 경강(敬姜)과 반소(班昭)를 겸하였다고 할 만하다. 사색은 정밀하고 존심(存心)은 철저하며, 지혜는 밝고 행실은 수양(修養)되어 표리(表裏)가 한결 같았다. 순수하고 평화로운 경지를 성취하신 것은 오래 덕을 쌓은 큰 선비와 같았다.[18]

이렇듯 당대 학자들은 윤지당을 중국의 경강이나 반소와 같은 여성학자들에 비견하였으며, 이규상은 《병세재언록(幷世才彦錄)》 중 〈규수록(閨秀錄)〉에 윤지당을 소개하기도 하였다.[19] 성리학이 윤지당 학문의 본령이라 해야 하겠지만, 그가 남긴 역사 및 인물 평론을 보면 알 수 있듯이 원시 유학과 경전, 그리고 춘추전국시대의 역사에 대해서도 조예가 깊었음을 알 수 있다. 윤지당의 이 같은 학문적 깊이는 어떻게 가능하였으며 또 어디에서 비

---

[17] 내가 젊어서 중용과 대학을 읽고 혼자서 깨달은 것을 몰래 저술해보고자 하였으나, 그럭저럭 세월을 보내면서 하지 못하였다. (중략) 지금에 와서 이러한 경의(經義)에 대하여 헤아려 보니, 전일 그냥 지나쳤던 곳에 간혹 독자적으로 발견한 것도 있다.(《윤지당유고》〈중용(中庸)〉)
[18] 《윤지당유고》〈후기(後記)〉.
[19] 오영교, "조선시대 문중의 여성교육과 임윤지당", 《원유한교수 정년기념논총》, 2000, 254쪽.

롯되었을까. 문집 편찬을 맡았던 임정주는 이렇게 말하고 있다.

> 누님의 학문은 유래가 있다. 고조부 평안감사 금시당(今是堂, 임의백)은 사계(沙溪) 선생 문하에서 수학(受學)하여 마음을 스승으로 삼으라는 교훈을 들었다. 선친인 함흥판관 노은공(老隱公, 임적)은 백부 참봉공(參奉公, 임선)과 함께 황강(黃江, 권상하) 선생의 문하에 출입하여 정직에 대한 가르침을 받았다. 둘째 형님 성천부사 녹문(鹿門)공은 도암(陶庵, 이재) 선생의 문하에서 도(道)는 잠시도 떠날 수 없다는 철학을 전수 받았고, 누님은 형님에게서 수학하였다. 가문에서 전승된 학문 연원(淵源)이 유구하고 그 영향이 이와 같이 심원하였다.[20]

위를 참고하여 정리하면 윤지당의 학문적 연원은 이이 → 김장생 → 송시열 → 권상하 → 이재 → 임성주 → 임윤지당으로 이어진다. 윤지당은 가문에서 전승된 학문 연원의 연장선 위에 있었다.[21] 그 시대의 여성으로서 가문의 영향에서 벗어날 수는 없었다. 뛰어난 자질과 노력이 있었다고 할지라도 집안에서 학문의 길을 열어주지 않았더라면 공부는 거의 불가능하였을 것이다.

윤지당의 아버지는 풍천(豊川) 임씨 임적(任適, 1685~1728), 어머니는 파평 윤씨[윤부(尹扶)의 딸]로, 윤지당은 1721년, 5남 2녀 중의 넷째로 태어났다. 윤지당은 조선후기 기학(氣學)으로 유명한 임성주와 임정주의 여동생이기도 하다. 아버지가 일찍 세상을 떠난 탓에 오빠들, 특히 임성주의 영향을 많이

---

20 《윤지당유고》〈유사(遺事)〉.
21 유영희, "임윤지당의 성리 철학과 수행론", 《한국사상과문화》29, 2005, 237쪽.

받았다.²² 윤지당이란 당호(堂號) 역시 임성주가 지어준 것이다.²³

오빠들이 경전과 역사를 공부하는 것을 옆에서 배웠고, 때때로 토론을 제기하였는데 사람들을 놀라게 하는 말이 많았다. 녹문이 기특하게 여기고 《효경(孝經)》, 《열녀전(列女傳)》, 《소학》, 사서 등의 책을 가르쳤다. 형제들은 어머니 곁에 모여 앉아 때로는 경전과 역사책의 뜻을 논하기도 하고, 때로는 고금의 인물과 정치의 잘잘못을 논평하였다. 그때마다 윤지당은 한 마디 말로 그 시비를 결단하였는데 모든 것이 착착 들어맞아 오빠들은 그가 대장부로 태어나지 못한 것을 한스럽게 여겼다. 경전과 역사 공부를 하면서도 생활 세계 속에서 여성이 해야 할 일은 게을리 하지 않았으며, 자신의 학식을 내세우거나 자랑하지도 않았다.

19세(1739)에 원주의 선비 신광유(申光裕, 1722~1747)와 혼인을 하였다. 하지만 일찍이 27세에 남편과 사별하고 한 집에서 남편의 친어머니와 양어머니를 봉양하며 효성과 공경을 다하였다. 남편의 생가 쪽에는 시동생이 두 명 있었는데 늙도록 한 집에서 같이 살았고 성심으로 봉양하였다.

시집간 이후에는 부인의 덕성과 부인의 일에 있어서 완비되지 않은 것이 없었고, 성품은 장중(莊重)하고 단정하였다. 그런데 서적을 가까이하는 기색을 보인 적이 없었고 일상생활 속의 대화에서도 문장에 관해 말하는 일이 없이 오직 부인의 직분에만 힘썼다.²⁴ 멀리 가 있는 시동생 신광우에게 소식을 전할 때에도 한문이 아닌 언문으로 크고 작은 일들을 빠짐없이 기록해서 보냈다. 문학과 경학(經學)에 있어서는 깊이 감추고 밖으로 드러내지 않았음을 알 수 있다.

---

22 윤지당과 녹문 사이의 두터운 우애와 존경은 녹문을 위해서 쓴 제문 〈제중씨녹문선생문(祭仲氏鹿門先生文)〉에서도 확인해볼 수 있다.
23 주자의 '태임과 태사를 존경하노라'라는 말에서 따온 것이다. 그러나 그 뜻은 태임의 친정이었던 '지중씨(摯仲氏, 임씨)의 지(摯)'라는 글자를 취한 것이다.(《윤지당유고》〈유사〉)
24 《윤지당유고》〈후기〉.

윤지당은 일찍이 부녀자들이 서적에 몰두하고 문장을 짓는 데 노력하는 것은 법도에 어긋나지만, 《소학》이나 사서 등의 책을 읽고 심신을 수양하는 자산으로 삼는다면 무방하다고 여겼다. 그녀가 다시 학문 세계에 전념한 것은 시부모가 모두 돌아가시고 본인 또한 늙었을 때였던 것으로 보인다. 집안 일을 하다가 밤이 깊은 후에 여가(餘暇)가 나면 보자기에 싸 두었던 경전을 펴놓고 낮은 목소리로 읽곤 하였던 것이다. 학식을 깊이 감추어 비운 듯이 하였기 때문에 친척들 중에서도 그러한 사실을 아는 사람이 드물었다고 한다.[25]

그녀의 결혼생활은 순탄하지 않았다. 난산(難産) 끝에 아이를 낳았으나 어려서 죽었으며, 이어 남편과 사별하게 되었다(1747). 시동생 신광우의 큰아들 재준(在竣, 1760~1787)을 양자로 받아들였으나 그 역시 28세로 세상을 떠나버렸다. 이처럼 어려서 아버지를 여의고 남편도 일찍 죽고 입양한 아들조차 젊은 나이로 죽는 등의 개인적인 고통을[26] 윤지당은 학문으로 승화시켰다.

그는 그러한 고통 속에서도 시집과 남편과의 관계에서 자신의 직분을 다하고자 하였다. 삼강오륜(三綱五倫)을 인정하였으며 사람이 귀한 것은 그 때문이라 하였다. 또 남녀관계에 대해서는 하늘이 부여한 성품은 같지만 맡은 역할이 다를 뿐, 그것이 남녀의 차별은 아니라는 입장을 취하고 있다.[27]

윤지당은 1793년(정조 17) 73세의 나이로 세상을 떠났다. 그는 자신에 대해서 이렇게 토로하기도 하였다. "나는 본래 성질이 조급하여 어릴 때부터

---

[25] 《윤지당유고》〈유사〉.
[26] 이에 대해 다음과 같이 탄식하기도 하였다. "가만히 생각해보니 나는 타고난 운명이 기이하게도 박복하였다. 이른바 네 부류의 불쌍한 사람[홀아비, 과부, 고아, 무의탁노인] 중에서 세 가지를 골고루 갖추고 있다. 앞으로 바라보고 뒤로 돌아보아도 스스로 위로할 것이 없다. 예로부터 지금까지 나와 같이 박복한 사람이 몇 사람이나 될까."(《윤지당유고》〈인잠(忍箴)〉)
[27] 남자의 원리는 씩씩한 것이고, 여자의 원리는 유순한 것이니 각기 그 법칙이 있다. 성녀 태사와 성인 문왕께서 한 업적이 달랐던 것은 서로 그 분수가 달랐기 때문이다. 그러나 다 같이 천성대로 최선을 다하였던 것은 그 천리가 같기 때문이다.(《윤지당유고》〈유사〉)

마음에 불편한 것이 있으면 잘 참지 못하였다. 자라나면서 스스로 그 병폐를 알고 힘써 극복하고자 하였다. 그러나 병의 뿌리는 아직도 남아 있어 때때로 조금씩 발동하기도 하나 어찌할 수 없다."[28]

병폐를 알고서 힘써 극복하고자 하는 것, 그것이야말로 수양, 즉 수신(修身)이 아니겠는가. 그렇다면 윤지당은 여성선비라 할 수 있지 않을까 한다. 선비는 성리학의 이념을 실천하는 학인(學人)인 사(士)의 단계, 수기(修己)를 하여 치인(治人)하는 대부(大夫)의 단계로 나누어볼 수 있다.[29] 따라서 수기치인(修己治人)을 바탕으로 학자관료인 사대부가 되는 것이 최종 단계라 할 수 있다.

여성선비는 '치인'하는 대부의 단계로 나갈 수 없었기 때문에 학인으로서의 '사'의 단계에 해당한다. 자신의 학문과 인격을 닦아서 남을 다스릴 수 있는 데까지 갈 수 있는 사람, 그런 사람이 선비라면 남성과 여성 누구나 선비가 될 수 있다. 임정주는 윤지당에 대해 "누님 같은 사람은 진실로 규중(閨中)의 도학(道學)이오, 여인들 중의 군자라 할 만하다"라며 그를 '여중군자'라 평가하였다.[30]

일생 동안 윤지당이 나아가고자 하였던 지향점을 덧붙여두고자 한다. "내가 비록 부녀자이기는 하지만 천부적으로 부여 받은 성품은 애당초 남녀 사이에 다름이 없다. 비록 안연(顏淵)이 배운 것을 능히 따라갈 수는 없다고 하더라도, 내가 성인을 사모하는 뜻은 매우 간절하다."[31] 나아가 그녀는 성인과 우리는 같은 부류에 속하는 존재이며,[32] 보통 사람도 요·순과 같은 성인

---

28 《윤지당유고》〈인잠〉.
29 정옥자, 《우리가 정말 알아야 할 우리 선비》, 현암사, 2002, 21쪽.
30 《윤지당유고》〈유사〉.
31 《윤지당유고》〈극기부례위인설(克己復禮爲仁說)〉.
32 보통 사람이나 성인은 다 같이 태극의 이치를 함께 얻어 그 성품이 형성된 것이다. 다만 타고난 기질에 구애되고 욕심에 사로잡혀 지혜롭기도 하고 어리석기도 하며, 어질기도 하며 못나기도 한 차등이 있을 뿐이다. 그러므로 천성적으로 부여 받은 본성은 같은 것이다.(《윤지당유고》〈논안자소락(論顏子所樂)〉)

이 될 수 있고,³³ 따라서 다름 아닌 우리도 요·순·주공·공자와 같은 성인이 될 수 있다고 믿었다.

이처럼 윤지당은 종부로서 봉제사(奉祭祀)의 예법을 충실하게 시행하고, 종가 살림을 관장하여 친족의 화목과 가문의 흥기를 도모하는 역할에도 힘을 다하면서도, 성리학자로서 '여중군자'라는 평가를 받은 진정한 '선비'였다.

2) 이사주당(李師朱堂)

이사주당의 본관은 전주(全州)이며 1739년(영조 15) 12월 5일 청주에서 태어났다. 부친은 통덕랑(通德郞) 이창식(李昌植)이며, 어머니는 좌랑(佐郞) 강덕언(姜德彦)의 딸이다. 조부나 부친 모두 과거시험에 합격한 전력도 없고 벼슬길에도 나가지 못하였다. 선대(先代)를 보면 사주당은 태종의 서자(庶子)인 경령군(敬寧君) 이배(李裶)가 있다. 증참의(贈參議) 이성(李鋮)은 사주당의 증조부이다.

저술로는 《태교신기》가 유일하게 전해진다. 1800년(정조 24) 사주당이 임산부를 위해 한문으로 쓴 글에, 그 이듬해 1801년(순조 1) 아들 유희(柳僖)가 음의(音義)와 언해(諺解)를 붙인 것이다.³⁴ 유희는 《언문지(諺文志)》와 《물명유고(物名類考)》 등 백여 권의 저서를 남겼다.

사주당이 남긴 저술은 적지 않을 것으로 여겨지지만 현재 전해지지 않는다. 사주당이 유희에게 그간의 저술들은 모두 모아 소각하라고 하였기 때문이다. "글에 있어서는 경과 사(經史)는 있었지만 자와 집(子集)은 없었다. 늘

---

33 사람의 성품은 모두가 선한 것인데, 요·순·주공·공자와 같은 성인이 되지 못하는 것은 무슨 까닭인가. 사람의 사욕이 본래의 성품을 해치기 때문이다. 능히 사욕을 제재할 수만 있다면 자연의 순리가 저절로 보존되어 우리도 요·순·주공·공자와 같은 성인이 될 수 있다.(《윤지당유고》〈비검명(匕劍銘)〉)

34 《태교신기》는 원문 26장, 언해 43장, 합 69장으로 수고본(手稿本)이 유일본으로 성균관대학교 동아시아학술원의 존경각(C19-79)에 소장되어 있다. 1938년 경상북도 예천에서 석판으로 찍어낸 것이 있다. 석판본은 국립중앙도서관과 서울대학교·연세대학교 도서관 등에 소장되어 있다.

궁구하여 풀어낼 뿐 스스로 한 저작은 드물었다"[35]고 한 것을 감안하면 유교 경전이나 역사서에 대한 저술이 있었던 것으로 추측된다. 사주당은 "평소 아녀자가 어려서 배운 것은 커서 쓸모가 없는데 단지 태교만은 그 일이 태임(太任)과 태사(太姒) 이래로 기술된 바가 없으니 어찌 빌려서 볼 것인가", "이 책은 내가 이미 네 번 경험한 것이다. 너희들의 형기(形氣)가 크게 잘못된 부분이 없으니 이것을 의당 후손에게 남기지 않을 수 없다"라고 하였다.[36]

《태교신기》에는 약 20여 종의 책들이 등장한다. 서명을 직접 밝혔거나 유희가 주해를 달면서 전거(典據)를 찾아내 제시한 것도 있다. 예를 들어 《논어》, 《중용》, 《대학》, 《상서(尙書)》, 《시경》, 《대대례(大戴禮)》, 《전국책(戰國策)》, 《여범첩록(女範捷錄)》, 《예기(禮記)》, 《열녀전》, 《가훈(家訓)》, 《고씨신서(賈氏新書)》, 《수세보원(壽世保元)》, 《의학입문(醫學入門)》, 《의학정전(醫學正傳)》, 《득효방(得效方)》, 《단계심법(丹溪心法)》, 《격치여론(格致餘論)》 등이다.[37]

《태교신기》의 부록을 통해서 그녀의 생활세계와 사회의식의 일단(一端)을 살펴볼 수 있다. 부록에는 신작(申綽)이 쓴 〈사주당이씨부인묘지명〉, 유희가 쓴 발문을 비롯해 큰 딸과 작은 딸의 발문, 후손 권상규, 이충호, 권두식, 유근영이 쓴 발문 등이 묶여 있다. 남성의 발문은 한문으로 쓰인 데 비해 여성의 발문은 국한문 혼용으로 되어 있다. 또한 유희의 문집 《문통(文通)》에 남아있는 〈선비숙인이씨가장(先妣淑人李氏家狀)〉과 〈황고가장(皇考家狀)〉이

---

35 이 절의 인용문(" ") 중에 전거를 특별히 밝히지 않은 것은 유희, 〈선비숙인이씨가장(先妣淑人李氏家狀)〉《문통(文通)》문통 2(장서각 고문서연구실 편, 《진주유씨 서파유희전서》II, 한국학중앙연구원, 2008)에서 인용한 것이다. 이하 마찬가지이다.
36 사주당은 3녀 1남을 두었다. 장녀는 병절랑 이수묵에게 출가하여 아들과 딸을 두었으며, 둘째는 진사 이재녕에게 출가하여 아들을 두었고, 셋째는 박윤섭에게 출가하여 두 아들을 두었다. 그리고 아들 유희는 딸 하나와 서자(庶子) 둘을 두었다.
37 정해은, "조선시대 태교 담론에서 바라본 이사주당의 태교론", 《여성과 역사》 10, 2009. 《득효방》·《의학입문》·《단계심법》·《의학정전》 등은 《동의보감(東醫寶鑑)》에서 자주 인용된 책이므로 사주당이 《동의보감》도 읽었음을 알 수 있다.

참조가 된다.[38]

사주당은 "아녀자임에도 학문의 열정이 대단하시어 큰 경전을 삼대(三代)까지 넓혔고 전하지 않던 태교를 만세에 아름답게 하였다"고 전해진다. 당대 사대부들이 사주당에게 학문을 청한 것을 보면, 그가 상당한 경지에 이르렀음을 확인할 수 있다.[39]

> 아녀자였음에도 호서지역의 선배인 남당(南塘) 한원진과 역천(櫟泉) 송명흠 등과 같은 이들은 그 소문을 듣고 탄복하며 친척이 아니라 만나지 못함을 한스럽게 여겼다. 덕을 이어줌에 있어서도 근기(近畿)지역의 후학인 상사(上舍) 이면눌과 처사(處士) 이양연과 같은 이들은 당에 올라 절하고 직접 훈도(薰陶) 받음을 행운이라 여겼으며, 소릉(少陵) 이창현과 법은(法隱) 강필효 등과 같은 이들은 사람을 중간에 대어 자신의 글을 전달하여 그 문의(文疑)를 질정(質正) 받음에 이르렀다.[40]

남당 한원진(1682~1751)과 역천 송명흠(1705~1768)은 사주당의 총명함을 듣고 탄복하여 한 번 만나보지 못함을 한스럽게 여겼을 정도였다. 그들의 생몰년을 감안한다면 이는 사주당이 혼인하기 이전의 일이 아닌가 여겨진다. 먼 친척이기도 한 이면눌(1761~?)과 이양연(1771~1853)은 직접 가르침을 받았다. 이면눌은 1792년(정조 16) 생원시에 합격하였으며, 이양연은 후에 공조참의와 호조참판 등을 역임하였다. 이창현과 강필효(1764~1848)는 글을

---

[38] '행장'은 가족들이 남긴 것이기 때문에 과대 포장되었을 수도 있다. 유희도 그 점을 염려하였는지 여러 가지 자잘한 행실을 다 적을 것은 없으며 큰 것을 세워서 아름답게 여겨서 혹시나 지나치게 넘치지 않도록 하기 위해서 피눈물을 흘리며 먹을 찍어 글을 썼다고 밝히고 있다.
[39] 김석근 외, 〈선비: 15세 사주당 문중 남자보다 출중, 영조 경연관도 놀라〉, 《한국문화대탐사》, 아산서원, 2015, 387쪽.
[40] 유희, 〈선비숙인이씨가장〉, 《문통(文通)》문통 2.

통해 지도를 받았다.

사주당은 "처음에 당호를 희현(希賢)이라 하였다가 사주(師朱)로 바꾸니 반드시 성리학이 아니면 익히지 말라는 뜻"이라고 한다. 당호에 따르면 주자(朱子) 성리학에 심취했다는 것을 알 수 있다.[41] 사주당의 묘지명을 지은 신작은 "평생 말하고 토론하던 것이 주자(朱子)를 본받아 기질이 본연의 성품에서 벗어나지 아니하고 인심이 도심의 밖에 있지 않다고 주장하니 근거가 정확하였다"고 평가하였다.[42]

사주당은 어려서부터 길쌈과 바느질을 잘한다고 이름이 났다. 그러던 어느 날 길쌈을 그만두며, "사람으로 태어나 사람 노릇 하는 것이 이것에 있다는 것인가"라고 탄식하였다. 《주자가례(朱子家禮)》·《소학언해(小學諺解)》·《여사서》를 가져다가 밤이 깊으면 홀로 길쌈하는 불을 빌어 본 지 일 년 만에 문리(文理)가 통하자 마침내 사서와 《시경》·《서경》을 읽었다. 혼인하기 이전에 사주당은 이미 고전과 경서에 능통하였던 것이다.

오빠가 사주당의 공부를 금하기도 하였으나 부친은 "옛날 유명한 선비의 어머니 치고 글 못하는 사람이 없다"라고 격려하였다. 나이 열다섯 즈음에는 이씨의 남자 중에 그를 앞서는 이가 없었다. 행동거지는 예절과 가르침을 준수하였고 옷이며 패물(佩物)은 옛 제도를 비추어 착용하여 일신(一身)에 범절(凡節)을 세워 교화가 이웃에까지 미치니, 시속(時俗)에 빠진 자들은 깜짝 놀라고 지식에 통달한 자들은 탄복하였다. 그 덕과 명성이 날로 알려져 시골로부터 고을 안에까지 이르렀다.

사주당은 25세(1763)에 유한규(柳漢奎, 1718~1783)와 혼인하였다. 그의 네

---

[41] 이수묵의 애문(哀文)에 이르길, "아이! 아직 시집가기 전부터 여범이며 내칙을 배워 뜻은 맹자의 어머니를 사모하고 의례는 가례를 준수하였네. (중략) 고금을 꿰뚫고 순수함과 잡박함을 분별하여 의리가 은미하면서도 정밀하였는데 오직 주자만을 스승으로 삼았다"고 하였다(유희, 〈선비숙인이씨가장〉). 하지만 사주당은 주희의 학설에만 머물지 않고 왕양명 이래의 양명학적인 심학(心學)의 영향을 받았다는 주장도 나와 있다(심경호, "사주당 이씨 삶과 학문", 《한국고전여성문학연구》18, 2009, 258쪽).

[42] 신작, 〈유목천부인이씨묘지명(柳木川夫人李氏墓誌銘)〉, 《석천유고(石泉遺稿)》권3, 잡저(雜著).

번째 부인이었다. 슬하에 1남 3녀를 두었다. 유한규는 《규합총서》의 저자 빙허각 이씨(1759~1824)의 외삼촌, 그러니까 사주당은 빙허각의 외숙모가 된다. 사주당의 고결한 성품을 듣고 유한규는 적극적으로 혼인을 추진하였다.[43] 혼인 후 사주당의 품성에 만족한 시댁 일가는 다음과 같이 적고 있다.

> 세 번이나 아내를 잃음에 이르러서는 다시 장가들지 않으려 하였다. 청주에 처자가 있어 경전과 역사서에 통달하고 행실과 재능이 훌륭하다는 것을 듣고는 기뻐 말하길, "이 사람은 틀림없이 늙으신 우리 어머님을 잘 모실 것이다"라고 하고 마침내 그에게 장가들었는데 과연 그러하였다. 모부인(母夫人)께서 늘 편치 않으신 때가 많았는데 부군(夫君)과 이부인은 옷을 풀지 않고 모시니, 음식도 주신 것이 아니면 입에 넣지 않았고, 말씀도 묻지 않은 것은 입 밖에 내지 않으시며 8년을 하루같이 하였다.[44]
>
> 선친께서 실질이 이름과 부합하는 것을 기뻐하시며 공경으로 대우하셨지 그저 한 나라 안의 딴 사람처럼 대하시지 않으셨다. 어머니가 초(抄)하여 엮은 책에 서문을 적어, "《내훈》이나 《여범》과 비슷하다"고 하셨다. 어머니가 이미 시집에 오시자 문학과 역사에 밝으신 재능을 숨기시고, 술과 음식에 대해서만 의론하시면서 뜻을 다하고 받들어 기쁘게 해드렸으며, 오랜

---

[43] 유희, 〈황고가장(皇考家狀)〉, 《문통》. 문통2에는 부친과 모친이 결혼에 이르게 된 내막이 자세하게 소개되어 있다. 사주당이 19세 때(1757) 부친상을 당하여 장례를 예법대로 치르기 위해 집에서는 고기를 먹지 않고, 솜옷을 안 입고 상복을 제대로 갖추었다. 명성과 칭송이 널리 퍼졌다. 이 소문이 유한규에게도 알려져서 마침내 사주당을 부인으로 맞아들이는 계기가 되었다고 한다.
[44] 유희, 〈황고가장〉.

시간이 지나도 조금도 게으른 점이 없었다. 시집오신 지 8년에 이르러 시댁의 유씨들이 모두 "신부는 자기의 수고로움을 자랑할 줄도 모르고, 화낼 줄도 모르며, 남을 부드럽게 대하고 잘 대우한다"라고 하였다.[45]

유한규는 1744년(27세) 진사시(進士試)에 합격하였지만 육십이 다 되도록 이렇다 할 관직에 나가지 못하다가, 1779년(62세)에 비로소 목천현 현감으로 부임하였다. 유희의 회고에 따르면 사주당은 남편의 봉급을 초개(草芥)와 같이 여기고 사방 백리의 관직을 헌 신발처럼 여기도록 격려하면서 가난하지만 깨끗한 삶, 청한(淸寒)을 본분으로 여기도록 하였다. 하지만 유한규는 3개월만에 목천현감직을 그만두었다.

1783년 유한규가 죽은 후 사주당은 가족을 이끌고 용인으로 돌아갔다. 양육해야 할 자식들이 모두 어려 가산(家産)은 금방 고갈되고 말았다. 사주당은 부지런히 일해서 먹을 것을 구했다. 변변한 호미도 없으면서 밭을 일구고, 촛불도 없으면서 길쌈을 하였다. 그 고통을 알고도 남음이 있다.

그러면서도 사주당은 자식 교육에 힘썼으며 아들과 딸을 구분하지 않았다. "아들에게는 멀리 유학하게 하고 딸에게는 아궁이 불 때는 일을 시키지 않았다"고 한다. 본인은 거북 등처럼 갈라진 손으로 새끼를 꼬고 소금을 구워서 조강(糟糠)의 먹을 것을 얻었으니 그 고단함을 가늠할 수 있다. 그렇지만 인척이 도와주는 것은 한사코 사양하였다. 그 청빈한 모습은 사람들을 감탄하도록 하였다. 오가는 장사치들도 에누리를 않으며 "어찌 마님께서 우리를 속이시겠습니까"라고 하였다.

71세(1809)에 사주당은 아들 유희를 따라 단양으로 갔다가 십 년 후 남한

---

[45] 유희, 〈선비숙인이씨가장〉.

(南漢)의 선영(先塋) 근처로 다시 돌아왔다. 나이가 들면서 고질병이 있었으나 사주당은 손에서 책을 놓지 않았다. 1821년 9월 22일, 사주당은 세상을 떴다. 그 때 나이 83세. 2축의 편지와 1권의 책으로 광(壙) 안을 채울 것을 부탁하였다. 친정어머니 편지 1축, 남편 유한규와 성리(性理)를 논한 글 1축, 그리고 《격몽요결(擊蒙要訣)》을 손수 베낀 책 1권이었다. 사주당이 종신토록 사모(思慕)한 것과 죽을 때까지 배운 것을 엿볼 수 있다.

장녀가 어머니 사주당에 대해 "큰 도에 뜻을 두어 이기성정(理氣性情)의 학문을 넓히시고 속된 책을 읽지 않으시며, 시를 좋아하지 않으시니 세속과 다름이 있으셨다"고 평하였듯이, 사주당은 유학 경전에 심취하였으며 시나 소설은 선호하지 않았다. 조선시대 이름난 여성 시인이 많았던 것과 달리 사주당은 유교경전이나 의례서, 교육 서적에 큰 관심을 보였다.

사주당은 조선후기 노론과 소론의 다툼에 대해서 다음과 같이 정치적 의견을 제시하기도 하였다. 사주당의 고조부는 우암(尤菴) 송시열의 동서였으므로 친정 집안은 회론(懷論)을 도왔고, 유희의 종조부는 약천(藥泉) 남구만의 향로(鄕老)였으므로 니론(尼論)을 높였다.[46]

> 노론과 소론의 분쟁은 윤휴의 제문에서 비롯하였다. 윤휴는 미촌(美村) 윤선거가 평소에 자기와 절교한 것에 대해 원한을 품고 제문으로 두 집안의 교유를 끊고자 한 것이다. 지금 그 제문을 보면 단지 교유(交遊)를 말한 것으로 그 정의 돈독함을 두텁게 하려는 것이어서 예론(禮論) 한 가지 일 외에는 달리 칭송한 말이 없었다. 이것은 조조가 한수(韓遂)와 마초(馬超)를 이간질한 술책이다. 두 선생은 모두 그 계책을 깨닫지 못하였다. 그래

---

[46] '회니시비(懷尼是非)'는 서인이 노론과 소론으로 분리되는 계기가 된 중요한 사건이었다.

서 송시열은 윤선거가 평생의 도의(道義)의 벗이었음에도 다른 사람의 글 하나로 의심이 저승에까지 미쳤으니 문하 제자의 한 번 잘못을 용서하는 것이 좋았을 것이다. 그런데 이내 시비(是非)를 따져서 윤증(尹拯)으로 하여금 먼저 절교하게 한 것은 송시열의 잘못이다. 윤증은 선친이 절교하였던 사람이 제사에 제주(祭酒)를 따르러 왔으면 당장 받아들였어야 하는데, 송시열의 노여움을 기성 사실로 여겨서는 완곡하게 사양하여 그 의심을 풀 줄 모르고 도리어 잠규(箴規)로 그 병통(病痛)을 성토하였으니 이것은 윤증의 잘못이다.⁴⁷

송시열은 도덕과 문장으로 그 명성이 환히 빛났지만 반은 남인으로 잃고 또 반은 소론으로 잃어 한 나라의 종사(宗師)가 될 수 없었으니 이는 불행한 일이라 하였다. 윤증은 도덕과 문장으로 담박(淡泊)하고 온화한 기질을 지녔건만 그 스승에게 한번 양보하지 못하여 끝내 생삼사일(生三事一)의 가르침을 어기고 말았으니 이는 불행한 일이라고 평하였다.⁴⁸ "옛날의 군자는 그 은택(恩澤)이 천하에 미치지만 지금의 군자는 남을 이기고 남을 원망하는 행실이 세도(世道)에 해를 끼치니 어찌 애석함을 이길 수 있겠는가"라고 탄식하였다.

---

47 유희, 〈선비숙인이씨가장〉.
48 211년 조조가 마초와 한수를 정벌할 때 가후의 이간술을 이용하였다는 고사는 《삼국지연의》에 나온다. 그러니 사주당이 《삼국지연의》를 읽고 이용하였는지도 모르겠다. 사주당은 남인의 간교한 계략 때문에 노론과 소론이 분열하게 되었다고 보았다(심경호, 앞의 논문, 261쪽).

5. 결어: 여성도 성인이 될 수 있다

　지금까지 조선후기 지식인 여성의 사례로 임윤지당과 이사주당의 학문과 삶을 살펴보았다. 그들은 글을 읽고 쓸 수 있었으며 나아가서는 유교적인 소양을 지닌 지식인 여성들이었다. 혼인해서 이른바 현모양처로 살아가는데 머물지 않고, 유교적인 지식과 소양을 쌓으면서 적극적으로 주자학의 본령에까지 들어서서 문집을 남기는 등 활발한 학문 활동을 펼쳤다.

　이들에게는 다음과 같은 공통점이 있다. 먼저 두 사람은 조선후기 사회 전반의 생산력 증가와 생활수준 향상에 힘입어 서민문화가 꽃을 피운 영·정조대의 문예부흥 시기를 살았다. 그러나 그들이 여성선비가 될 수 있었던 데에는 그러한 시대적인 분위기뿐만 아니라 가학(家學)적 배경이 크게 작용하였다. 그 시대의 여성으로 가문의 영향에서 벗어날 수는 없었다. 뛰어난 자질과 노력이 있다고 할지라도 집안에서 학문의 길을 열어주지 않았더라면 거의 불가능하였을 것이다.

　그들은 오빠들을 따라 옆에서 경전과 역사 공부를 하였으며 때로 토론에 참여하기도 하였다. 윤지당은 둘째 오빠 녹문 임성주에게 글을 배웠으며, 가문에서 전승된 학문 연원의 연장선 위에 있었다. 사주당은 《주자가례》·《소학언해》·《여사서》를 가져다가 일 년 만에 문리가 통하자 마침내 사서와 《시경》·《서경》을 읽었다. 그의 부친은 "옛날 유명한 선비의 어머니 치고 글 못하는 사람이 없다"라며 격려하였다. 나이 열다섯 즈음에는 이씨 남자들 중에 혹 앞서는 이가 없었다고 한다.

　둘째, 고단한 삶 속에서도 그들은 여성으로서의 역할에 충실했다. 윤지당의 결혼생활은 순탄치 않았다. 난산 끝에 아이를 낳았으나 어려서 죽었으며, 이어 젊은 나이에 남편과 사별하였다. 한 집에 남편의 친어머니와 양어머니를 봉양하며 효성과 공경을 다하였다. 부인의 덕성과 부인의 일에 있어서 완비되지 않은 것이 없었고 성품은 장중하고 단정하였다.⁴⁹ 시동생 신광우의 큰아들 재준을 양자로 받아들였으나 그 역시 28세로 세상을 떠났다. 어려서 아버지를 여의고 남편도 일찍 죽고 자식도 없는 상황에서 입양한 아들조차 젊은 나이로 죽은 것이다. 윤지당은 그 같은 인간적인 고통을 수신과 학문으로 이겨냈다.

사주당은 어려서부터 길쌈과 바느질을 잘한다고 이름이 났다. 그녀는 25세에 22살 많은 유한규의 네 번째 부인이 되었다. 그는 진사시에 합격하였지만 육십이 다 되도록 이렇다 할 관직에 나가지 못하였다. 62세에 목천현감으로 부임하였으나 3개월만에 그만두었다. 남편이 죽은 후 사주당은 가솔(家率)을 이끌고 용인으로 돌아갔다. 자녀들이 모두 어리고 가산은 남은 것이 별로 없었다. 호미도 없이 밭을 일구고 촛불도 없이 길쌈을 하며 끼니를 마련했다. 윤지당과 사주당은 생활 역시 잘 해냈다.⁵⁰ 여성은 결혼과 함께 제사를 모시거나 손님 접대[봉제사접빈객(奉祭祀接賓客)]를 하는 등의 가정사를 처리해야만 하였다. 당연히 안팎으로 많은 어려움이 있었다. 하지만 두 사람은 그 같은 생활세계에서도 칭송을 받았다.

셋째, 이들은 남녀평등의 가치관으로 아들과 딸의 교육에 차이를 두지 않았다. 사주당은 본인은 거북 등처럼 갈라진 손으로 새끼로 자리를 짜고 소금으로 거친 밥에 간을 맞추었을 정도로 그 고달픔이 심하였다. 하지만 자식 교육에 힘썼으며, 아들과 딸을 구분하지 않았다. 아들에게는 양식(糧食)을 싸가지고 가서 유학하게 하였으며 딸들에게도 밥하는 일을 시키지 않았다고 한다.

친자식과 양자를 모두 잃었던 윤지당의 교육관은 드러나지 않는다. 하지

---

49 서적을 가까이하는 기색을 보인 적이 없었고 일상생활 속의 대화에서도 문장에 관해 말하는 일이 없이 오직 부인의 직분에만 힘썼다.
50 사주당은 이재(理財)에도 능해 사사로이 남는 재물을 증식한 지 몇 년 만에 선대의 묘를 수리하고, 친정의 후사를 세우는 일을 도모하고, 본인이 돌아간 뒤에도 제수(祭需)를 마련하도록 당부하였다고 한다.

만 남녀관계에 대해서는 남성과 여성이 하늘로부터 부여 받은 성품은 같지만 맡은 역할이 다를 뿐, 차별은 아니라는 입장을 취하고 있다. 남자의 원리는 씩씩한 것이고, 여자의 원리는 유순한 것이니 각기 그 법칙이 있다는 것이다. 그는 또 성녀 태사와 성인 문왕의 업적이 달랐던 것은 서로 그 분수가 달랐기 때문이며, 다 같이 천성대로 최선을 다하였던 것은 그 천리(天理)가 같았기 때문이라고 했다.

넷째, 그들은 굳이 글을 남기고자 하지 않았다. 윤지당은 부녀자들이 서적에 몰두하고 문장을 짓는 데 노력하는 것은 법도에 어긋난다고 보았다. 그녀가 다시 학문 세계에 전념한 것은 시부모 모두 돌아가신 후, 본인도 늙었을 때였다. 여가가 나면 밤이 깊은 후에 보자기에 싸 두었던 경전을 펴놓고 낮은 목소리로 읽곤 하였다. 학식을 깊이 감추어 두고 비운 듯이 하였기 때문에 친척들 중에서도 그러한 사실을 아는 사람이 드물었다.

사주당은 《태교신기》만 남겨두고 다른 저술들은 모두 모아 소각하게 하였다. 그 연유에 대해서는 이렇게 말하였다. "평소 아녀자가 어려서 배운 것은 커서 쓸모가 없는데, 단지 태교만은 그 일이 태임과 태사 이래로 기술된 바가 없으니 어찌 빌려서 볼 것인가." 그의 아들 유희는 〈행장(行狀)〉에 "글에 있어서는 경사(經史)는 있었지만 자집(子集)은 없었다. 늘 궁구(窮究)하여 풀 뿐 저작은 드물었다"라고 적었다. 사주당이 시문에 관한 것보다는 유교 경전이나 역사서에 대한 저술에 치중하였음을 알 수 있다.

다섯째, 그들은 어떤 형태로든 선비 교육에 관여하였다. 윤지당이 세상을 떠난 지 3년 후인 1796년(정조 20), 동생 임정주와 시동생 신광우가 함께 문집을 편찬하였다. 윤지당의 동생 임정주는 어린 시절 나쁜 친구들과 사귀어 방탕한 생활을 하였다. 그러다 윤지당의 감화(感化)를 받아 형 녹문 임성주의 학설을 잇는 대학자가 되었다. 사주당의 아들 유희는 11세에 아버지를 여읜 뒤 사주당의 훈도를 받았다. 어머님의 뜻에 따라 관직에 나가지는 않았다. 하지만《언문지》와《물명유고》등 백여 권의 저서를 남긴 실학자로 대성하였다. 생전에 사주당은 당대의 사대부들을 지도하였다. 이면눌과 이양연은 직접 가르침을 받았으며, 이창현과 강필효 같은 이들은 자신의 글을 전달해 그 문의를 질정받기도 했다고 한다.

요컨대 윤지당과 사주당은 일생을 끊임없는 학문과 수양을 통해 개인적인 고통을 극복하고 또 승화시켜 갔다고 할 수 있다. 그들은 여성과 부인이라는 자신의 현실태, 즉 유교적인 틀 안에서 주어진 여성으로서의 직분과 거기에 합당한 일들을 도리에 맞게 다하고자 노력하면서도, 결코 현모양처의 삶에 안주하지 않았다.

두 사람은 이상적인 여성상은 예절과 품행을 닦는 데만 있는 것이 아니라 끊임없는 심성의 수련과 도덕적 실천을 수행하는 데 있다고 보았으며, 그러기 위해서는 여성들도 공부하고 배워야 한다고 여겼다. 공부하지 않으면 도리를 알지 못한다고 생각했기 때문이다. 또 여성과 남성은 그 분수는 다르지만 본질에서는 다르지 않다는 것, 하늘로부터 부여 받은 본성은 같다는 것, 천리는 동일하다는 것을 주장했다.

그들이 꾸려갔던 삶은 학문을 통해서 수신하고 실천하는 존재로서의 선비의 그것이었다. 말하자면 그들은 여성선비였던 것이다. 여성선비 혹은 여성학자로서 그들은 '인간은 어떻게 살아야 할 것인가'라는 본질적인 문제로부터 출발하였다. 그 연장선상에서 여성 역시 유교의 이상적인 인간으로서의 '군자', '성인'이 될 수 있다고 믿었다. 그들은 이미 당대의 학자들에게 여성군자로 평가 받고 있었다. 궁극적으로는 여성들도 끊임없는 학문과 수양을 통해서 요임금·순임금·주공·공자와 같은 성인이 될 수 있다는 생각에까지 이르렀다.

지식인 여성이었던 임윤지당과 이사주당. 그들은 끊임없는 심성 수련과 도덕 실천을 통해 현실에서의 여성을 넘어 보편적인 인간으로 나아가고자 하였다. 또 남성과 여성은 다르지 않다는 강한 의지로 자아의식을 구축해가고 있었다. 이처럼 조선후기에 들어서면서 유교적 세계관이라는 큰 틀 속에서이긴 하지만 여성들, 특히 지식인 여성들에 대한 인식의 변화가 일어났으며, 학문을 통해서 수신하고 실천하는 존재로서의 여성선비를 인정하게 되었다.

참고문헌

김민수, 2000, "유희의 전기 및 감제 시권", 《새국어생활》10-3.
김석근 외, 2015, 《한국문화대탐사》, 아산서원.
김 현, 1997, "녹문학파", 《조선유학의 학파들》, 예문서원.
박용만, 2013, "유희의 문학사상과 시세계에 대한 고찰", 《진단학보》118.
심경호, 2009, "사주당 이씨의 삶과 학문", 《한국고전여성문학연구》18.
심경호, 2013, "유희의 문학과 학문에 드러난 실사구시 경향", 《진단학보》118.
오영교, 2000, "조선시대 문중의 여성교육과 임윤지당", 《원유한교수정년기념논총》.
유영희, 2005, "임윤지당의 성리 철학과 수행론", 《한국사상과문화》29.
이남희, 2011, "조선 사회의 유교화와 여성의 위상", 《원불교사상과 종교문화》48.
이남희, 2012, "조선후기의 '女士'와 '女中君子' 개념 고찰", 《역사와 실학》47.
이남희, 2012, "조선후기 지식인 여성의 생활세계와 사회의식: 임윤지당과 강정일당을 중심으로", 《원불교사상과 종교문화》52.
이남희, 2016, "조선후기 지식인 여성의 자의식과 사유세계: 이사주당을 중심으로", 《원불교사상과 종교문화》68.
이영춘, 1996, "임윤지당의 성리학", 《청계사학》11.
이영춘, 1998, 《임윤지당: 국역 윤지당유고》, 혜안.
이혜순, 2005, "임윤지당의 정치담론", 《한국한문학연구》35.
이혜순, 2007, 《조선후기여성지성사》, 이화여대출판부.
장서각 고문서연구실 편, 2007, 《진주유씨 서파유희전서》Ⅰ, 한국학중앙연구원.
장서각 고문서연구실 편, 2008, 《진주유씨 서파유희전서》Ⅱ, 한국학중앙연구원.
정양완, 1985, "수고본태교신기", 《한국여성의 전통상》, 민음사.
정양완, 2000, "태교신기에 대하여", 《새국어생활》10-3, 국립국어연구원.
정옥자, 2002, 《우리가 정말 알아야 할 우리 선비》, 현암사.
정인보 지음·정양완 옮김, 2006, 《담원문록》, 태학사.
정해은, 1997, "조선후기 여성 실학자 빙허각 이씨", 《여성과사회》8.
정해은, 2009, "조선시대 태교 담론에서 바라본 이사주당의 태교론", 《여성과 역사》10.
정형지 외 역주, 2006, 《17세기 여성생활사 자료집》1-4, 보고사.
황수연 외 역주, 2010, 《18세기 여성생활사 자료집》1-8, 보고사.

제 2부

선비와 공공(公共)의 세계

조선시대의 공공과 선비

가타오카 류 일본 도호쿠대학

1. 서론

본 논문의 토대가 된 발표에서[1] 논자는 조선시대의 선비[사림(士林)]와 공공성(公共性)의 관계를 고찰하고, 나아가 이를 사무라이[무사(武士)]문화와 비교할 것을 과제로 부여받았다. 발표에서는 사무라이 문화에 보이는 '공공성'의 예로서 '절충의 법[계쟁(係爭)대상의 이권(利權)을 당사자 간에 형식적으로 반으로 나누는 분쟁 해결 수단]'과 '겐카료세바이(喧嘩兩成敗)의 법[분쟁을 일으킨 자 쌍방에게 시비(是非)를 불문하고 동등한 처벌을 내리는 법]' 등을 들어 그 특색이 수량적인 공평성에 있었다는 점, 그리고 일본의 합의제가 수평적이면서 밀실적 성격을 갖는 특색이 있었다는 점을 지적하여 선비의 공공성과 대비하였으나, 본 논문에서는 지면 관계상 이 부분을 생략하였다.

이에 아래에서는 조선시대의 공공, 조선시대의 선비, 그리고 선비와 공공의 관계에 대하여 순서대로 고찰하고자 한다.

---

[1] 〈선비정신과 한국사회: 미래의 리더십을 찾아서〉 학술회의(2014. 9. 26. 아산정책연구원 개최)

2. 조선시대의 공공에 대하여

조선시대의 공공에 대하여 논자는 ①"《조선왕조실록(朝鮮王朝實錄)》에 나타난 '공공' 용례의 검토",[2] ②"14세기 말에서 16세기 중반 '공공' 용례의 검토—《조선왕조실록》과 《한국문집총간(韓國文集叢刊)》을 중심으로—",[3] ③ "퇴계(退溪) 문하에서 여헌(旅軒) 장현광(張顯光)에 이르는 '공공'—인간주체·사회·자연"[4]이라는 세 편의 논문을 발표한 바 있다.

①은 조선왕조 전반을 중국의 '공공' 용례와 비교하여 개괄적으로 논의한 것이다. ②는 조선 왕조 건국년(1392)부터 사림파(士林派)가 정권을 장악하는 시기(1565)까지를 논의 대상으로 하여, 특히 중국 주자학(朱子學)의 '공공'과의 차이를 밝히려고 시도하였다. ③은 전근대 아시아에서 '공공'을 자각적으로 논의한 극히 드문 예인 장현광(1554~1637)의 〈입암기(立巖記)〉와 여기에 이르기까지의 사상사적 흐름을 중심으로 한국적 '공공'의 이해에 관하여 고찰한 것이다. 본 발표에서는 위 논고들을 소개하고 조선시대의 공공에 대한 논자의 논점을 몇 가지 제시하고자 한다.

우선 동아시아에서 '공공' 용례가 처음 보이는 것은 당연히 중국 고대로 거슬러 올라갈 것이나《사기(史記)》,〈장석지열전(張釋之列傳)〉, 용례 수에 있어서는 조선시대가 압도적이라는 점을 지적할 수 있다. 총 문자수 5,400만 자인《조선왕조실록》의 '공공' 용례는 623건[5]에 달하는 데 비해, '25사(史)'[6](약

---

[2] 〈동서양의 공공행복과 윤리교육〉 국제학술회의(2012. 11. 15. 한국윤리교육학회, 한국청소년정책연구원 개최) 발표. 《國際日本學研究叢書18相互探求としての國際日本學研究―日中韓文化關係の諸相―》(法政大學國際日本學研究センター, 2013)에 발표 원고(일본어) 수록.
[3] 가타오카 류 외, 《조선왕조의 공공성 담론》, 한국학중앙연구원출판부, 2016.
[4] 가타오카 류 외, 《한국과 일본의 공공의식 비교연구》, 한국학중앙연구원출판부, 2016.
[5] 《광해군일기(光海君日記)》 정초본(定草本), 《선조수정실록(宣祖修正實錄)》, 《경종개수실록(景宗改修實錄)》을 제외하면 502건. 한편, 《조선왕조실록》의 '건'수라고 할 때는 편의상 기사(記事) 수를 뜻함. 한 기사에 여러 개의 '공공' 용례가 포함된 경우도 있으므로 실제 용례 수는 이보다 더 많다.
[6] 중국 역대 왕조의 정사(正史)로 인정되는 24종류의 사서(史書)를 '24사(二十四史)'라고 한다. 이에 《신원사(新元史)》나 《청사고(淸史稿)》를 더하여 '25사(史)'나 '26사(史)'로 나타내기도 한다.

3,990만 자)는 14건, 《자치통감(資治通鑑)》, 《속통감(續通鑑)》은 18건, 《명실록(明實錄)》, 《청실록(清實錄)》(조선 왕조와 시기가 대부분 겹침)은 그 용례가 44건밖에 없다.

나아가 이는 단순한 양적 차이의 문제만에 머무르지 않는다. 한국의 '공공'에는 중국의 '공공'과 다른 의미가 담겨있다. 단, '공공'의 의미가 조선왕조 500년 역사 속에서 시대에 따라 변화한 것은 당연한 일이므로 아래에서 이 점을 확인해보기로 한다.

《조선왕조실록》의 '공공' 용례가 가지는 시대에 따른 특징을 용례 수, 발화 주체별로 구분하면 다음과 같다.

	왕대	기간	용례 수	발화 주체
i	제1대 태조 ~ 제13대 명종(1392~1567)	약 180년간	10%	언관
ii	제14대 선조 ~ 제20대 경종(1567~1724)	약 160년간	70%	사림
iii	제21대 영조 ~ 제13대 순종(1724~1926)	약 200년간	20%	왕

[i]시기의 용례는 《사기》의 '法者天子所與天下公共也(법이란 천자가 천하와 함께 공공하는 데에 성립하는 것입니다)'를 답습한 것이 대부분이다. 예를 들면 다음과 같다.

> 법이란 것은 천하 고금에 공평하고 같은 것이므로 전하께서 마음대로 하실 수 없는 것입니다.[7]

발화 주체는 대개 사헌부(司憲府), 사간원(司諫院)의 '대간(臺諫)(언관(言官))'으로 한정되며 발화 상대는 왕이다. 즉, 이 시기의 '공공'은 왕의 전권(專權)

---

[7] 「法者, 天下古今之所公共, 非殿下所得而私也..」, 〈세종(世宗) 6년(1424) 7월 28일②〉

에 간언(諫言)하기 위한 말이었다.

[ii]시기에 들어서면 발화 주체는 언관에 한정되지 않고 '진사(進士)', '성균관 생원(成均館生員)', '관학유생(館学儒生)' 등 사림으로 저변이 확대된다. [i]시기처럼 '법'에 관해 논의하는 예는 사라지고 '공공지론(公共之論)'이라는 용례가 압도적으로 다수를 점한다. 이 시기의 특징이 아래 인용문에서 잘 드러나고 있다.

> 공론이 끓어오르고 있으니, 일개 대간이 막을 수 있는 처지가 못 된다 할 것입니다.[8]

'시간이 경과함에 따라 팽창하고 끓어오른다'라는 뉘앙스를 지닌 '방장(方張)'이라는 표현은 한국적 '공공'의 성격을 잘 표현하고 있다. 또한 '공공'이 더 이상 대간의 전유물이 아님을 알 수 있다. 따라서 이 시기는 사림 외에도 '종실(宗室)', '돈녕부(敦寧府, 왕의 친척, 외척)', '부원군(府院君, 왕비의 부친 또는 정일품(正一品)의 공신)', '2품 이상' 등 왕과 친근한 고위자도 종종 '공공'이라는 말을 사용하는 모습이 보인다.

[iii]시기의 특징은 왕이 주체적으로 '공공'이라는 말을 사용했다는 점이다. 예를 들면 정조(正祖)의 다음 발언이 대표적이다.

> 대개 의리(義理)란 것은 천하의 공유물이니, 오늘날의 입을 가진 자와 후세의 눈을 가진 자가 모두 이론(異論)을 제기하거나 소견을 달리하는 일이 없어야만 비로소 공공이라 이를 수 있다. … (짐의) 처분의 본의가 공공에 있다는 것을 알기 바란다."[9]

---

[8]「公論方張, 非一臺諫所可沮遏.」,〈인조(仁祖) 2년(1624) 12월 3일①〉
[9]「大抵義理也者, 天下之公共物也. 今時之有口者, 後世之具眼者, 無一携貳之論·參差之見, 然後方可謂公共.

이렇듯 다른 의견이나 불일치를 용납하지 않으면서 한 가지 의리만을 '공공'이라 하는 태도는 앞에서는 없었던 것으로, 이는 오히려 중국의 용례(《자치통감》이나 주자학 등)와 유사하다.

그렇다면 한국적 '공공'의 특색은 [i], [ii], [iii] 중 어느 시기에 가장 잘 나타나고 있을까? 논자는 [ii]시기라고 생각한다.

상술한 바와 같이 이 시기의 가장 많은 용례는 '공공지론'이라는 형태인데, 예를 들어 다음에서 보듯이 '공공'은 '모두', '널리', '누구나'[='중(衆)'·'보(普)'·'개(開)']라는 의미에 가깝다는 것을 알 수 있다[그 반대개념은 '독(獨)'·'편(偏)'·'전(專)' 등].

> [홍문관(弘文館)이 의견을 내어 말하기를] "대간이 죽여야 한다고 하고 경(卿), 대부(大夫)와 국인(國人)이 모두 죽여야 한다고 하는데, 대신이라는 것만을 이유로 공의(公議)를 억지로 거절하면서 (벌을 가볍게 하는 것은 잘못된 일입니다…)." 왕이 답하기를 "내가 어찌 경들의 의견이 공공의 논의임을 모르겠는가?"¹⁰

실제로 《조선왕조실록》에서 '공공'은 '천하공공(天下公共)', '거국공공(擧國公共)', '일국공공(一國公共)', '일향공공(一鄕公共)', '다사공공(多士公共)', '공공지중론(公共之衆論)', '만구지공공(万口之公共)'과 같은 형태로 쓰이는 경우가 대부분이다.

물론 이러한 의미는 [i], [iii]시기에도 그 바탕에 깔려있다. 따라서 [i]시기에 아래와 같은 용례도 존재한다.

… 須知処分之本意, 在於公共.」〈정조 14년(1790) 7월 11일④〉
10 「臺官曰可殺, 卿·大夫·大人皆曰可殺, 而徒以大臣之故, 強拂公議…. 答曰,豈不知卿等之箚是公共之論….」〈숙종(肅宗) 15년 (1689) 윤3월 22일①〉

> 사람이 두려워하지 않으면 안 되는 것이 공론입니다. 공론은 단지 조정에만 있는 것이 아니라, 초야(草野)의 한미(寒微)한 일개 서생(書生)일지라도 강개한 뜻을 품고 발언하면 이도 공론입니다.[11]

또한 [iii]시기에도 다음과 같은 용례가 있다.

> 위로는 공경 대부에서부터 아래로는 여대(輿儓)·복례(僕隸)에 이르기까지 분노해하지 아니함이 없어 말하기를, '죽여야 한다'라고 하니, 이것으로 보건대, 온 나라의 공공의 의론을 알 수 있다.[12]

그리고 이들 용례에서 보이는 '강개(慷慨)', '분완(憤惋)'과 같은 표현에서 한국적 '공공'에 '부정에 대한 의분(義憤)'이라는 의미가 한층 더해짐을 추측할 수 있다. 실제로 '공공의 (원)분[(冤)憤]'이라는 용례도 종종 보인다.

한편, '독(獨)'·'편(偏)'·'전(專)'과 같은 내용이 바로 '부정'에 상당한다고 생각되는데, 이러한 점에서 [iii]시기에 왕이 다른 의견과 불일치를 용납하지 않으며 하나의 '공공'을 독점화하려는 태도는 한국적 '공공'의 특징이라 말하기 어렵다.

이렇듯 한국적 '공공'의 가장 큰 특징은 '중(衆)'·'보(普)'·'개(開)'라는 점에 있는데, 다만 만인에게 열려있다는 '공개성'보다는 각자의 자발적 참여에 의해 공통된 관심사를 드러내 활성시키는 '공활성(共活性)', '공발성(共発性)',

---

11 「夫人之可畏者公論.公論不但在於朝廷. 草野里巷之間, 雖一介寒生, 懷慷慨發言, 是亦公論也.」〈명종(明宗) 7년(1548) 4월 19일⑤〉

12 「上自公·卿·大夫, 下至輿儓·僕隸, 莫不憤惋曰可殺. 由此觀之, 可知擧國公共之論.」〈순조(純祖) 7년(1807) 8월 22일②〉

'공창성(共創性)'이라고 표현하는 편이 적절할 것이다. 이 점을 장현광의 용례에서 확인해보자.

> 애당초 공공이란 이 물건을 헛되이 버려진 땅에 두는 것을 말하는 것이 아니다. 단지 독점하지 않는다는 것이다. 시내와 산은 진실로 공공된 물건이다. 그러나 내가 그것을 얻어 내가 즐거워하고 남이 그것을 얻어 남이 그것을 즐거워하고 천만 사람이 그것을 얻어 천만 사람이 모두 그것을 즐거워하여 각각 얻은 바에 따라 즐거워하면 어찌 공공임을 저해할 수 있겠는가. 앞사람이 즐거워하고 뒷사람이 또한 즐거워하며 이 사람이 즐거워하고 저 사람 또한 즐거워하여 서로 사양하지 않고 모두 만족하니, 어찌 문제가 있을까 … 이렇게 해서야 말로 시내와 산, 물과 돌이 헛되이 버려진 하나의 물건이 아니어지고 그 아름다움을 발휘할 수 있는 것이다.[13]

이 글은 자연을 빌려서 이야기하고 있지만 정치 사회적 공공 시공간의 바람직한 모습을 당연히 염두에 두고 있다. 각자가 주체적으로 관여하고 활성시키지 않는다면 그 시공간은 소멸한다는 것이다.

> 의리의 공(公)은 사람들이 동등하게 지니고 있는 것이다. 극히 어리석고 천한 자라고 할지라도 한 길의 도가 통하고 있으며 … 거기에 취할 만한 것이 있다. … 공공의 의리는 각자가 얻은

---

[13] 「夫所謂公共者, 非日置是物於虛棄之地也. 但不私之而已. 溪山固是公共之物也. 而我得之而我樂之, 人得之而人樂之, 千萬人得之而千萬人皆樂之, 各隨其所得而樂之, 何害其爲公共也. 前人樂之, 後人亦樂之, 此人樂之, 彼人亦樂之. 不相讓而皆自足矣, 何嫌乎哉. … 然後溪山水石, 不爲虛棄之一器, 而能發其美也.」《여헌선생문집(旅軒先生文集)》9, 〈입암기〉).

바를 발휘하는 일은 이 또한 '분내(分內)'가 해야 할 일이다.[14]

우주 만물 사이에는 '일리감통지묘(一理感通之妙)'가 작용하고 있다(《입암기》). 공공 시공간에 참여하는 일은 모든 존재에게 열려있다. 각 존재는 각자의 입장에서 그 '분'을 다해야 한다. 그로 인해 우주는 '활발발(活潑潑)'해진다.[15] 이렇게 공공 시공간을 활성화시키는 일을 장현광은 '우주 사업'이라 이름 지었다.

3. 조선 시대의 선비에 대하여

본 장의 내용은 조선 시대의 선비에 대해 본격적으로 논하는 것은 아니다. 논자는 그러한 능력을 갖추고 있지 못하다. 따라서 아래 내용은 어디까지나 다음 장인 '선비와 공공의 관계'의 가교 역할에 불과하며 추후의 연구를 위한 시론적 내용이다.

논자가 주목한 선비에 관한 설명은 크게 두 방향으로 나뉘는데, 그것은 선비를 신분계층으로서 이해할 것인가, 또는 인격체로서 이해할 것인가에 따라 달라진다.

전자의 예로 다음과 같은 글이 있다.

> 선비란 무엇인가? 선비란 사대부들을 일컫는 말로, 관리가 될 자격이 있는 독서 계급을 통칭하는 말이다. … 중국 고대로부

---

[14] 「義理之公, 人所同得, 雖在至愚極陋, 亦或有一條路通得 … 則當在所取焉. … 公共義理, 各發其所見, 乃亦分內事也.」(《여헌선생속집(旅軒先生續集)》5, 〈녹의사질(錄疑俟質)〉).
[15] 〈만활당부(萬活堂賦)〉 병서(幷序)》,《여헌선생문집》1.

터 관리를 3등분하여 재상급의 최고급 관리를 경(卿), 고급관리를 대부(大夫), 하급관리를 사(士)로 부르는 것이 통례였으나, 후대에는 모두를 합하여 '사'라고 칭하게 된 것이다. … 《세종실록》(세종 13년 5월)에 "4품 이상을 대부, 5품 이하를 사"라고 명시하고 있는 바와 같이 법제상으로도 문무 관료 전체를 가리키는 용어로 통용되었다. 요컨대 선비는 고려말의 신흥 무장 세력인 이성계의 군사력을 이용하여 조선을 개창한 신흥 사대부들이나 조선중기 이후의 사림파를 모두 가리키는 것이다.[16]

후자로는 《한국민족문화대백과사전》[17]의 〈선비〉 항목(금장태 집필)을 예로 들 수 있는데, 그 어원을 인격 개념과 연결하여 다음과 같이 설명한다.

어원적으로 보면 우리말에서 선비는 '어질고 지식이 있는 사람'을 뜻하는 '선비'라는 말에서 왔다. '선비'의 '선'은 몽고어의 '어질다'는 말인 'sait'의 변형인 'sain'과 연관되고, '비'는 몽고어 및 만주어에서 '지식이 있는 사람'을 뜻하는 '박시'의 변형인 '보이'에서 온 말이다.

선비는 신분적으로는 지배계층('사대부')으로 상승할 수도 있으나 민중과 함께 피지배 계층('사민', '사서인')일수도 있는 것처럼 신분계층 개념에 국한되지 않으며(굳이 표현하자면 독서계급), 오히려 학문과 수련에 의해서 도리를 확신하여 이를 사회에서 실천하고 만세(萬世)에 전달하려는 인격적 성격('사군자'), 특히 의리 정신의 발휘자['의사(義士)']라는 점에서 선비의 핵심을 찾고

---

16 박성순, 《선비의 배반》, 고즈윈, 2004, 19쪽.
17 《한국민족문화대백과사전》, 한국정신문화연구원, 1991.

있다.

이 경우 고대에서부터 이어지는 일관된 '인격' 모델을 상정하면서 특히 '의리'의 정신을 강조한다는 점에서 조선중기 이후 사림파의 인상이 중심에 놓여 있는 듯 하다. 그런데 문제는 바로 이 '의리' 정신의 내용이다.

신분 계층으로 이해할 경우에도 선비를 '의리'의 발휘자로 보는 점은 공통된다. 앞에서 예를 든 박성순의 저서는 조선전기의 신흥사대부와 중기 이후의 사림파 모두를 '선비'라고 하지만 실제로는 전자를 더 높이 평가하고 있다. 즉 중국으로부터 수입된 《심경(心經)》에 의해 심학화(心學化)되어 '존명사대(尊明事大)'의 정신에서 벗어나지 못한 후자에 비해, 원의 지배로부터 벗어나 '부국강병'된 새로운 조선을 개창한 전자의 목숨을 건 혁명 정신이 바로 선비가 '의리'를 발휘하는 진정한 모습이라고 이해하고 있는 것이다.

단, 선비를 중국의 사대부와 동일시하는 점에는 오해의 여지가 있다. 이에 대해서는 일찍이 이광린, 이우성, 최영호 교수가 나눈 대담이 시사적이다.[18] 선비는 양반에 포함된다는 이광린 교수의 견해에 대해 이우성 교수는 다음과 같이 말하였다.

> 이 선생 말씀처럼 우리나라에 있어서 양반이란 의미와 선비라는 의미가 서로 결부되어 있는 것은 사실이지만, 따지고 보면 양반이라는 것은 신분적인 의미가 주로 되는 것 같고 선비라고 할 때는 그 사람의 교양(敎養)이라든가 품격(品格), 지조(志操) 이런 것이 주로 되는 것 같습니다. … 중국에 있어서는 양반이란 뜻으로 대비될 수 있는 말이 사대부인데, 역시 중국과 우리나라의 역사적 차이 때문에 사대부라는 말이 가지는 신분적인 의

---

[18] 이광린 외, 《한국의 선비문화》, 김포대학출판부, 2002(재간행), 153~155쪽.

미와 양반이란 말이 가지는 신분적인 의미는 다르지 않나 생각합니다.

이어서 최영호 교수는 다음과 같이 지적하였다.

중국에서 사(士), 사대부(士大夫) 하면 어느 정도의 교육을 받고 국가고시제도(國家考試制度)에 응해 통과한 사람을 가리켜 사대부라고 합니다. 다시 말하면 그 사람이 사대부가 되기 전의 신분은 거의 불문(不問)하고 있습니다. 중국은 그런 점에서 사회구조가 개방되어 있는 반면에 우리나라에서는 중국처럼 그렇게 개방되어 있지 않았던 것 같습니다.

이를 토대로 논자는 동일한 신분개념이지만 중국 사대부의 경우는 '신분 개방적'이며 한국의 양반의 경우는 누구나 이를 목표로 한다는 점에서 '신분 지향적'이라고 구분할 수 있다고 생각한다.[19]

또한 '지향적'이라는 점은 자신의 인격을 높이고자 지향하는 인격개념으로서의 선비와 중첩되는 것으로 보인다. 더욱이 선비가 인격을 수양하는 이유는 주체의 향상을 통해 보다 나은 사회를 위한 변혁을 지향하기 때문이다.

따라서 선비를 신분계층 또는 인격체로서 이해하는 것 뿐만 아니라 '의리' 정신의 발휘자, 즉 지금의 자신과 사회가 부족하다고 여기고 그 바람직한 생을 실현할 수 있도록 항상 이를 향상시키려는 '변혁의 지향성'에 바로 선비정신의 핵심이 있다고 이해해야 할 것이다.

---

19 '신분 지향적'에 대해서는 지명관(池明觀), 《ものがたり朝鮮の歴史―現在と過去との対話―(オンデマンド版)》, 明石書店, 2003, 23~24쪽 참조. 한편, 일본의 경우는 고정된 신분 안에서의 강한 상승 지향으로 '목표 지향적'이라고 설명된다.

조선시대의 선비를 고찰할 때 한 가지 더 유의해야 할 점은 '선비'라는 말이 현재 지표 개념으로 사용되기 쉽다는 점이다. 즉, '선비란 ○○이다'보다는 '○○는 선비이다'라는 식으로 사용되는 편이 더욱 일반적이지 않을까라는 것이다. 이 점에 관해서도 이우성 교수가 흥미로운 발언을 하였다.

> 선비 또는 사류(士類) 할 때 말이지만, 벌써 지나치게 출세하여 고위관료가 되어버리면 사(士)로 봐주지 않는단 말예요. 그것이 우리나라 '사'의 묘한 점이란 말입니다. 조선 500년 지배층이 전부 양반이지만, 양반 가운데서 저 사람과 나를 구분해서 나는 '사'에 속하고 저 사람은 '사'가 아니다, 이렇게 말할 수 있단 말이에요.[20]

'○○는 선비이다/○○는 선비가 아니다'라는 표현이 이미 조선시대부터 시작되었던 것인지는 알 수 없지만, 적어도 현재 '선비'가 지표 개념으로 사용되는 경우가 일반적이라는 사실은 역사적 실체로서의 선비가 이미 과거의 유물이 되었다는 것을 말해준다.

선비를 고찰할 때는 이 점에 대한 명확한 자각이 필요하다. 그렇지 않으면 현재 우리의 이상과 희망을 안이하게 과거의 역사적 실체인 선비에게 투영하기 쉽다. 물론 역사적 실체로서의 선비란 그들이 품은 이상과 희망을 포함하는 것이다.

이러한 관점에서 보면 '교양'이나 '인격', '신분계층'이나 '부국강병'이라는 개념에는 근대적 문제의식이 혼입되어 있다고 여겨진다. 그러나 역사적 실체로서의 선비가 실현하고자 한 이상은 단순한 인격 수양이나 애국심이

---

[20] 이광린 외, 《한국의 선비문화》, 155쪽.

아니라, 퇴계가 말한 것처럼 '원기지우(元氣之寓)',[21] 즉 '사회적 생명력의 원천'[22]인 존재였다고 생각된다.

이 점에 관하여 다음 장에서 선비와 공공의 관계라는 관점에서부터 고찰해보자.

4. 선비와 공공의 관계에 대하여

《조선왕조실록》에서 '(국가)원기(元氣)'의 용례를 찾아보면 '공론(공의)은 국가의 원기'라는 표현이 500년에 걸쳐서 존재하는데, 이 '공론' 형성의 담지자는 시대에 따라 달라지고 있다. 이 변화는 2장에서 본 '공공'의 발화 주체의 변화와 대응한다.

즉 처음에는 '대간은 국가의 원기'라는 표현이 대다수였으나 점차 '사림[사기(士氣)]은 국가의 원기'라는 표현으로 이행된다. 그 계기는 1519년 을묘사화로 확인된다. 예를 들면 다음과 같다.

> (대간이 말하기를) "조광조 등은 이미 그 죄를 정하였고 무뢰(無賴)한 무리는 도리어 스스로 즐거워합니다. 아마도 간사한 모의는 이제부터 자라나고 사기(士氣)는 이제부터 막혀서 국가의 원기(元氣)가 따라서 위축될까 걱정됩니다. 저 사람들의 죄는 국

---

21 「學校, 風化之原, 首善之地, 而士子, 禮義之宗, 元氣之寓也」(《퇴계선생문집(退溪先生文集)》권41, 〈유사학사생문(諭四學師生文)〉). '원기지우(元氣之寓)'를 '풍화지원(風化之原)', '수선지지(首善之地)', '사자예의지종(士子禮義之宗)'와 나열하여 '학교(學校)'를 설명한 것이라고 하는 해석도 있으나(이장희, 《조선시대 선비연구》, 박영사, 1989, 32쪽) 이와는 견해를 달리한다. 한편 '예의(禮義)'란 나라의 사유(四維)인 '예(禮)·의(義)·염(廉)·치(恥)'를 줄인 것으로 보인다.

22 (퇴계는) "선비는 예법과 의리의 바탕이며 원기(元氣)가 깃든 자리이다"라 하여 선비를 모두 예법·의리의 주체요, 사회적 생명력의 원천이라 한다. 선비는 신분적 존재를 훨씬 넘어서 하나의 생명력이요 의리정신의 담당자임을 밝힌 것이다.(《한국민족문화대백과사전》, 〈선비〉항목).

가에 관계되지 않는데도 너무 지나치게 죄주어 사기가 막히고
원기가 위축되게 하였으므로, 자잘한 유생들도 다 분격합니다.
대저 선인(善人)은 조정의 원기입니다. 그 마음은 본디 나라를
위하는 것인데도 이렇게까지 죄주는 것은 매우 애석하니, 짐작
하여 놓아 주소서"라고 하니, 임금이 이르기를, "무슨 짐작할
것이 있겠는가? 조광조 등의 일은 대신도 그르다 한다. 그 죄대
로 죄를 준다면 여기에 그치지 않을 것이다."[23]

여기에서 주목할 점은 당연하다면 당연한 일이지만 사림파를 옹호하는
대간과 훈구파 대신의 의견이 대립하고 있다는 것이다. 그러나 대간과 대신
의 본연의 관계는 다음과 같아야 한다. 인용은 대간의 발언이다.

"신 등이 그윽이 생각하건대, 임금은 원수가 되고 신하는 고굉
(股肱)과 이목(耳目)이 되는데, 팔과 다리를 펴지 못하면 운용에
결함이 있고, 귀와 눈이 통달하지 못하면 보고 들음을 폐하게
됩니다. 운용에 결함이 있고 보고 들음을 폐하면 원수가 비록
있다고 하더라도 어찌 보전할 수 있겠습니까? 고굉은 바로 대
신이며 이목은 바로 대간입니다. 대신이 그 뜻을 행하지 못하
고 대간이 그 말함을 얻지 못하면 이는 팔과 다리를 펴지 못하
고 귀와 눈이 통달하지 못하는 것과 같으니, 나라를 위태롭게
하지 않으려 하더라도 되겠습니까? 지금 전하는 … 대신이 의
논하여도 따르지 아니하시고 대간이 논박하여도 들어주지 아

---

23 「光祖等旣定其罪, 無賴之徒, 反自爲樂. 竊恐奸謀自此而長, 士氣自此而沮, 國家元氣, 隨而萎薾矣. 彼人之罪, 不關於國家, 而罪之太過, 使士氣摧沮. 元氣萎薾, 故雖小小儒生, 皆憤激. 夫善人者, 朝廷之元氣. 其心本爲國,, 而罪至若此, 甚可惜也. 願甚斟酌放之」, 上曰, 「有何斟酌乎. 光祖等事, 大臣亦以爲非. 若以其罪罪之, 則不止此矣」. 〈중종(中宗) 14년(1519) 11월 18일③〉

니하시며, 한몸의 사사로움에 따르시고 뭇 의논의 공정함을 잊으시니, 20여 년 간함을 받아들이시던 아름다움이 하루아침에 허물어져서 위망(危亡)한 조짐이 이 일에 비롯됩니다. 한갓 조정에 있는 여러 신하가 함께 절통(切痛)할 뿐만 아니라, 조종(祖宗)의 하늘에 계시는 영혼도 이미 분해 하실 것입니다. … 이제 전하께서 치우치게 사랑하시는 병통(病痛)이 있으신데 능히 대의로써 단절하지 못하시며, 반드시 맡길 수 없는 관직을 맡기려고 하시어 지극한 공의를 폐하고 원기를 손상시키시며, 스스로 옳다고 하시어 덕을 훼손하고, 곧게 간하는 것을 거역하시어 언로(言路)를 막으시니, 밑에 있는 자가 비록 충성을 다하려고 하더라도 할 수 있겠습니까?[24]

이처럼 대신과 대간은 신체의 각 기관으로서 한 몸이 되어 '공의[군의지공(群議之公)]'를 형성하고 이를 왕이 받아들임으로써 국가의 원기(생명의 원천)가 배양된다고 여겨졌던 것이다.

그런데 여기에서도 언급된 것처럼, '대간은 국가의 원기'라고 한 이유는 그가 '언로'[25]와 관계되기 때문이었다. 예를 들면 다음과 같다.

대간(大諫)은 조정의 이목이며 국가의 원기입니다. 대간이 뜻을

---

24 「竊惟, 君爲元首, 臣爲股肱耳目. 股肱不伸, 則關於運用, 耳目不達, 則廢於視聽, 運用關, 視聽廢, 則元首雖存, 寧可保耶. 夫股肱卽大臣也. 耳目卽臺諫也. 大臣不行其志, 臺諫不得其言, 是猶股肱之不伸, 耳目之不達, 國欲不危, 得乎. 今殿下 … 大臣議而不從, 臺諫論而不聽, 徇一己之私, 忘群議之公. 二十餘年納諫之美, 一朝盡壞, 危亡之漸, 兆於此擧, 非徒在朝群臣所共切痛, 祖宗在天之靈, 亦已含憤矣. … 廢公議以損元氣, 自爲是以虧至德, 拒直諫以塞言路, 在下雖欲盡忠, 庸可得乎.」〈성종(成宗) 24년(1493) 8월 27일②〉
25 조광조는 다음에서 언로가 국가에 관계되는 것은 그것은 위로는 '공경(公卿), 백집사(百執事)'에서 부터 아래로는 '여항(閭巷), 시정의민(市井之民)'의 목소리이기 때문이며 대간은 이를 대변할 책임을 지닌 자라고 말하고 있다. 「趙光祖啓曰, 言路之通塞, 最關於國家. 通則治安, 塞則亂亡. 故人君務廣言路, 上自公卿·百執事, 下至閭巷·市井之民, 俾皆得言. 然無言責, 則不自得盡故爰設諫官以主之」〈중종 10년(1515) 11월 22일①〉.

얻으면 언로가 열려서 나라가 다스려지고 편안하며, 대간이 뜻을 잃으면 언로가 막혀서 어지럽고 위태로워집니다. … 귀가 병이 들면 한 마디 말도 들리지 아니하여 아악(雅樂)과 정성(鄭聲)이 서로 섞일 것이며, 눈이 병이 들면 한치의 땅도 보지 못하여 흑백을 분간하기 어려울 것이니, 신은 두렵건대, 조정이 귀먹고 눈이 멀까 염려됩니다. 원기가 병이 들면 혈기의 운동에 허실(虛實)이 떳떳하지 못하여 풍한서습(風寒暑濕)이 틈을 타지 아니함이 없으니, 신은 두렵건대, 나라가 깊은 병에 빠질까 염려됩니다. 만일 조정으로 하여금 귀머거리와 장님이 되게 하고, 나라가 깊은 병에 빠지게 되면, 아무리 영단(靈丹)과 보제(寶劑)로 약석(藥石)의 방법을 다할지라도 능히 치료해 회복하지 못할 것이 명백합니다.[26]

따라서 바로 '언로는 국가의 원기'[27]라고 표현되거나 다음과 같이 '혈맥(血脈)'에 비유되는 경우도 있다.[28]

국가에 언로가 있는 것은 사람의 몸에 혈맥이 있는 것과 같다고 하였습니다. 따라서 혈맥이 통하지 않으면 원기가 막혀 사망하게 되는 것이고, 언로가 열리지 않으면 사람들의 뜻이 막혀 나라가 망하는 화(禍)가 있게 되는 것입니다. 임금이 언로를

---

26 「臺諫, 朝廷之耳目, 國家之元氣. 臺諫得志, 則言路開, 而治且安. 臺諫失志, 則言路塞, 而亂且危. … 耳受病, 則片言不聞, 而雅·鄭相混矣. 目受病, 則寸地不見, 而黑·白難分矣. 臣恐朝廷之聾瞽也. 元氣受病, 則血氣之運, 虛實不常, 而風寒暑濕, 無不乘之. 臣恐國家之沈痼也. 如使朝廷而聾瞽, 國家而沈痼, 則雖靈丹·寶劑, 極藥石之方, 其不能治而復也, 較然矣.」〈성종 14년(1483) 9월 29일②〉.
27 「言路, 國家之元氣」〈중종 19년(1524)10월 7일④〉.
28 또 '영기(榮氣)', '위기(衛氣)'에 비유되는 경우도 있다. 「夫言路者, 可開而不可雍, 可廣而不可蔽. 言路通, 則上下之情達, 而公道明. 言路雍, 則上下之情隔, 而奸邪作. …… 夫士氣者, 國家之榮衛, 而朝廷之所倚賴也. 故明王振之, 以養元氣, 亂世摧之, 以招危亡」〈중종 22년(1527) 10월 26일②〉.

활짝 열어 탕탕평평(蕩蕩平平)하게 만듦으로써 위로는 조정에서부터 아래로 초야에 이르기까지 품은 생각이 있으면 반드시 진달(進達)하여 막히는 일이 없게 해야 됩니다. 그렇게 되면 심기(心氣)의 화평함이 형성에 통하게 되어 천지의 화(和)가 이를 것입니다. … 그러나 이를 개도(開導)하고 조제(調劑)하는 것은 실제로 대신들에게 달려 있는 것입니다.[29]

위의 글은 을묘사화 이후 20여 년이 흘렀으나 그 여파가 여전히 남아 대신과 대간이 직책을 다하지 못하는 상황을 비판한 발언으로, 언로를 여는 대간과 대신의 본연의 관계는 먼저 대간이 한 시기의 공론을 견지한 후 이어서 대신이 이를 '조제하여 화하는' 것이라고 인식되었다.[30] 이렇듯 '국가의 원기'인 언로를 여는 일에는 대간뿐 아니라 대신도 중요한 책임을 진다고 인식하고 있었던 것이다.[31]

애당초 사헌부와 사간원으로 이루어진 대간은 초기에 인사권이 왕과 재상에게 있었던 탓에 그 역할을 충분히 발휘하지 못하였다. 상황이 달라진 것은 대간에 홍문관이 더해져 삼사(三司) 체제가 확립되면서이다. 홍문관이 언관의 기능을 지니게 되고 인사면에서 독립성을 보장받은 것은 성종 9년(1478)이다. 이러한 조치가 사헌부, 사간원의 언관 활동을 지원하고 강화하였으며 사림파의 정권 진출을 가능케 하였다.[32]

즉, '언로'를 방패로 사림파가 훈구파(대신)와 대치하는 구도가 만들어진

---

29 「國家之有言路, 如人之有血脈. 血脈不通, 則元氣壅滯, 而有死亡之患. 言路未開, 則群情蔽塞, 而有危亡之禍. 爲人君者, 能使是路, 蕩蕩平平, 上自朝廷, 下及草澤, 有懷必達, 無所窒礙, 則心氣之和, 徹於形聲, 而天地之和應矣. … 然其所以開導調劑, 實係於大臣」〈중종 35년(1540) 5월 20일④〉.
30 「持一時公論, 先在於臺諫, 調劑而和之, 在於大臣」〈중종 30년(1535) 10월 15일④〉.
31 예를 들면「昔宣仁太后問爲政所先, 司馬光請首開言路. 誠以言路通塞, 治亂所係. …. 人主所倚以爲治者, 大臣·臺諫而已. 事有是非, 務相調劑, 而使言路開廣, 人主樂聞者, 大臣之責也」〈명종 1년(1546) 2월 14일⑤〉.
32 岸本美緒·宮嶋博史,《世界の歷史12 明清と李朝の時代》, 中央公論社, 1998, 108~109쪽.

것이다. 아래 사료가 이를 잘 보여준다.

> 아, 공론은 국가의 원기인 것입니다. 한 몸의 원기가 시들면 사람이 제 구실을 못하게 되는 것과 같이 공론이 억압당하면 국가의 일이 제대로 되지 않는 것입니다. 그러므로 공론이 펴지느냐 펴지지 않느냐에 따라 국가의 흥망이 판가름 나는 것입니다. 그런데 그 책임을 맡고 있는 대신이 어찌 한몸의 사견(私見)만을 내세워 일국의 공론을 폐기시킬 수 있겠습니까? 신 등은 바라건대, 전하께서는 허심탄회하게 간언을 받아들임으로써 언로를 넓히시고… 대신의 잘못을 견책(譴責)하시어 공론을 통쾌하게 하소서.[33]

> 신 등은 전하께서 대신의 사사로운 고집에 가리워 공론을 폐기하심이 이처럼 극에 이르셨는가 몹시 해괴하게 여깁니다. 한 사람의 성지(聖智)는 홀로 운영될 수 없는 것이요, 반드시 묘당(廟堂)에 의지하게 되는 것이나, 묘당의 주획(籌劃)이 반드시 모두 훌륭한 것은 아닙니다. 또 언관이 있어서 그 시비를 다투어 여러 논의가 조제되어야 국시(國是)가 정하여지는 것이니, 고의로 서로 이견(異見)을 내세우는 것이 아니라, 서로 부족한 점을 보완하는 바입니다. 지금 이 일은 비록 대신이 변방[변경(邊境)]을 꾀하는 계책이라 하지만, 깊이 그 폐단을 궁리해 보면 단연코 크게 옳지 못한 것이 있습니다. 국론(國論)이 바야흐로 비등

---

[33]「噫, 公論, 國之元氣. 元氣痞隔, 不可以成人. 公論鬱抑, 不可以爲國. 公論屈伸, 關國家興衰, 而爲大臣者, 當任其責. 豈可以一己私見, 廢一國公議乎. 臣等伏望殿下, 坦懷開誠, 恢廣言路, … 譴大臣之失, 以快公論.」 〈중종 16년(1521) 2월 5일①〉

(沸騰)하여 모두 "고쳐야 한다"고 말하면, 대신된 사람은 진실로 마땅히 자기의 소견만 고집할 것이 아니라, 아무쪼록 공론을 따라야 합니다.[34]

사림과 대신이 대립하는 상황 속에서 '공론'에 귀를 귀울이고 의견의 불일치를 꺼려하지않으며, '중의(衆議)'를 '조제(調劑)'함으로써 '언로'를 보장하는 과정을 통해 '국시'를 정하는 바람직한 대신의 모습을 요구하는 것이다.[35]

이는 즉 사림파가 '언로'를 통하여 정계의 변혁에 나섰다는 것을 의미한다. 이러한 점이 잘 드러나 있는 다음 인용문에서는 '언로', '사기', '공론', '원기'가 일직선으로 연결되어 변혁의 기본 자세를 설명하고 있다.

이제 전하께서는 폐정(廢政)을 일소(一掃)하고 새로운 정치를 도모하므로 조야(朝野)는 눈을 닦고 태평(太平)을 기대하고 있습니다. 전하께서는 진실로 마땅히 언로를 널리 열어 사기를 높이시고, 공론을 부식(扶植)하고 원기를 배양(培養)하셔야 할 것입니다. … 언로가 다시 막히고, 사기가 꺾이고, 공론이 땅에 떨어지고, 원기가 크게 훼손되는 것이니, 전하께서는 장차 무엇을 믿고 국가를 유지하시렵니까?[36]

---

34 「臣等深駭殿下蔽於大臣之私執, 而廢棄公論, 至此極也. 夫一人之聖智, 不能獨運, 而必資於廟堂. 廟堂之籌畫, 不必盡得, 又有言官, 以爭其是非. 衆議調劑, 國是乃定. 非故相爲異, 乃所以相濟也. 今此事雖云大臣謀邊之策, 而深究弊端, 斷然有大不可者. 國論方騰, 咸曰可改. 爲大臣者, 固當不執己見, 務循公論.」《중종 4년(1509) 4월 16일⑧》.

35 임금의 발언이나 「大抵宰相·士林, 非二也. 皆是士林(재상(대신) 또한 사림이다)」《중종 26년(1531) 11월 5일①》라는 예도 존재한다. 조광조는 재상(대신)과 대간이 다른 의견으로 부딪칠 때야 말로 '화(和)'가 생겨난다고 한다. 「宰相曰是,臺諫曰非,宰相曰可行,臺諫曰不可行,可否相濟而後,事歸於正矣,朝廷和而後,至治出焉. … 雖以相和爲主,而亦不可與惡者同流合汚也」《정암선생문집(靜菴先生文集)》권3, 〈시독관시계13(侍讀官時啓十三)〉). 이 말은 《국어(國語)》, 〈和實生物, 同則不繼〉에 대한 위소(韋昭)의 주석 '和謂可否相濟, 同謂同欲'을 참고한 것으로 보인다.

36 「今殿下一革廢政, 以圖新理, 朝野拭目, 想望太平. 殿下固當廣開言路, 激揚士氣, 扶植公論, 培養元氣. …言路復塞, 士氣摧沮, 公論墜地, 元氣大毀, 殿下將恃何物, 以維持國家乎.」《중종 2년(1507) 10월 7일④》.

그러나 주지하는 바와 같이 그 급진적인 사회 변혁은 좌절되었다.

한편, 의리 정신의 발휘라고 하면 의리의 실현을 위해 죽음도 불사하는 조광조(趙光祖, 1482~1519) 등의 사림파적 변혁정신을 떠올리는 경우가 대부분일 것이다. 그러나 변혁이란 원래 '국가의 원기', 즉 '사회적 생명력의 원천'을 유지하고 배양하기 위한 것으로, 급격한 개혁으로 사회에 혼란을 불러일으키고 이로 인해 많은 생명을 희생시키는 결과는 결코 기대되어서는 안 될 것이다.

2장에서 조선시대의 '공공'을 검토하면서 각자의 자발적인 참여에 의해 공통된 관심(공공 시공간)을 명백히 드러내고 활성시키는 이른바 '공활성(공발성, 공창성)'을 축으로 하면서 '부정에 대한 의분'이라는 성격을 띤다는 점을 지적하였는데, '의분'은 자발적 '참가'의 에너지가 되는 동시에 지나치면 대립과 갈등을 낳고 '공동' 자체를 불가능하게 하며 나아가서는 사회의 생명력('원기')를 해칠 가능성도 있다.

따라서 의리 정신의 발휘는 활발한 언론 활동으로 사회를 활성시켜 대립이나 갈등으로 이어지지 않도록 하거나, 또는 대립이나 갈등을 조제하고 화해시켜 만물이 서로를 살리는 것이어야 한다. 이 점이 바로 조선시대의 '공공'이 지니는 가장 중요한 의미일 것이다. 장현광의 말을 빌리자면 '만활성(萬活性)'이라고 말할만 한 것이다.

그렇다면 조광조의 명맥을 잇는 사림파는 이러한 점을 중요시하지 않았을까? 결코 그렇지 않았다는 것을 아래에 인용한 퇴계(1501~1570)의 말에서 추측할 수 있다. 인용문은 을묘사화 당시 조광조 일파로 지목된 권벌(權橃, 1478~1548)에 대한 평가이다.

> 권벌은 재상 중의 진정한 재상이다. 음애(陰崖) 이자(李耔, 1480~1533)는 일찍이 을묘의 화를 가슴 아파하며 짧은 글을 지

어 다음과 같이 말하였다. "조광조는 중흥(中興)의 운을 만나 왕에게 중용(重用)되어 알고 있는 것을 전부를 아뢰고 아뢴 것 전부가 따라져서 선왕(先王)의 치세(治世)를 회복하고자 했다. 그러나 그 이후의 제현(諸賢)들은 연소(年少)하고 기예(氣銳)하여 급격하게 개혁을 하고 무리를 범해 세상의 정[世情]에 크게 반하였다. 나와 신상(申鏛, 1480~1530), 권벌 등은 양쪽 사이를 조제하고 파국에 이르지 않는 것을 원했다. 그러나 급진파와 보수파 모두 이를 비판하고 오늘날의 사태에 이르렀다. 이는 하늘의 문제가 아닌 인간의 문제이다." 그렇다면 권벌은 을묘사화에 선처(善處)했다고 평가해야 할 것이다.[37]

이에 의한다면 권벌, 이자, 신상 등은 모두 급진파와 훈구파 사이를 '조제'하려고 하였다. 또 이자의 문집에는 조광조도 이들과 함께 '조제'하려고 했다고 쓰여있다.[38]

또 일반적으로 서인의 영수(領袖)로 알려진 이율곡(李栗谷, 1536~1584)도 자신이 사류(士類)로부터 비판받은 이유는 동서 양당(兩黨) 사이를 '조제'하여 함께 국사(國事)를 도모하고자 한 일이 오해를 받았기 때문이라고 말하고 있다.[39]

또한 율곡은 선비를 관직에 나아간 자와 나아가지 않는 자 둘로 나누고,

---

37 「權公. 宰相中眞宰相也. 陰崖李公耔, 痛己卯之禍. 嘗書小錄曰, 趙孝直當中興之運, 感不世之遇, 知無不言, 言無不從, 庶復先王之治. 然後來諸賢, 年少氣銳, 改絃無漸, 觸冒險阻, 物情大乖. 公與申大用·權仲虛等, 調劑兩間, 冀不至敗闕. 而新舊慧之, 以至今日. 斯豈人謀之不臧哉云. 然則公之在己卯中, 可謂善處者矣.」《퇴계선생문집(退溪先生文集)》49,〈권공행장(權公行狀)〉

38 「公(=李耔)與申文節公鏛·趙文正公光祖·權忠定公橃, 欲調劑兩間, 不至敗闕, 則一二公執不可, 已無如之何. 北門禍作, 與趙靜庵·金沖庵, 同被下獄」《음애선생집(陰崖先生集)》권4,〈언행척록(言行摭錄)〉. 김충암(金沖庵)은 김정(金淨, 1486~1521).

39 「東西二字, 本出於閭巷之俚語. 臣嘗笑其無稽. 豈意到今日, 爲患滋甚乎. 觀人之道, 只分邪·正而已. 何東西之足辨乎. 如臣初非得罪於士類者也. 只欲調劑兩間, 共爲國事, 稱揚而士類之不知者, 誤指爲扶西抑東. 一被指點, 漸成疑阻, 百謗隨起, 終至於館學之儒, 亦或輕侮」《선조 16년(수정(修正))》(1583) 4월 1일⑥

더 나아가 전자를 '대신(大臣)', '충신(忠臣)', '간신(幹臣)'의 세 부류로, 후자를 '천민(天民)', '학자(學者)', '은자(隱者)'의 세 부류로 분류하였다. 이 중에서 각각 '대신'과 '천민'을 높이 평가하면서 '천민지도(天民之道), 즉대신지도야(卽大臣之道也)'라고 하였다.[40] 이 말의 뜻은 '천민'의 의의를 칭송하는 것이지만, 동시에 동일한 가치를 '대신'에게도 부여하려는 것이다. 이점에서부터 율곡이 동인과 서인의 사이뿐만 아니라 사류와 대신의 사이, 그리고 관과 민의 사이를 '조제'하고 '만활'하는 일을 이상으로 하였음을 추측할 수 있다.

5. 결론

이처럼 조선시대에는 관, 민, 대신, 사림에 관계없이 지금의 자신과 사회가 아직 부족하다고 여기고 이를 향상시키려는 변혁 의지를 가진 사람, 또 바람직한 생을 실현하기 위한 일에 참여하는 사람이라면 누구라도 선비라고 불릴 수 있었다. 선비란 '지향성'을 본질로 하기 때문이다. 그리고 사(士)는 '원기지우'라고 불린 것처럼, 주로 '사회비판적 언론 활동(언로)'을 통하여 '사회적 생명력의 원천'이 되는 일이 선비의 사명이었다.

이 점은 조선시대의 '공공'이 위로는 왕에서부터 아래는 노비에 이르기까지 누구나 주체적으로 참가할 수 있어 각각의 입장에서 공공의 시공간을 드러내고 활성화시키는 '공활성(공발성, 공창성)'과 또 그 에너지인 '부정에 대한 분노'가 때로 지나쳐 대립과 갈등을 일으킬 때, 이를 '조제'하고 만물을 살리려는 '만활성'을 특징으로 하는 것과 많은 부분이 중첩된다. 그리고 중첩의 가장 큰 키워드는 '원기(생명력의 근원)'이다.

---

[40] 《율곡선생전서(栗谷先生全書)》15 《동호문답(東湖問答)》, 〈논신도(論臣道)〉.

결론은 위에 서술한 바이며, 마지막으로 이렇게 사회를 생명체로 파악하는 발상이 어디에서 유래하였는지에 대한 문제를 제기하면서 본 논문을 마무리하고자 한다.

물론 사회유기체론적 발상은 농경 및 목축사회에서라면 동서고금을 불문하고 어디에서나 발견할 수 있는 평범한 내용이라고 말할 수 있을지도 모른다. 그러나 '언로'를 '혈맥', '영기(榮氣)', '위기(衛氣)' 등 경락(經絡)에 비유하는 점에서부터 당시의 의약적 지식의 보급과 기술의 발전이 그 배경에 있다고 여겨진다. 아래 권근(權近, 1352~1409)의 말은 이를 잘 보여준다. 예로부터 전해져 내려온 조선 의서(醫書)를 집대성하여 1398년 간행된 《향약제생집성방(鄕藥齊生集成方)》의 서문이다.

> 예로부터 '상의(上醫)는 나라를 낫게한다《국어》'라고 말합니다. 바로 이때 명군(明君)과 현명한 신하가 만나 상서로운 운기(運氣)가 열리기 시작하며 도탄(塗炭)에 빠진 백성의 괴로움을 구하고 만세 반석(盤石)의 기초가 세워졌습니다. 이른 아침부터 밤늦게까지 힘쓰고 마음을 치세에 다하여 더욱 민생을 살리고 국맥(國脉)을 장구(長久)히 하려는 기도(企圖)는 백성에 대한 인정, 나라를 부강하게 하는 길에 있어서 본말(本末), 대소(大小) 모두 갖춰져 있습니다. 나아가 의약(醫藥), 요질(療疾)에 이르기까지 친절히 하여 원기를 조호(調護)하고 나라의 근본을 배양하는 일이 이렇게 지극합니다. 나라를 낫게하는 일이 크다고 할 수 있습니다.[41]

---

[41] 「傳曰, 上醫醫國. 方今明良相逢, 肇開景運, 以拯生民塗炭之苦, 以建萬世盤石之基. 夙夜孜孜, 盡心於治, 益圖所以活民生而壽國脉者, 仁民之政, 裕國之道, 本末兼擧, 大小畢備. 以至醫藥療疾之事, 亦拳拳焉, 調護元氣, 培養邦本, 如此其至. 其醫國也大矣.」《양촌선생문집(陽村先生文集)》권17, 〈향약제생집성방서(鄕藥齊生集成方序)〉)

국가의 근본인 '원기'는 백성의 생명에 있다고 말한다. 유자(儒者)의 상투적인 표현이라고 할 수 있으나 여기에는 고려말기 이래의 향약(鄕藥) 의술의 발달,[42] 즉 '동의(東醫)'의 전통이 아래에 깔려있다.

단, 조선전기의 국가적인 의료제도는 현실적으로는 왕실이나 고관을 위한 의료기관[내의원(內醫院), 전의감(典醫監)]에 불과하였다. 백성의 구제를 위해 세워진 혜민국(惠民局)은 방편적 기관에 머물렀던 듯하다.

이러한 궁정의료의 실태를 왕실과 고관에 의한 의료 독점이라고 하여 누구나 여기에 주체적으로 참가할 수 있도록 한 일, 즉 '공공'하도록 한 일이 사림파 사회변혁의 중요한 일면이라고 논자는 생각한다. 즉 선비란 생명을 '공공'하려는 지향자이며 이를 저해하는 '독(獨)', '편(偏)', '전(專)'적 행위인 '반(反)생명'의 비판자라고 생각하는데, 이에 대한 검토는 앞으로의 과제로 하고자 한다.

번역: 선지수(도호쿠 대학)

---

[42] 이태진, 〈향약 의술(鄕藥醫術) 발달과 고·중세형(古·中世型) 인구 제약의 극복〉, 《의술과 인구 그리고 농업기술》, 태학사, 2002 참조.

참고문헌

《양촌선생문집(陽村先生文集)》, 《여헌선생문집(旅軒先生文集)》, 《여헌선생속집(旅軒先生續集)》
《율곡선생전서(栗谷先生全書)》, 《음애선생집(陰崖先生集)》, 《퇴계선생문집(退溪先生文集)》

박성순, 2004, 《선비의 배반》, 고즈윈.
이광린 외, 2002(재간행), 《한국의 선비문화》, 김포대학출판부.
이장희, 1989, 《조선시대 선비연구》, 박영사.
이태진, 2002, 《의술과 인구 그리고 농업기술》, 태학사.
지명관(池明觀), 2003, 《ものがたり朝鮮の史―現在と過去との話―(オンデマンド版)》, 明石書店.
한국정신문화연구원, 1991, 《한국민족문화대백과사전》.

유교사상적 관점에서 본 선비정신과 무사도

신현승 상지대학교

1. 서론

　인간의 정신적인 면과 관련된 것, 예를 들면 인간이 만들어낸 사상과 문화는 본래 유동적이며 유목성이 강하다. 따라서 작위적이든 자연적이든 사상문화는 결코 제자리에 머무는 일 없이 끊임없이 물결처럼 출렁이며 어디론가, 또 어디론가 흘러간다. 흘러가는 와중에 저 황하의 물줄기처럼 새로운 사상문화의 물줄기가 생겨나고, 또 어디론가 흘러가 다른 형태의 사상문화의 물줄기를 만들어낸다. 세상의 물은 연결되어 있다. 강과 바다는 끊임없이 만나고 헤어지면서도 각기 자기만의 이름을 갖고 있다. 강은 똑같은 강이고, 바다도 똑같은 바다지만, 각기 이름에 따라 그 특징도 달리 한다. 사상과 문화가 그렇다. 유교문화라고 해서 중국의 그것과 한국의 그것이 똑같지 않다. 일본의 그것과도 다르다. 그렇듯 정신문화는 각기 지역에 따라 다를 수밖에 없다.
　문화전파의 원리에 의하면 어떤 한 문화는 그것이 어디에서 흘러 들어왔건 그 땅과 지역에 의해 변형되고 토착화된다. 선비정신이 그와 같은 사례의 본보기이다. 따라서 이를 우리의 정신문화가 아닌 중국의 것으로 제쳐 둔다면 황하(黃河)와 한강의 차이를 모르는 이치와 다를 바 없다. 황하와 한강은 같은 강이지만 황하는 중국 것이고, 한강은 우리 것이기 때문이다. 이와 같은 논리는 우리의 선비정신에 그대로 적용된다. 중국 전통 유교의 문사(文士)와 우리의 선비들이 향유했던 이념적 틀은 공통의 유교이지만, 그 구체적 정신과 실상은 같을 리 없기 때문이다. 일본 전통 사무라이의 정신을 나타내는 무사도(武士道)라는 말 역시, 중국의 사도(士道) 및 한국의 유교적 선비정신[士道]과 두 글자를 공통으로 갖고 있지만 앞에 무(武)가 접두어로 붙어 색깔을 완전히 달리한다.

이 논고의 목적은 조선의 선비정신과 일본의 무사도를 유교사상적 입장에서 비교 검토하는 데 있다. 물론 이와 같은 논의의 전제에는 중국 본토에서 유래한 전통적 유교의 문사(文士) 관념 및 신유교(Neo-Confucianism)의 사대부상(像)이 자리하고 있다. 그리고 이 논고는 조선 선비의 사도(士道, 선비정신)와 일본 사무라이의 무사도(武士道, 사무라이 정신)를 동아시아 '유학(儒學) 유전학적 돌연변이'로 이해하고 비교·분석의 방법을 채택하기로 한다. 이에 더해 무사도의 '습합적' 사상 구조에 대해서도 논의하기로 한다. 다시 말해 이 논고에서는 동아시아 전통의 이상적 인간형으로서 중국 유교의 사대부와 조선의 선비, 그리고 일본의 사무라이에 대해 비교학적 측면에서 탐구해 볼 것이다.

2. 유교의 선비정신과 사도의 의미

1) 조선의 사도로서 선비정신

'선비'는 예부터 지금까지 이 땅(한국사회)에서 '어질고 지식이 있는 사람'

을 뜻하는 말이다. 특히 유교 이념을 사회에 구현하는 인격체로서 500년 조선 역사에서 사회 엘리트층을 의미하기도 한다. 따라서 선비정신은 이들 상층부 사람들이 갖고 있던 정신문화이자 사상문화였다. 선비정신이 조선시대 중·하층 서민들의 정신세계가 아니었다고 해서, 또 현재 시점에서 이것이 고루하고 낡으며 중국 땅에서 발생한 유교의 부산물이라고 해서 이를 부정하는 것은 너무나 과한 자격지심일 것이다.[1] 통상적으로 조선시대 지식인의 이상적 인간형은 사도(士道)의 체현자(體現者)로서의 선비(한자어에서는 士)이다. 또 성리학(性理學) 혹은 주자학(朱子學)을 공부한 조선시대 지식인의 대명사가 선비라는 것은 주지의 사실이다.

그런데 조선에서 본격적인 선비의 탄생과 선비정신의 기원은 유학의 새로운 변이체인 신유교 혹은 신유학(新儒學, 여기에서는 주로 성리학을 지칭)이라는 새로운 학술사조에 유래한다. 선비[士]라는 용어의 어원을 살펴보면, 몽골어로 '어질고 지식이 있는 사람'을 뜻한다고 한다. '선빅'라는 용어는 조선 세종 시대에 제작된《용비어천가(龍飛御天歌)》에 처음 나타나는데, 선비(선빅)의 어원에 대해 한국 근대기의 역사학자 신채호는 '선(仙)의 무리[仙人·先輩]'라고 보아 소도(蘇塗, 삼한시대에 제의를 지내던 곳)를 지키는 무사 집단으로 해석했으며, 김동욱(金東旭)은 '선비(선빅)'를 '先輩'로 보아 신라의 화랑(花郎)이 변화하는 과정에서 고려초기부터 사용한 것이라는 견해를 제시하고 있다.[2] 그런데 선비의 한자어인 '士'는 포괄적 의미에서 지식과 인격을 갖춘 인간으로 이해될 수 있고, 따라서 우리말의 선비와 뜻이 통한다고 볼 수 있다. 또 '士'의 개념은 중국 춘추전국시대에 공자와 맹자를 중심으로 한 유교사상과 밀접하게 관련돼 있으며, 중국에서는 송대(宋代) 이후에 자각적인 '士'의 집

---

1 이찬수 외, 《한국적 정신과 문화의 심층: 21세기의 겨레얼 읽기》, 문화체육관광부, 2013, 75쪽.
2 금장태, 《한국의 선비와 선비정신》, 서울대학교출판부, 2001, 3~4쪽; 최봉영, 《조선시대 유교문화》, 사계절, 1997, 29~34쪽.

단이 본격적으로 출현했다고 볼 수 있다.

그러다가 유교를 통치이념으로 정립한 조선시대에 들어오면서 선비[士]는 사회의 지도적 계층으로 그 지위가 확립되었다. 원래 '士'는 굳은 지조(志操)와 사회적 책임의식을 지닌 인격으로서 '문사(文士)'와 '무사(武士)'를 모두 가리키는 것이었다. 그러나 조선시대에는 선비의 자격으로 학문적 식견과 도덕적 행실이 강조되면서 '문사'의 의미가 집중적으로 부각되었다.[3] 이 점에서는 일본의 주요한 사도(士道)인 '무사도'와 다르다고 할 수 있다.

조선시대에서 선비란 신분적으로는 혈통에 아무런 하자가 없는 존귀한 사람, 양선(良善)한 사람, 즉 자유민을 뜻하는 양인(良人)이고, 경제적으로는 중소지주층이다. 특히 유교전통에서는 유교 이념을 구현하는 인격체를 의미한다. 또 사회적으로는 독서를 기본 임무로 삼고 관직을 담당하는 신분계급을 가리킨다. 선비에게는 그 일생의 목표로서 몇 단계의 과정이 있었다. 성리학을 배우고 그 이념을 실천하는 학인(學人)인 '사(士)'의 단계에서는 수기(修己, 자신의 인격과 학문을 닦음)하여 치인(治人, 남을 다스림)하는 '대부(大夫)'의 단계로 나아가고, 수기치인(修己治人)을 바탕으로 학자 관료인 '사대부(士大夫)'가 되는 것이 최종 목표였다. 수기치인의 선비정신은 맑음의 미학(美學)에 기초한다.[4] 그런데 이 '수기치인'이라는 선비의 실천 강령이자 목표는 조선시대에 탄생한 산물이 아니었다.

유교의 본고장 중국에서도 송대 이후 주자학·양명학을 담당한 자들은 '사대부' 계층이었다. 사대부(士大夫)란 원래 사(士)와 대부(大夫)라는 두 개의 단어로 이루어진 합성어이다. '사'나 '대부' 모두 원래는 중국 고대의 신분이었다. 유교가 태고의 황금시대로서 이상화하여 언급하는 주(周)의 시대에 통치자는 다섯 개의 신분으로 이루어졌는데, 위부터 순서대로 천자(天子,

---

[3] 금장태, 《한국의 선비와 선비정신》, 13쪽.
[4] 정옥자, 《우리가 정말 알아야 할 우리 선비》, 현암사, 2007, 21쪽.

왕·제후(諸侯)·경(卿)·대부(大夫)·사(士)이다.[5] 그리고 송대가 되어 성리학(혹은 주자학)의 시조인 주희(朱熹)에 의해 높이 제창된 관념이 '수기치인'이었다. 즉, "자기를 수양하고 남[사람]을 다스린다"는 것이다. 이 구절은 주자학 성립 이후 전근대 동아시아 사대부들의 삶의 지침이 되었다. 가령 스스로의 영달(榮達)만을 꾀하는 일밖에 생각하지 않는 인물도 표면에 드러나게 이 표어를 부정할 수 없었다.

그러한 의미에서 '수기치인'은 확실히 이념으로서 기능한 것이다. 이 구절은《논어(論語)》의 '수기안인(修己安人)'에서 유래한다. 유교사상에서는 옛 날부터 끊임없이 이어져 내려온 이념이었던 것이다. 그러나 주자학에서의 평가는 특별한 것이 있었다. 먼저 자기 자신을 성인에 근접하는 인격자로 확립시킨 뒤에, 위정자(爲政者)로서 민중의 위에 선다고 하는 것이다.[6] 이 '수기치인'은 두말할 것도 없이《대학(大學)》팔조목(八條目)의 이념이기도 하였다. 격물(格物), 치지(致知), 성의(誠意), 정심(正心)이라는 앞 4조목이 개인적 수양 단계인 수기(修己)의 과정이라면, 수신(修身, 개인적 수양의 완성), 제가(齊家), 치국(治國), 평천하(平天下)의 뒤 4조목은 사회적 활동 단계인 치인(治人)의 과정이라 할 수 있다. 조선시대 선비와 중국의 士 계급의 기본 목표와 이념은《대학》팔조목의 정신인 '수기치인'에 다름 아니었다.

특히 선비가 '수기'를 한 뒤 '치인'하는 것, 즉 관직에 나아가 자신의 경륜(經論)을 펴는 '행도(行道)'는 그들의 이상적 목표였다고 할 수 있다. 결국 선비의 목표는 익힌 학문과 닦은 덕(德)을 나라와 국민을 위해 적극적으로 실천하는 데 있었다. 조선시대의 대표적 유학자 율곡 이이는 자신의 저서《동호문답(東湖問答)》에서 손님[客]과 주인(主人)이 주고받는 형식을 빌려 다음과 같이 말한다.

---

5 고지마 쓰요시 지음·신현승 옮김,《사대부의 시대》, 동아시아, 2004, 26쪽.
6 고지마 쓰요시 지음·신현승 옮김,《사대부의 시대》, 40쪽.

客이 묻기를 "선비[士]가 세상에 태어나서 세상을 다스리는 데 뜻을 갖는 것은 옳은 일이오"라고 하자, 主人이 대답하되, "선비가 겸선(兼善)하는 것은 진실로 그 뜻이다. 물러나서 스스로 자신을 지키는 것이 어찌 본심이겠소."[7]

이 문장으로 보아 이이 자신도 선비가 천하를 겸선하는 것을 선비의 근본이 되는 직무로 삼았음을 알 수 있다. 선비가 치인의 과정으로서 벼슬에 나아가 자신의 경륜을 펴야 한다는 것은 이이만의 생각이 아니었으며 선비들의 공통된 생각이었으니, 제가(諸家)의 예를 몇 개만 들어보면 다음과 같다.

신명(身命)을 바쳐 도(道)를 행함은 인도(人道)의 크게 바른 것이요, 은거독선(隱居獨善)이 어찌 군자(君子)[=선비]가 원하는 것이겠는가.[송시열(宋時烈)][8]

선비[士]가 임금에게 벼슬을 구하려는 것은 그 도(道)를 행하려 함이요, 도를 행하지 않고 영리(榮利)를 탐하는 것은 선비가 아니다.[허균(許筠)][9]

선비[士]가 성현(聖賢)의 책을 읽고, 몸을 닦고, 법(法)을 행하는 것은 천하(天下)의 공의(公誼)이다.[이건창(李建昌)][10]

---

[7] 이이, 《율곡전서(栗谷全書)》권15, 잡저(雜著) 2, 《동호문답》, 〈논신도(論臣道)〉: "客曰, 士生斯世, 莫不以經濟爲心宜乎 … 主人曰, 士之兼善, 固其志也. 退而自守夫豈本心歟."

[8] 송시열, 《송자전서(宋子全書)》권143, 〈매은당기(梅隱堂記)〉: "致身行道, 此人道之大端也, 隱居獨善, 豈君子之所願."

[9] 허균, 《허균전서(許筠全書)》, 《성소복부고(惺所覆瓿稿)》권11, 문부(文部) 8, 〈남효온론(南孝溫論)〉: "士之求用於君者, 乃欲行其道也. 道不行而徒眈其榮利, 則非士也."

[10] 이건창, 《명미당집(明美堂集)》권10, 〈육화집서(六化集序)〉: "士之讀聖賢書, 修身而行法, 天下之公誼也."

위에서 보듯이 조선의 선비들은 학식을 쌓고 도덕을 실천에 옮기는 '수기치인'을 지극히 당연한 것으로 여기고 있었다.[11] 여기에서 인용한 송시열은 조선시대의 대표적 성리학자이고, 허균은 종종 양명학 경향의 인물로, 이건창은 강화양명학파로 분류되었던 인물이다. 이렇게 볼 때 조선시대에는 주자학자[성리학자]이든 양명학자이든, 학파를 불문하고 '수기치인'을 삶의 목표로 삼고 있었다는 점에서는 동일했다는 것을 확인할 수 있다. 허균처럼 이이도 선비가 벼슬에 나가 영리를 탐하는 것은 이미 선비의 자격을 상실한 것이라고 말하면서, "선비는 궁해도 자신을 지키기 위하여 의리[義]를 저버리지 않고, 벼슬에 나가도 선비의 사도(士道)를 이탈하지 않으며, 시세(時勢)에 따라 가벼이 옮겨 가지 않는 것"[12]이라고 말하고 있다. 또 이이는 선비의 관직 및 출처에 대한 태도에 대해서도 다음과 같이 말한다.

> 대저 참된 선비는 벼슬에 나가면 일시에 도(道)를 행하여 백성들로 하여금 '백성이 화락하게 잘 지내는 즐거움 — 희호지락(熙皞之樂) —'을 갖도록 할 것이며, 벼슬에서 물러나면 만대(萬代)에 가르침을 남겨 배우는 자로 하여금 긴 잠에서 깨어날 수 있도록 해야 한다.[13]

이 문장은 중국 송대의 저명한 유학자인 범중엄(范仲淹, 989~1052)의 〈악양루기(岳陽樓記)〉라는 문장과 일맥상통함을 알 수 있다. 범중엄은 "정부고관의 직무를 담당하고 있을 때에는 민중의 일을 걱정하고, 재야(在野)의 생활을 보내고 있을 때에는 군주의 일을 걱정한다. 나아가서도 근심하고 물

---

11 이장희, 《조선시대 선비연구》, 박영사, 2007, 212쪽.
12 이이, 《율곡전서》권18, 〈숭선부정묘지명(嵩善副正墓誌銘)〉: "志士有守, 居不能移."
13 이이, 《율곡전서》권15, 잡저 2, 〈동호문답〉, 〈논동방도학불행(論東方道學不行)〉: "夫所謂眞儒者, 進則行道於一時, 使斯民有熙皞之樂, 退則垂敎於萬世, 使學者得大寐之醒."

러나서도 근심하는 것이다. 그러면 도대체 언제 즐거워한다는 말인가. 천하의 사람들이 근심하는 것보다 먼저 근심하고 천하의 사람들이 즐거워한 후에 즐거워하는 것이다"라고 말하고 있는데, 마지막 부분의 '선우후락(先憂後樂)'의 정신이야말로 송대 사대부들이 애호하고 자신들의 이상으로 높게 떠받들던 문구였다.[14] 이이가 더 나아간 것이 있다면 벼슬에서 물러나서도 치인의 과정인 교화(敎化)를 게을리 하지 않았다는 점이다. 하지만 이 둘은 모두 선비[士]의 사회적 책무를 중시했다는 점에서 공통한다. 요컨대 조선시대 선비의 사도(士道) 혹은 선비정신의 핵심은 수기치인과 의리(義理) 및 지조에 있었다고 볼 수 있다. 위의 예에서도 볼 수 있듯이 우선 이 선비정신은 성리학적 의리와 지조를 중요시한다. 즉, 수기치인의 삶을 목표로 삼았지만 성리학적 의리와 지조가 전제되어 있는 것이다. 어떻게 인간으로서 떳떳한 도리인 의리를 지키고, 그 신념을 흔들림 없이 지켜내는 지조를 일이관지(一以貫之)하게 간직할 수 있느냐가 최대 관심사였다.

이처럼 조선시대의 선비정신이 한국적 유교문화의 중요한 일부분이라는 점은 부정할 수 없는 사실이다. 일본 무사도의 사무라이 정신처럼, 선비정신은 조선시대부터 근·현대에 이르기까지 한국의 유교문화를 어느 정도 대표한다고 할 수 있다. 그 선비정신은 사회적으로는 시대적 사명감과 책임의식으로 굳건해진 엘리트층의 정신이다. 또한 일상생활에서 윤리적, 도덕적으로 청렴과 청빈을 우선 가치로 삼아 검약(儉約)과 절제를 미덕으로 삼은 정신이다. 선비는 시류(時流)에 영합하는 것을 비루하게 여겼고, 역사의식에서 시시비비를 명확히 가리는 춘추정신(春秋精神)을 신봉하였다. 이들은 '청(淸)'자를 선호하여 '청의(淸議)', '청백리(淸白吏)', '청요직(淸要職)', '청명(淸名)', '청류(淸流)' 등의 용어를 즐겨 사용하였다.[15] 이는 사실 조선시대에 활

---

14 고지마 쓰요시 지음·신현승 옮김, 《사대부의 시대》, 31~32쪽.
15 정옥자, 《우리가 정말 알아야 할 우리 선비》, 56~57쪽.

약한 유학자들의 언설 속에 자주 보이는 태도였으며, 그들의 삶의 목표이기도 하였다.

우리는 그 구체적인 예를 조선시대 한 선비의 학문과 윤리적, 도덕적 삶속에서 쉽게 찾아볼 수 있다. 예컨대 조선후기의 성리학자이자 청백리로 알려진 설봉(雪峯) 강백년(姜栢年, 1603~1681)이 그렇다. 그는 의(義)를 위해서는 죽음도 불사하였으며, 공과 사를 구분하는 정신, 세속적 습속과 결코 타협하지 않는 청렴결백한 기개, "표리(表裏)가 깨끗하고 맑은" 인품을 지닌 인물이었다. 다음의 내용은 강백년의 청렴정신을 잘 드러내준다.

> 강백년의 아비 강주(姜籀)가 선조조(宣祖朝)에 대간(臺諫)이 되어 은(銀)을 뇌물로 받은 일 때문에 추국(推鞫)을 받아 거의 죽게 되었다가 겨우 살아났다. 이 때문에 강백년은 처음 벼슬길에 나온 이후 두려워하고 삼감이 특별히 심하여, 일찍이 남의 과실을 논박하지 아니하였고, 자신을 단속하여 청렴하고 검소하였으며, 그 한고(寒苦)가 가난한 선비와 같았다.[16]

강백년은 '청렴' 두 글자를 체득(體得)하고 구현하는 일에서 자기 정체성을 찾았다. 개인적이고 사회적인 삶 속에서 청렴을 윤리적 준거의 틀로 삼고,[17] 아버지의 잘못을 반면교사(反面敎師) 삼아 '청렴결백'의 선비정신을 평생 실천하며 산 것이다. 그밖에 다소 과장된 측면도 있지만 황희 정승의 청백리에 관한 이야기도 조선시대 선비정신을 대표한다고 할 수 있다.[18]

---

16 《국역 숙종실록》, 숙종 7년 1월 17일 조.
17 송인창, 〈설봉 강백년의 철학과 청백리정신〉, 《회덕 진주강문의 인물과 선비정신》, 대전광역시·충남대학교 유학연구소, 2009, 134~135쪽.
18 청백리는 청렴하고 깨끗한 인품을 갖추고 관직을 수행할 수 있는 공무원을 말한다. 고려시대는 염리(廉吏), 조선시대는 염근리(廉謹吏) 혹은 청백리라 하였으며, 반대로 부정부패한 관리는 탐관오리, 또는 장리(贓吏)라고 했다. 다산 정약용의 《목민심서(牧民心書)》에는 청렴이 목민관(牧民官: 백성을 다스리는 벼슬아치)의 으

이러한 청렴의 가치관은 조선시대 지식인 계층에만 유효한 것이 아니었다. 그것은 사회 저변에 확산되어 일반 백성들도 '염치없는 놈'이란 말을 최악의 욕으로 인식하였다. 염치(廉恥)는 인간이라면 갖추어야 할 기본적 윤리 덕목이 된 것이다. 또한 상부상조와 평화공존의 유교 이념은 개인 생활이나 농촌 공동체뿐만 아니라 국가 간에도 적용되어야 한다고 믿었다. 따라서 당시 동아시아 국제 질서를 전쟁과 무력의 혼란으로 빠뜨렸던 일본이나 여진족의 청나라를 '오랑캐'라고 폄하한 것은 지극히 당연한 일이었다.

미국의 석학 제레드 다이아몬드(Jared Diamond) 교수는 그의 저서 《어제까지의 세계: 전통사회에서 우리는 무엇을 배울 것인가?》(김영사, 2013)에서 그 자신이 더 나은 미래, 더 행복한 삶을 찾아 여행하여 최종적으로 도착한 곳은 다름 아닌 '어제의 세계'라고 말한 적이 있다. 더 건강하게 사는 방법, 노후를 더 즐길 방법, 아이들을 더 자유롭게 키우는 방법을 '어제의 세계'에서 배울 수 있다는 것이다. 특히 전통사회에서 분쟁을 해결할 때는 잘잘못을 따지기보다 구성원 간의 관계를 회복하는 게 목적이라는 지적도 마다하지 않고 있다. 이렇게 볼 때 현대 한국인의 정신적 공허함과 일탈 행위, 행복감 결여, 인성의 천시, 배려와 나눔의 결여 등의 각종 사회적 병폐를 치유하려면 제레드 다이아몬드가 지적하듯이 '어제의 세계', 즉 현재에서 그리 멀지 않은 '어제의 조선시대' 선비들의 전통적 정신문화는 쉽사리 방기되어서

뜸가는 임무라 했다. 국왕의 입장에서 볼 때 지방관은 그 관할지역 내에서 왕권을 대행하는 자로, 그 막강한 통치권을 잘못 행사해 부패하게 되면 그것은 곧 민생과 직결된 왕권의 손상을 초래할 수 있기 때문이라는 것이다. 청백리들이 지켰던 공직윤리는 수기치인이며, 청렴·근검·도덕·효경(孝經)·인의(仁義) 등을 매우 중요시했다. 더구나 청렴정신은 탐욕 억제, 부정부패적 매매행위 금지, 인품 혹은 성품의 온화함 등의 함의를 내포하고 있다. 청백리정신은 선비정신의 핵심으로서 조선시대 이후의 선비들이 공유했던 '노블레스 오블리주(높은 사회적 신분에 상응하는 도덕적 의무)'의 민족정신이며, 이상적(理想的) 관료상이기도 했다. 한 예로 싱가포르는 선진 의식이 확립된 투명한 공직사회를 형성해 부패척결에 앞장선 것으로 유명하다. 정부는 그에 따르지 않는 사람에게는 가혹한 형벌을 내렸다. 즉, 성과를 내는 공무원들에게 확실한 보상을 주되 부패를 저지른 자는 가차 없이 처벌한 것이다. 이 같은 '청렴한 정부' 이미지는 대외적으로 인정받아 싱가포르에 두터운 신뢰를 갖게 된 해외 기업들이 적극적으로 투자하기 시작했고, 그 결과 놀라운 경제성장을 이루어내기도 하였다(송종복, 〈송종복의 한자와 역사 이야기: 청백리〉, 《경남매일신문》, 2013년 9월 24일자 지면 참조).

는 안 되는 가치인 것이다. 또 이들이 중시한 청렴결백의 선비정신이 발전적으로 계승되어야 하는 것은 물론, 의리와 절개(節槪) 및 지조를 목숨같이 여겼던 그들의 정신세계를 회복하는 길이 우리의 정신문화를 복원하는 길과 상통하는 작업이기도 하다.

2) 유교의 문무 사도

유교사 연구 분야에서 간혹 어떤 학자들은 동아시아 유학사(儒學史)를 '유전학(遺傳學, genetics)'이라는 코드로 분석하고 이해한다. 본래 유전학이란 생물의 유전 현상을 연구하는 생물학의 한 분야로서 자연과학에 속하는 학문이다. 이 점에서 인문과학의 한 분야인 유학을 자연과학이라는 영역에서 조망해 보고자 하는 시도는 매우 흥미진진하다고 하겠다. 물론 이에 대한 반론의 여지는 있겠지만, 새로운 관점과 방법론에 의해 유교 혹은 유학을 바라본다는 점이 흥미롭다는 것이다. 이와 같은 연구에서는 동아시아 유학사상사의 전형적 특징을 '知의 태생학'으로 규정하고, 그것을 '유학 유전학(儒學遺傳學)'이라 명명한다. 또한 '知의 정치학'으로 볼 때 그것은 '유학 계보학(儒學系譜學)'이였다고 주장한다. 그 근거로 한·중·일 삼국이 공유했던 신유학(新儒學)의 형성조건이 외재적으로는 계보학적인데 반해 내재적으로는 유전학적이었기 때문이라고 설명한다.[19] 이에 더하여 동아시아 유학사의 형성과 전개 과정을 볼 때 유전학적 진화는 그 방법으로 작용해 왔고, 계보학적 권력관계가 그 현상으로 나타났다고 단언한다. 필자의 경우도 이 절의 논지 전개에 앞서 이와 같은 입장과 견해에 촉발되었음을 인정한다.

따라서 이 절의 논지는 유교 혹은 유학이라는 테두리 안에서 탄생하고 발전한 조선 선비의 사도(士道)와 일본 사무라이의 무사도(武士道)를 동아시

---

[19] 이광래, "유전학으로서 동아시아 유학 다시읽기", 《일본사상》 제15호, 한국일본사상사학회, 2008, 141쪽.

아의 '유학 유전학적 돌연변이'로서 이해하고 있다는 점을 전제하고 있다. '돌연변이(突然變異, mutation)'라는 용어는 일본어와 한국어에서는 같은 한자어를 사용하고 있고, 중국어로는 '돌변(突變, tubian)'이다. 유전학에서의 '유전'이란 세대를 초월하여 형질(形質)이 전해져 가는 것을 말하고, '돌연변이'란 유전학적으로는 유전정보가 기록된 DNA분자가 여러 가지 요인(예: 전자기파, 방사선, 화학물질, 외부/내부 유전자 등)에 의하여 원본과 달라지는 것을 말한다. 이것은 일종의 과학이며 전문적으로 생물체(生物體)의 유전과 변이(變異)를 연구하는 분야이다. 즉, 조선의 선비정신과 일본 사무라이의 무사도를 유전학적으로 이해하면, 이들은 태생적으로 유학 혹은 유교라는 '유전자(혹은 유전자 본체로서의 DNA)'를 가지고 있었으며, 이로부터 변이 내지는 변화의 과정을 거쳐 각기 다른 양태를 가진 사상으로 형성되었다고 볼 수 있다.

대개 사상사에서는 조선과 일본의 근세사회(=도쿠가와시대)를 유교의 시대라고 말한다. 이에 대해 조선은 그렇다 치더라도, 일본의 근세사회를 유교사회로 긍정하기에는 약간의 무리가 따른다. 최근 이러한 통설을 비판하는 주장도 있기 때문이다. 그 대표적인 학자가 도쿄대학의 고지마 쓰요시(小島毅)이다. 그는 자신의 저서 《바다에서 본 역사와 전통(海からみた歴史と伝統)》(勉誠出版, 2006)에서, 에도(江戸)시대 무사가 지배하던 사회는 유교적이지 않았으며 유교는 막번체제의 국교(國敎)가 아니었다고 주장한다. 하지만 유교가 에도시대(=도쿠가와시대)는 물론이고 메이지유신의 하나의 원동력이 되었다는 점에 대해서는 강한 긍정을 피력하고 있다. 또 같은 대학의 와타나베 히로시(渡辺浩)도 《근세 일본사회와 송학(近世日本社會と宋学)》(東京大学出版会, 1985)에서, 도쿠가와시대의 체제이데올로기로서의 주자학의 위상에 대해 의문을 제기하고 있다. 대략 17세기 말엽까지는 주자학으로 대표되는 유교가 사회 전반에 깊이 수용·보급되어있지 않았다는 것이다.[20]

---

20 신현승, "일본의 근대 학술사조와 양명학", 《일본사상》 제14호, 한국일본사상사학회, 2008, 140쪽.

여하튼 이러한 논의가 있다 하더라도, 유교가 조선과 일본 근세사회에 끼친 영향에 대해서만큼은 의심의 여지가 없을 것이다. 조선의 경우 사도(士道)의 중핵은 유교였으며, 일본의 무사도 또한 그 형성과정에서의 가장 큰 중핵은 유교라는 유전자[DNA]의 존재였다는 것은 확실하다. 유교는 선비정신의 근거이자 그 자체였으며, 무사도도 선비정신만큼은 아니지만 유교가 없었다면 존재할 수 없는 정신세계였다. 유전학에서 '돌연변이'는 자손에게 전달되는 세포 유전물질의 변화를 의미하는데, 돌연변이는 자연발생적 ― 유전물질의 복제과정에서 우연히 생김 ― 으로, 또는 전자기(電磁氣) 방사선이나 화학물질 등과 같은 외부요인에 의해 발생한다. 이것을 '사도'와 '무사도'에 적용하면 선진시대의 유학이 신유학으로 변화하였고, 자연발생적으로 신유학의 복제과정에서 필연적·우연적으로 생겨난 것이 '사도'와 '무사도'였다고 볼 수 있으며, 특히 무사도에는 다른 외부요인[가령 불교와 신도(神道)]의 영향이 컸다고 할 수 있다.

그런데 조선시대와 에도 도쿠가와(德川)시대는 그 사회적 성격으로 볼 때 극명히 대립되는 양태를 띄고 있다. 주지하다시피 조선이 문치(文治)의 사회였다면 일본의 도쿠가와시대는 무치(武治)의 사회였다. 그런 점에서 문사(文士)는 조선의 주역이었고, 무사(武士 혹은 侍)는 일본 도쿠가와시대의 주역이었다. 이들의 정신이 유사하면서도 그 본질적 측면에서 다를 수밖에 없었던 연유도 여기에 유래한다. 특히 도쿠가와시대는 막부(幕府)가 법제화한 '사농공상(士農工商)'의 계급제도가 철저히 지켜지던 사회였는데, 이때의 '사(士)'는 당연히 '문사'가 아니라 '무사'였다. 따라서 대다수 서민인 농민과 소수의 서민인 상인의 행복이란 사무라이의 지배를 받는 사회 안에서 실현되어야 하는 것으로 여겨졌다. 즉 프랑스 혁명사상과 같이, "민중을 불행하게 하는 원흉은 도쿠가와 일족을 정점으로 하는 일부 특권 계급의 사무라이 지배층이다"라는 식으로 외치면서 이를 타파하려 했던 인물은 일본에는 거의 존재하지 않았다.[21] 호사카 유지(保坂祐二)는 《조선 선비와 일본 사무라이》[22]에서 다음과 같은 주요 내용으로 선비와 사무라이를 비교하고 있다.

	조선시대의 선비	전근대 일본의 사무라이[侍]
국가통치 원리	성리학에서 추구	손자병법(孫子兵法)에서 추구
목표	관직에 출사(出仕)	성주(城主)가 되는 것
교육	학문과 예술을 동시에 배움	무예 연마에 치중
신앙	유교	일본 자생의 고유신앙(=신도(神道))
정치적 태도	충언(忠言)과 간언(諫言)	할복(割腹)의 용기

호사카는 조선의 선비는 통치 이데올로기를 성리학에서 찾고, 일본의 사무라이는 손자병법에서 추구한다고 주장하지만, 전근대 일본 사무라이의 경우는 손자병법보다 유교, 불교, 신도라는 제 사상에서 골고루 국가통치의 원리를 추구했다고 봐야 할 것이다. 또 그 이하 삶의 목표라든지 교육, 신앙, 정치적 태도의 비교도 대체적으로 수긍할 수 있지만 더 면밀한 검토가 요구된다고 할 수 있다. 그런데 조선의 선비와 일본의 사무라이는 삶의 목표라는 측면에서 봤을 때 크나큰 차이를 보인다.

중국의 '사(士)' 혹은 사대부와 조선의 선비[士]는 수기치인을 목표로 했던 것만은 확실하다. 하지만 일본 사무라이의 경우 '수기'는 강조되고 있지만 '치인'의 위정자적 위상은 갖지 못하고 있다. '치인'의 위정자적 위상은 오로지 주군(主君) 혹은 막부의 쇼군(將軍)에게 있었다고 할 수 있으며, 대부분의 사무라이들에게는 주군에 대한 철저한 충성과 그 충성을 위한 자기수양 과정이 중시되었다. 또 자기수양이라 하더라도 표면적으로는 유교도덕이었지만 실질적으로 행할 수 있는 실천적인 측면에 머물러 있었으며, 조선

---
21 나가오 다케시 지음·박규태 옮김, 《일본사상 이야기 40》, 예문서원, 2002, 152쪽.
22 호사카 유지, 《조선 선비와 일본사무라이》, 김영사, 2008.

선비와 같이 내재적 본성을 연마하는 측면은 약하였다.

　죽음의 문제에서도 선비정신과 사무라이 정신은 극명한 차이를 보인다. 선비의 경우, 의(義)를 생명보다 소중히 여겼기 때문에 비굴한 삶보다는 영광된 죽음을 택할 수 있는 마음의 결의가 되어 있었다. 가령 국난(國難)을 당하여 망신순국(忘身殉國)하는 것은 '의'로 보아 지극히 당연한 일이었다. 조정(朝廷)에서 벼슬하는 선비나 재야의 선비를 막론하고 각기 부여된 본분이 있기 때문이었다.[23] 즉, 선비의 '사도'는 나라가 위험에 처했을 때 그것이 '의'에 적합하다고 생각되면 죽음도 두려워하지 않는다는 논리이다.

　이와는 달리 일본 사무라이의 경우, 죽음을 택할 때에는 주군과의 관계가 이미 전제되어 있다. 주군에게서 명예를 의심받을 때, 혹은 주군을 진정으로 위하는 길이 죽음일 때, 사무라이들은 과감히 할복을 선택하고 죽음에 대면하였다. 니토베의 설명에 의하면, '무사도'에서의 할복의 논리는 매우 단순하다. 니토베는 정신생리학적인 학설에 근거하여, "저는 제 영혼이 들어있는 곳(복부)을 열어 당신에게 그 상태를 보여주고 싶습니다. 제 영혼이 더러운지 깨끗한지 당신의 눈으로 확인해 주기를 바랍니다"[24]라는 식의 언설을 주장하면서, 명예를 존중하는 신념이 수많은 '무사'들에게 스스로 목숨을 끊을 만한 이유를 부여했다고 설명했다. 즉, '내 영혼의 확인=할복', '명예의 확인=할복'이었다는 것이다. 요컨대 일본 사무라이의 경우 대개는 나라 전체이기보다는 자신이 속한 주군과의 관계성에서 죽음이라는 문제가 전면에 드러났으며, 자신의 명예에 대한 확인 과정이 곧 죽음에 이르는 길이었다고 볼 수 있다.

　조선 선비의 사도(士道)인 선비정신에 '삶[生]의 미학'과 인륜(=도덕)에 대

---

23 이장희, 《조선시대 선비연구》, 216~217쪽.
24 니토베 이나조(新渡戸稲造) 지음·이이지마 마사히사(飯島正久) 옮김, 《무사도(武士道)》, 築地書館, 1998, 223쪽.

한 자각이 있었다면, 사무라이의 무사도에는 '죽음[死]의 미학'과 죽음에 대한 자각이 강했다고 볼 수 있다. 선비의 필수품은 '붓'이며 사무라이의 필수품은 '칼'이라는 점에서도 선비정신과 사무라이 정신의 차이점이 잘 드러난다.

조선의 선비정신과 일본 사무라이[侍]의 무사도의 뿌리는 유교 내지는 유학이었지만, 그 정신세계와 실상은 여러 정치적, 사회적, 문화적 요인으로 인하여 이질적일 수밖에 없었다. 즉, 선비정신과 사무라이의 무사도는 모두 동아시아 유학의 유전학적 변이라고 할 수 있다. 여러 가지 변이과정 속에서 비슷하면서도 상이한 사도(士道)와 무사도(武士道)가 출현한 것이다. 선비정신과 무사도는 유교라는 뿌리에서 탄생한 이복형제와 같은 관계였다. 다만 조선의 선비정신이 유교의 가르침을 좀 더 내면적으로 승화시켜 갔다면, 일본의 무사도는 사무라이의 생활습관에 적합한 외면적 실천윤리로 유교를 변형시켰다고 할 수 있다. 그 결과 조선에서는 '문(文)'을 숭상하였고, 일본 도쿠가와 막부는 '무(武)'를 숭상하게 되었다. 이것은 '학문하는 사람'과 '활, 화살, 칼을 지닌 사람' 간의 정신적 가치의 차이이기도 하다. 그리고 여기서 한국적 보편 정서는 더 분명해진다.

결론적으로 볼 때 조선시대 선비의 선비정신에는 기본적으로 유교라는, 구체적으로 말하면 성리학이라는 유전자적 DNA가 내재되어 있었고, 그것을 바탕으로 삶의 목표와 이상을 더욱 내면적으로 승화시켜 갔다는 것이 특징이다. 그것은 철저하게 성리학 자체의 이론에 집착한 결과물이었다. 이광래는 한국 유학의 특징을 '습염(習染)'의 결과물로 파악하고 있는데, 그 전거로서 최한기(崔漢綺, 1803~1877)의 '배워서 익히고 물들임'이라는 뜻의 습염을 제시하고 있다. 즉, 그는 "한국문화나 한국인의 정서 속에는 무엇보다도 원조주의나 원본주의 같은 일종의 오리지널리즘(originalism)의 성향이 두드러진다. 한국인에게는 '배워서 익히는 습숙(習熟)'에 그치지 않고 원본처럼 물들이려는 동일한 욕구나 보존적 복제를 위한 '습염 욕망'이 어느 민족보다도 강하게 작용한다"[25]라고 하면서 조선 성리학 내지는 주자학을 '습염의 산물'로 파악하고 있다. 이와는 달리 일본 사무라이의 '무사도'는 삶의 목표와 이상이 철저하게 외면적일 수밖에 없었다. 그것은 여러 사상 요소에 의해 형성된 '잡거성(雜居性)의 산물'이자 '습합의 정신'이었다. 거기에는 주군(主君)에 대한 충성(忠誠)이 전제되어 있었고, 주종관계가 무사도의 정신을 규정하였던 것이다.

3. 사무라이와 무사도의 사상적 구조

1) 사무라이의 정신세계

일반적으로 일본은 사무라이[侍], 즉 '무사'가 지배하던 사회로 인식되어 왔다. 그것은 결코 틀린 말이 아니다. 언제나 죽음을 전제하고 주군에 충성했으며, 그 충성이 의심받을 때 할복이라는 극단적 자살 방식을 택했던 일본 사무라이의 삶의 양식은 일본인들에게 이상적인 인간상(人間像)이었다. 실제로 일본의 역사 속에서 '무사'가 긴 세월동안 사회적 주도권을 갖고 있었다는 것은 주지의 사실이다. 또 일본의 역사 속에서 처음으로 윤리의식을 명확하게 전면에 내세운 이들도 헤이안(平安) 말기에 등장한 무사들이었다. 그 후에도 '무사'는 오랫동안 이상적인 인간상으로서의 위상을 이어왔다. 무사적인 윤리관을 제외하고 일본의 전통을 이야기한다는 것은 불가능하다.[26] 물론 무사가 일본의 모든 것이라고 말할 수는 없지만, 무사를 제외하는 것은 일본의 전통적인 윤리의식 대부분을 사장(死藏)시켜 버리는 일이 될

---

25 이광래, "유전학으로서 동아시아 유학 다시읽기", 151쪽.
26 사가라 도오루(相良亨), 《武士の思想》, ペリカん社, 2004(新裝版), 3쪽.

것이다. 확실히 근세 일본에서는 '무사(혹은 兵, 사무라이)'가 지배자였다. 일본의 유자(儒者)들은 '무사'를 진정한 '士'로 여겼다. 아메노모리 호슈(雨森芳州)는 다음과 같이 설명한다.

> 士란 봉공인(奉公人)을 말하는 것이다 … 가라[唐:중국]의 땅에서는 학문하는 사람을 봉공인이라 하고, 우리나라[일본]에서는 활·화살을 지닌 사람을 봉공인이라 한다. 무(武)를 숭상하고 문(文)을 숭상하는 차이는 있지만, 농(農)·공(工)·상(商) 및 그 밖의 잡다한 부류의 호적(戶籍)을 갖지 않은 자로서 출사(出仕)하여 관리가 되면 누구든 士라고 할 수 있다.[27]

즉, 근세 일본에서 士는 봉공인으로서 무(武)와 연관성을 갖고 있는 개념이었다. 그런데 일본에서 '무사'라는 호칭은 근세사회(=도쿠가와 막부 시대)에 들어와 정착되었다. 그 이전 중세사회에서 무사는 모노노후(もののふ), 쓰와모노(つわもの) 등으로 일컬어졌다. 그리고 중세사회에서는 '활을 가진 사람의 관습', '궁시(弓矢)의 길'이라고 일컬어졌던 무가사회(武家社會)의 관습 혹은 도의관념(道義觀念)이 근세사회에 들어와서는 '무사도'라고 일컬어지게 되었다. '무사도'라는 말이 정확히 언제부터 사용되었는지는 확실하지 않지만, 대개 17세기 전기부터 사용되기 시작했다는 주장[28]이 유력하다. 그렇다면 '무사도'란 무엇일까. 이 개념의 의미를 우선 일본 국내에서 통용되는 《고지엔(廣辭苑)》(제4판) 사전에서 살펴보도록 하자. 다음은 '무사도'에 관한 설명이다.

---

27 쓰카모토 데쓰조(塚本哲三) 엮음, 〈たはれぐさ〉, 《名家隨筆集》(下), 有朋堂, 1926, 64쪽; 와타나베 히로시 지음·박홍규 옮김, 《주자학과 근세일본사회》, 예문서원, 2007, 81쪽에서 재인용.
28 구태훈, 《일본 무사도―무사계급의 성장과정과 그 정신세계》, 태학사, 2006, 160쪽.

우리나라(=일본)의 무사 계층에서 발달한 도덕. 가마쿠라(鎌倉)시대부터 발달하기 시작하여 에도(江戸)시대에는 유교사상에 기초하여 크게 완성됨으로써 봉건지배 체제의 관념적 지주가 되었다. 충성(忠誠), 희생(犧牲), 신의(信義), 염치(廉恥), 예의(禮儀), 결백(潔白), 질소(質素), 검약(儉約), 상무(尚武), 명예(名譽), 정애(情愛) 등을 중시한다.[29]

이 사전은 '무사도'란 무사 계층이 지켜야 할 도덕적 규범으로, 가마쿠라 막부(鎌倉幕府, 1185~1333)의 개창 시기인 서력(西曆) 12세기 후반에 등장하기 시작했다고 설명한다. 그 후 에도 막부(江戸幕府, 1603~1867)에 이르러 유교사상과의 접촉으로 인하여 그들 사회의 사상적 혹은 관념적 지주 역할을 담당했다는 것이다.

사상사·종교사적인 관점에서 보면, 가마쿠라시대에는 일본인 자신들이 자랑하는 고유 신앙인 '신도'가 이미 존재해 있었고, 외래사상이자 외래종교인 불교가 매우 융성했다. 즉, 위 사전의 '무사도'에 관한 정의는 구체적으로 언급하지는 않았지만 무사도가 신도와 불교의 환경 안에서 성숙하기 시작하였으며 에도시대에 들어와 새로운 외래사상인 유교사상(여기에서는 주자학과 양명학을 가리킴)의 영향하에서 집대성되었다는 것을 의미한다. 결국 무사도는 신도와 불교, 유교사상이라는 세 가지 사상 축을 기반으로 하고 있는 셈이다. 신도는 그렇다고 치더라도, 불교와 유교사상이라는 두 가지 사상 축은 외부에서 이식된 것이었으며 무사도는 그 중에서도 유교사상에 기초하여 크게 완성되었다고 하는 내용은 주목할 만하다.[30]

결국 이렇게 볼 때 유교 내지는 유학이 일본 사무라이 무사도의 'DNA'였

---

[29] 이와나미 서점(岩波書店), 〈무사도〉, 《고지엔》(제4판), 1996.
[30] 신현승, "무사도와 양명학에 관한 소고(小考)", 《일본사상》 제12호, 한국일본사상사학회, 2007, 184~186쪽.

다는 것은 확실해진다. 일본의 근세기에 이 유교사상을 가지고 일본적 무사도를 주창한 이가 야마가 소코(山鹿素行, 1622~1685)이다. 그가 태어나 활동했던 시대는 태평의 확립기였다. 그러한 시대에 무사의 존재근거를 유교도덕에서 새롭게 추구하고, 그로부터 무사가 마땅히 존재해야 할 양식을 '사도(士道)'로서 제창한 것이 야마가 소코의 '무사도론(武士道論)'이다. 그의 주저(主著)는 《야마가어류(山鹿語類)》(이하 《어류(語類)》라고 약칭)로, 그 자신의 무사도는 《야마가어류》 중 〈사도편(士道篇)〉에서 전개되고 있다.[31] 〈사도편〉의 내용은 크게 두 가지로 나누어 볼 수 있다.

전반부는 마음의 내면적 덕목에 관한 내용으로, 〈입본(立本)〈지기직분(知己職分), 지어도(志於道), 재근행기소지(在勤行其所志)〉〉, 〈명심술(明心術)〈존양존심(存養存心), 연덕전재(練德全才), 자성(自省)〉〉 등으로 구성된다. 후반부는 〈상위의(詳威儀)〈무부경(毋不敬), 신시덕(愼視德), 신언어(愼言語), 신용모지동(愼容貌之動), 절음식지용(節飮食之用), 명의복지제(明衣服之制), 엄거택지제(嚴居宅之制), 상기물지용(詳器物之用), 총론예용지위의(惣論禮用之威儀)〉〉, 〈신일용(愼日用)〉으로 구성되며, 외면의 신체적 측면의 위의(威儀) 또는 일상에서의 구체적인 행동에 관한 내용을 다룬다.[32] 특히 《어류》 권21의 〈사도편〉〈입본(立本)〉의 〈자신의 직분(職分)을 앎〉에서는 자기 스스로도 자랑스럽게 생각한 士[武士, 사무라이]의 직분에 관해 장황하게 설명하고 있다. 그는 여기에서 무사의 직분은 '도덕을 궁구(窮究)하여 사회 질서유지에 올바른 도(道)를 견지하는 것'이라 규정한다. 이것은 무사를 '사(士)'라고 표현하는 바에서 분명해지듯이, 그의 무사상(武士像)의 배후에 있는 것이 중국 전통 사대부의 전형이었다는 것을 드러낸다. 하지만 그것은 형이상학으로 흐르는 중국 송대 이후의 주자학적 사대부상

---

31 다치바나 히토시(立花均), 《山鹿素行の思想》, ぺりかん社, 2007, 1~2쪽.
32 엄석인, "일본 무사도의 한 단면—야마가 소코의 사도론을 중심으로", 《일본인의 가치관과 세계관》, 한국일본사상사학회 제20차 춘계학술대회(2007년 5월 26일) 자료집 참조.

(像)이 아니라 선진시대의 공맹시대(孔孟時代)로 거슬러 올라간 성인의 전형으로서의 사대부상이었다. 이 경우, 무사에게는 문무양도(文武兩道)의 덕을 수양해야 할 필요성이 요구되었다.

야마가 소코의 '사도론'에서는 '문도(文道)'를 배운다는 것, 즉 유교를 배운다는 것이 인륜의 스승이자 모범이 되어야 할 '사(士)의 직분'을 앎에 있어서 필수적인 것으로 의식되었던 것이다.[33] 결국 야마가 소코의 사도론은 중국 전통의 유교 규범을 배경으로 하여 체계화시킨 일본주의적 특징이 드러나는 무사도적 '사도론'이었다. 그리고 그의 '유교경세론'은 이 사도론에 바탕을 두고 전개되었다. 즉, 무사에게 문사의 역할까지 담당해야 하는 위치를 부여한 것이다. 그것은 또한 주자학에 대한 안티테제이자 재구성이라 할 수 있다. 그의 언설 속으로 들어가 확인해 보자.

> 무릇 士[사무라이]의 직(職)이라는 것은 주인[주군]을 따라 봉공(奉公)의 충성을 다하고, 동료와 교제함에 있어서는 믿음[신의(信義)]을 돈독히 하며, 홀로 있을 때는 삼가고 오로지 의(義)를 다하는 데 있다. 그리고 아무리 해도 자신의 몸에서 분리할 수 없는 것으로서 부자·형제·부부 사이의 사귐이 있다. 이것 또한 모든 사람이 갖추지 않으면 안 되는 인간관계이지만, 농·공·상은 그 직업에 겨를이 없으므로 항상 그 도[인륜의 도]를 이룰 수 없다. 따라서 士[사무라이]는 이러한 농공상의 업을 눌러 앉히고, 오직 도(道)에만 전념하여 농공상의 삼민(三民)이 사람이 다해야 할 일을 조금이라도 어지럽힌다면 그것을 신속히 벌하고 그것에 의해 하늘[天]의 도가 올바르게 행해질 수 있는 준비를

---

33 야마모토 신코(山本真功), 〈第五節 武士道論爭〉, 《日本思想論爭史》, ペリかん社, 1979, 242~245쪽.

하는 것이다. 그러므로 士에게는 문무(文武)의 덕지(德知)가 없으면 안 된다.[34]

야마가 소코의 이와 같은 논리에 의하면 士[武士, 사무라이]의 직분은 생산에 종사하는 데 있진 않지만, 그에게는 사농공상으로 분리된 사회계급에 대해 도덕적 우위에 있는 무사로서의 적극적 역할, 즉 인륜의 도를 실현할 것이 강조된다. 물론 도덕적이지 않으면 안 되는 것은 어디까지나 무사에 한정되는 일은 아니다. 하지만 야마가 소코는 농공상의 삼민이 각각의 일에 바빠서 분주히 움직이고 있기 때문에 도덕을 전문적으로 궁구할 여유가 없다고 말한다. 따라서 그러한 일로부터 해방되어 있는 무사가 농공상을 대신하여 오로지 실천적 도덕을 추구하고 사회에 올바른 '도'가 행해지는 일에 전념하지 않으면 안 된다고 말하는 것이다.[35] 이렇게 볼 때 야마가 소코는 중국 선진시대의 전통 유교윤리에 근거하여 일본적 특수성으로서의 무사의 직분 및 그 직분주의에 입각한 무사의 윤리를 규정하고 있음을 알 수 있다.

결국 야마가 소코의 사도론은 유교의 생활화[혹은 실학(實學)]였으며 유교의 무교화(武敎化)이기도 하였다. 유교사상은 본래 중국에서 '사(士)', 즉 과거시험에 의해 선발된 비(非)세습 문인 관료층(=독서인)의 토대인 '문(文)'이었기 때문에, 유교사상이 무사(武士)의 '사도(士道)'로서 수용되었다는 것은 일본에서의 독특한 유교 교설 성립의 한 계기가 되었다고 볼 수 있다.[36] 이렇게 야마가 소코의 무사도론이 '유교의 일본적 무사도화(武士道化)'였다고 한다면, 《하가쿠레(葉隱)》의 경우는 일본 무사도의 가장 중요한 특징인 '죽음[死]의 무사도'를 체현하고 있다고 할 수 있다.

---

34 다하라 쓰구오(田原嗣郎) 책임편집, 《山鹿素行》, 中央公論社, 1998, 〈士道〉의 〈立本〉, 226쪽. 《山鹿語類》는 권제 21의 〈士道〉.
35 다치바나 히토시, 《山鹿素行の思想》, 55쪽.
36 고야스 노부쿠니(子安宣邦) 감수, 〈山鹿素行〉, 《日本思想史辭典》, ぺりかん社, 2001, 548쪽.

무사도의 지침서라 할 수 있는 《하가쿠레》는 히젠번(肥前藩) 나베시마가 (鍋島家)의 가신(家臣)인 야마모토 쓰네토모(山本常朝, 1659~1719)가 구술(口述)하고 같은 번(藩)의 무사였던 다시로 쓰라모토(田代陳基)가 기록한 것으로, 쓰네토모가 사망하기 3년 전인 1716년에 탈고되었다. 주된 내용은 히젠번 무사의 태도와 정신자세에 관한 것이다. 따라서 이 책은 야마모토 쓰네토모라는 한 무사의 지극히 개인적인 사상을 기술한 것으로 볼 수 있다. 《하가쿠레》는 곧잘 죽음의 미학이 반영된 무사도서(武士道書)라고 일컬어진다. 이 책은 "무사도(武士道)라는 것은 죽는 것임을 깨달았다"라고 하는 너무도 유명한 말로 시작된다.[37] 또 이 책에는 "죽음에 대한 각오가 없다면 무사도를 추구할 수 없다"라는 유명한 구절도 있다. 요컨대 이 책은 일본 근세기 무사의 봉공(奉公)의 마음자세에 관한 기록이라 할 수 있다. 《하가쿠레》의 사상적 의의는 난세(亂世)와 치세(治世)라고 하는 명확한 시대인식에 근거하여 전투와는 무관한 근세기 무사의 존재형태를 '다다미[畳] 위'의 '봉공인'으로 위상을 부여하고, 그들에게 전국시대(戰國時代) 무사도와는 이질적인 '몰아적(沒我的) 충성(忠誠)'의 윤리를 제시했다는 점에 있다.[38]

이밖에 일본 근세, 즉 에도시대에 나타난 뛰어난 군학서(軍學書)이자 무사도 관련 서적으로 다음과 같은 것이 있다. 오바타 가게노리(小幡景憲, 1572~1663)의 《갑양군감(甲陽軍鑑)》, 야마가 소코의 《무교본론(武教本論)》, 다이도지 도모야마(大道寺友山, 1639~1730)의 《무도초심집(武道初心集)》, 선승 다쿠안(沢庵, 1573~1645)의 《부동지신묘록(不動智神妙錄)》, 미야모토 무사시(宮本武蔵, 1584~1645)의 《오륜서(五輪書)》, 야규 무네노리(柳生宗矩, 1571~1646)의 《병법가전서(兵法家傳書)》 등 그 사례를 들자면 끝이 없다. 이 책들은 모두 도쿠가와 막부라는 태평시대에 있어 사무라이가 사무라이이기 위해 전국시대

---

[37] 구태훈, 《일본 무사도—무사계급의 성장과정과 그 정신세계》, 168~169쪽.
[38] 고야스 노부쿠니 감수, 〈葉隱〉, 《日本思想史辭典》, 438쪽.

이상으로 비상한 각오를 다지며 하루하루 살아갈 것을 가르치고 있는 이른바 '무사도의 지침서'이다.[39]

한편 일본 무사도가 현재와 같이 일본인의 정신세계를 대표하게 된 데에는 니토베 이나조(新渡戶稻造, 1862~1933)의 공헌이 있었다. 그는 1899년 미국에서 영문으로 Bushido(武士道), The Soul of Japan[40]을 출판하였는데, 이 책은 일본문화를 전 세계에 알리는 데 지대한 공헌을 했으며 근대적 무사도의 전형을 보여주었다고 할 수 있다. 사실 니토베의 이 책은 근세기 야마가 소코의 무사도론과 매우 닮은 측면도 있지만, 거기에서 한 발 더 나아가 유교의 근대적 '도덕규범화'라고 할 수 있을 정도로 세세한 항목을 설정하고 있다. 특히 여성의 노고와 내조(內助) 및 정애(情愛)까지 다루고 있는 점은 특이하며, 여기에서도 변함없이 주종관계에서의 주군에 대한 충성과 할복은 무사의 근본 태도로 규정되어 있다. 니토베의 무사도론을 그 사상적 연원에 따라 세 가지로 압축하여 정리하면 불교, 신도, 유교사상(양명학을 포함하여)이 될 것이다. 더욱 주목할 점은 니토베의 경우 신유교의 한 조류인 양명학이 중국 선진시대의 유교사상보다도 일본의 무사계급에 더 큰 영향을 미쳤다고 평가하고 있다는 점이다.

결국 이러한 세 가지 사상적 요소에 의한 무사도 창출 현상은 유전학적 변이 혹은 '잡거성(雜居性)'의 산물이라고 봐야 할 것이다. 일본 유학에는 이계교배(outbreeding, 친족이 아닌 외부집단과의 결합으로 이형접합이 이뤄지는 경우)로 인한 유전변이(遺傳變異)나 잡종화(雜種化)가 두드러지며, 신도와 이계교배(異系交配)함으로써 유가신도(儒家神道)로 변이되거나 심지어 무사도와 야합(野合)함으로써 잡종화 양상으로까지 드러나는 경우도 있다.[41] 이처럼 니

---

39 나가오 다케시 지음·박규태 옮김, 《일본사상 이야기 40》, 133~134쪽.
40 이 논고의 집필과정에서는 이이지마 마사히사(飯島正久)가 일본어로 옮긴 《무사도(武士道)》(築地書館, 1998)를 주로 참고하였다.
41 이광래, "유전학으로서 동아시아 유학 다시읽기", 154쪽.

토베의 무사도 구상은 일본 유학의 유전적 변이나 잡거성을 잘 보여준다고 할 수 있다. 그것은 세 가지 사상요소(유교, 불교, 신도)에 의한 유전적 결합의 '돌연변이'였고, '습합(褶合)'의 결과물이었다. 다음 절에서는 습합의 사상 구조로서의 무사도를 고찰해 보자.

2) 습합의 산물로서 무사도

국어사전이나 한자사전에서 '복합적(複合的)'이라는 말을 찾아보면, '두 가지 이상의 것이 하나로 합쳐져 있는 것'이라고 명확히 정의되어 있다. 단적으로 말하면, 일본에서 자기 민족의 우월한 정신문화라고 숭앙(崇仰)하는 무사도는 복합적 사상 구조를 갖추고 있다. 어떤 하나의 사상 체계에 의해 이루어진 단순하고 단일한 사상 구조가 아니라, 여러 다양한 개개의 사상 체계에 의해, 그리고 복합적인 '습합'[42] 작용을 통해 형성된 하나의 사상 구조인 것이다. 다시 말해 '무사도'는 연결되어 있지 않고 조각조각 흩어져 있는 단편적 사상들의 복합체(複合體)이다.

우선 방금 위에서 언급한 '습합'이라는 용어부터 살펴보자. 1996년 일본 이와나미 서점에서 편찬한 《고지엔》(제4판) 사전은 '습합'이라는 용어에 관하여 간결하면서도 명료하게 설명하고 있다. 즉, '습합'이란 '상이(相異)한 교리(敎理) 등을 절충하고 조화시키는 것'이라고 정의하면서 신도와 불교의 습

---

42 '습합'이라는 용어는 일본 학계에서 일찍이 일본사상사를 이해하는 하나의 주요한 키워드로서 유행하였다. 그것은 사상에 국한된 것만이 아니라, 자국의 문화현상을 이해하고 해석하기 위한 한 가지 인식방법이기도 하였다. 한국 학계에서는 이광래가 2005년 11월에 '습합사(褶合史)로 본 일본사상사'를 표방하면서 학계 최초로 학술 단행본인 《일본사상사연구-습합·반습합·역습합의 일본사상-》(경인문화사)를 출간하였다. 이 책은 기존 일본 학계의 '습합사 연구'에 근거하면서도 저자의 독특하고 새로운 이해를 보여주고 있는데, 예를 들면 '반습합(反褶合)', '역습합(逆褶合)'이라는 용어들을 사용하면서 일본이라는 곽(廓)이 지닌 지리적 한계성으로 인해 습합이 불가피했다면 그것의 초과가 반습합과 역습합을 초래했다는 논리를 전개하고 있다. 게다가 이 책은 서양철학적 방법론까지 채택하면서 습합의 다양한 의미를 고찰하고 있다. 이 책은 국내 학계의 일본사상사 연구 분야에서 새로운 연구 방법론으로 자리매김하면서 금후(今後)의 일본사상사 연구에 일정한 촉매작용을 할 수 있을 것이라 사료된다.

합인 '신불습합(神佛習合)'을 예로 들고 있다.[43] 또 다른 유명한 사전인 고단샤(講談社)의 《일본어대사전(日本語大辭典)》에서도 '습합'은 '상이한 교의(敎義)·주의(主義)를 절충하고 조화시키는 것'이라 하여 위와 거의 일맥상통하는 의미로 정의되고 있다. 이 두 사전을 언급하는 것은 이것이 간결한 단문(單文)으로 이루어져 있어, 현재 표준적인 설명 방식으로서 유포되고 있는 핵심내용을 널리 포함하고 있기 때문이다.

사실 '습합'이라는 단어는 중국 고전인 《예기(禮記)》 권3의 기록 중, "천자(天子)가 악사(樂師)에게 명(命)하여 예(禮)와 악(樂)을 습합하게 하였다[乃命樂師習合禮樂]"라는 문장에서 유래한 것이다. 여기에서 '습합'은 조절하고 조화한다는 의미로서 사용되었다. 또 이것은 현대 일본어의 사전적 의미인 '상이한 교리 등을 절충, 조화하는 일'과도 상통한다. 일본의 경우 이 용어는 언제부터, 누구에 의해서인지는 분명하지 않지만, 그들의 문화사 속에서 이문화(異文化)와의 융합현상을 설명하는 도구적 교섭개념으로서 이미 오래 전부터 폭넓게 통용되었다. 하지만 이 '습합'이라는 용어는 한자의 본고장인 중국에서는 그 이후 사용된 흔적이 없으며, 한국에서도 조선시대를 포함하여 오늘날에 이르기까지 매우 드물게 사용되었다.

이 개념이 보편화 된 것은 일본에서였고, 일반적으로 이 말은 일본문화의 특징이자 일본인의 정신세계의 가장 큰 특성으로 인식되고 있다.[44] 단적으로 말하면 일본사상사의 특징은 외래사상의 '습합적' 수용에 있다고 할 수 있다. 일본이라는 지역적·문화적으로 고립된 섬나라에 외래사상이 처음 들어오면 우선 '습합'이라는 매개체를 통해 새로운 사상이 독창적으로 형성된다. 이는 단순한 모방을 뛰어넘는 것으로, 외래 사상이 '습합'에 의해 새로운 옷을 입게 되는 것이다. 그 결과 색다른 복합적 사상 구조를 이루면서 신불

---

43 이와나미 서점, 〈습합〉, 《고지엔》(제4판), 1996.
44 이광래, 《일본사상사연구-습합·반습합·역습합의 일본사상-》, 경인문화사, 2005, 5~7쪽.

습합, 신유습합(神儒習合)과 같은 습합사상이 만들어진다. 다시 말해 일본 학계의 경우에는 자국의 사상사·종교사 연구 분야에서 가장 많이 다루고 있는 신도와 불교 혹은 신도와 유교 등을 대상으로 하여 신불습합 내지는 신유습합이라는 새로운 개념을 만듦으로써, 두 가지 이상의 교리·교설이나 사상을 절충하고 융합했다는 논리로 이해되어 왔다.

이광래는 저서 《일본사상사연구》에서 기존 일본 학계의 습합사상사 연구를 새롭게 해석하면서 일본문화의 습합성을 강하게 지적하고, 내재적 습합으로서 '신신습합(神神習合)'을 언급한다. 즉, 일본 고대사회의 기기신화(記紀神話, 《고사기(古事記)》와 《일본사기(日本書紀)》 속의 신화)를 예로 들어, 일본문화의 특성을 규정짓는 근저에는 원시적 종교의식과 신화적 세계관이 내재적으로 융합된 신신습합의 로고스와 파토스가 자리 잡고 있다고 한다. 더 나아가 신불습합의 문화도 이러한 신신습합의 하나의 갈래로 파생되었다는 논지를 펼친다.

이광래는 신불습합에 대해서도 구체적으로 분석한다. 주변에서 이루어지는 분유적 습합, 역사 속의 화혼(和魂), 일상의 의미 연관체 등의 관념으로서 신불습합을 해석하는 것이다. 또 사상적 안티테제로서의 '반습합'은 모토오리 노리나가(本居宣長, 1730~1801)에게서 보이는데, 노리나가의 '황도론(皇道論)'은 주변마저 중심에로 통합하여 단일구조화하려는 '반습합(反習合)'의 전형이라고 말한다. 아울러 그는 일본 근대기의 오리엔탈리즘과 '아시아주의' 및 '대동아공영권'의 구상 등에 대해서는 '역습합(逆習合)'의 현상으로서 분석하고 있다.[45] 결국 이와 같은 지적이 아니더라도 일본사상사는 '습합의 사상사'였으며, 습합은 일본 문화 전체를 설명하는 중요한 핵심용어이자 특징이라는 점에는 틀림없다. '무사도' 또한 그러하였다.

---

45 이광래, 《일본사상사연구-습합·반습합·역습합의 일본사상-》 전체적으로 참조.

무사도는 다른 어떤 일본사상사의 분야보다도 현저하게 복합적 사상 구조를 이루고 있었고, 이것이 습합의 과정을 통해 이루어졌다는 것은 의심할 여지조차 없다. 결론을 미리 말하면 무사도는 '⋯⋯ → 단일한 사상 구조들(이 또한 복합적 사상 구조의 습합을 통한 결과물) → 습합 → 복합적 사상 구조(단일한 사상 구조의 복합체) → ⋯⋯'라는 도식으로 설명할 수 있다. 그리고 이 도식에 '무사도'를 대입해 보면 '⋯⋯ → 단일한 사상 구조들(신도, 불교, 유교) → 습합(習合) → 복합적 사상 구조(무사도) → ⋯⋯'라는 무사도의 실상에 접근하게 될 것이다. 그럼 이 도식을 더 구체적으로 파악하기 위해 앞 절에서 언급한 니토베 이나조의 *Bushido, The Soul of Japan*에 다시 주목해보자.

니토베는 지금도 일본 근대기 최고의 교양인이자 지식인으로 평가받는 인물이다. 고야스 노부쿠니는 니토베가 *Bushido, The Soul of Japan*을 집필하게 된 동기에 대하여 "헤겔(Hegel)이라는 한 법학자가 비기독교적인 이질적 일본 사회를 향해 던진 거의 놀라움에 가까운 의문, 즉 '종교 없이 어떻게 도덕교육이 가능한가'라는 의문에 대답하기 위한 것이었다"고 말한다. 고야스는 또 "니토베는 일본의 도덕적 전통을 근대적으로 재구성함으로써 문명론적 힐문(詰問)에 대답하고자 했다"고 한다. "무사도는 이 문명론적인 상황에 직면하여 피고인적인 항변자가 재구성한 일본의 도덕적 전통이다. 단, 그 도덕적 전통을 지금 니토베는 봉건사회의 지배자=무사의 에토스를 기초로 재구성하고자 하였다"[46]라는 고야스의 지적대로, 니토베는 서양인들의 의문에 대하여 일본 도덕정신의 가치를 '무사도'라는 그 시작이 확실치 않은 '습합'의 산물을 통하여 변명하고자 했던 것이다. 확실히 저자는 이 책에서 일본의 무사도와 유럽의 기사도(騎士道)의 차이점 및 그 몰락

---

[46] 고야스 노부쿠니 지음·이승연 옮김, 《동아·대동아·동아시아》, 역사비평사, 2005, 51~53쪽.

의 원인을 비교 분석하고, 기독교가 일본에 발을 붙이지 못하게 된 배경에는 미국의 선교사 태반이 일본의 역사와 정서에 무지했기 때문이라며 동양에 대한 서양의 우월의식을 비판하고 있다. 게다가 니토베는 무사도를 통해 일본 정신의 근원과 일본인의 민족적 정체성·주체성을 발견하고자 하였다. 그는 자신의 저작 속에서 일본 무사도의 연원에 몇 가지가 있다고 말하면서 무사도의 성립과정에 많은 영향을 끼친 사상 유파를 열거하고 있는데, 이를 다음과 같이 정리해 볼 수 있다.

> 첫째, 불교의 영향. 모든 것을 운명에 맡기는 평정한 마음, 피할 수 없는 운명에 대한 고요한 복종, 위험과 재해에 직면한 경우의 금욕·극기주의자적인 침착함, 삶에 집착하지 않으면서 죽음에 의연한 마음 등을 무사도에 부여하였다. 그 가운데 선(禪) 사상을 지적하고 있다.
> 둘째, 신도의 영향. 불교에는 없는 주군(主君)에 대한 충성, 조상에 대한 존경(혹은 숭배), 부모에 대한 효행을 무사도에 부여하였다. 이로 인해 사무라이(侍)의 오만한 성격이 억제되고 주군을 위해 인내하고 복종하는 마음이 더해졌다. 또 신도 교의의 핵심을 충성심(忠誠心)과 애국심(愛國心)이라고 지적하고 있다. 그래서 신도는 일본의 민족 정서임과 동시에 그러한 충군(忠君)과 애국(愛國)의 관념이 자연스럽게 무사도의 정신 속으로 흘러 들어갔으며, 이들 관념은 종교적 교의라기보다는 인간의 정서를 자극하는 기능을 담당했다고 말한다.
> 셋째, 유교사상의 영향(혹은 공자와 맹자의 영향). 무사도에 영향을 끼친 사상 유파 중 지대한 영향을 끼친 사상 유파라고 강조한다. 즉, 공자와 맹자가 설파한 오륜(五倫)의 도리(《맹자(孟子)》〈등

문공(滕文公)〉 상편(上篇)에 보이는 말. 즉 사람으로서 지켜야 할 다섯 가지의 도리인 군신유의, 부자유친, 부부유별, 장유유서, 붕우유신)가 무사도에 영향을 주었다는 것이다. 공자가 말하는 정치도덕은 평정과 관용, 처세의 지혜가 풍부하여 민중 위에 군림하는 무사의 이해와 잘 어울렸으며, 또한 공자의 귀족적이며 보수적인 가르침도 정치가로서 무사의 요건과 합치했다고 한다.

넷째, 명대(明代) 유학자 왕양명(王陽明, 즉 왕수인)의 영향. 양명학에 대한 긍정적 평가. 일본 근세 시기에는 왕양명의 책을 읽고 감화를 받은 이들(무사 계급)이 많다. 심즉리(心卽理)라는 표어는 마음이 곧 모든 사물을 재는 근본, 규칙으로서의 기능이 영향을 주었다고 강조하는 것이다. 왕양명은 자신의 양심무류설(良心無謬說, 양심에는 오류가 없다는 설)을 극단적인 초월주의로까지 밀고 나가, 정사(正邪)의 구별뿐만 아니라 심리적 사실과 물리적 현상의 성질까지 인지하는 능력이 바로 양심안에 있다고 보았다. 그는 인간의 능력을 초월한 사물의 존재를 부정하기에까지 이르렀다. 이러한 양명학의 마음의 철학이 사무라이들의 마음을 감화시켰다.[47]

선진(先秦) 유교사상보다도 신유교 혹은 신유학으로서의 양명학이 일본의 무사 계급에 더 큰 영향을 주었다고 니토베는 평가한다. 이러한 평가는 일본 근대기의 수많은 지식인들이 양명학을 평가한 것과도 일맥상통한다. 왕양명의 사상 속에 깃든 강한 실천주의적 요소(예를 들면 지행합일)가 사무라이들을 감화시켰다는 논리이다. 이 왕양명 또한 칼을 차고 전쟁에서 전투하

---

[47] 니토베 이나조 지음·이이지마 마사히사 옮김, 〈武士道の淵源〉, 《무사도》, 47~65쪽.

던 군인이자 학자요 정치가였다는 것을 상기하면 양명학이 무사도에 지대한 영향을 끼쳤다는 것은 쉽게 이해할 수 있을 것이다. 그래서 사무라이들은 무사도의 기초로서 왕양명을 가장 높이 숭앙하였다. 이와 같은 니토베의 무사도 연원에 관한 몇 가지 설명을 표로 도식화하면 다음과 같다.

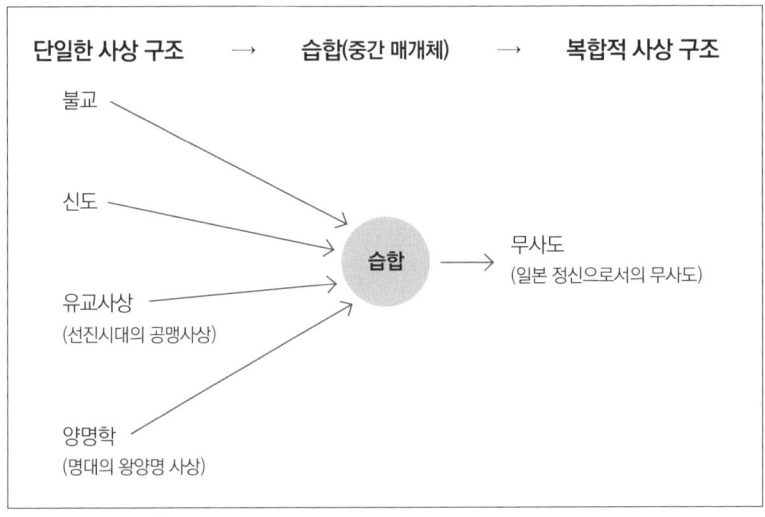

여기에는 앞에서 언급한 외래사상(불교, 유교사상, 양명학)의 습합적 수용 과정이 잘 드러나 있다. 다시 말해 '……… → 단일한 사상 구조들(신도, 불교, 유교, 양명학) → 습합(중간 매개체) → 복합적 사상 구조(무사도) → ……'라는 도식으로 설명할 수 있다는 말이다. 단일한 사상구조들 가운데 유일하게 일본 고유의 사상 체계인 것은 신도뿐이며, 그밖에 불교와 유교사상(공맹사상) 및 양명학은 모두가 밖(특히 중국)에서 들어온 외래사상이다. 상이한 교리인 신도와 불교 그리고 유교사상(공맹사상)과 양명학 등을 습합의 과정을 통해 하나의 사상 체계(=무사도) 안에 도덕적으로 적절하게 섞어놓음으로써 절충하고 조화시킨 것이다. 무사도 속의 양명학은 일본으로 이식되어 온 이후 이렇게 살아 움직이는 행동철학으로서 혹은 실천철학으로서 중국에서와는 달리 새로운 사상으로 전개되었다.

4. 결론

이 논고는 조선 선비의 사도(士道, 선비정신)와 일본 사무라이의 무사도(武士道)를 동일한 유교의 DNA를 가진 동아시아 유학유전학적 변이(變異)로서 파악하였다. 하지만 이 비슷하면서도 서로 다른 '문(文)사도(士道)'와 '무사도(武士道)'는 변이의 양태에 따라 다를 수밖에 없는 운명을 가지고 있었다.

생물학에서는 DNA 혹은 RNA상의 염기(鹽基) 배열에 물리적 변화가 생겨나는 것을 '유전자 돌연변이'라 하고, 염색체의 수나 구조에 변화가 생기는 것을 '염색체 돌연변이'라고 한다. 돌연변이의 결과, 유전 정보에도 변화가 나타난다. 이와 같은 변이가 발생한 세포 또는 개체를 돌연변이체(mutant)라 부르고 변이를 일으킨 물리적·화학적인 요인을 변이원(變異原)이라고 한다. 결국 이 말은 '변화'를 의미한다.

이러한 측면에서 조선의 선비정신인 '사도'와 일본 사무라이의 정신인 '무사도'는 유학의 변이로서의 뮤턴트(mutant)이다. 유학사(儒學史)는 수많은 혹은 다양한 뮤턴트를 양산해 왔으며, 변이에 변이를 거듭하여 오늘에 이르고 있다. 조선의 선비정신은 뮤턴트 가운데 '습염'에 의해 이루어진 정상적 뮤턴트이며, 일본의 무사도는 '습합의 잡거성(雜居性)'에 의한 비정상적 뮤턴트였던 것이다. 하지만 이 둘은 유교라는 같은 뿌리에서 탄생한 이복형제와 같은 것이었다. 조선의 사도는 유교의 올바른 가르침을 좀 더 내면적으로 승화시켜 간 것이고, 일본의 무사도는 유교의 가르침을 변형시켜 사무라이의 생활습관에 적합한 외면적 실천윤리로 나아가게끔 하였던 것이다.

그 결과 조선 사회에서는 '문(文)'을 숭상하였고, 일본 도쿠가와 막부는 '무(武)'를 숭상하였다. 이것은 당연한 역사적 사실이며, '학문하는 사람'과 '활·화살·칼을 지닌 사람'의 정신적 가치의 차이는 바로 이러하였다. 하지만 잊지 말아야 할 것은 이와 같은 이항대립적 구도로 보이는 것에도 그 이면(裏面)에는 또한 양자(문무)의 조화와 융합이 존재했다는 사실이다. 즉, 어느 쪽이 더 강한지 약한지에 대한 경향성이나 비교학적 관점으로 보았을 때 차이가 있다는 것이고, 사실은 양자의 요소가 모두 갖추어져 있다는 사실도 잊어서는 안 된다.

참고문헌

李珥,《栗谷全書》.
宋時烈,《宋子全書》.
李建昌,《明美堂集》.
許筠,《許筠全書》.

小澤富夫,《武士 行動の美學》, 玉川大學出版部, 1994.
相良亨,《武士の思想》, ぺりかん社, 2004(新裝版).
立花均,《山鹿素行の思想》, ぺりかん社, 2007.
田原嗣郎責任編集,《山鹿素行》, 中央公論社, 1998.
新渡戸稲造,《武士道》, 飯島正久訳, 築地書館, 1998.
子安宣邦監修,《日本思想史辞典》, ぺりかん社, 2001.
多田顕著, 永安幸正編集,《武士道の倫理―山鹿素行の場合》, 麗澤大学出版社, 2006.
平凡社刊行,《哲学事典》, 1989.
岩波書店,《広辞苑》(제4판), 1996.
小島毅,《朱子学と陽明学》, 放送大学教育振興会, 2004.
内村鑑三,《代表的日本人》, 鈴木範久訳, 岩波文庫, 1995.
小島毅,「死を見据える―儒教と武士道, 行の哲學の系譜」,《儒教における生と死》(資料集), 2005. 4.

가사야 가즈히코(笠谷和比古), 2003, "무사(武士)와 양반(兩班)",《일본문화연구》제8집, 동아시아 일본학회.
고야스 노부쿠니(子安宣邦) 지음·이승연 옮김, 2005,《동아·대동아·동아시아》, 역사비평사.
고지마 쓰요시(小島毅) 지음·신현승 옮김, 2004,《사대부의 시대》, 동아시아.
구태훈, 2006,《일본 무사도─무사계급의 성장과정과 그 정신세계》, 태학사.
금장태, 2001,《한국의 선비와 선비정신》, 서울대학교출판부.
나가오 다케시(長尾剛) 지음·박규태 옮김, 2002,《일본사상 이야기 40》, 예문서원.
니토베 이나조(新渡戸稲造) 지음·양경미·권만규 옮김, 2004,《사무라이》, 생각의 나무.
박승무, 2003,《선비와 사무라이》, 아침.
송인창, 2009, 〈설봉 강백년의 철학과 청백리정신〉,《회덕 진주강문의 인물과 선비정신》, 대전광역시·충남대학교 유학연구소.
신현승, 2007, "무사도와 양명학에 관한 소고",《일본사상》제12호, 한국일본사상사학회.

신현승, 2008, "일본의 근대 학술사조와 양명학", 《일본사상》 제14호, 한국일본사상사학회.
신현승, 2011, "일본의 무사와 조선 문사의 정신세계", 《일본학연구》 제32집, 단국대 일본연구소.
와타나베 히로시(渡辺浩) 지음·박홍규 옮김, 2007, 《주자학과 근세일본사회》, 예문서원.
이광래, 2005, 《일본사상사연구-습합·반습합·역습합의 일본사상-》, 경인문화사.
이광래, 2008, "유전학으로서 동아시아 유학 다시 읽기", 《일본사상》 제15호, 한국일본사상사학회.
이장희, 2007, 《조선시대 선비연구》, 박영사.
이찬수 외, 2013, 《한국적 정신과 문화의 심층: 21세기의 겨레얼 읽기》, 문화체육관광부.
정옥자, 2007, 《우리가 정말 알아야 할 우리 선비》, 현암사.
최봉영, 1997, 《조선시대 유교문화》, 사계절.
호사카 유지(保坂祐二), 2008, 《조선 선비와 일본사무라이》, 김영사.

중국의 '향신'과 조선의 '선비'
— 개념의 형성과정과 그 이상의 비교 —

임태홍 성균관대학교

1. 서론

    중국과 한국사회에서 '사(士)'라는 한자 표기는 서로 의미하는 바가 약간 다르다. 중국에서는 시대별로 차이가 있는데, 근대 직전에 '사(士)'는 대개 '사신(士紳)', 즉 '향신(鄕紳)'[1]을 의미하였다. 이러한 '향신'의 개념은 명·청시대를 거치면서 정착되었는데, 송원(宋元)시대에 '사(士)'적인 지배층은 보통 '사대부'로 불렸다. 향신은 그러한 송대의 '사대부' 정신을 계승한 것이다. '사대부'와 '향신' 간에도 정치사회적인 위상이나 역할은 미묘하지만 다소 차이가 있다.[2] 우리나라에서 '선비'는 문사(文士)개념이 강하다.[3] 여기서는 선

---

[1] 향신이라는 용어 외에도 관신(官紳), 신금(紳衿), 진신(縉紳), 사대부(士大夫), 신사(紳士) 등 지식인 특권계층을 지칭하는 다양한 용어들이 있다. 학계에서 향신은 '신사'라고 부르기도 하고(오금성, "명청시대 사회경제사의 성과와 과제", 《명청사연구》19, 명청사학회, 2003, 17쪽; 오금성, "명청 왕조교체와 신사", 《중국학보》43, 한국중국학회, 2001, 296쪽 참조), '사대부'라고 지칭하기도 한다(김정호, "17세기 중국 변동기 한족 사대부 개혁론의 의의와 한계", 《한국정치외교사학논총》26. 1, 한국정치외교사학회, 2004; 한연정, "마테오 리치와 교류한 한인 사대부", 《명청사연구》14, 명청사학회, 2001). 하지만 여기서는 서양의 Gentleman(신사)과 혼동을 피하기 위해 '향신'이라고 지칭한다.
[2] 오금성 외, 《명청시대 사회경제사》, 이산, 2007, 343쪽.
[3] 그동안 학계에서는 중국의 향신과 조선시대의 양반, 일본의 무사 그리고 영국의 젠트리나 프랑스의 엘리트층을 상호 비교하는 연구가 필요하다는 지적이 제기된 바 있다(오금성, "일본에 있어서의 중국 명청시대 신사층

비와 향신의 기원을 살펴보고, 개념의 차이와 그들이 추구한 이상의 차이를 고찰해보기로 한다.

향신과 선비가 각각 지향했던 이상을 살펴보기 위해 청나라 말엽에 혁명운동을 일으키고 태평천국(太平天國, 1851~1864)을 세운 홍수전(洪秀全, 1814~1864)과 동학을 창시한 조선의 최제우(崔濟愚, 1824~1864)를 비교해보기로 한다. 마을 촌장의 아들로 태어난 홍수전은 어려서 과거 시험을 준비하여 향시(鄕試)와 현시(縣試)에 합격하였다. 하지만 그 뒤 부시(府試)에 불합격하여 그 충격으로 종교체험과 반란운동으로 치닫게 되었는데, 넓은 의미에서 '향신'에 속한 인물이었다.

한편 경주 인근의 시골 마을 훈장의 아들로 태어난 최제우는 일시적으로 과거 시험을 준비했지만 여의치 않아 장사를 하면서 전국을 유랑하거나 광산을 경영하기도 했다. 그러나 그는 항상 타인을 가르치는 일에 흥미를 가지고 '선비'가 되는 것을 꿈꾸었다.

홍수전과 최제우는 종교 교단을 만들고 종교체험을 경험했다는 공통점이 있다. 이 두 사람이 경험한 종교체험의 내용을 분석하여 그들이 추구한 이상을 살펴봄으로써 향신과 선비의 각기 다른 이상을 고찰하기로 한다.[4]

연구에 대하여", 《동아문화》15, 서울대학교 동아문화연구소, 1978, 220쪽). 그러나 그러한 개념에 대해서 종합적인 비교연구가 시도된 바는 없다.

[4] 이 글은 동양철학회 발간 《동양철학연구》(제65집, 2011)에 게재된 "한중일 삼국의 '사(士)' 개념 비교 고찰 – 선비·신사·무사 개념의 형성을 중심으로 –"와 한국철학사연구회 발간 《한국철학논집》(제31집, 2011)에 실린 "한중일 삼국의 근대 종교사상에 나타난 '사(士)'의 이상 – 배상제교·동학·천리교의 종교사상 상호비교를 중심으로"에서 중국의 향신과 조선의 선비 관련 내용을 발췌하여 재정리한 것이다.

2. 향신과 선비의 기원 및 특성

1) 중국 고대의 사(士)

우리나라에서 전통적으로 '선비'라고 번역된 '사(士)'는 중국에서는 전통적으로 사대부(士大夫), 사인(士人), 사족(士族), 생원(生員) 등 매우 다양한 개념과 용어로 해석되었다.

중국 은나라 시대의 갑골문(甲骨文)이나 금문(金文)에서 '사(士)'자는 '왕(王)'자와 같은 자형이 사용되었다. 이 자형은 단정히 앉아있는 사람의 모습이나 도끼의 이미지에서 본뜬 것이라고 하는데, 이는 사회에서 높은 지위에 있는 사람이나 지도자의 위치에 있는 사람을 뜻한다.[5] 그러나 이렇게 통치계층을 뜻한 '사' 개념은 시대의 흐름에 따라 하층 관리나 지식인 혹은 일반 민중을 가리키게 되었다.

춘추전국시대에는 한 나라의 관료층으로 제후(公), 경(卿), 대부(大夫), 사(士)가 있었는데, 이때 '사'는 직급이 낮은 하위관리를 뜻하기도 하였으며, 일부 기록(《국어(國語)》《제어(齊語)》)에는 '사농공상(士農工商)'을 사민(四民)으로 칭하여 '사'를 백성(民)들 가운데 일부로 정의하기도 하였다. 그러다 나중에는 일반 백성들을 가리키는 의미의 '사민(士民)'이라는 말도 사용되었다.[6] 예를 들면 《순자(荀子)》에 '국가는 사민의 거처이다. 하천이나 연못이 마르면 용과 물고기가 떠나고, 산림이 메마르면 조수가 떠나며, 국가가 정치에 실패하면 사민이 떠난다'[7]라는 문장에서 그 용례를 살펴볼 수 있다. 이는 지식이 일반인에게 널리 유포됨에 따라 지식인층을 뜻하던 '사'의 의미가 약해진 것이다.

---

5 미조구치 유조(溝口雄三) 외 엮음·김석근 외 옮김, 《중국사상문화사전》, 민족문화문고, 2003, 419쪽.
6 미조구치 유조 외 엮음·김석근 외 옮김, 《중국사상문화사전》, 420쪽.
7 윤무학, 《순자-통일제국을 위한 비판철학자》, 성균관대학교출판부, 2004, 335쪽.

한나라 때 지식을 가진 사람들은 관료로서 활약하였는데, 사회가 혼란에 빠진 후한 말기로 접어들면서 민간에서 지식을 획득한 사람들이 늘어났다. 이들은 위진남북조 시대에 자신들이 가지고 있던 지식과 사회적인 명망을 활용하여 정권의 일부를 담당하였다. 이후 관리의 등용이 가문중심으로 바뀌자 그들은 고위 관직을 차지하고 세습화함으로써 귀족 사회의 한 주류가 되었다.[8] '사'의 귀족화, 세습화를 통하여 귀족으로 행세하는 사족(士族)이 등장한 것이다.

수당시대에는 관리 등용제도가 바뀌고 과거제도가 도입되었지만 전체적으로는 여전히 문벌 귀족이 정권을 담당하고 많은 관료들이 그러한 귀족집안에서 배출되었다. 지식인들도 귀족 집안 출신인 경우에 출세를 보장받았다.[9] 그러나 당나라가 멸망하고 송나라가 건국되면서 지식인들을 둘러싼 환경이 달라졌다. 과거제도가 민간 지식인들이 관료로 출세하는데 매우 중요해지면서 가문보다는 개인의 재능에 더 의존하게 된 것이다. 관료 사회는 새로운 인물들로 채워지고 민간에서도 새로운 지식인 집단이 형성되었다. 이들 지식인 집단은 '사대부(士大夫)' 혹은 '독서인'으로 불렸다.[10] '사대부'라는 용어는 원래 한나라 때 유학자들이 관료화되면서 형성된 것으로, 스스로 주나라 천자에 직속된 '대부'나 '사'로 자임(自任)하면서 사용하기 시작하였다. 이는 특정 사회계층, 즉 '정치적·사회적·문화적인 지배계층'을 나타내는 용어였는데,[11] 점차 일반 독서인까지 사대부로 불리게 된 것이다.

북송시대 때부터 커다란 세력을 형성한 사대부 계층은 대개 경제적으로 지주층이 많았고 상업자본가와 관련을 맺은 경우가 많았다. 물론 모든 사대

---

8 미조구치 유조 외 엮음·김석근 외 옮김, 《중국사상문화사전》, 423~424쪽.
9 고지마 쓰요시(小島毅) 지음·신현승 옮김, 《사대부의 시대》, 동아시아, 2004, 29쪽.
10 미조구치 유조 외 엮음·김석근 외 옮김, 《중국사상문화사전》, 426쪽.
11 何国正·刘蜀子, "东汉士大夫阶层的形成", 《民族文化研究》1, 河北省群众艺术馆, 2010, 150쪽; 고지마 쓰요시 지음·신현승 옮김, 《사대부의 시대》, 29쪽.

부가 다 부유한 집안 출신은 아니었다.[12] 범중엄(范仲淹, 989~1052)의 경우, 어려서 부친을 여의고 어머니는 다른 집안으로 시집을 가 매우 궁핍한 유년기를 보냈지만 26살에 과거 시험에 합격하여 관직에 올랐다.[13]

사대부에게는 역시 객관적으로 실력을 검증하는 과거시험이 중요했다. 그들은 국가를 통치하는 데 필요한 지식을 유학 서적을 통해 흡수했으며, 외세에 대항하여 스스로 관료로서 군주를 보좌한다는 자기 인식과 상호간의 동료의식이 강했다.[14] 다만 이들은 사상적인 측면에서 정치권력과는 다른 권위, 즉 '도통(道統)'을 추구하는 경향이 강했다. 사회적인 책임감도 매우 강했는데 이런 경향은 남북조시대나 수당의 유학자들에게서는 보이지 않았던 것이었다.[15] 또 이들은 정치권력에 소속된 관리가 되지 않고서도 사회 정치적인 역할을 수행하고자 하였다. 예를 들면 그들은 우주와 인간세상을 지배하는 천리(天理)를 제시하고 군주도 그러한 천리에 따라 행동할 것을 요구함으로써[16] 정치에 개입했다.

2) 향신의 형성과 그 성격

북송시대 사대부 가운데에는 중앙의 관리가 되기 위해 지방에서 오랜 기간동안 준비한 경우가 많았다. 이 때문에 사대부들은 기본적으로 재지적(在地的)인 성격이 강하다. 그런데 마침 송나라가 북쪽 금나라의 압박을 피해 남쪽으로 이전하자, 강남지역에 많은 학교들이 들어서고 지식인들이 늘어났다. 또 강남의 토지소유자들이 과거를 통해서 정치적 권력을 확보하고자

---

12 고지마 쓰요시 지음·신현승 옮김, 《사대부의 시대》, 30, 35쪽; 양종국, 《송대 사대부 사회 연구》, 삼지원, 1996, 86쪽.
13 종청한(鐘淸漢) 지음·임태홍 옮김, 〈범중엄〉, 《50인으로 읽는 중국사상》, 무우수, 2007, 271~273쪽.
14 양종국, 《송대 사대부 사회 연구》, 336쪽; 고지마 쓰요시 지음·신현승 옮김, 《사대부의 시대》, 31~32쪽.
15 여영시(余英時) 지음·정인재 옮김, 《중국 근세종교윤리와 상인정신》, 대한교과서주식회사, 1993, 123~124쪽.
16 심의용, "북송 시대 사대부들의 변화와 정이천(程伊川) 철학의 특성", 《동서철학연구》36, 한국동서철학회, 2005, 289쪽 참조.

함으로써 사대부 문화가 확대되었다.

　남송이 멸망한 뒤에 새로 등장한 원나라(1271~1368) 시기에는 그동안 주요 통치자 계층을 형성하고 있던 사대부들의 지위가 다시 최하층으로 떨어지고 그들은 중앙 정계와 더욱 멀어졌다. 당시 지식인들은 과거시험을 보고 관료로 진출할 수 없었기 때문에 생계를 유지하기 위해 지방에서의 활동을 강화하고, 중앙에서 잃어버린 권위와 권력을 지방에서 획득하고자 모색하였다. 이러한 과정에서 정치적, 경제적 특권을 향유하는 사회 특권계층으로서 명청시대의 신사층, 즉 향신층이 형성된 것이다.[17]

　명청시대에 향신들은 사법적으로, 또 경제적으로 일반 서민들과는 다른 특권을 향유하였다. 명대 향신층 가운데 가장 낮은 생원(生員)의 경우, 9품관에 준하는 특권을 부여받았다.[18]

　당시 '신(紳)'이라는 단어가 지칭하는 범위는 매우 넓었다. 과거시험에 합격한 사인(士人) 뿐만 아니라 추천으로 관리가 된 사람도 포함되었으며 그들의 가족과 은퇴한 전직 관료도 포함되었다. 그 외에 부유한 집안이나 토지를 많이 소유한 호족들, 그리고 과거를 준비하는 지식인들도 포함되었다. 명나라 중기 이후에 과거시험은 더욱 치열해져서 과거에 합격하더라도 관직을 갖지 못하는 경우가 많아졌다. 결국 관직에 나가지 못한 지식인들은 향촌에 거주하면서 스스로 생계를 유지해 나가야했다. 이들은 국가가 주는 특권을 누리는 외에도 스스로 실현 가능한 이익을 추구하고, 때에 따라서는 집단행동을 통해 자신들의 권익을 쟁취해나갔다. 경우에 따라서 지식인들은 관직에 취임하는 것 보다 특권을 활용하여 요역(徭役)을 면제받거나 '향신층'에 합류하여 자신과 가족을 보호할 수 있는 장치로 이용하고자 하는

---

17 미조구치 유조 외 엮음·김석근 외 옮김, 《중국사상문화사전》, 427~430쪽.
18 테라다 타카노부(寺田隆信), 《明代鄕紳の硏究》, 京都大出版會, 2009, 7~8쪽; 오금성, "1607년의 남창교안과 신사", 《동양사연구》80, 동양사학회, 2002, 79쪽; 오금성, "명조전기의 생원정책에 대하여", 《역사교육》10, 역사교육연구회, 1967, 514쪽.

경우도 많았다.[19]

　그들은 서원을 거점으로 중앙과 지방의 각종 현안에 대해 토의하고 필요한 행동을 추진해 나가며, 향촌의 여론을 주도하고 중앙 정부와 지역 사회를 연결하는 세력이 되었다. 나아가 지방 사회 건설, 전통문화 보존 활동에 참여하고 지방민들의 사법적 분규를 중재했으며, 유사시에는 사설 군대(團練, 단련)를 조직하여 지방의 치안 유지에 나서기도 했다. 전쟁과 반란, 재난 등으로 사회가 극심하게 혼란스러운 상황에서 향신층은 국가 권력의 용인 아래 향촌 사회의 다양한 세력을 통합하고 결집시키는 중요한 핵심세력으로 성장했다.[20]

　예를 들면 명나라 말기나 청나라 초기에 각지에서 농민반란이나 외적의 침입 등으로 매우 무질서한 상태가 되었을 때, 향신들은 지주들과 함께 무장을 하고 자체 방위활동에 나섰다. 또 재해가 발생하면 교량과 도로를 수리하고 향촌 간의 분쟁을 조정하기도 하였다. 처음에는 무정부적인 상황에서 자신의 가족과 재산을 보호할 목적으로 움직였지만, 중앙 정부와 지방의 관리들도 그들의 행동을 용납하고 또 필요로 했기 때문에 정당한 활동으로 인정받았다. 나아가 이들은 관리들과 협력하여 사회질서 유지에 중요한 역할을 수행했다.[21] 청조는 공공연하게 향신의 사회지배력을 인정하고 의존하였기 때문에 나중에는 공권력과 향신층의 사적인 권력의 경계가 모호해졌다. 청나라 말기로 가면서 이러한 현상이 갈수록 심해졌으며 향신들은 향촌 지배를 더욱 강화해나갔다.[22]

　향신들은 시대의 변화를 적극적으로 수용하고 리드하고자 하였다. 상인

---

19 오금성, "1607년의 남창교안과 신사", 79쪽 참조.
20 오금성, "1607년의 남창교안과 신사", 85쪽; 오금성, "명청 왕조교체와 신사", 《중국학보》43, 한국중국학회, 2001, 317쪽; 미조구치 유조 지음·동국대 동양사연구실 옮김, 《중국의 예치시스템》, 청계, 2001, 272쪽.
21 정병철, "명말 청초 화북에서의 자위활동과 신사", 《동양사학연구》43, 동양사학회, 1993, 93, 103, 132쪽; 오금성, "명청 왕조교체와 신사", 303쪽.
22 오금성, "명청 왕조교체와 신사", 307쪽 참조.

의 영향력이 증가하고 사회 일반의 상인에 대한 인식이 변하자 그들은 적극적으로 상업 활동을 전개하기도 했는데, 청말에 등장한 신상(紳商)은 바로 그러한 결과였다. 원래 '사농공상'이라고 하는 전통적인 인식으로 지식인들이 상업에 나서는 것은 수치스러운 일이었으나, 당시 향신들은 자신의 권력을 이용하여 부를 축적하고 적극적으로 상업 활동을 전개했다.[23]

청나라 말기에 청 조정은 내외의 압력에 밀려 정치 개혁을 시도하였다. 소위 신정(新政)을 추진했는데 향신들은 이러한 기회를 활용하여 자신들의 권익을 주장하고 확보해나갔다. 청나라 조정에서도 그들을 이용하고 적극적인 협력을 기대했는데, 향신들은 그런 기회를 역으로 이용하여 자신들이 설립한 민간단체의 합법화를 요구했으며 신식학당을 설립하고 자의국(諮議局), 자정원(資政院)을 설립하는 등 교육개혁에 있어서도 자신들이 유리하도록 하였다.[24]

청나라 정부의 개혁에 반기를 들고 변법운동에 나선 강유위(康有爲)나 양계초(梁啓超) 역시 지방의 향신층 출신이었다. 만주족 청조를 상대로 반란을 일으켰던 홍수전을 비롯한 태평천국의 주요 지도자들, 그리고 청나라 조정을 무너뜨리고 새로운 정부를 세우기 위해 싸웠던 손문(孫文) 등 혁명세력도 많은 경우 향신층에서 배출된 청년들이었다.

향신은 '관료' 또는 '관료에 가까운 존재'였다고 할 수 있다. 앞서 지적하였듯 명대 전기에 향신층에서 가장 하위에 위치한 '생원'들도 현직 관리에 준하는 대우와 보장을 받았다. 그들은 노역을 면제받았으며, 자기들만의 복식제도까지 갖추고 있었다. 향신의 신(紳)자는 ① 큰 띠, ② 예복에 갖추어

---

[23] 송경애, "명청시기 사와 상의 신분이동 양상 고찰", 《중국학연구》 45집, 중국학연구회, 2008, 663쪽; 미조구치 유조 지음·동국대동양사연구실 옮김, 《중국의 예치시스템》, 273쪽; 오금성, "명청 왕조교체와 신사", 316쪽.
[24] 오금성, "명청 왕조교체와 신사", 315쪽; 김형종, "청말 강소성의 교육개혁과 신사층", 《동양사학연구》60, 동양사학회, 1997, 98쪽.

매는 큰 띠, 또는 ③ '띠를 묶다'라는 의미를 지니고 있다. 이 글자 자체가 관리의 예복을 연상시키는 글자다. 조정에서는 향신들에게 과거시험을 통해 정식 관료가 될 수 있는 기회를 제공했으며, 이들을 '지배층'의 일원으로 적극적으로 보호해주었다.[25] 이러한 대우는 명대 후기, 청대를 지나면서 다소 완화되지만 향신층에 대한 대우나 위상은 평민과 비교할 수 없을 정도로 높았다.[26] 생원의 수는 청말 전체인구의 약 0.24%에 불과했으며, 그 전의 명나라 말엽에는 0.33% 정도로 1%를 넘지 않았다.[27]

3) '선비'의 형성과 그 성격

우리나라에서 '사(士)'자는 흔히 다음과 같이 풀이된다.[28] ①선비(학식은 있으나 벼슬하지 않은 사람을 이르던 말), ②관리(官吏), 벼슬아치, ③사내, 남자(男子), ④군사(軍士), 병사(兵士), ⑤일, 직무, ⑥칭호나 직업 이름에 붙이는 말, ⑦군인의 계급, ⑧벼슬 이름, ⑨벼슬하다, ⑩일삼다, 종사하다. 이러한 풀이에는 시간이 흐르면서 추가된 다양한 뜻이 포함되어 있는데, ①과 같은 경우는 한국의 특수한 사정에 의해서 형성된 의미이다. ②, ⑧, ⑨에 해당하는 관리, 벼슬에 해당하는 의미가 중국 고대 '사(士)'의 이미지에 가깝다.

'선비'는 대개 '학식은 있으나 벼슬하지 않은 사람'[29]을 이르는 말이다. 이외에도 '학문을 닦는 사람', '마음이 어질고 순한 사람', 혹은 '학식이 있고 행동과 예절이 바르며 의리와 원칙을 지키고 관직과 재물을 탐내지 않는 고결한 인품을 지닌 사람' 등을 의미한다.[30] 관직과 재물을 탐내지 않을 인품을 갖춘 사람이 일반적으로 사전에서 찾아볼 수 있는 '선비'의 중요 특징이라

---

25 오금성, "명조전기의 생원정책에 대하여", 525쪽.
26 오금성 외, 《명청시대 사회경제사》, 351쪽.
27 오금성, 《중국 근세 사회경제사 연구: 명대 신사층의 형성과 사회경제적 투할》, 일조각, 1988, 41쪽.
28 Daum 한자사전, http://handic.daum.net, 2011. 2. 6.
29 김민수 외, 《우리말 어원사전》, 태학사, 1997.
30 이희승, 《국어대사전》, 민중서림, 2008; Daum 국어사전, 「선비」, http://krdic.daum.net/, 2011. 2. 5.

고 할 수 있다.

'선비'는 한자어가 아닌 순수 한국말이다. 그 어원은 '선배(先輩)'라는 한자어에서 시작되었다고 한다. 《한어대사전(漢語大詞典)》에 따르면 '선배'는 ① 앞에 배열된 것, ② 앞선 세대에 대한 존칭, ③ 당나라 때 진사에 합격한 동기들끼리 서로 공경하여 부르던 말, ④ 문인에 대한 경칭을 뜻한다. 이 중 ④번, 문인에 대한 경칭으로 우리나라 문헌에서 사용했던 첫 번째 사례가 《고려사(高麗史)》〈열전(列傳)〉 중 '김황원(金黃元, 1045~1117)전'에 등장한다.[31] 이 '선배'가 나중에 '선비'로 변화된 것이다. 그러므로 '선비'라는 단어에는 문인에 대한 존칭의 의미와 함께 한자어 '선배'의 의미도 담겨져 있었다.

이러한 개념은 무신정권이 성립하면서 새롭게 등장한 신흥사대부들 사이에 전파되었는데, 그들은 그 전의 문벌 귀족들과는 달리 주자학적인 지식과 행정실무를 바탕으로 관료로 활약하였다.[32] 이들 사대부들과 함께 성장한 것이 '선비'라는 개념이다.

우리나라에도 고대에 한자문화가 유입되면서 '사인(士人)'이라 불린 지식인들이 있었다. 그들은 고구려, 백제, 신라의 삼국시대에 문무(文武)를 함께 익힌 사람들로 한문지식을 바탕으로 문인이나 외교관으로 활동하였다.[33] 그러나 그들은 후대에 나타난 '선비'처럼 어떤 자기 정체성을 가진 지식층을 형성하지는 못했다. 조선시대에 들어와 비로소 그러한 지식층과 개념이 등장한 것이다.

'선비'는 조선시대 초기에 한글로 '션븨'나 '션비'로 표기되었는데, 이는 한자어 '선배(先輩)'에 해당하는 한글 표기였다. 그런데 '션븨'나 '션비'는 이미 고려시대 말엽을 거치면서 '선배'와는 다른 의미도 포함하게 되었다. 《용

---

[31] 김동욱, "화랑도와 신사도와 선비도", 《신라문화》10, 동국대학교 신라문화연구소, 1989, 17쪽; 이동환, "선비정신의 개념과 전개", 《대동문화연구》38, 성균관대학교 대동문화연구원, 2001, 6~7쪽.
[32] 이장희, 《조선시대 선비연구》, 박영사, 1989, 67쪽 참조.
[33] 이장희, 《조선시대 선비연구》, 54~59쪽 참조.

비어천가(龍飛御天歌)》나《훈몽자회(訓蒙字會)》에서 '선비'가 유(儒)나 유생(儒生)을 뜻한 경우에 사용되었는데, 고려말에 주자학이 수용되면서 '선배' 개념에 유학자를 가리키는 의미가 추가된 것이다.[34]

한자어 '사(士)'를 '선비 사'로 읽는 것이 보편화된 것은 16세기 후반기를 거치면서였다. 예를 들면《석봉천자문(石峯千字文)》초간본(1583)에서 '사(士)'는 '션비 사'로 읽었다. '사농공상'의 '사'를 '선비'로 읽게 된 것이다. '선배'라는 개념에서 시작한 '상대적' 개념이 유학자를 가리키다, 좀 더 넓은 의미의 '사' 전체를 가리키는 단어로 사용된 것이다. 학계에서는 이러한 변화를 16세기 사림파(士林派)의 정치적 투쟁과 승리 과정이 미친 영향으로 본다.[35]

최봉영은 "조선초부터 학교제도와 과거제도를 중심으로 무사집단을 능가할 수 있는 방대한 유생집단이 형성되기 시작하였고, 성리학의 심화와 함께 문사의 주도로 유교적 사회질서가 확립되면서 문사의 사회적 지위가 무사를 압도하게 되었다. 이로 인해 문무의 양반 중에서 문반을 숭상하고 무반을 천시하는 숭문천무(崇文賤武)의 풍조가 발생하게 되었고, 그 결과 문사인 선비가 '사'를 대표하고 선비집단인 유림이 '사'의 집단인 사림을 대표하게 되었다"[36]고 지적한다. '선비' 개념은 저절로 형성된 것이 아니라 '선비'들의 세력 확대에 따른 결과물이었던 것이다.

이후 선비는 더욱더 보편화되어 관직과 상관없이 학문을 하는 사람은 누구나 '선비'로 불렸다.《일성록(日省錄)》의 1777년 기록을 보면 정조는 다음과 같은 하교(下敎)를 내렸다. "조정에 나와 있는 선비(士)라 해서 모두 다 어진 것만은 아니며, 초야에 묻혀 사는 사람이라 해서 모두 다 어리석은 것만은 아니다. (중략) 어찌 산림에서 독서하면서 궤 안에 간직한 옥처럼 제값을

---

[34] 이동환, "선비정신의 개념과 전개", 7~8쪽.
[35] 이동환, "선비정신의 개념과 전개", 8~9쪽.
[36] 최봉영, "한국사와 선비의 전통",《남명학연구》14, 남명학회, 2009, 169쪽.

기다리는 선비(士)가 없겠는가."³⁷ 이로써 산림에 파묻혀 독서를 하는 사람도 선비(士)로 지칭하였음을 알 수 있다. 이러한 경향은 조선후기에 벼슬을 얻지 못한 선비들이 대거 늘어나면서 더욱 보편화되었다.³⁸ 서당 훈장의 아들로 태어난 최제우는 바로 그러한 '선비'였다.

엄격하게 말하면 '선비'란 공부하는 모든 사람들을 지칭하는 말은 아니다. 그것은 원래 시초가 된 '선배'라는 말에서 알 수 있듯이 '상대적'이며 존경을 포함한 존칭어다. 그러므로 공부를 하는 사람이라도 사람들에게 존경을 받을 수 있는 일정한 조건을 갖춰야 하는 것이다. 그 조건은 유교의 가르침에 제시되어 있다.

《논어(論語)》와 《맹자(孟子)》에서 말하는 선비(士)는 인의(仁義)의 도를 추구하며, 평생 그것을 자신의 임무로 생각하는 사람이다. 또 나태하게 지내지 않고 나라가 위급하면 목숨을 바치며, 아무리 가난해도 항심(恒心)을 잃지 않는다. 예의, 염치가 있고 매사에 성심성의를 다한다.³⁹ 형제간에 우애가 있으며 부모에게 효도를 다하는 것도 선비의 자세다.

조선시대에 이러한 가르침을 추구하는 경향은 특히 사림파 학자들에게 중시되었다. 김종직(金宗直, 1431~1492)과 그 제자들이 중심이 된 사림파는 정몽주와 길재의 도학사상을 이어받아 절의와 명분을 중시하였는데 조정에서는 그들을 '경상도 선배당(先輩黨)'으로 비난하기도 하였다.⁴⁰

> 김종직은 경상도 사람이며, 박문(博文)하고, 문장을 잘 지으며 가르치기를 즐겼는데, 전후에 그에게서 수업(受業)한 자 중에 과거(科擧)에 급제한 사람이 많았다. 그러므로 경상도의 선비로

---
37 《일성록》, 정조 1년(1777, 건륭), 1월 10일(정축), 한국고전종합DB(http://db.itkc.or.kr/).
38 최봉영, "한국사와 선비의 전통", 169쪽 참조.
39 최석기, "조선의 선비와 그들의 공부", 《남명학연구》14, 남명학회, 2009, 208쪽.
40 최석기, "조선의 선비와 그들의 공부", 210쪽.

서 조정(朝廷)에서 벼슬사는 자들이 종장(宗匠)으로 추존(推尊)하여, 스승은 제 제자를 칭찬하고, 제자는 제 스승을 칭찬하는 것이 사실보다 지나쳤는데, 조정 안의 신진(新進)의 무리도 그 그른 것을 깨닫지 못하고, 따라서 붙좇는 자가 많았다. 그 때 사람들이 이것을 비평하여 '경상도 선배의 무리(慶尙先輩黨)'라고 하였다.[41]

'경상도 선배의 무리'라고 불린 그들은 훈구파와의 대립과 충돌 과정에서 선비(士)로서의 정체성을 확립해나가게 되었다. 그들은 스스로 도덕을 실천함으로써 정치권력에 저항하고 사회의 잘못된 풍조를 바꾸고자 노력하였는데, 바로 그들이 지향하였던 도덕군자(道德君子)로서의 모습이 다른 '사(士)'와 차별된 선비의 모습이었다.[42] 이러한 '선비'는 일반적으로 벼슬에 나가지 않는 사람을 지칭했으나 벼슬을 하는 사람도 그렇게 부른 경우가 있었다. 그러나 17세기 이후에는 학문과 도학 실천에 전념하는 사람만 '진정한 선비'로 공경하는 풍조가 형성되었다.[43]

다산 정약용(丁若鏞, 1762~1836)은 과거시험을 출제하면서 다음과 같은 문제를 낸 적이 있다.

선비[士]의 기상과 풍습이 여지없이 이처럼 타락된 것은, 지방을 지키는 벼슬아치[官]가 앉아서 봉급만 축낼 뿐, 잘 이끌어주지 못한 소치(所致)이다. 스스로 반성하고 스스로 부끄러워해야지, 누구를 원망하겠는가. 지금 온 고을 선비[儒士]로 하여금 집

---

[41] 《조선왕조실록(朝鮮王朝實錄)》, 성종 15년 갑진(1484, 성화 20), 8월 6일(경신), 한국고전종합DB.
[42] 최석기, "조선의 선비와 그들의 공부", 211쪽 참조.
[43] 오석원, 《한국 도학파의 의리사상》, 성균관대학교출판부, 2005, 235~240쪽.

집마다 예의(禮義)에 맞는 행실을 익히고, 사람마다 경사(經史)의 깊은 뜻을 통하며, 옛 풍속을 크게 진작하여 함께 대도(大道)에 돌아가고, 한편으로 사장(詞章)의 재주를 통하여 점차 벼슬길로 나아가, 궁벽(窮僻)하고 미개한 고을을 문명한 지역으로 변화시키도록 하려면, 그 방법이 어디에 있겠는가. 아, 우리 여러 선비(生)는 각자 마음껏 기술하라.[44]

이러한 문장에서 알 수 있는 것은 '선비'에 해당되는 한자어가 사(士), 유사(儒士), 생(生)으로 다양하다는 것이며, 관리에 들어간 선비는 '관(官)'자로 표기한다는 것이다. 선비란 장차 벼슬길로 나가려고 과거를 준비하는 사람이며 유학을 배운 사람이라는 것이 전제되어 있다.

조선시대 말엽에 양반 수는 전체 인구의 60~70%를 차지했고, 몰락양반으로 이름뿐인 선비도 매우 많았다. 그 수가 무수히 많으면서 특권은 적었던 조선의 '선비'는 역시 관료적인 인식보다는 단지 초야에서 도덕 수양에 전념하면서 주자의 학문을 한다는 이미지가 강했다.

이러한 선비들은 대개 부국강병과 관련된 군사적인 재능이나 기술은 천시하고 인문학적 교양만을 중시하였다. 앞서 소개한 사림과 선비들은 특히 그런 경향이 강했다. 그들은 관리도 사인(士人)들 가운데서만 충당할 것을 요구했으며 불교, 도교, 민간신앙 등을 배격하고 기층문화(基層文化)를 천시하였다. 주자학 이외의 사상은 모두 이단시 해버리는 폐단도 있었다.[45]

다만 시대가 흘러 서양 문물이 들어오기 시작하면서 '선비'는 반드시 유학 지식만을 고집하지 않았다. 예를 들면 서구 문명에 누구보다 관심이 많았던 최한기(崔漢綺, 1803~1879)는 선비의 할 일에 대해서 "대저 선비[士]는

---

44 정약용, 〈책문(策文)〉 《다산시문집(茶山詩文集)》, 《여유당전서(與猶堂全書)》(한국고전종합DB).
45 한영우, 《조선시대 신분사연구》, 집문당, 1997, 29쪽.

고상한 뜻을 품어야 한다. 몸은 비록 선박이나 마차에 의지할 수밖에 없는 한계가 있으나, 천하에 들리는 것을 널리 모아 자신의 것으로 삼고, 천하에 보이는 것을 널리 모아 자신의 것 삼는다"⁴⁶라고 하여, 개명(開明)된 선비의 자세를 촉구하기도 하였다. 그러나 그 역시 "성현의 서적을 배워서 스승으로 삼고, 바다와 육지의 산물을 따져서 유무(有無)를 알고, 편리한 기구(器具)를 찾아 일상생활에 사용한다. 또 선(善)을 밝히며 실(實)을 세워 거짓과 허위, 허영을 제거하고, 기이하고 수려한 곳을 탐방함으로써, 경험을 풍부하게 하고 열린 생각을 갖도록 한다"⁴⁷라고 하여, 성현의 도덕을 중시하고 도덕적 실천을 촉구하였다.

3. 중국의 홍수전과 조선의 최제우

1) 마을 촌장의 아들 홍수전

홍수전의 고향 마을은 광저우시(廣州市) 북쪽에 위치한 화현(花縣) 관록포(官祿㘵)라는 곳이다. 관록포는 인구가 약 400명 되는 전형적인 객가(客家) 마을로 홍수전의 할아버지 때부터 새롭게 개척한 마을이었다.⁴⁸

홍수전 집안은 비교적 가난해서 부친은 홍수전의 형들을 데리고 농사를 지었다. 홍수전 가족은 물론 관록포 마을에서는 그동안 단 한 명의 과거 시험 합격자도 배출하지 못했다.⁴⁹ 이것만 보면 홍수전 집안의 신분은 전통적인 직업구분인 '사농공상' 중 '농(農)'민 계층에 해당된다고 할 수 있다.

그런데 홍수전은 어려서부터 총명하여 과거시험 준비를 위해 서당에 다

---
46 최한기, 〈추기측인(推己測人)〉《추측록(推測錄)》5, 《기측체의(氣測體義)》(한국고전종합DB).
47 최한기, 〈추기측인〉《추측록》5, 《기측체의》(한국고전종합DB).
48 고지마 신지(小島晉治) 지음·최진규 옮김, 《홍수전》, 고려원, 1995, 32쪽.
49 고지마 신지 지음·최진규 옮김, 《홍수전》, 33쪽 참조.

녔다. 14살 경에는 낮은 단계의 시험인 현시(縣試)와 부시(府試)에 합격했으며, 그 후 광저우에 가서 원시(院試)에 몇 차례 도전하기도 했지만 결국 실패했다. 만약 그가 원시에 합격했더라면 수재(秀才) → 거인(擧人) → 진사(進士) 시험을 거쳐 관료가 될 수 있었을 것이다.[50]

홍수전의 가족과 마을 사람들은 홍수전이 과거시험에 합격하기를 기원했다. 당시에는 마을 간의 분쟁이 매우 치열하여 한 마을에서 과거합격자가 나오면 마을의 안전과 번영에 큰 도움이 되었다. 향촌 신사(紳士)들의 역할은 그 점에 있어서 매우 중요했다.

당시 과거시험은 배우나 창기(娼妓)의 아들, 노비, 이발사, 관청의 서리 등 일부 신분이 천한 사람을 제외하고는 누구나 응시할 수 있었다.[51] 홍수전의 경우는 부시까지 합격하였으니 이미 '독서인(讀書人)',[52] 즉 '신사(紳士)'층에 속했다고 할 수 있다. 청나라 말기에 '향신'이란 반드시 '수재'나 '거인', 혹은 그 이상의 시험에 합격하여 관료가 된 사람뿐만 아니라 지방에서 과거시험 과정 중에 있는 사람들도 포함되었기 때문이다. 명나라 때였다면 홍수전은 생원(生員)으로서 이미 9품관에 준하는 특권을 부여받았을 것이다.[53]

홍수전 집안은 비록 농업에 종사하였지만 부친도 이미 마을에서 '향신'과 같은 자격과 권위를 가지고 있었다. 테오도르 햄버그(Theodore Hamberg)는 홍수전의 부친에 대해서 이렇게 소개하였다.

> 홍수전의 부친도 장로(長老)로서 존경받고 긴 턱수염을 기르고 정직 공정한 사람으로, 조종(祖宗)의 전답 관리를 일족으로부터 위탁받고 있었다. 이 밭에서 얻은 수확은 일족 전체의 자산이

---

50 方之光, 《洪秀全》, 江蘇人文出版社, 1983, 3쪽.
51 고지마 신지 지음·최진규 옮김, 《홍수전》, 35쪽.
52 方之光, 《洪秀全》, 1쪽.
53 테라다 타카노부, 《明代鄕紳の硏究》, 7~8쪽; 오금성, "명조전기의 생원정책에 대하여", 514쪽.

고 이로부터 생기는 수입은 일족 전체의 이해에 관계되는 경우
라든가 특별한 사건의 경우에 사용하도록 되어 있었다.[54]

홍수전의 부친은 나이 많은 어른으로서의 역할 뿐만 아니라 관록포 마을의 촌장(村長)으로 임명되어 실질적인 하급관료의 업무를 하고 있었다. 당시 지방 주민 사이에 청나라 관료들은 이미 권위를 잃어버려서 마을들 사이에 일어나는 소송이나 분쟁은 마을의 촌장이나 장로들이 교섭을 담당하였다. 심지어는 마을 사이의 무력 투쟁이 일어나도 관청에서는 개입하지 않았다. 주민 사이의 분쟁 해결도 그들의 몫이었다.[55] 홍수전은 어려서부터 이러한 부친을 보면서 자랐다. 그가 과거 시험에 합격하여 관료로 출세하고자 한 것도 부친의 영향이 적지 않았다.

홍수전은 1837년 신비한 종교 체험을 했는데, 그 때 그는 자신이 죽게 될 것으로 생각하여 "부모님의 큰 은혜를 갚지 못했습니다. 과거 시험에 합격하여 부모님의 이름을 높이지 못해 죄송합니다"[56]라는 유언을 남긴 바 있다. 부친에 대한 존경심과 홍수전 자신이 꿈꾸고 있던 이상을 엿볼 수 있는 대목이다.

2) 서당 훈장의 서자 최제우

원래 최제우 집안은 양반 가문에 속했다. 7대 조상 최진립(崔震立)이 1592년과 1597년의 일본군 침입에 대항해 큰 공을 세워 높은 지위에 오른 덕분이었다. 최진립은 1636년의 청나라 침입 때에도 병력을 이끌고 용감하게 싸우다 전사하였다.[57] 그러나 후에 과거 급제한 조상이 없었으며, 최제우의 아

---

54 테오도르 햄버그 지음·노태구 옮김, 《홍수전-태평천국혁명의 기원》, 샘밭, 1979, 26쪽.
55 테오도르 햄버그 지음·노태구 옮김, 《홍수전-태평천국혁명의 기원》, 26쪽 참조.
56 고지마 신지 지음·최진규 옮김, 《홍수전》, 42쪽.
57 최동희 외, 〈수운의 기본사상과 그 상황 – 사상 형성의 과정을 중심으로〉, 《동학사상과 동학혁명》, 청아출판

버지 최옥도 오랫동안 과거에 합격하지 못하고 산중에 묻혀 어린이들에게 글을 가르치는 훈장으로 일생을 마쳤다. 대신 최옥은 훌륭한 문장으로 주위 사람들에게 널리 알려졌다고 한다.[58] 조선시대 말엽의 전형적인 선비의 모습이라고 할 수 있다.

최제우도 어렸을 때부터 유학 공부를 하였으나 과거 시험 자격은 없었다. 그의 어머니가 재취(再娶)를 해온 처지여서 서자(庶子)였기 때문이다. 조선시대에는 죄를 범하거나 재혼을 한 사람의 자녀, 서자와 그 자손 등에게 과거 응시자격을 부여하지 않았다. 그래서 그는 18세경부터 무술을 연습하여 장차 무관으로 출세하고자 하였다. 그러나 20세경에는 이러한 꿈도 접고 고향을 떠났다. 그는 십여 년간 전국을 돌아다니면서 장사를 하기도 하고, 사업에 손을 대기도 하고, 글방에서 아이들을 가르치기도 하였다.[59] 한동안 처가살이를 한 적도 있었는데, 그때 한 곳의 땅을 동시에 여러 사람에게 판매하여 소송을 당하기도 했다. 1859년경에 결국 모든 것을 청산하고 고향으로 돌아왔는데 그때 그는 이런 글을 썼다.

> 마음은 가정을 돌보고 싶지만, 어찌 농사일을 알며, 글공부를 열심히 하지 못하였으니 청운(靑雲)의 꿈은 땅에 떨어졌다. 살림이 점점 어려워지니 앞으로 어찌 될지 알 수 없고, 나이가 점차 많아가니 신세가 장차 궁졸(窮拙)해질 것을 걱정하였다. 팔자를 헤아려 보니 춥고 굶주릴 염려가 있고, 나이 사십이 된 것을 생각하고 아무런 일도 해놓은 것이 없음을 어찌 탄식하지 않을 것이냐?[60]

사, 1984/1992, 93~94쪽.
58 최효식, "수운(水雲) 최제우의 생애와 사상", 《동학연구》2, 한국동학학회, 1998, 39쪽.
59 최동희 외, 《동학사상과 동학혁명》, 99쪽.
60 윤석산 주해, 〈수덕문(修德文)〉, 《동경대전(東經大全)》, 동학사, 1996.

농사일 자체를 모른다고 하고, 글공부에 대해서 말하는 것은 역시 '선비'의 모습이다. 그는 부친에 대해 매우 깊은 존경심을 가지고 있었다. 아울러 능력을 마음껏 살리지 못하고 세상을 하직한 부친을 언제나 안타깝게 생각하고 있었다.[61] 그가 1863년 관청에 체포되었을 때 심문에 답하여 자기의 직업을 '사람을 가르치는 일'[62]이라고 진술한 것이나, 그 다음해 체포당했을 때 자기를 '훈학(訓學)하는 사람'(《고종실록 심문 기록(高宗實錄審問記錄)》)이라고 소개한 것을 보면 역시 부친이 했던 훈장 일에 대한 동경과 '선비'로 자임하고 싶은 소망을 읽을 수 있다.

4. 향신의 이상과 선비의 이상

1) 홍수전이 받은 도장과 칼의 의미

홍수전은 1837년 광저우에서 세 번째 과거시험에 낙방하자 그 충격에 정신을 잃었다. 가마에 실려 고향마을로 내려 온 그는 40여 일간 병상에서 지내던 중 신비로운 체험을 했다. 체험 중에 그는 하늘에서 보내온 아름다운 가마를 타고 '행렬을 만들어, 동방으로 가는 큰 길을 따라 올라갔다.'[63] 중국 전통시대에 가마는 관리의 신분과 밀접한 관련이 있었다.[64] 조정은 가마를 탈 수 있는 자격을 공표하고, 관등이나 직책에 따라 그 크기 등을 제한하였다. 홍수전이 체험 중에 아름다운 가마를 탔다는 것은 높은 관리로 대우를 받았다는 것을 의미한다. 요컨대 트랜스 상태에서나마 과거 시험에 합격

---

61 윤석산 주해, 〈용담가(龍潭歌)〉, 《용담유사(龍潭遺詞)》, 동학사, 1999.
62 윤석산 역주, 《도원기서》, 문덕사, 1991, 154쪽.
63 홍인발(洪仁發)·홍인달(洪仁達), 〈王長次兄親耳親目共証福音書〉, 《태평천국인서(太平天國印書)》, 江蘇人民出版社, 1979.
64 야자와 토시히코(矢沢利彦), 《西洋人の見た中國官僚》, 東方書店, 1993, 160~165쪽 참조.

하여 고위관리가 되어 천자를 만나는 소망을 실현한 것이다. 하늘로 올라간 그는 신적인 존재로부터 이러한 계시를 받았다.

> 노인[최고신, 천부(天父)]은 홍수전에게 칼을 하나 주면서, "악마를 전멸시키라. 그러나 형제자매를 해쳐서는 안 된다"고 명했다. 또 그가 악령을 공격하여 이길 수 있도록 도장을 하나 주었다. 그리고 노란 과일을 주고 홍수전이 먹도록 하였다.[65]

'악마를 전멸시키라'라는 계시는 현실적으로는 천자에 반항하여 반란을 일으키는 사람들을 토벌하라는 것이다. 홍수전은 계시를 받으면서 칼 한 자루와 도장, 그리고 과일을 받았다. 《태평천일(太平天日)》(1848)에는 이 장면이 이렇게 그려져 있다.

> 주님(主님, 즉 홍수전)이 요마(妖魔)를 쫓아내기 위해서 싸우려고 할 때, 천부상주황상제(天父上主皇上帝)는 주에게 금 옥새(金璽) 하나와 칼(雲中雪) 하나를 하사하였다. 그리고 천사들과 함께 33천을 한 층씩 한 층씩 싸우면서 내려가, 요마를 추방하도록 명하였다. (중략) 주님이 싸우다 공복감을 느낄 때, 천모(天母)와 많은 여동생들은 높은 하늘의 달콤한 과일을 따와서 주님이 먹도록 해 주었다.[66]

도장은 '옥새(金璽)'로 표현되어 있으며 역시 칼과 과일을 받았다는 이야기

---

65 T. Hamberg, *The Visions of Hong Siu Tsheun and Origin of the Kwang si Insurrection*, Hong Kong: The China Mail Press, 1854, p. 10.
66 鄧之誠等編, 《太平天日》, 《太平天國資料》, 近代中國資料叢刊續編 제36집 352권, 文海出版社, 1976.

가 나온다. 과일은 나중에 등장하는 기록(《복음서》(1860))에는 보이지 않는다.

홍수전은 체험 중에 왜 이러한 물건을 받았을까? 심리학적인 관점에서 판단해본다면, 그러한 물건들은 결국 홍수전 '자신이 현실에서 받고 싶은 물건들'이라고 볼 수 있다. 홍수전이 평소 소망하던 바가 그런 체험에 투사되어 나타난 것이다.[67] 앞서 지적하였듯이 홍수전은 신비체험의 상태에서 과거 시험에 합격하여 관리가 되었다. '옥새'란 천자나 임금의 도장으로 그 권위를 상징한다. 그가 하늘로 올라가 최고신을 만난 뒤 '옥새'를 받았다는 것은 최고신의 '관리'가 되었다는 것을 뜻한다.

《복음서》에는 그가 신의 도장인 옥새를 사용하여 요마들과 싸우는 장면이 다음과 같이 묘사되어 있다.

> 그 때 요마하고 싸울 경우, 아버님(천부)은 형님(천형) 뒤에 계시고, 형님은 짐(홍수전) 뒤에 계셨다. 우리들 세 부자는 직접 양편에 천장(天將)과 천병(天兵)을 거느리고 요마를 쫓아가 추격하였다. 아버님은 짐에게 옥새를 하사하셨는데, 짐은 요마와 싸우느라 손으로 한가하게 그것을 들고 있을 수가 없었다. 그래서 형님이 손으로 옥새를 집어서 요마에게 비추었는데, 요마는 바로 도망쳐버렸다.[68]

권위의 상징인 옥새를 사용하여 요마들을 물리친 것이다.

한편 그가 신으로부터 받은 칼은 요마들을 상대할 때 사용하였다. 홍수전은 종교체험 당시 누군가와 싸우는 모습을 자주 보여주었다. 그럴 때 그는

---

[67] 임태홍, "홍수전의 종교적 성공과 그 사상적 배경", 《신종교연구》14, 한국신종교학회, 2006, 258쪽 참조.
[68] 洪仁發·洪仁達, 앞의 책: 那時戰妖, 爺在哥後, 哥在朕後, 三子爺親統兩傍天將天兵赶逐妖魔. 爺賜璽與朕, 朕戰妖, 手不得閒, 哥手執璽照妖, 妖卽走. 此璽是上帝造天造地之璽. 有時爺執的, 有時哥執的, 有時朕執的, 故今三子爺同璽. 璽頒到之處, 妖魔遠遁.

"악마를 죽여라! 악마를 죽여라! 죽여라! 죽여라! 악마가 저기도 있다. 여기도 있다. 그렇지만 아무리 많이 있어도, 내가 칼을 한번 휘두르면 누구도 저항할 수 없다."[69]라고 혼잣말을 했다고 한다. '칼'은 반란자들을 토벌하는 관료의 힘을 상징한 것이다.

또 홍수전은 신비체험 당시 "가끔 어떤 중년의 인물과 만났다. 홍수전은 그 사람을 큰형님이라 불렀는데 그 중년의 인물은 홍수전에게 어떻게 행동을 해야 하는지 가르쳐주고, 같이 먼 지방으로 가서 요마를 찾아 돌아다녔다. 그리고 홍수전과 같이 요마들을 베어 죽이고 전멸시켰다."[70] 그는 신과 함께 높은 곳에서 지상의 인간들을 보면서 그들이 얼마나 더럽고 나쁜 행동을 하는지 살펴보고 분노하기도 하였다.

이러한 경험은 이후 그가 지은 문장에 다양한 사상으로 표출되어 있다. 예를 들면 《원도구세가(原道救世歌)》에서 그는 기독교의 십계명으로부터 힌트를 얻어 인간이 조심해야 하는 행동으로 음란함, 살인, 도둑질, 무당을 믿는 것, 도박 등의 부정을 들었다. 이러한 계명은 배상제회(拜上帝會) 교인들에게 종교 신앙적인 지침으로 제시되었다.

또 그는 인간의 증오심에 대해서 이러한 견해를 제시하기도 하였다.

> 세상의 도는 정도(正道)로부터 너무도 멀리 떨어져 있다. 인심은 경박해지고 서로간의 애증은 모두 사심(私心)에서 나오고 있다. 그러므로 자기가 어떤 나라에 살고 있다고 해서 다른 나라를 증오하고, 다른 나라에 살고 있다고 해서 이 나라를 증오한다. 심한 경우는 같은 나라라도 성, 부, 현이 서로 다르면 다른 성(省), 부(府), 현(縣)의 사람을 증오한다. (중략) 같은 성(省), 부

---

[69] T. Hamberg, p. 11.
[70] T. Hamberg, p. 11.

(府), 현(縣)에 살고 있어도, 향(鄕), 리(里), 성(姓)이 다르면 다른
향(鄕), 리(里), 성(姓) 사람들을 증오한다《원도성세훈(原道醒世訓)》.

그가 신비체험 당시 하늘에서 인간 세상을 내려다보고 분노했던 것을 상기시키는 문장이다. 홍수전의 이러한 시각은 높은 곳에서 국민들의 생활을 살펴보는 관리의 시각과 같으며, 앞서 소개한 몇 가지 계명은 관리가 제시하는 법률과 같다.

그는 청나라 만주족에 대해서도 이렇게 비판한다.[71]

신이 세상을 여러 나라로 나누어 대양을 만들고 서로 경계로 삼은 것은 마치 아버지가 자기 재산을 아이들에게 분배해 주는 것과 같다. 그 때문에 모두는 아버지의 의사를 존중하고 평화롭게 자신의 재산을 관리해야 한다. 그런데 어떻게 해서 지금의 만주인은 무리하게 중국에 침입하여 자기 형제들로부터 재산을 빼앗고 있는 것인가?

여기서 그는 만주족의 침략을 재산 분배의 문제로 파악하고 있다. 신이 공정히 분배했는데 왜 만주족은 중국인들의 몫을 빼앗는가? 마치 소송 사건을 담당한 관리의 모습이다. 이러한 태도는 역시 그가 심리적으로 '관리'로서 자임했기 때문에 가능했던 것이다. 종교 체험 이후에 그는 자신을 신이 내려준 관리, 즉 '천자(天子)'와 같은 존재로 믿었다.

그는 어떻게 하면 세상이 평화로워 질 수 있을지 고민하기도 했다. 그리고 대동사회(大同社會)의 모습을 제시하면서 다음과 같이 주장했다.

---

[71] T. Hamberg, p. 29.

결국 천하 사람들은 모두 한 집안 사람이다. 모두 함께 태평한 세상을 공유할 수 있을 것이다. 정직에서는 이렇게 멀리 떨어져버린 각박한 세상이 어째서, 하루아침에 공평 정직한 세상으로 바뀌지 않겠는가. 이렇게 서로 싸우고 때리고 죽이고 있는 난세가 어째서, 하루아침에 강자는 약자를 범하지 않고, 다수는 소수를 박해하지 않고, 지혜 있는 자는 무지한 자를 무시하지 않고, 용자는 겁쟁이를 괴롭히지 않는 세상으로 바뀌지 않겠는가(《원도성세훈》).

홍수전이 관심을 가졌던 것은 세상 사람들의 부도덕함과 불공평함, 부정직함, 그리고 서로 증오하고 싸우고 죽이는 무질서였다. 그는 그것을 바로잡고자 고민하였다. 그 자신이 과거 시험을 볼 때 처음에는 좋은 성적을 받았다가 최후에 낙방의 고배를 마셨기 때문에 시험부정으로 인한 분노도 개입된 것이다. 그가 광저우로 서양 선교사를 찾아가 '요마'나 '악마'에 관심을 가지고 성경공부를 했던 것은 바로 사회를 어지럽히는 존재들에 대한 증오 때문이었다. 그러한 증오는 앞서 소개한 그의 신비체험 가운데에서도 잘 드러나 있다.

홍수전이 이후 청나라에 반기를 들고 태평천국을 창건해 스스로 천왕(天王)이 된 것은 그의 종교체험을 현실화시킨 것이다. 그로서는 지상에 파견되어 악마를 제압하는 신의 관리, 즉 천자(天子)가 된 것이다.

그는 1843년경부터 종교적인 활동을 시작하였다. 우선 주위 사람들을 자신의 종교로 개종시키고 나중에는 행동반경을 넓혀 광서(廣西)지역으로 진출하였다. 1년 후에는 자신이 개종시킨 풍운산(馮雲山)의 도움을 받아 자형산(紫荊山) 부근에서 백여 명 이상의 신도들을 모았는데, 이것이 나중에 배

상제회로 알려진 조직으로 발전한 것이다.[72]

처음에는 순수한 종교운동으로 시작되었던 배상제회 모임은 차츰 사회적, 정치적 색채를 띠기 시작하였다. 그는 1847년 10월, 풍운산과 자기를 따르는 신도들을 데리고 광서성(廣西省)의 상주(象州)에 있는 감왕묘(甘王廟)로 가서 묘를 파괴하였다.[73] 그의 판단으로 감왕을 섬기는 것은 요마를 섬기는 것이며 우상을 섬기는 것이었다. 이는 자기가 믿은 최고신 황상제에 대한 배신 행위였다.

이러한 파괴활동으로 더욱 많은 신도들을 결집한 그는 1850년에 청나라 만주족에 대해 반기를 들었다. 만주족의 황제는 요마의 우두머리라는 논리였다. 최고신 황상제의 아들이자, 황상제가 지상을 다스리도록 임명한 자신이 진정한 천자(天子), 즉 중국의 황제이기 때문이다.

이로써 종교조직은 군대조직으로 탈바꿈하여 이후 수년 사이에 그들은 수십만에 달하는 대규모 반란군을 형성하여 남경으로 진출해 그곳에 '태평천국'이라는 나라를 세웠다. 홍수전은 계속해서 북벌군을 파견하여 요마의 수괴를 내쫓고 중국 전역을 황상제의 영토로 만들고자 하였다. 이러한 홍수전의 행동과 사상은 천하를 다스리는 '관리'의 입장이 투영된 것이라고 할 수 있다.

2) 최제우가 받은 부적과 주문의 의미

1860년, 최제우는 조카 생일에 초대받아 외출했다가 정신을 잃고 신비로운 체험을 하였다. 갑자기 하늘에서 목소리가 들려왔는데, 그 목소리가 자신이 '상제'이자 '아버지'라면서 최제우에게 다음과 같은 계시를 내린 것이다.

---

[72] T. Hamberg, p. 28; 테오도르 햄버그, 《홍수전-태평천국혁명의 기원》, 74쪽.
[73] T. Hamberg, p. 37; 테오도르 햄버그, 《홍수전-태평천국혁명의 기원》, 90쪽.

나는 영부(靈符)를 가지고 있다. 그 이름은 선약(仙藥)이며, 그 형태는 태극(太極)이며, 또 궁궁(弓弓)의 형태를 하고 있다. 나의 부적을 받아서 사람들을 질병으로부터 구하고, 나의 주문을 받아서, 사람들에게 나를 위하도록 가르쳐라.[74]

이 계시에서 최제우는 '영부'와 '주문'을 받았다. '영부(靈符)'는 영험한 부적이라는 뜻으로, 붓글씨로 백지에 궁궁(弓弓)모양의 그림을 그려놓은 것이었다. 나중에 최제우와 같이 체포된 동학 교인들은 부적에 대해, "소위 약이라고 하는 물건은 두 개의 궁(弓)자를 태워서 마시거나 씹어 먹거나 합니다"[75]라고 증언하였다. 글씨를 써서 태워 먹는다는 것이다.

주문은 여러 가지 종류가 있었다. 《도원기서(道源記書)》를 보면 "주문을 두 건 지으니 한 건의 주문은 선생이 읽는 것이요, 다른 하나는 아들과 조카에게 전수한 것이다. 또 강령의 문을 지었다"[76]라고 하였다. 앞서 계시에서 신이 주문을 '받아라'라고 한 말은 다만 상징적인 의미일 뿐이고, 사실은 최제우 자신이 주문을 직접 지었다.

최제우는 또 주문에 대해 이렇게 정의하기도 했다. "도를 배우기 시작할 때에는 반드시 몸과 입을 깨끗이 해야 하며, 그런 다음에 13글자의 '시천주조화정(侍天主造化定) 영세불망만사지(永世不忘萬事知)'로 된 것을 일러주고 그 다음에 8자 '지기금지원위대강(至氣今至願爲大降)'을 일러 준다."[77] '시천주조화정 영세불망만사지'는 천주를 모시면 조화가 이루어지고 영원히 잊지 않으면 모든 것을 알 수 있다는 뜻이며, '지기금지원위대강'은 지극한 기운

---

74 최제우, 〈포덕문(布德文)〉, 《동경대전》.
75 〈고종실록 심문 기록〉, 고종 1년 2월 29일(장희응, "「고·순종기록」중의 동학관련기사", 《동학연구》7, 2000.9), 151쪽. 원문은 155쪽.
76 윤석산 역주, 《도원기서》, 28쪽. 원문은 152쪽.
77 윤석산 역주, 《도원기서》, 142쪽

이 지금에 이르러, '원하옵건대 크게 내리길 빕니다'라는 뜻이다.

이러한 것을 보면 최제우가 받은 계시는 공부하는 선비의 일과 관련된다는 것을 알 수 있다. 우선 부적과 주문이 글자와 관련되며, 주문의 경우는 그것을 받은 사람이 외워서 암송해야 하니 마치 유교 경전문구를 외우는 것과 같다. 나중에 그는 '용(龍)', '구(龜)', '운(雲)' 등을 써서 제자들에게 나누어 주었고, 제자들은 그에 대한 보답으로 돈이나 곡식을 가져왔다고 한다.[78] 선비들이 제자들에게 글을 써주는 일과 다름없는 모습이다.

그리고 그의 신이 "사람들에게 나를 위하도록 가르쳐라"라는 계시를 내린 것이나 주문에 '모든 것을 알 수 있다(萬事知)'라는 표현이 들어간 것은 가르침과 배움을 중시한 선비의 일상이 담겨있다고 할 수 있다. 나중에 그는 교인들의 병을 낫게 하는 것도 부적에 쓴 글자를 태워먹으면 된다고 하였는데 여기에도 그의 지식에 대한 생각이 드러난다.

1859년 고향으로 돌아온 최제우는 이름을 '제선(濟宣)'에서 '제우(濟愚)'로 바꿨다. '제우'란 '어리석은 사람들을 구한다'라는 의미다. 병에 걸린 사람이나 가난한 사람을 구하는 것이 아니라 지혜가 없는 사람, 우둔한 사람, 무엇인가 잘 알지 못하는 사람들을 구하겠다고 하였다. '가르침'을 향한 그의 갈망을 읽을 수 있다.[79]

최제우의 신은 인간이 만사를 알 수 있게 하는 신이기도 하다. '신을 모시면 조화가 정해지고, 영원히 잊지 않으면 만사를 알 수 있다(侍天主造化定, 永世不忘万事知)'라고 하는 내용 자체에 그런 모습이 담겨 있다. 동학교단의 교인들은 교조(教祖) 최제우가 써준 시문을 읽고 외웠다. 최제우가 사용한 동학교단의 경전은 바로 자신의 문장을 모아놓은 것이었다. 교인들은 마치 전통시대 선비가 유교 경전을 외우듯이 교조의 문장을 외웠다. 경우에 따

---

[78] 〈고종실록 심문 기록〉, 148쪽.
[79] 임태홍, "초기 동학교단의 부적과 주문", 《종교연구》42, 한국종교학회, 2006, 184쪽.

라 최제우는 교인들이 자신의 문장을 잘 외우고 있는지 테스트하기도 하였다.[80]

이는 결국 동학이라는 종교가 '만사를 알 수 있게 하는 종교'이면서 '배움의 종교'라는 것을 의미하며, 최제우는 바로 그러한 가르침을 전하도록 신이 보낸 '교사'라는 것을 암시한다.[81]

이러한 최제우 사상에 있어서 눈에 띄는 점은 조선시대의 선비들이 그러하듯 도덕과 수양을 중시한다는 점이다.

> 어질고 어진 벗은, 매몰한 이내 사람, 부디부디 갈지 말고, 성경이자(誠敬二字) 지켜내어, 차차차차 닦아내면, 무극대도(無極大道) 아닐런가, 시호시호(時乎時乎) 그때 오면, 도성입덕(道成立德) 아닐런가(〈도수사(道修詞)〉).

성(誠)과 경(敬)으로 수양을 하면 무극의 대도를 이룰 수 있다고 하고, 천지개벽의 새로운 시기가 오면 도(道)가 이루어지고 덕(德)을 세울 수 있다는 것이다. 그는 또 '성경신(誠敬信)'이나 '수심정기(守心正氣)'의 수양을 강조하기도 하였다.[82] 부정적으로 평가하자면 도덕 제일주의, 도덕 만능주의자의 입장을 가지고 있었다고 할 수 있다.

그의 사상은 또 막연한 낙관론과 수동적인 태도를 보여준다. 예를 들면 다음과 같은 문장에 그런 점이 잘 나타나 있다.

> 천운이 둘렀으니, 근심 말고 돌아가서, 윤회시운(輪廻時運) 구경

---

80 윤석산 역주, 《도원기서》, 50쪽.
81 임태홍, "초기 동학교단의 부적과 주문", 187쪽.
82 최제우, 〈논학문(論學文)〉, 《동경대전》.

하소, 십이제국(十二諸國) 괴질운수(怪疾運數), 다시 개벽(開闢) 아닐런가, 태평성세 다시 정해, 국태민안(國泰民安) 할 것이니, 개탄지심(慨嘆之心) 두지 말고, 차차차차 지냈어라(〈몽중노소문답가(夢中老少問答歌)〉).

이미 조선은 좋은 운명이 정해졌으니 걱정하지 마라는 것이다. 십이제국, 즉 온 세상에 괴질이 퍼질 것이며 그 후 다시 개벽이 일어난다고 한다. 이 문장은 종교적인 시문이며 전능한 신적 존재의 계시를 전달한 것이기 때문에 어느 정도 수동적인 모습이 나타난 것은 당연하다고 할 수 있으나, '그냥 돌아가서 구경이나 하라'는 모습은 현실적으로 아무 능력이 없는 '선비'의 입장이 잘 드러난 표현이라고 할 수 있다.

다음과 같은 문장도 마찬가지이다. "한울님 하신 말씀, 개벽 후 오만 년에, 네가 또한 첨이로다. 나도 또한 개벽 이후, 노이무공(勞而無功) 하다가서 너를 만나 성공하니, 나도 성공 너도 득의, 너희 집안 운수로다(〈용담가〉)." 주도권은 타인(신적 존재)이 가지고 있으며 '운수'가 그렇다는 말에서 막연한 낙관론과 함께 수동적인 모습이 드러난다.

도덕과 운명을 중시하고 수동적인 면은 다음의 문장에도 잘 나타난다.

경신년(庚申年) 사월에 천하가 분란하고 민심이 효박(淆薄)하여 어찌할 바를 알지 못할 즈음에 또한 괴상하고 어긋나는 말이 있어 세간에 떠들썩하되, "서양사람은 도성입덕(道成立德)하여 그 조화에 미치어 일을 이루지 못함이 없고 무기로 침공함에 당할 사람이 없다 하니 중국이 소멸하면 어찌 가히 순망의 환이 없겠는가." "도무지 다른 연고가 아니라, 이 사람들은 도를 서도라 하고 학을 천주학이라 하고 교는 성교라 하니, 이것이

천시(天時)를 알고 천명을 받은 것이 아니겠는가."

서양사람이 중국에서 크게 힘을 펴고 있는 것은 도를 이루고 덕을 세웠기 때문이다. 그리고 천시를 알고 천명을 받았기 때문이라고 판단하고 있다. 서양의 문명이 뛰어나다든가 그들의 노력과 능력 덕분이었다고는 생각하지 않는다.

이 때문에 임진왜란 때 조선을 침략했던 일본인들에 대한 보복도 신의 도움을 기대한다. "개 같은 왜적 놈을 한울님께 조화 받아, 하루 밤에 멸하고서, 전지무궁(傳之無窮) 하여놓고, 대보단(大報壇)에 맹세하고, 한의 원수 갚아보세(〈안심가(安心歌)〉)." 한울님의 조화로 왜적을 멸망시킬 수 있다고 보는 것이다.

그렇다면 인간이 해야 하는 일은 무엇인가? 앞에서 지적하였듯이 신의 가르침을 잘 배워서 신을 위하면 되는 것이다. 오직 그렇게 하기만 하면 그 외의 모든 것은 신이 도와준다. 이러한 정신은 조선의 선비가 주자학의 가르침을 잘 따르고 배우기만 하면 정치가 잘 이루어지고 태평성대가 이루어진다고 판단한 태도와도 유사하다고 할 수 있다.

최제우는 자신을 공자에 비교하면서 이런 말을 하기도 했다. "어른들이 들고 나가는 것은 마치 (공자의) 삼천 제자와 같고, 아이들이 절하는 것은 마치 아이들 예닐곱과 소풍하면서 시를 읊는 것과 같고, 제자가 나보다 나이가 많으면서도 공손한 것은 또 자공(子貢)의 예절과 같고, 노래하고 읊으며 춤을 추니, 이것이 어찌 공자의 춤이 아니겠느냐?"[83]

공자의 모습과 자신의 모습을 대비해본 것이다. 사실 '동학'이라는 말 자체가 '유학'을 염두에 두고 만들어진 것이다. 그러한 점을 보더라도 최제우

---

[83] 최제우, 〈수덕문〉, 《용담유사》: 冠子進退, 若有三千之班, 童子拜拱, 倚然有六七之詠, 年高於我, 是亦子貢之禮, 歌詠而舞, 豈非仲尼之蹈.

의 사상, 나아가 그의 사상이 핵심이 된 동학사상은 '선비'로서, 그리고 '교사'로서의 관점과 태도가 반영된 사상이었다고 할 수 있다.

5. 결론

우선 향신과 선비에 대해서 논한 내용을 정리하면 다음과 같다.

첫째, 향신과 선비는 그 개념이 처음 생겼을 때 의미와 지칭하는 대상이 매우 애매하고 미미하였으나 시간이 흐를수록 의미가 강해지고 그 대상이 세력화되었다. 중국의 향신은 송나라 때의 사대부 전통을 이어받은 명나라 초기 향촌 지식인들이 그 시작이었다. 이들은 지방에 거주하면서 중앙의 권력보다는 향촌 경제에 더욱 밀착된 지식인들이었다. 조선의 선비는 고려시대(11세기경)에 학자들 사이의 '선배'라는 존경어로부터 시작된 개념이었다.

둘째, 향신과 선비는 그 개념과 계층 형성에 주자학이 깊은 영향을 미쳤다. 중국의 향신은 기본적으로 주자학을 바탕으로 한 송대 사대부의 정신적인 영향을 받았다. 선비도 마찬가지다. 조선에는 고려 말엽에 주자학이 전래되고 조선 초에는 숭유억불정책에 의해 주자학이 국교의 위상을 확보하였는데, '선비' 개념은 바로 이러한 환경으로부터 영향을 받았다. '선배' 개념이 '선비' 개념으로 바뀌고 선비로서의 자긍심이 높았던 것은 바로 주자학자들의 자의식이 강하게 작용한 결과였다.

셋째, 향신과 선비는 시간이 흐름에 따라 각국의 사회와 함께 변화, 성장하였다. 일반적으로 우리가 인식하고 있는 향신·선비 개념은 근대에 들어와 형성된 것으로, 실제로 전통시대에 이들 개념은 매우 역동적으로 변화, 발전하였다. 중국에서 향신층은 명청시대(1368~1911)를 거치면서 향촌의 권력자이자 지식인 계층으로서 자기들의 위상을 확보하였다. 이것은 이민족인 만주족이 명나라를 멸망시키고 중국으로 진입해 들어옴으로써 향촌사회에 혼란이 발생한 것과 밀접한 관련이 있다. 청나라 중기, 말기를 거치면서 그들의 향촌 지배는 더욱 강화되고 관료적인 성격이 더 강해졌다. 이러한 발전은 조선과 비교해 볼 때, 광대한 토지에 상대적으로 적은 수의 '향신'이 존재했다는 사실과도 관련된 것으로 판단된다. 선비는 조선시대(1392~1897)에 형성되었는데, 조선시대는 남북으로 외세의 침략은 있었으나 왕권은 그대로 유지되었다. '선비'가 '무사'나 '관료'적인 방향이 아니라 문사(文士)적인 방향으로 발전해나간 것은 이러한 사회상황과도 밀접히 관련된다고 할 수 있을 것이다.

넷째, 향신과 선비는 각 사회의 근대사회 형성에 중요한 영향을 미쳤다. 중국의 향신은 청나라 만주족이 강할 때에는 향촌의 권력을 공유하는 데 그쳤으나, 그 세력이 약해진 청나라 정권이 사회 개혁을 추진하자 적극적으로 동참하였다. 그러나 결국에는 청나라를 전복하고 새로운 공화정부를 세우는 데 핵심적인 역할을 하였다. 조선의 선비는 고매한 도덕과 학문을 중시하였으나 문약(文弱)한 지식인이었다. 조선 왕조가 몰락한 것은 사회의 최고 지식인이자 리더였던 그들의 그러한 성격 때문이기도 하였다.

아울러 중국의 홍수전과 조선의 최제우의 종교체험을 통해 향신과 선비가 추구했던 이상을 살펴볼 수 있다.

예를 들면 홍수전은 하늘이 보낸 관리로서 신으로부터 칼과 도장을 받았으며, 최제우는 주문과 부적을 받아 그것으로 사람들을 가르쳐 신을 위하도록 하였다. 본 논문에서는 홍수전은 '관리'의 사상이라고 하는 측면에서, 최제우는 '교사'의 사상이라는 측면에서 각각의 사상적 지향을 살펴보았다. 홍수전은 끊임없이 중국 내부로 관심을 돌리고 거기에 들어가 있는 악마적인 존재를 제거하고 평화를 이루는데 관심을 가졌다. 태평천국의 혁명 논리는 여기에서 나왔다. 최제우는 교인들을 가르치고 수양시키는데 관심을 가졌다. 그리고 새로운 시대가 개벽되었다고 선언하였다. 현실적으로 보이는 이익보다는 추상적인 사상에 집착하였다. 이 두 사람의 사상적인 차이는 향신과 선비가 추구한 현실적인 목표, 나아가 그들의 이상향이 서로 극명하게 다르다는 것을 상징적으로 보여준다고 할 수 있다.

홍수전이 세운 배상제교와 최제우가 세운 동학은 모두 19세기 중반, 즉 근대 직전에 등장한 민중 종교 운동이었다. 배상제교는 홍수전이 서양의 기독교를 모방하여 창시한 것으로, 나중에 반란 운동으로 발전하여 급기야 남경에 태평천국을 세우게 되었다. 청나라 조정의 관리들은 태평천국을 진압하면서 서양 문물의 도입 필요성을 절감하였는데, 그것이 양무운동(洋務運動)이 일어나게 된 계기였다. 청나라 만주족을 축출하자는 혁명운동도 태평천국에서 발단이 되었다. 손문은 자신이 제2의 홍수전이라고 자임하고 혁명운동을 전개하였다. 또 모택동을 중심으로 일어난 공산사회주의 혁명운동의 모범으로서도 태평천국운동의 의미가 크다. 왜 중국에서 그렇게 많은 혁명운동이 일어나게 되었는가? 태평천국의 지도자 홍수전이 추구했던 이상, 나아가 청말의 향신들이 추구했던 사회 변혁의 이상을 통해서 일정 부분 설명이 가능할 것이다.

동학 역시 몰락양반이었던 최제우가 서양 천주교의 영향을 받아 1860년에 창시하였다. 최제우는 1864년에 관군에 붙잡혀 처형당했다. 그 후 동학교단은 최시형, 손병희를 거치면서 우리나라 근대화 과정에서 매우 중요한 세력으로 성장하였다. 이필제, 전봉준, 김구 등이 동학교도였다는 사실, 그리고 동학의 3대 교주였던 손병희가 3·1독립운동을 주도했다는 사실에서도 동학운동이 한국 근대사에서 차지하는 위상을 가늠해 볼 수 있다. 한국에서 근대가 '혁명'에 의한 자기부정의 방식을 따르지 않았던 것은 왜일까? 최제우가 추구했던 이상, 나아가 조선의 선비들이 추구했던 이상에서 그 답을 찾아볼 수 있을 것이다.

참고문헌

《일성록》, 정조 1년, 1월 10일(정축), 한국고전종합DB.
《조선왕조실록》, 성종 15년 갑진, 8월 6일(경신), 한국고전종합DB.

옥사(玉史), 1913.4.13, 〈직업론〉, 《권업신문》, 독립운동사정보시스템(https://search.i815.or.kr).
작자미상(필명 舊記者), 1928.8.1, 〈記者懺悔錄, 글 배운 것이 罪〉, 《별건곤》15.
정약용, 〈책문〉, 《다산시문집》, 《여유당전서》(한국고전종합DB).
최한기, 〈추측록〉, 《기측체의(氣測體義)》, 한국고전종합DB(http://db.itkc.or.kr/).

고지마 신지(小島晉治) 지음·최진규 옮김, 1995, 《홍수전》, 고려원.
고지마 쓰요시(小島毅) 지음·신현승 옮김, 2004, 《사대부의 시대》, 동아시아.
김동욱, 1989, "화랑도와 신사도와 선비도", 《신라문화》10, 동국대학교 신라문화연구소.
김정호, 2004, "17세기 중국 변동기 한족 사대부 개혁론의 의의와 한계", 《한국정치외교사논총》 26.1, 한국정치외교사학회.
김형종, 1997, "청말 강소성의 교육개혁과 신사층", 《동양사학연구》60, 동양사학회.
미조구치 유조(溝口雄三) 외 엮음·김석근 외 옮김, 2003, 《중국사상문화사전》, 민족문화문고.
백성현 외, 1999, 《파란 눈에 비친 하얀 조선》, 새날문화사.
송경애, 2008, "명청시기 사와 상의 신분이동 양상 고찰", 《중국학연구》45집, 중국학연구회.
신유한 지음·김찬순 옮김, 2006, 《해유록–조선 선비 일본을 만나다》, 보리.
심의용, 2005, "북송 시대 사대부들의 변화와 정이천 철학의 특성", 《동서철학연구》36, 한국동서철학회.
야자와 토시히코(矢沢利彦), 1993, 《西洋人の見た中國官僚》, 東方書店.
오금성, 1967, "명조전기의 생원정책에 대하여", 《역사교육》10.
오금성, 1978, "일본에 있어서의 중국 명청시대 신사층연구에 대하여", 《동아문화》15, 서울대학교 동아문화연구소.
오금성, 1988, 《중국 근세 사회경제사 연구: 명대 신사층의 형성과 사회경제적 역할》, 일조각.
오금성, 2001, "명·청 왕조교체와 신사", 《중국학보》43, 한국중국학회.
오금성, 2002, "1607년의 남창교안과 신사", 《동양사학연구》80, 동양사학회.
오금성, 2003, "명청시대 사회경제사의 성과와 과제", 《명청사연구》19, 명청사학회.
오금성 외, 2007, 《명청시대 사회경제사》, 이산.
오석원, 2005, 《한국도학파의 의리사상》, 성균관대학교출판부.

윤무학, 2005, 《순자-통일제국을 위한 비판철학자》, 성균관대학교출판부.
윤석산 주해, 1996, 《동경대전(東経大全)》, 동학사.
윤석산 주해, 1999, 《용담유사(龍潭遺詞)》, 동학사.
이동환, 2001, "선비정신의 개념과 전개", 《대동문화연구》38, 성균관대학교 대동문화연구원.
이영찬, 2007, "유교의 사회제도 사상 – 가족, 국가, 신분제도를 중심으로", 《한국학논집》34, 계명대학교 한국학연구소, 2007.
임태홍, 2004, "靈符と呪文に見られる崔濟愚の思想", 《동학연구》16, 한국동학학회.
임태홍, 2006, "초기 동학교단의 부적과 주문", 《종교연구》42, 한국종교학회.
임태홍, 2006, "홍수전의 종교적 성공과 그 사상적 배경", 《신종교연구》14, 한국신종교학회.
임태홍, 2011, "한중일 삼국의 '사(士)' 개념 비교 고찰 – 선비·신사·무사 개념의 형성을 중심으로 –", 《동양철학연구》65, 동양철학회.
임태홍, 2011, "한중일 삼국의 근대 종교사상에 나타난 '사(士)'의 이상 – 배상제교·동학·천리교의 종교사상 상호비교를 중심으로", 《한국철학논집》31, 한국철학사연구회.
장희응, 2000, "「고·순종기록」중의 동학관련기사", 《동학연구》7, 한국동학학회.
정병철, 1993, "명말 청초 화북에서의 자위활동과 신사", 《동양사학연구》43, 동양사학회.
종청한(鐘淸漢) 지음·임태홍 옮김, 2007, 《50인으로 읽는 중국사상》, 무우수.
천도교중앙총부, 1994, 《천도교 경전(天道教経典)》, 천도교중앙총부출판부.
최동희 외, 1992, 《동학사상과 동학혁명》, 청아출판사.
최봉영, 2009, "한국사와 선비의 전통", 《남명학연구》14, 남명학회.
최석기, 2009, "조선의 선비와 그들의 공부", 《남명학연구》14, 남명학회.
최재목, 2009, "韓国における《武の精神》·《武士道》の誕生, 《양명학》22, 한국양명학회.
최효식, 1998, "水雲 최제우의 생애와 사상", 《동학연구》2, 한국동학학회.
태평천국역사박물관 엮음(太平天國歷史博物館編), 1979, 《태평천국인서(太平天國印書)》, 강소인민출판사(江蘇人民出版社).
테라다 타카노부(寺田隆信), 2009, 《明代鄉紳の研究》, 京都大出版會.
테오도르 햄버그 지음·노태구 옮김, 1979, 《홍수전-태평천국혁명의 기원》, 샘밭.
한국학문헌연구소, 1978, 《동학사상자료집(東學思想資料集)》1, 아세아문화사.
한기언, 1972, "선비의 비교교육철학적 해석", 《교육학연구》10, 한국교육학회.
한연정, 2001, "마테오 리치와 교류한 한인사대부", 《명청사연구》14, 명청사학회.

何国正·刘蜀子, 2010, 〈东汉士大夫阶层的形成〉, 《民族文化研究》.
鄧之誠等編, 1976, 《太平天國資料》, 近代中國資料叢刊續編 第36집 352권, 文海出版社.

方之光, 1983, 《洪秀全》, 江蘇人文出版社.

T. Hamberg, 1854, *The Visions of Hong Siu Tsheun and Origin of the Kwang si Insurrection*, Hong Kong: The China Mail Press.

제3부

사회변동과 선비정신

선비(士)의 정체성과 그 정치적 행동

배병삼 영산대학교

"선비의 큰 절개[大節]는 정치에 나아가고 물러나는, 출처진퇴에 있을 따름이다."

조식(曺植, 1501~1572)

1. 서론

이 글은 두 부분으로 이뤄진다. 먼저 '선비'의 정체성을 원시유교(공자, 맹자)의 관점에서 검토한 다음, 조선시대 선비의 정치적 행동을 출처와 진퇴[1]라는 범주에서 살펴본다. 요컨대 유교적 맥락에서 선비란 '도덕적 가치를 지향하는 지식인'이다. 특히 조선시대 선비는 도덕적 가치의 정치적 실현을 위해 난진이퇴(難進易退, 정권참여는 까다롭고, 은퇴는 과감함)라는 윤리적 덕목을 갖추어야 했다. 다만 출처와 진퇴의 정치적 행동은 다양하게 이해되고 적용되었다. 이 글에서는 퇴계 이황(1501~1570)과 남명 조식, 그리고 율곡 이이(1536~1584)를 중심으로 선비의 정체성과 정치적 행동을 살펴볼 것이다.

---

[1] 출처진퇴(出處進退)는 거취(去就) 혹은 출처은둔(出處隱遁)으로도 표현된다. 오늘날 식으로는 '참여와 은퇴'로 번역할 수 있다. 다양한 표현법에도 불구하고 그 요지는 '지식인이 공직에 나아가고 물러나는 정치적 행동을 가리킨다'는 점에서 대동소이하다.

2. 선비(士)란 무엇인가

원래 사(士)라는 한자는 '도끼'의 상형이었다(위의 긴 가로줄은 자루, 가운데 세로줄은 도끼의 몸통, 밑바닥의 짧은 가로줄은 도끼날이다). 이것은 도구를 들고 작업하는 '남자, 사나이'를 가리켰다가[오늘날 기사(技士)라는 단어 속에 원시적인 '士'의 용례가 남아있다] 점차 국가 간의 전쟁이 일상화되면서 활을 쏘는 궁사, 또는 하급무사에 해당하는 창수(槍手)의 지칭으로 구체화되었다. 하급무사로서의 사(士)는 오늘날 '부사관'에 거의 정확하게 들어맞는다. 우리 국군의 부사관 계급들인 '하사-중사-상사'라는 명칭은 士의 무사적 용례를 담고 있다. 장기판에서 왕궁을 수비하는 말이 '士'인 것도 오늘날 선비로만 연상하는 '士'의 한 기원이 무사였음을 보여주는 흔적이다.

춘추전국시대의 전개와 더불어 전쟁국가의 기능이 점차 팽창해갔다. 이에 따라 국가기구도 임시변통이 아니라 점점 상설화되었고, 국가는 전문적 직능을 갖춘 관료들을 필요로 하였다. '士' 또한 관료조직의 말단, 즉 명령을 집행하는 하급관료로 전환해갔다. 하급관료로서 '사'가 수행하던 대표적인 직종은 옥리(獄吏), 집달리(執達吏)와 같은 법 집행자이다. 그리고 '공문서 기록자(史)', 문서수발과 기타 잡무를 수행하는 행정서기(有司) 등도 '사' 계급 속에 포함된다.

3. 유교사상 속의 사(士)

(1) 공자의 사(士)

《논어(論語)》에 나타나는 사(士)의 용례는 기술자[執鞭之士(집편지사)], 일반 남자의 칭호[피세지사(辟世之士)], 또 무사와 하급관료로서의 문사(文士) 등이 섞여서 출현한다. 공자의 제자들 가운데 염유(冉有)는 세무·재정 담당관을, 자로(子路)는 국방·안보 담당관을, 공서화(公西華)는 의전·집례 담당관을, 자하(子夏)는 문서 담당관을, 그리고 자장(子張)은 제후나 대부를 가까이 보필하는 비서관을 지망하였다. 공자의 제자들이 공자학교를 '士' 계급에 필수적인 전문적 직능과 기술을 획득하는 기회로 삼고자 했음을 추측할 수 있다.

그러나 공자가 제자들에게 요구한 것은 인(仁)을 지향하는 도덕적 존재로서의 '선비'였다. 이른바 "선비는 도를 지향하는 존재[사지어도(士志於道), 《논어》 4:9]"라는 공자의 말 속에 그런 뜻이 잘 들어있다. 군자(君子)라는 존재에 대한 공자의 갈망과 마찬가지로, 공자는 '사'계급을 새로운 문명을 앞장서 이끌 '도덕성으로 무장한 인격체'로 전환시키고자 했던 것이다. 기존 사회질서가 와해되어가는 혼란기에 공자는 자신이 속한 '士' 출신의 젊은이들을 훈련하여 이들을 통해 새로운 문명사회를 건설해야 한다고 생각했다. 공자가 새롭게 기르고자 한 정직성과 자기성찰, 그리고 도덕적 이상을 실현하는 존재로서의 '새로운 지식인'은 제자인 증자(曾子)의 포부 속에서 잘 드러난다.

> 증자가 말했다. "사(士)는 그 뜻이 크고 굳세야 한다. 스스로 맡은 임무가 무겁고 또 그 길이 멀기 때문이다. 아! 인(仁)의 실현을 자기 임무로 삼았으니 그 얼마나 무거운 것이랴. 또 죽어서야 끝날 길이니 그 얼마나 먼 길이랴."《논어》

이처럼 공자학교에 이르러 '士'는 고원한 이상의 실현을 스스로 자임(自任)하고 그 '가치의 실현을 지향하는 지식인'이 된다. 여기서 '士'는 용맹과 헌신이라는 몸의 윤리에 구속된 무사의 단계를 넘어선다. 또 문화의 담지자이지만 문자에 매몰되기 십상인 문사로부터도 한 걸음 더 나아간다. 급기야 태어나면서 하늘로부터 부여받은 도덕성에 의해 정치적 지위를 획득하는

'자율적이고, 자립적인 지성'으로 질적 변모를 꾀하게 되는 것이다.

이제 '士'는 새로운 도덕적 문명세계를 실현할 엘리트로 자임하게 되었다. 말하자면 공자는 '사'를 하나의 사회 계급적 존재로서가 아니라 혼란을 극복하여 새로운 문명을 창조할 선도자로 형상화한 것이었다. 이들은 자각적이고 자율적이며 능동적인 주체적 인간의 상징으로 부각된다. 이것이 곧 조선시대 지식인이 지향했던 '선비'의 원형이다.[2] 벌써 공자로부터 사(士)는 사회계급의 성격을 넘어서 '선비정신'이라는 말이 함축하는 보편적이고 인격적인 '탈계급적 지식인'으로서의 의미를 갖게 된다.

(2) 맹자의 사(士)

공자가 인(仁)을 선비가 지향해야 할 가치로 전제했다면, 맹자에게는 그것이 인의(仁義)라는 개념으로 분화된다. 특별히 맹자가 선비에게 요구한 가치는 의(義)였다. 맹자는 정의를 실현하기 위한 마음가짐으로서 '수오지심(羞惡之心)'을 든다. 수치심과 증오심을 정의실현의 마음가짐으로 꼽고 있는 것이다. 이 수오지심은 사람이라면 누구나 다 갖추고 있는 것이다. 다만 보통사람은 그것을 잊어버리고 잃어버리지만 오로지 선비만은 수오지심을 확인하고 또 간직하며 산다. 요컨대 사회정의는 선비들의 자기 행동에 대한 수치심과 사회에 대한 증오심을 바탕으로 실현된다.

수치심과 증오심은 동전의 양면이다. 수치심은 '자기 자신의 잘못'을 성찰하는 양심이다. 새벽녘에 잠이 깨어 어제 한 일을 헤아려볼 때, 문득 목줄기를 발갛게 타오르는 뜨거운 기운을 느낄 때가 있다. 이것이 부끄러움이다. 이 마음이 있을 때 사람이요, 이것이 없으면 사람 탈을 쓴 짐승에 불과하

---

[2] 조선중기, 곽재우(郭再祐, 1552~1617)에게서 우리는 문무겸전(文武兼全)의 원형적 선비상을 추출할 수 있다. 전시에는 홍의장군(천강홍의장군(天降紅衣將軍))으로 자호(自號)하고, 전후에는 《논어》에서 따온 망우(忘憂, "배우기를 좋아하여 근심걱정을 잊는다")라는 글귀로서 당호(堂號)로 삼은[곧 망우당(忘憂堂)] 명명 속에 문무겸전, 문질빈빈(文質彬彬)의 전인격을 추구한 원형적 선비상을 발견할 수 있다.

다. 이를 두고 맹자는 "부끄러움이야말로 사람다움을 구성하는 가장 큰 요소다[치지어인, 대의!(恥之於人, 大矣!), 《맹자》13:7)]"라고 지적한 바다. 사람과 짐승을 구별 짓는 경계선에 수치심, 즉 정의감이 자리하고 있다.

한편 증오심은 부끄러움을 공동체에 미루어 적용할 때 생기는 '공적 수치심'이다. 즉 수치심이 개인적 덕성이라면 증오심은 공적 덕목이다. 제 몫은 꼭 챙기면서 남의 사정은 거들떠보지 않는 동료에 대한 미움, 제가 저지른 불법을 합법화하는 정치가에 대한 분노, 생명을 함부로 대하는 권력자에 대한 증오심이 정의감을 구성한다. 그러니까 증오심의 밑바탕에는 수치심이 깔려야 하고, 수치심은 증오심으로 밀고 나아가야 한다. 그럴 때 안팎으로 정의가 선다. 정의가 정치적으로 인식되는 순간은 부끄러움을 모르는 자들이 공직에 취임하여 공적 지위를 사적 욕망을 위한 도구로 삼는데서 출발한다. 맹자에 이르러 선비는 의사(義士)로서의 특징을 확보하게 된다.

> 왕자 점이 물었다. "선비(士)란 무엇인가요?"
> 맹자가 말했다. "가치를 숭상하는 사람이외다."
> 왕자 점이 물었다. "무슨 가치를 숭상한다는 말이오?"
> 맹자가 말했다. "오로지 인의(仁義)일 따름이지요."
> 《맹자》 13:3

요컨대 맹자는 선비를 경제적 어려움을 감수하면서도[3] 인의(仁義)라는 도덕적 가치를 지향하고 또 실현해야 할 '전투적 지식인'으로 형상화하였다. 이렇게 특별히 도덕적 가치를 지향하는 존재로서의 선비상은 조선시대 지식인[유자(儒者)]들에게 큰 영향을 미쳤다.

---

[3] "고정된 재화가 없어도 고정된 마음을 유지할 수 있는 자는 오직 선비(士) 뿐이려니!" (無恒産而有恒心者, 惟士爲能. 《맹자》1:7)

4. 선비의 정치적 행동: 출처진퇴

선비가 군주와 더불어 정치적 주체로서 자임하는 유교사상에서 선비는 자신의 정치적 행동에 신중하지 않을 수 없었다. 맹자는 선비의 행동양식을 출처진퇴(出處進退)의 형태로 유형화하였다. 그는 선비의 정치적 행동양식을 세 가지 유형으로 정리하였는데, 그 첫 번째는 이윤(伊尹) 모델이다. 이윤은 은나라 건설자 탕(湯)의 재상으로, 탕의 삼고초려에 감복하여 몸을 일으켜 출사하였고 탕을 도와 혁명에 성공하여 새로운 질서와 평화를 이룬 정치가다. 시대나 상황이 나쁠수록 힘을 내어 정치에 참여해야 한다고 생각한 인물인데, 맹자는 이를 "세상을 구제하는 임무를 자처한 출사 위주의 유형"[4]으로 파악하였다.

두 번째는 백이(伯夷) 모델이다. 이윤이 정치참여를 중시했다면 백이는 정치에 비판적인 자세를 견지하고 또 은둔을 위주로 하였다. 백이는 "부당한 정권이나 타락한 사람들과는 결코 함께 하지 않았다. 비루한 자와 함께 서있을 경우, 그 더러움이 제 몸으로 전염될까 뒤도 돌아보지 않고 떠나버리는 칼칼한 선비"였다.[5] 맹자는 이를 "더러운 세상을 맑힐 은둔 위주의 유형"으로 표현했다.

셋째는 공자(孔子) 모델이다. 맹자는 공자를 위의 두 유형을 아울러 집대성한 인물로 평가하였다. 즉, 벼슬에 나아갈 만하면 나아가고 물러날 만하면 물러나며, 오래 머물 만하면 오래 머물고 또 급히 물러나야 할 자리라면 빨리 떠나가는, 그야말로 각각의 경우에 맞게 행동한[시중(時中)], 출사-은

---

[4] "이윤(伊尹)은 천하 백성 가운데 한 남자, 한 여자라도 요순의 은택을 함께 입지 못한 자가 있으면 마치 제 자신이 도랑에 떠밀어 넣은 것처럼 여겼으니, 그는 천하의 짐을 스스로 짊어진(自任) 사람이었다."(《맹자》10:1)

[5] "백이(伯夷)는 은나라 폭군 주(紂)의 시대를 맞아 북해의 바닷가에 숨어살면서 천하가 맑아지기를 기다렸다. 그러므로 백이의 풍결을 전해들은 사람들 가운데 완악한 자는 염치를 알고 나약한 자는 올바른 뜻을 세웠다." (《맹자》10:1)

둔의 중용을 행한 사람으로 본 것이다. 맹자는 이를 "성인의 경지에 도달한 것"으로 크게 칭찬하였다. 맹자는 공자를 직접 뵙고 배우지는 못했지만, 스스로 "공자로부터 사숙(私淑)하였다"라고 할 정도로 공자의 글을 통해서 배우고 감동하여 스승으로 삼고 존경하였다.

위 세 가지 유형의 출처진퇴 양식은 차후 2천년 동안 동아시아에서 선비들이 각기 다른 시대와 정치적 공간속에서 적절한 정치적 행동을 선택하고 실천하는 기준이 되었다. 또 정치적 사례를 분석하거나 동시대 사람들의 행동을 평가하는 리트머스 시험지 구실을 하기도 하였다. 그 가운데 특별히 정치적 위기, 즉 정권 교체기나 왕조의 전환기에 중시되었던 것은 '백이 모델'이었다. 새 정권에 나아가 한 자리 얻어 보려는 욕망이야 사람마다 다 있는 터인데, 백이처럼 참여를 거부하고 은둔하려는 데는 대단한 결심을 요구하기 때문이다. 동시에 백이의 행동을 어떻게 보는가에 따라 평가자의 정치적 지향을 드러내는 것이므로 그 정치사상(학문)적 의미도 컸다. 따라서 백이는 동아시아 사회에서 정당한 정치행동을 가늠하는 중요한 잣대였다.

전체적으로 맹자는 출사의 과정에 엄격할 때만이 공공성을 확보할 수 있다고 보았다. 주변의 추천 과정과 당사자의 양보, 그리고 부득이(不得已) 나아가는 세 단계를 통과할 때라야 정치의 공공성[공도(公道)]이 확보될 수 있다는 것이다. 이 절차들(추천/양보/부득이)이 사라지면 정치(공직)는 욕망의 난투장으로 바뀐다. 권력은 이익투쟁의 획득물로 바뀌고 공공성(公道)은 사사(私事)로운 거래로 전락한다. 맹자를 통과하면서 선비들은 난진이퇴(難進易退)라, "출사는 어렵게 여기고, 물러나 숨는 은둔은 쉽게 여긴다"라는 행동규범을 확보하게 된다.

한편 선비의 정치적 행동에 엄격한 공공성을 요구한 것은 특히 중국 남송대 성리학자들이었다. 그 이유는 맹자사상을 계승한 성리학의 정치적 구상에서 비롯되었다. 그들은 군주와 선비가 함께 통치하는 이른바 '군신공치

(君臣共治)'를 꿈꾸었고, 또 그 꿈을 실현시키기도 했다. 선비들은 군주의 동등한 파트너로서 탁월한 지성과 더불어 염결한 도덕성을 스스로에게 요구할 수밖에 없었다. 선비들의 염결한 정치적 행동은 출처진퇴의 엄격성으로 드러났다. 곧 군주가 예를 갖춰 초청할 때는 나아가 정권에 참여하지만, 천하공치(天下公治)의 파트너십이 무시되거나 파기될 때는 머뭇거리지 않고 물러서는 것이 선비의 공공성을 유지하는 유일한 표현으로 여겨졌다(유비와 제갈량 사이의 '삼고초려' 고사는 선비의 정치적 행동을 문학으로 표현한 것이다). 여기서 성리학자 주희(朱熹, 1130~1200)의 출사와 은둔에 대한 인식을 살펴보자.

> 누가 말했다. "오늘날 현실에서 출처(出處)와 거취(去就)를 낱낱이 따지면서 정치에 임할 수는 없다. 만일 일마다 출처와 진퇴의 정당성을 따지고 있다가는 도(道)를 실현할 기회조차 잃어버리고 말 것이다."
> 이에 대해 성리학자 양시(楊時)가 개탄하며 말했다. "어쩌면 이렇게 경망스러울 수가 있을까! 스스로 자기 몸을 굽혀서, 상대방을 바로잡는 경우가 있던가? 옛 사람들은 배운 도를 실행할 수 없을지언정 거취를 가볍게 취하지 않았다. 공자와 맹자가 춘추전국시대라는 험한 세월을 살면서도, 나아가기를 반드시 올바름을 기준으로 삼았기에 그 배운 바를 실천하지 못하고 죽고만 것이 아니었던가. 거취를 가볍게 여기고 다만 배운 것을 실천하려 든다면, 공자, 맹자가 마땅히 먼저 그렇게 행동했을 것이다. 공자와 맹자인들 어찌 배운 바를 실천하고 싶지 않았겠으랴!"《맹자집주(孟子集註)》

여기서 우리는 성리학자들에게 출처거취는 정치적 행동의 공공성과 직결되는 사안임을 엿볼 수 있다. 이럴 때 우리는 서두에 게시한 남명 조식의 금언을 이해할 수 있게 된다. 조선은 성리학에 기초하여 세워진 나라이고, 조선 선비들은 공자와 맹자에 대한 주희의 주석을 삶의 기준으로 삼았으니, 내내 '난진이퇴'의 패턴 역시 정치적 행동의 범전이 되었던 것이다.

5. 조선 선비의 출처진퇴

14세기 후반, 조선이 건국되었다. 그 정치이념은 유교(성리학)였고 설계 담당자는 정도전(鄭道傳, 1342~1398)이었다. 그는 성리학에 입각하여 국가의 명목상 대표는 군주지만 실제로는 군민의 공유물로 보았다. 정책의 결정권도 군주가 아닌 재상에게 있다고 주장하였다. 소유와 경영의 분리라고나 할까? 오늘날에 이르러 사기업(私企業)에게 요구되는 것을 15세기 국가 설계에 적용한 셈이니, 그 당시로서는 유례없이 혁신적인 디자인이었다. 그러나 이런 설계는 이방원(태종)의 쿠데타에 의해 부서지고 말았다. 그 뒤 연산군에 이르기까지 국가는 군주의 사유물로 당연시되었다. 권력을 찬탈한 수양대군(세조)에게 저항한 성삼문(成三問, 1418~1456)도 국가가 이씨 가문의 소유라는 점은 의심하지 않았다. 그가 죽음을 앞두고 남긴 시를 보자.

食君之食衣君衣   임금이 준 밥 먹고, 임금이 준 옷 입었으니
素志平生莫有違   충성의 뜻 평생토록 어긴 적 없었네.
一死固知忠義在   이 몸 죽어도 충의는 남아
顯陵松柏夢依依   현릉의 솔과 잣나무, 꿈에도 그리워라.
　　　　　　　　　　　　　　　- 성삼문, 〈절필(絕筆)〉

성삼문이 바친 충성은 단종(조선 제6대 왕)과 그의 아버지 문종(조선 제5대 왕)에 대한 것이었다('꿈에도 그립다'는 현릉은 문종의 능이다). 그가 죽음으로 보답하려 한 것은 공동체로서의 국가에 대한 은혜가 아니라 밥과 옷을 준 임금의 사사로운 은혜임을 알 수 있다. 그런데 중종(조선 제11대 왕)대에 이르러 맹자와 주자학으로 단련된 '사림파' 지식인들을 중심으로 조선의 건국 이념을 되살리자는 운동이 일어났다. 급기야 정도전이 디자인했던 공유물로서의 국가관과 군주의 사유물로 보는 전통 사이에 큰 충돌이 일어났으니, 우리는 이것을 사화(士禍)라고 부른다. 그 가운데 조선의 지성계에 가장 큰 충격을 준 것은 기묘사화(己卯士禍)였다. 연속된 참화로 조광조(趙光祖, 1482~1519)를 비롯하여 수백 명의 선비들이 죽어 나갔다.

오늘날 자본주의 국가의 동력이 자본(資本)이라면, 유교 국가란 인재(人材), 곧 사람을 밑천으로 삼은 나라였다(유교정치를 인치(人治)라고도 칭하는 까닭이다). 그렇다면 '사화'란 조선이 스스로 설정한 국가 이념과 동력의 밑천을 털어먹은 절체절명의 사태라 할 수 있다. 제 혀를 제가 씹고 만 셈이라고 할까. 이제 조선은 건국이념을 택할 것인가, 아니면 상식으로 묵인해 온 관습을 택할 것인가 하는 기로에 서게 되었다.

(1) 남명: 은둔의 길

남명(南冥) 조식(曺植)은 그 사화의 시대를 통과한 사람이다. 부친과 숙부, 그리고 많은 벗들이 기묘사화와 을사사화(乙巳士禍)를 겪으며 몰살을 당했던 터였다. 조식에게 그 시대는 '절망의 시간'이었다. 비유하자면 '5·18 민주화 운동'이 1980년대 젊은 지식인들에게 그러했듯, 연이은 사화는 그를 국가와 정치, 아니 인간과 삶에 대한 근본적 회의에 빠져들게 했다. 그는 그 시대 선비의 정치적 삶은 '출사냐, 은둔이냐'라는 선택에서 그 가치가 결정된다고 보았다. "선비의 큰 절개(大節)는 정치에 나아가고 물러나는, 출처진퇴에 있을 따름이다"라는 말 속에 그 뜻이 오롯하다.

이것은 국가를 사유화하고 정치를 개인의 재산 관리 수준으로 타락시킨 조선정부에 대한 비판이자, 그런 정부에 꾸역꾸역 참여하는 지식인(선비)들을 향한 날 선 비난이기도 하였다. 사화는 조식에게 두 가지 정치적 질문으로 와 닿았던 것 같다. 첫째, '개인적 차원에서 어버이를 살해한 정권에 충성할 수 있는가'라는 문제였다. 군주(또는 국가)에 대한 충성과 부모에 대한 효도 사이에서 어떤 길을 택할 것인가. 유교 이념에 따르면 부모와 자식 관계는 천륜(天倫, 운명)이요, 군주와 신민의 관계는 인륜(人倫, 계약)이다. 부모를 죽인 정권에 저항은 못 할망정 그에 참여하는 것은 유교의 기본 원리에 어긋난다. 이것이 조식이 유학자였으면서도 장자(莊子)풍의 은둔을 택할 수밖에 없었던 까닭이었다[조식의 아호, 남명(南冥)이란 '딴 세상으로 숨어 버린 사람'을 뜻한다]. 유교적 이념에 충실할수록 도교적 실천으로 빨려 드는 아이러니, 아마 이것이 그의 눈에서 피눈물이 흐르게 만든 이유였을 것이다.

둘째, '연이은 살육 사태의 책임자는 과연 누구인가'라는 질문이다. 조식은 그 궁극적 책임이 군주에게 있다고 믿었다. 문제는 군주들 가운데 누구도 실정(失政)에 대한 책임을 지지 않고 도리어 소유권만 강조할 뿐이라는 점이었다. 그가 섭정(攝政)이라는 명목으로 정치에 개입하는 문정왕후(1501~1565)를 두고, "궁궐 속의 한낱 과부에 불과하다('책임은 지지 않고 권한만 행사하는 사적 존재'라는 의미)"라며 과격적으로 비판했던 것도 이런 인식의 선상에 놓여 있다.[6]

조식에게 개인 소유물로 타락한 국가를 관리해 주고 밥을 얻어먹는 행태는 맹자가 제시한 인의라는 가치의 실현을 책무로 삼은 선비의 길과 배치되는 것이었다. 이에 조식은 정부에의 참여를 포기하고 은둔하는 것이 선비

---

6 조식, 〈을묘사직소(丹城疏)〉, 《남명집》 권2.

의 올바른 처신이라고 판단한다. 곧 타락한 정부를 거부하고 돌아앉는 것이야말로 조선의 건국이념에 합치되는 일이라고 보았던 것이다. 정부에 미련이 남은 듯 완전히 돌아서지 않은 동년배 이황을 힐난한 것도 그래서다. 번역하자면 국가가 폭력 단체로 타락한 시대에 지식인은 어떤 삶을 살아야 하는가. 사회 그리고 국가란 무엇이며 폭력단체가 된 국가에 어떻게 대처해야 하는가. 수기치인(修己治人)의 구도가 도무지 작동되지 않는 절망의 시대에 유자는 어떻게 살아야 하는가. 이들 질문에 조식은 이렇게 답하는 듯하다. "겸선천하(兼善天下)의 길을 포기하고, 독선기신(獨善其身)의 길을 택할 수밖에 없다!"

(2) 율곡: 출사의 길

  율곡(栗谷) 이이(李珥, 1536~1584)는 사화가 종식되고 훈구파가 세를 잃은 뒤, 드디어 사림파가 득세하는 시대를 살았다. 즉 율곡에게 사화는 남명이나 퇴계에게만큼 절박하지 않았다. 이에 그는 공자의 불사무의(不仕無義, 정치에 참여하지 않는 것은 불의한 짓이다)를 유교 지식인의 대의로 여긴다. 율곡의 생각으로는 정치의 현장은 군주와 조정이며, 유학자라면 마땅히 이 정치적 현장을 방기해서는 안 된다. 요컨대 은둔은 유학자의 길이 아니며, 특히 이황과 같은 유교 원로라면 정치적 임무를 결코 회피해서는 안 된다는 것이다. 다음은 율곡이 퇴계 이황에게 출사를 권유하는 편지다. 이 속에 율곡이 보는 선비의 길이 잘 드러난다.

> 요즘 백성의 힘이 소진되고 나라에서 비축한 것이 이미 텅 비었으니, 다시 고치지 않는다면 나라가 나라답지 못하게 될 것이니 관직에 있는 선비가 천막 위에 집을 짓고 사는 제비와 무엇이 다르겠습니까? 한밤중에 그것을 생각하면 깨닫지도 못하

는 사이에 일어나 앉게 됩니다. 저와 같은 미관말직(微官末職)도 오히려 이와 같은데, 하물며 명공(明公)께서는 삼조(三朝, 중종, 인종, 명종)로부터 은혜를 받고 지위가 육경(六卿)에까지 오르셨으니, 이에 대해서 무심하실 수 있으시겠습니까? 가령 명공께서 집에 머무시며 병을 다스리고(*퇴계는 매양 신병을 이유로 출사를 거부했다) 궐문(闕門)은 엿보지 않으시더라도 서울에 계시기만 한다면 선비들의 기운이 저절로 배양될 것이고 나라가 잘 다스려지길 기대할 수 있습니다. 나랏일은 지극히 중요하니 자기 한 사람의 사사로움은 아마 헤아릴 겨를이 없을 것입니다(國事至重, 一身之私, 恐不暇計也). (이이, 〈상퇴계선생(上退溪先生)〉)

즉, 정치의 현장은 조정에 있다. 수기치인의 구도에 따라 지식인은 정치에 참여해야 하고, 공동체의 공공선을 실현하기 위해 산적한 업무를 해결하는 일이 그 본분이다. 불사무의가 옳다. 남명 조식이 백이의 모델을 택했다면 율곡은 의심 없이 이윤의 모델을 택한 것이다.

(3) 퇴계: 출사와 은둔의 사잇길

남명과 동년배인 퇴계(退溪) 이황(李滉, 1501~1570) 또한 연속된 사화의 피해자였다. 형님이 유배를 가는 도중 죽임을 당하고, 그 역시 죽음의 위기에 빠지기도 하였다. 퇴계는 사화의 원인을 깊이 연구하였다. 여기서 그는 두 가지 결론을 얻는다. 첫째는 조광조를 위시한 젊은 선비들이 이상만을 추구하여 조급하게 목표를 성취하려 들었다는 점이다. 그의 말을 빌리면, "학문이 제대로 익지 않았는데도 세상을 다스려 보겠다고 함부로 나섰기 때문이다."(〈정암 조선생 행장(靜庵 趙先生 行狀)〉)

둘째는 구조적인 문제로서, 정권에 참여하는 길만 있고 퇴로(退路)는 봉쇄된 점에 있었다. 당시는 정부에서 물러나려는 관료에 대해 임금에 대한 불충(不忠)으로, 또는 국가에 대한 반역으로 몰아갔다. 그 결과 군주의 마음에 들기 위한 비천한 짓들이 횡행하게 되었고, 상대를 없애려는 생존 경쟁이 관리들 사이에 치열하게 벌어졌다. 요컨대 사유화된 국가 구조에 사화의 근본 원인이 도사리고 있다는 진단이다. "조광조가 오랫동안 물러나려 하였지만, 길이 없어서 결국 죽임을 당하고 말았다"라는 그의 결론은, '참여하는 길'만 있고 '물러나는 길'이 없었던 그 당시 정치 구조에서 그가 '퇴로의 개척'을 정치적 행동으로 선택하게 한다. 즉 은둔은 아니지만 그렇다고 출사도 아닌 그 사잇길로서 그는 '퇴(退)'를 만들어간다[그의 아호인 퇴계(退溪)가 의미심장하게 와 닿는 까닭이다]. 이 점은 신예학자로서 10년간 퇴계와 성리학논쟁을 했던 고봉 기대승(奇大升, 1527~1572)에게 퇴계가 보낸 편지글 속에 잘 들어있다.

> "조광조가 임금께 올린 글들을 모아 요약한 것을 보내니, 한가한 때에 시험 삼아 자세히 살펴보시기 바랍니다. 나는 이 글을 본 뒤, 마치 취한 것도 같고 깬 것도 같은 상태로 근 한 달을 보냈습니다만 아직도 낫지 못한 형편입니다. 가만히 헤아려보니 이 사람은 어려움을 몰랐던 것이 아니었습니다. 어려운 줄 알면서도 잘못 믿는 구석이 있었습니다. 하지만 또 잘못 믿었기 때문만도 아니었습니다. '오랫동안 물러나려 했지만 길이 없어서 결국 그렇게 된 것입니다(良由求退無路而致之可知).'"

끝 구절의 '물러나려 했지만 길이 없었다(求退無路)'라는 인식이야말로 차후 퇴계 이황의 정치적 행동을 이해하기 위한 열쇠다. 요컨대 퇴계는 당시 끊임없이 연속되는 정치적 참화, 즉 사화의 근본 원인이 나아가는 길만 있고 물러나는 길이 없는 데 있다고 인식했다. 따라서 그는 자신의 정치적 과제를 이 구조를 해소하고 퇴로를 뚫는 데 있다고 자임하였고 또 이것을 실천으로 옮겼다.

이후 그의 정치적 행동은 '물러나는 길'을 개척하는 일로 요약된다. 조식이 올바른 선비의 행동 규범을 제시하기 위해 불의(不義)와 타협하지 않는 은둔자의 길을 택했다면, 또 이이가 유교 본래의 불사무의의 원칙에 곧이곧대로 따랐다면, 이황은 참여와 은둔의 사잇길, 곧 '물러나되 돌아서지는 않는' 퇴로를 개척하는 데 종사한다. 남명은 그것을 어정쩡한 타협 노선이자 회색 노선이라고 꾸짖었지만 이황은 이 길만이 국가의 새로운 장래를 열어갈 중용 노선이라고 믿었다.

퇴계는 당시 연속된 정쟁과 이로 인한 죽음의 사태에 보다 구조적인 차원에서 접근해야 한다고 보았다. 그는 근본적 처방으로서 '새로운 인간'을 길러 내기 위한 새로운 학교(서원) 건설을 제시하였다. 당시 국립학교인 성균관과 향교는 고작 공무를 수행하기 위한 기술적 지식인을 기를 뿐이라 판단했고, 자율적이고 창의적인 인간을 길러 내는 참된 학교가 건설되어야 한다고 본 것이다. 올바른 사람만이 사유화된 국가를 공공의 나라로 만들 수 있다고 믿은 그는 스스로 정권에서 물러나 학교에서 인재를 직접 기르기 시작하였다. 천 원권 지폐의 뒷면에 그려진 도산서원이 바로 그가 건설한 사립대학이다(그는 생전에 영남지역에 11곳의 서원을 건설한다).

또 그는 선비들을 '기술적 지식인'으로 타락시키는 구조로 과거제도를 지목하였다. 마치 오늘날 수능 시험이 사람의 됨됨이와는 전혀 관계없이 오로지 시험 성적으로 인간을 측정하는 것처럼, 이황은 과거 제도를 선비의 가치 판단[시비(是非), 의불의(義不義)]을 마비시키고 그저 권력의 도구로 타락시키는 장치로 보았던 것이다. 이에 과거 제도가 아닌 '추천'으로 인재 등용의 길을 열고자 하였다[이 길은 조광조가 '현량과(賢良科)'라는 이름으로 시도한 바 있다.. 곧 이황의 '물러나기'는 단순히 정부에서 물러나 전원(田園)에서 소일하려는 은퇴가 아니었다. 조식이 지리산 속으로 은둔한 것이 의로운 선비상을 제시하려 함에 있었듯, 이황 역시 제 한 몸의 안위를 염려하여 안동 땅에 숨어든 것이 아니라 새로운 정치의 구도를 제시하기 위해 칼끝 위를 걸었던 것이다.

이황이 퇴로 개척을 통해 제시하려 했던 정치 구도는 순환구조였다. 우선, 서원에서 기른 선비가 (시험이 아니라) 추천으로 정부에 등용되면 국가를 위해(군주가 아니라) 일하고, 혹시 뜻을 펴지 못하거나 능력이 부치면 스스로 서원으로 물러난다. 한편 물러나 학문을 닦다가도 천거(薦擧)를 받으면 다시 정부에 나아가고, 또 때가 되면 물러날 수 있다.[7] 이황은 이 순환 구조를 택하는 것만이 사유물로 타락한 국가를 구제하고 정치의 공공성을 회복하는 길이라고 믿었다. 그는 이 이상을 몸소 실천하기 위해 스스로 이름을 퇴계(退溪), 곧 '골짜기로 물러난 사람'이라 칭하고 임금의 호출에 50여 차례나 '사직서'를 제출했던 것이다.

(4) 은둔과 출사의 정치학

퇴계가 파악한 정치적 문제는 보다 복합적이었다. 단순한 출사/은둔의 이분법이 아니었다. 유교 지식인이라는 정체성을 유지하면서 16세기 조선의 구조적 문제를 해결하는 길에 그는 보다 심층적으로 접근하였고, 그것이 '퇴로가 막힌 길'을 '뚫어야 한다'라는 정치적 행동으로 표현되었다. 출사와 은둔의 사잇길. 퇴계는 이것이 당시 조선의 수기치인의 도리를 다할 선비의 도리라고 판단했던 것이다.

---

[7] 퇴계는 스스로의 정치적 처신을 이렇게 평가한다. "어떤 때는 벼슬에 나아가기도 하고, 어떤 때는 고향에 그대로 있기도 하고 어떤 때는 오래 벼슬에 있다가 어떤 때는 잠시 동안만 있기도 했다."(이황, 〈조건중에게 드림(與曹健仲)〉, 《퇴계문집》, 권10)

해석하자면, 퇴계는 자기가 처한 삶의 현장이 곧 정치의 공간이라고 본다. 즉 농민에게는 농촌의 삶이 정치요, 학생에게는 학교가 정치적 마당이다. 정치는 서울(조정)에서만 이뤄지는 것이 아니라 지방(안동)에서도 이뤄지는 것이라고 본 것이다. 공자의 말을 빌리자면 "어찌 꼭 공직에 출사하는 것만이 정치랴. '집안에서 부모에게 효도하고 형제간에 우애로움을 실천하는 것' 또한 정치임에라!"를[8] 몸소 실천한 것이라고 하겠다. 이로써 그는 정치의 영역을 국가 전체로 확대했고, 그가 거처하는 공동체 속에서 인의를 실현하는 삶은 모두 정치라는 정치적 다양성을 실천했다고 할 수 있다. 요컨대 고향에서의 사회적 활동도 정치임을, 그는 새로운 서원건설 운동을 통해 실천한 것이다.

한편 군주(정부)의 입장에서 보면 은둔(조식)과 퇴장(이황)은 매우 곤혹스러운 사태가 된다. 그것은 유교 이념을 토대로 나라를 세운 조선의 '원죄'에서 비롯된다. 유교를 이념으로 삼았다는 것은 구체적으로 《논어》와 《맹자》에 근거한 정책과 행동만이 정당화된다는 뜻이다. 그런데 "천하에 도가 있으면 나아가 벼슬하고, 도가 없으면 물러나 숨는다"[9]라든지, 산속으로 숨어 들어 고사리 캐 먹다가 굶어 죽은 백이와 숙제에 대해 "고귀한 뜻은 권력에 짓밟히지 않았고, 또 그 몸도 더럽히지 않았다"[10]라는 《논어》의 평가는 유교를 이념으로 삼은 국가(정부)의 처지에서는 난처한 대목이 아닐 수 없다. 공자와 맹자는 은둔을 정당화하고 있을 뿐만 아니라 선비들을 퇴장하게 만드는 정권에도 칼날을 겨누었기 때문이다. 결국 조식과 이황의 행동은 조선의 정치가 '야만적'임을 유교적 인간들에게 고(告)하는 '정치적' 증거가 된다.

더 나아가 은둔하고 퇴장하는 자가 신망을 얻을수록 권력의 부당성은 더

---

[8] 或謂孔子曰, "子奚不爲政?" 子曰, "書云, '孝乎惟孝, 友于兄弟, 施於有政.' 是亦爲政, 奚其爲爲政?"(《논어》 2:21)
[9] "天下有道則見, 無道則隱."(《논어》 8:13)
[10] "不降其志, 不辱其身, 伯夷叔齊與!"(《논어》 18:8)

욱 짙게 채색된다. 그리하여 "정부가 정당하면 나아가고, 부당하면 곧 숨는다"라는 선비의 출사은둔 구도는 선비들의 도덕적 파워에 따라 정권의 정당성이 결정되는 전도된 결과를 낳기까지 한다. 그러니까 은둔과 퇴장은 겉으로는 정치로부터의 도피로 보이지만, 내부적으로는 정권에 심대한 타격을 입히는 적극적인 정치적 행동이 될 수 있는 것이다. 따라서 권력사유화의 경향이 심각해지는 국가에 은둔으로 저항하였던 조식과 새로운 공공의 국가를 건설하기 위해 퇴로를 개척한 이황의 행동을 단순히 소극적인 퇴행(退行)으로 여겨서는 결코 안 될 것이다.

그 좋은 예가 천 원권 지폐의 뒷면이다. 조야(朝野)에 덕행으로 명망이 높아지는 퇴계에게 끊임없이 출사를 요구했지만 계속 거부당한 명종은 도산서당을 그의 침소에 그려서 붙인다.[11] 정치적인 그림인 셈이다. 정부로서는 곤혹스럽지만 그를 존경한다는 정치적 제스처를 표현할 수밖에 없었던 것이다. 출사도 정치적 행위이지만 은둔 역시 정치적 결단과 행동임에 주의해야 한다.

6. 결론

이상으로 사(士)라는 한자의 의미변화와 출처진퇴라는 정치적 행동을 살펴봄으로써 '선비의 정체성'을 가늠해보았다. 본시 '사(士)'는 도끼 모양을 형용한 것으로, 가장 원초적 의미는 '일하는 남성'을 뜻했다. 즉 도끼질이라는 기능성(농사/벌목)에 착안한 글자였다. 이 글자는 《시경(詩經)》 속에 미혼

---

[11] "덕행이 나라에 있어서도 반드시 통달하니 아름다운 명성이 성대했으며 임금님(명종)은 마음을 비우고 기다리시며 총애하시는 명령을 계속 내리셨습니다. 은거하시는 도산(陶山)을 그림으로 그리어 대궐에 높이 걸어두시니 뒤이으신 임금(선조)께서도 자리를 편안히 못하시고 목마른 사람 물 찾듯 하셨습니다."(이이, 〈제문(祭文)〉, 이광호, 《퇴계와 율곡, 생각을 다투다》, 홍익출판사, 2013, 280쪽 재인용)

남성, 또는 일반 사내를 지칭하는 말로 쓰이고 있다. 이 단계에는 지식인의 의미가 부재했다고 할 수 있다. 전쟁을 통해 '도끼'는 무기로서의 의미를 확충하고 '사'는 무사로서의 의미를 획득한다. '士'가 병(兵)이나 졸(卒)과 구분되는 '정예무사'를 뜻하게 되면서 '용맹'과 '헌신'의 윤리가 '사'라는 말에 덧붙게 되었다. 또 새로운 관리계층이 출현했는데 그들이 사(史)와 리(吏)였다. 다양한 형태의 문사(文士) 그룹들이 등장하면서 지식인은 문자, 문화의 담당자로서 일세를 풍미(風靡)하였다.

공자와 맹자는 군신간의 인간적 정의(情誼)에 사로잡힌 무사의 수준과 문학의 기능성에 얽매이는 문사의 수준을 질적으로 한 단계 지양시키고자 하였다. 그것이 인의(仁義)라는 도덕성을 갖추고 이를 실천하는 의사(義士)였다. 공자, 특히 맹자에게서 현상화한 '의사'야말로 오늘날 '선비'로 일컬어지는 도덕성을 담지한 자율적이고 주체적인 인간이었다. 조선시대 지식인은 공자, 맹자가 제시한 의리지향의 선비를 추구하였다.

특히 조선후기에는 민간계층에서도 자발적인 선비들이 출현하였다. 전봉준이 선비로 자처할 수 있었던 까닭이나, 연암 박지원이 〈원사(原士)〉에서 선비를 '독서인(讀書人)'이라고 정의한 것은 '선비의 탈계급적 특성'에서 비롯되었다. 다만 이익이 아니라 '인의'라는 도덕세계를 지향하는 것이 선비의 정체성이라는 점만은 분명하다.

한편 선비의 정치적 행동은 조식이 지적한 바, "출처진퇴에 선비의 존재적 의의가 결정된다." 조식은 사화의 시대에 부응하여 경(敬)으로 몸을 다스리고 의(義)의 가치를 드높였다. 은둔의 길을 걸으면서도 나라를 걱정하였으니 백이에 준한다고 할 것이다. 한편 율곡은 당대 정치에 참여하여 시대를 광정(匡正)하는 것을 선비의 임무로 삼았다. 그는 불사무의(不仕無義)라는 《논어》의 지침에 마땅하였고, 이에 시대의 개혁에 분주하였으며 정치개혁 방안을 다수의 상소문에 담아 후세에 전하였다. 후세의 개혁가들은 모두 율곡의 글을 본으로 삼는다. 퇴계는 출사와 은둔의 사잇길, 곧 퇴로를 개척하였다. 그는 서울(조정)뿐만 아니라 자기가 거처하는 곳은 모두 정치의 현장으로 여겼으며, 서원이라는 인문학교를 이 땅에 정착시켰다. 세 사람의 길은 현상적으로는 달랐으나, 제 각각의 처지에서 깊이 고려하여 성실하게 정치적 삶을 선택하고 행동에 옮겼다. 맹자의 표현을 빌리자면, 이 "세 사람은 걸었던 길은 달랐지만, 그 지향은 한결같았다. 그 지향이란 무엇이던가. 곧 인(仁)일 따름이다"[12]라는 말로 대신할 수 있으리라.

　출처진퇴는 한 마디로 국가와 사회의 공공성을 확보하면서 동시에 개인의 존엄성을 어떻게 유지할 수 있을까라는 모순된 요구에 대한 답변의 스펙트럼이다. 출사하여 사회의 공공성을 실현하는 것이 지식인의 마땅한 길이지만, 그럼에도 권력의 마성에 무릎 꿇지 않고 또 개인의 존엄을 유지해야 하는 아슬아슬한 줄타기다. 물론 출처진퇴는 공직 외에는 생존의 길이 없던 전통사회에서 수기치인의 구도가 빚어낸 고색창연한 지식인의 행동윤리이지만, 오늘날에도 우리의 정치적 행동과 시민윤리를 북돋는 지침이 될 수 있다고 본다. 실제로는 '기업국가'가 운위되고 정치적 영역조차 효율성과 경제성의 포로가 되어 그 공공성이 심각하게 훼손된 오늘날, 이는 더욱 간절한 가치를 갖는 것인지 모른다. 맹자가 양혜왕(梁惠王)에게 "정치가의 질문이라면서 하필이면 이익을 논하시오[하필왈이(何必曰利)]"라던 일갈이 낯설지 않은 오늘날이기에 그러하다.

　그런 점에서 퇴계 이황이 선택한 길, 곧 새로운 사람을 길러낼 새로운 학교건설이 더욱 절박한 요청으로 와 닿는다. 즉 다양한 가치를 인정하는 사회형성과 더불어 그 사회의 공공성을 북돋는 시민을 기르는 학교건설이 오늘날 선비(지식인)의 책무가 아닐까 생각해 본다.

---

12 "三者不同道, 其趨一也. 一者何也? 曰, 仁_也." (《맹자》12:6)

참고문헌

《남명집(南冥集)》,《논어(論語)》,《맹자(孟子)》
《맹자집주(孟子集誅)》,《퇴계문집(退溪文集)》

이광호, 2013,《퇴계와 율곡, 생각을 다투다》, 홍익출판사.

한국사에서의 선비의 부침(浮沈)

신복룡 건국대학교

"귀족의 존엄은 토지로부터 온다."
— 몽테스키외(Montesquieu)

"천하가 다스려지지 않는 것은 학문이 바로 서지 않았기 때문이다."
— 왕양명(王陽明)

"내가 이길 수 없다는 것을 나도 안다. 그러나 싸움터로 나가는 것이 의리이다."
— 최익현(崔益鉉)

1. 서론: 지금 왜 선비인가?

시대가 아파하면 지식인의 고뇌도 깊어가기 마련이다. 물론 어느 시대를 가리지 않고 정당성이 없는 정권에 영혼을 판 지식인들(spiritual homeless)이 없는 것은 아니지만, 지식인들은 늘 남들보다 더 아파했다. 그 가운데서도 국난기 문인의 삶은 더욱 고통스러웠다. 그들은 투사들이 아니다. 문인들은 "서로를 가볍게 여기는 경향" 때문에[1] 조직을 갖추지 못한 인문주의자일 뿐이었다. 서양의 경우에 문인들은 정치 고문이 되거나 군주의 사관(史官)이 될 목적으로 라틴어와 그리스어를 배우던 시대가 있었다. 중국의 사대부는 서양 문예부흥기의 고전주의자들과 마찬가지로 고전에 관한 인문주

---

[1] 《보한집(補閑集)》中, 《한국의 사상대전집》3, 동화출판공사, 1977, 279, 416쪽.

의적인 교양을 지녔으며 아울러 일정한 시험을 거친 문학자와 비슷했는데,[2] 한국사에서 문인도 중국의 그것과 크게 다르지 않았다.

가치 혼돈의 시대가 오면 우리는 "어디로 가야 하나? 어떻게 살아야 하나?" 하는 문제로 고민하기 시작하고 그 시대의 추앙받는 지식인들의 입을 바라보며 그 대답을 기다린다. 지식인이라고 해서 그런 대답을 늘 준비하고 있는 것은 아니다. 고단한 시대를 살아야 했던 황현(黃玹)의 다음과 같은 절명시(絶命詩)가 당대 지식인의 어려움을 잘 보여준다.

> 새와 짐승이 울고 바다와 산악이 찡그리니
> 무궁화 피던 이 땅은 이미 더럽혀졌구나.
> 가을 등불 아래 책을 덮고 천고를 회상하니
> 인간으로서 식자(識者) 노릇하기가 참으로 어렵도다.[3]

이 글의 문제의식은 그러한 시대적 격동기를 살다간 지식인들, 곧 한국의 표현으로 이 글의 주제어가 되고 있는 '선비'의 문제와 관련하여;

① 한국사회에서 누구를 선비로 보아야 하는가?
② 선비의 자질은 무엇일까?
③ 왜 한국사에서 선비의 유산은 몰락했는가?

를 다루고자 한다. 또 이 글은 서양의 젠트리(gentry)와 중국의 향신(鄕紳)의 문제를 유념하면서 위의 문제를 밝혀보고자 한다. 그런 점에서 이 글은 다

---

2 막스 베버 지음·박봉식 옮김, 《직업으로서의 정치》, 박영사, 1977, 46쪽.
3 국사편찬위원회, 《매천야록(梅泉野錄)》, 1971, 해설, 3쪽: "鳥獸哀鳴海岳嚬 槿花世界已沉淪 秋燈掩卷懷千古 難作人間識字人"

소 비교문화사의 방법에 의존하고 있으며, 자료는 필자의 저술인《한국정치사상사》(지식산업사, 2011)와 〈고려 시대의 향정(鄕政)과 사심관(事審官)〉[4]의 집필 과정에서 채록한 것들과 새로이 수집한 자료들을 이용하였다.

2. 선비 문화의 등장: 비교문화사적 고찰

이 글에서 선행되어야 할 예비적 논의는 누구를 선비라고 하느냐의 개념적 고찰이다. 적어도 한국사라고 하는 배경에서 이 글이 말하고자 하는 선비라 함은 다음과 같은 인물을 의미하는 용어로 썼다.

① 선비라 함은 그 시대의 최고 지식인이었다.
② 그가 입사(入仕)했는지의 여부는 선비의 범주에 넣고 빼는 데 중요한 인자가 되지 않는다. 그가 설령 벼슬의 길로 나섰다고 하더라도 훈구/보수의 세력에 안주하지 않고 시대적 소명에 대하여 논박한 인물은 선비의 개념에 포함시켰다.
③ 서양이나 중국의 경우와는 다소 다르게, 한국의 상황에서 선비의 개념에는 대체로 재야 지식인(counter-elite out of government)으로서, 현대적 개념의 진보주의자(progressive liberals)라는 개념에 더 무게를 두었다. 따라서 여기에서는 그의 개혁 의지나 진보성을 크게 주목했다.
④ 그들이 주장하는 논지의 시대적 가치와 적실성, 그리고 실천(praxis)에 주목했다.

---

[4] 신복룡, 〈고려 시대의 향정과 사심관〉, 《고려시대의 공공성》2, 한국학중앙연구원출판부, 2016, 49~82쪽 참조.

문화적 특성이 동일하다고 볼 수는 없지만 유교 문화를 공통된 유산으로 삼고 있는 한국사에서 선비 문화를 논의할 때 우리는 중국 문화의 천착(穿鑿)으로부터 자유로울 수 없다. 특히 유생의 유사 개념으로서의 선비 문화를 논의할 때는 더욱 그렇다. 이런 식의 논리적 접근은 한국 문화의 독창성에 손상을 줄 수도 있고, 중국 문화에 대한 종속성을 지적하는 비판에 노출될 수도 있다. 그러나 우리는 사상사를 논의하면서 중국의 유산을 불편한 심정으로 인정할 수밖에 없는 것이 현실이다. 2천년의 유교의 그늘로부터 벗어나는 것이 그리 쉬운 일도 아니고 그것이 반드시 문화적 자주성만을 의미하는 것만도 아니기 때문이다.

동양에서의 선비에 해당하는 중국에서의 향신의 유산은 매우 뿌리가 깊다. 먼저 《예기(禮記)》의 다음과 같은 기록이 눈길을 끈다.

> 무릇 인재를 기용함에는 반드시 먼저 그 인물을 논변한 다음 일을 시킨다. 일을 맡긴 뒤에 벼슬을 주고 벼슬의 지위가 결정된 뒤에 봉록(俸祿)을 준다. 사람에게 조정의 벼슬을 줄 때에는 선비(士)와 더불어 의논하며 … 선비는 길에서 죄인을 만나면 말도 걸지 않는다.[5]

위의 글에서 강조하고자 하는 것은 선비의 사회적 비중이었다. 그가 그와 같은 사회적 존경을 받는 데 필요한 첫 번째 조건은 예절을 갖추는 것이었다. 중국인들은 예의를 배우느라고 젊은 시절을 바쳤고, 예의를 지키면서 생애를 소비했다. 학자는 그것을 가르치고, 관리는 그것을 권고했다. 예의가 인생의 작은 행위까지 포함하고 있었기 때문에 예의를 엄밀히 준수하도록

---

[5] 《예기》5, 〈왕제(王制)〉.

하는 방법을 찾았을 때 중국은 잘 통치되었다.⁶ 그렇다면 그들이 말하는 "선비의 갖춤"이란 무엇일까? 이에 대하여 맹자(孟子)는 다음과 같은 구체적인 자질을 요구한다.

> 왕자 점(墊)이 맹자에게 물었다.
> "선비는 무엇을 일삼아야 합니까?"
> "뜻을 높이 가져야 합니다."
> "뜻을 높이 가져야 한다 함은 무엇을 말함입니까?"
> "인(仁)과 의(義)일 따름입니다.⁷

중국의 정치사는 그와 같은 유교의 가르침을 반영하고자 노력했다. 그리하여 향(鄕)에 지시하여 뛰어난 선비를 논평하여 사도(司徒)에게 추천하는데 이를 선사(選士)라 하고, 사도는 우수한 선사를 논정(論定)하여 국학에 추천하는데 이를 준사(俊士)라 하고, 사도에 의해 추천된 향(鄕)에서 국학에 추천된 자를 조사(造士)라 하며, 대악정(大樂正)은 조사 가운데 우수한 자를 논정하여 왕에게 보고하고 이를 사마(司馬)에게 추천하는데 이를 진사(進士)라 했다.⁸

위의 글에서 의미하는 바에 따르면, 중국 사회에서 지식인이라 하면 적어도 진사 정도의 지식 수준이 요구되었다. 그들은 왜 향신으로서의 진사를 중요하게 여겼을까? 그것은 중국의 중앙집권적 군주정에 하나의 약점이 있기 때문이었다. 정권을 잡은 군주는 혼자서 전국을 장악할 수 없었다. 그는 마음 내키지 않았지만 통치 과정에서 지식인들의 도움이 필요하여 그들을

---

6 Baron de Montesquieu, The Spirit of the Laws, Book ⅩⅨ, § 17.
7 《맹자》, 〈진심장(盡心章)〉上.
8 《예기》5, 〈왕제〉.

관료로 임용할 수밖에 없었다.[9] 따라서 중국의 전통 사회에서는 중앙정부와 지방정부에서 업무를 나누어 처리했는데, 지방정부의 지도자들을 가리켜 향신이라 불렀다. 향신들은 하의상달(下意上達)의 기제(機制)였다. 그들은 통치권 안팎에 있는 동료와 친지를 통하여 비공식적인 영향력을 행사했다.[10]

베버(Max Weber)는 이와 같은 중국문화권을 가리켜 '봉록국가'라고 말한 바 있다. 그의 말을 빌리면, 관리가 현실적이거나 의제적(擬制的) 관직 의무를 수행하는 대가로 물질적으로 고정된 지대수입(地代收入)이나 토지의 이용권을 종신토록 받음으로써 지배자에 의해 경제적 재화가 영구적으로 보장된 공직 제도를 봉록제라고 한다.[11] 중국의 향신 문제에 대하여 독특한 의견을 피력한 학자는 몽테스키외(Baron de Montesquieu)였다. 그의 말에 따르면, "그 생활이 완전히 예(禮)에 의해서 인도되고 있는 중국인이 그럼에도 세계에서 가장 부정(不正)한 국민이라는 점은 참으로 기이하다."[12]

사실 중국의 전통 사회에서 향신으로 태어난다는 것이 반드시 관료가 되는 것을 의미하지는 않았다.[13] 오히려 중국 사상가들의 우선적인 관심은 먹고 사는 문제[양민(養民)]였다. 이를 구체적으로 논증한 사람은 관자(管子)였다. "예절의 기본은 의식(衣食)에서 출발한다"[14]라는 관자의 생각은 중국사를 관통하는 지배 논리 가운데 하나였다. 그래서 공자는 "관중(管仲)이 아니었다면 우리는 아마 머리를 너풀거리고 옷섶을 왼쪽으로 여미게 되었을 것"[15]이라며 그를 칭송했다. 이와 같은 양민의 논리를 구체화한 사람은 맹자였다. "백성들이 살아가는 방법을 보면, 떳떳한 재산이 있는 자는 떳떳한 마음

---

[9] Hsiao-tung Fei, *Chinese Gentry*, The University of Chicago Press, 1953, 24쪽.
[10] Hsiao-tung Fei, *Chinese Gentry*, 83~84쪽.
[11] 막스 베버 지음·양회수 옮김, 〈지배의 사회학〉, 《사회과학논총》, 을유문화사, 1975, 294~295쪽.
[12] Baron de Montesquieu, *The Spirit of the Laws*, Book XIX § 20.
[13] Hsiao-tung Fei, *Chinese Gentry*, 17쪽.
[14] 《관자(管子)》23, 〈목민(牧民)〉: "倉廩實則知禮節 衣食足則知榮辱"
[15] 《논어》, 〈헌문(憲問)〉.

을 갖고, 떳떳한 재산이 없는 자는 떳떳한 마음이 없는 것이니, 떳떳한 마음이 없으면 방벽(放辟)함과 사치(邪侈)하지 않음이 없을 것"[16]이라고 맹자는 생각했다.[17] 그는 "제후(諸侯)의 보배로서 토지와 인민과 정사(政事)"[18]를 강조했다.

맹자는 왜 이렇게 먹고 사는 문제에 몰두했을까? 먹고 사는 문제가 해결될 때 비로소 지방의 통치가 가능하다고 믿었기 때문이었을 것이다. 향신에게는 자치의 요소가 있는데,[19] 자치란 기본적으로 "경제적 자기지탱력"을 의미하는 것이다. 향신이 그런 "체통"을 유지하고 있을 때 향촌 사회의 안정을 도모할 수가 있었다. 부락공동체가 해야 할 일은 관개(灌漑), 부락 방어, 분쟁조정, 상부상조, 부락 축제, 제례 등이다. 지방정부는 중앙정부와 관계없이 학식이 높고 재산이 많은 부락의 유지(有志)의 지도 아래 그런 문제들을 수행한다. 유지들은 그러한 행사를 직접 처리하지는 않지만 그런 행사를 결정하는 위치에 있었다.[20] 중국에서 향신이 통치에 몸담은 것은 그러한 질서 속에서 면책과 재산을 지키려는 것이었다. 중국에서는 금의환향하는 것이 인생에서 가장 멋진 일이다. 그는 고향에 돌아와 여유로운 여생을 즐기게 된다. 그들은 정책 결정에 직접 참여하지 않고도 조정에 영향력을 미칠 수 있었고 착취로부터 자신을 보호할 수 있었다.[21]

한국사에서 말하는 선비의 유사 개념으로서 서양의 젠트리(gentry)를 살펴보는 것도 비교문명사로서의 가치가 있다. 젠트리란 출생에 따른 사회적 계층에서 귀족 바로 아래에 위치하고 있으며, 지속적으로 두터운 층을 이루는 유력한 존재였다. 봉건제 사회의 하층 귀족(기사)으로 그 연원을 거슬러

---

16 《맹자》, 〈등문공장(滕文公章)〉上.
17 《맹자》, 〈양혜왕장(梁惠王章)〉上.
18 《맹자》, 〈진심장〉下: "孟子曰 諸侯之寶三 土地人民政事"
19 Hsiao-tung Fei, *Chinese Gentry*, 84쪽.
20 Hsiao-tung Fei, *Chinese Gentry*, 81쪽.
21 Hsiao-tung Fei, *Chinese Gentry*, 31~32쪽.

올라가는 이 계층은 중세 말부터 근세에 걸쳐 지주 농업 경영에 대한 적극적인 관여와 상공업에 대한 투자 등을 통해 경제적으로 부유해진 한편, 언제나 명망가로서 전통적인 지방자치의 담당자의 위치에 있었다. 유동성과 개방성도 함께 갖추고 있었던 이 계층은 19세기에 이르기까지 영국의 정치적·사회적 구조의 큰 틀을 유지하는 완충 역할을 수행했다. 그러나 그들의 성공은 다만 농업 활동에만 원인이 있었던 것은 아니었다. 미래를 바라보는 안목을 가진 그들은 토지를 가진 상층 계급이나 좁은 의미의 유산계급과 친분과 연관을 맺고 있었다.[22]

그런 점에서 영국의 경우 농업자본주의를 발달시킨 주역들은 젠트리였다. 잉글랜드의 지주층이 봉건 세력으로 머무르지 않고 자본가로 변신하는 과정에서 중세 기사들은 이제 더 이상 전사들의 집단으로 기능하지 못하고 영지의 관리인으로 정착하면서 젠트리라는 독특한 신분 질서를 낳았다. 이들은 영지에서 법과 질서를 유지하는 임무를 맡았다. 젠트리는 세습 귀족과 함께 귀족 사회를 구성하면서 지방의 의원직과 치안판사를 독점함으로써 일찍부터 지방 유지로 자리 잡았다. 이들이 그 위치를 확보·유지할 수 있도록 만들어 준 것은 토지의 집중이었다.[23] 그런 점에서 본다면, 젠트리라 함은 귀족(peerage)과 소지주(yeomanry)의 중간 계층이었다.[24]

1640년대에 일어난 내전과 1688년의 명예혁명으로 영국에서의 젠트리의 위치는 절대적인 것이 되었다. 찰스 1세는 젠트리를 약화시키고 이들이 석권하고 있는 의회의 정책 결정 역할을 인정하지 않은 채, 의회의 동의를 받지 않고 세금을 부과했으며 치안판사 세력을 공격함으로써 내전의 원인을 제공했다. 내전과 명예혁명은 궁극적으로 왕권을 분쇄하여 지주위원회

---

[22] Barrington Moore, *Social Origins of Dictatorship and Democracy*, Beacon Press, 1966, 15쪽.
[23] 박지향, 《영국사: 보수와 개혁의 드라마》, 까치, 1997, 138~139쪽.
[24] 문영상, "영국 gentry 계층의 역할과 그들의 역사적 성격", 《부산사학》1, 1972, 111쪽.

에 통치권을 넘기는 결과를 낳았다. 내전을 치른 뒤 젠트리는 지방에서 "작은 왕"처럼 행세하였다.[25] 이런 사회경제적 배경을 바탕에 깔고 젠트리가 향신으로 자리 잡게 된 데에는 봉건 체제가 안고 있는 분권적 자치성이 크게 작용했다. 전제국가는 여러 가지 종류의 분리 정책으로 자기의 체제를 유지했다. 멀리 떨어져 있는 지방을 강력한 봉신의 손에 맡김으로써 그것이 가능했던 것이다.[26] 이 과정에서 귀족들은 신분 세습이 갖는 편의성을 발견했다.[27]

이러한 체제 유지 과정에서 가장 중요한 것이 재산이라는 사실을 이론적으로 정리한 인물은 로크(John Locke)였다. 그의 주장에 따르면, "정치권력은 재산을 규제하여 보유해 가고자 법률을 만들 수 있는 권리"[28]였다. 유럽인들이 재산에 대하여 관심을 가진 것은 로마의 키케로(Cicero) 이래의 일관된 주장이었다. 그는 토지 균분에 반대하면서,[29] "국민의 복지야말로 최고의 법(Salus populi suprema lex)"[30]이라는 입장을 지켰다. 이러한 논리는 몽테스키외에 이르면 더욱 강화되었다. 철저한 귀족주의자였던 그는 단호하게 "귀족의 존엄은 토지로부터 온다"[31]고 주장한다. 《법의 정신》에 나타난 길고도 깊은 논리가 토지의 이야기로 끝나는 것은 우연이 아니다.

본인이 의도했든 의도하지 않았든 간에, 근대 경제학의 아버지가 된 애덤 스미스(Adam Smith)에 이르면 신분과 재산의 관계는 더욱 구체적 논리로 확립되었다. 그는 이렇게 말하고 있다.

---

[25] 박지향, 《영국사: 보수와 개혁의 드라마》, 140쪽.
[26] Baron de Montesquieu, *The Spirit of the Laws*, Book V, § 4.
[27] Baron de Montesquieu, *The Spirit of the Laws*, Book XI, § 6.
[28] J. Locke, *The Second Treatise of Government*, Basil Blackwell, 1976, Ch. 1. § 3.
[29] Baron de Montesquieu, *The Spirit of the Laws*, Book XXVI, § 15.
[30] Cicero, *De Legibus*, III, iii, 8; J. Locke, *The Second Treatise of Government*, Ch. 13. § 158.
[31] Baron de Montesquieu, *The Spirit of the Laws*, Book V, § 9

시민적 제도가 자연스럽게 생기기 이전부터 어떤 사람들에게는 다른 주민보다 더 우위의 시위를 부여하는 원인이 있었는데 그 특징을 살펴보면;

① 자질: 체력, 아름다움이나 민첩함, 슬기로움과 도덕, 정신의 신중, 정의, 견인(堅忍) 및 중용에서의 뛰어남이다.
② 연령: 노인은 어디에서나 같은 계급이나 재산 및 능력을 타고난 젊은 이보다 더 존경을 받는다.
③ 재산: 재산의 위력은 어느 사회에서나 컸지만 재산의 불평등을 인정하는 미개한 사회에서는 더욱 그러했다.
④ 가문: 가문이 좋다는 것은 그것을 주장하는 사람들의 가족이 옛날부터 재산가임을 먼저 필요로 했다.[32]

위의 논리에서 주목되는 것은 신분과 재산의 상관관계이다. 데이비스(G. Davis)는 유럽에서의 귀족의 3대 요소로서 ① 덕행과 덕망(virtue and meritorious service), ② 문벌(ancient family), ③ 광대한 토지(broad acres)[33]를 지적하고 있다. 그리고 청교도 혁명을 거치면서 앵글로-색슨계에는 신사의 의미를 대표하는, "냉철한 자기 억제에 대한 존경심"이 첨가되었다.[34]

이와 같이 하여 구시대의 통치 계급은 19세기 중반까지도 권력과 경제력을 융합한 강력한 통제력을 가지고 있었다. 통치 기구는 상당한 정도로 귀족과 젠트리, 그 가운데에서도 대농장 소유자들의 놀잇감이었다. 그들은 정치적 지렛대를 움직였으며 다른 계급으로부터 강한 도전을 받았다. 정치의 공식 기구는 물론이고 비공식기구에서까지도 강력한 위치를 지키려는 노력

---

32 Adam Smith, *The Wealth of Nations*, Part 1, Chapter 1, (2), par. 2-6.
33 G. Davis, *The Early Stuarts, 1603-1660*, Oxford University Press, 1959, 266쪽; 문영상, "영국 gentry 계층의 역할과 그들의 역사적 성격", 110쪽 참조.
34 Max Weber, *The Protestant Ethic and the Spirit of Capitalism*, Charles Scribner's Sons, 1958, 119쪽

으로 말미암아 귀족과 젠트리는 많은 원성을 샀다.[35]

위와 같은 논리를 종합해 본다면 동양 사회의 선비 또는 향신에 해당하는 서구 사회에서의 젠트리는 다음과 같은 자격 요건을 필요로 했다.

① 빚지지 않을 정도의 경제적 여유(economic estate of land)
② 하층 계급의 존경을 유발할 수 있는 교육 정도(the high-educated)
③ 품위 있는 생활 습속에 따른 대중적 존경(respectfulness)
④ 종교로 다듬어진 관용(benevolence)
⑤ 사회에 공헌(devotion)하려는 의지와 그 표현으로서의 봉사(service)
⑥ 부모와 당사자 그리고 자식의 세대에서 원만한 가족 관계(noble family)[36]

3. 선비의 자질

동서양을 가릴 것 없이 그 시대의 식자들에게는 요구되는 자질이 있기 마련이었다. 서양사를 관통하고 있는 것은 플라톤(Plato)에서 마키아벨리(Machiavelli)에 이르기까지 덕성(virtue)과 재산이었지만 동양의 경우에 지식인이 갖추어야 할 자질은 좀 더 구체적이고 다양하다. 이를 정리하면 다음과 같다.

1) 사직(社稷)에 대한 충성

서양에서의 조국 또는 동양에서의 사직을 위한 죽음은 늘 찬미를 받았다. 그들은 의인(義人)이라는 이름으로 역사에 기록되었으며, 영웅전은 그들의

---
[35] Barrington Moore, *Social Origins of Dictatorship and Democracy*, 33쪽.
[36] 신복룡, 〈고려 시대의 향정과 사심관〉, 《고려시대의 공공성》2, 56쪽.

이름으로 가득 찼다. 국가에 대한 충성이 그토록 강조된 것은 빈번한 전쟁과 살육을 거친 다음 공동체에 대한 감사함과 소중함을 느끼기 시작한 뒤에 나타난 일이었는데, 그리스와 로마를 둘러싼 수많은 전쟁이 그 시발이었다. 스파르타의 어머니들은 전쟁터에 나가는 아들에게 갑옷과 외투를 입혀주면서 "조국을 위해 싸우다가 어미와 아내의 품에 안겨 죽는 것은 참으로 영광스러운 일이다"[37]라고 말했다. 이러한 전통은 중세와 근대에 이르도록 유럽의 전쟁사에서 귀족이나 지식인들이 평민에 견주어 더 많은 희생자를 낳게 했다.

동양 사회에서도 지식인이 갖추어야 할 첫 번째 덕목은 사직에 대한 충성이었다. 난신적자(亂臣賊子)가 횡행하고 시역(弒逆)이 비일비재한 전국시대를 살면서 왕실은 지식인들이 왕실의 보존을 위한 이론을 공급해주기를 바랐다. 그들은 "선비가 충신(忠信)으로 갑주(甲胄)를 삼으며, 예의로써 간로(干櫓)를 삼으며, 인(仁)을 머리에 이고, 의(義)를 품고 있어 폭정이 있다 하여도 그 소신을 굽히지 않기"[38]를 요구했다. 이 당시의 지식인 문사들이 가지고 있던 국가에 대한 기여 의지는 송대(宋代)의 문인이요 고위 관료였던 범중엄(范仲淹)의 《악양루기(岳陽樓記)》를 읽는 것이 유행이었다는 데에서도 드러난다.[39] 그 글은 다음과 같다.

> 조정의 높은 곳에 머물면 그 백성들을 걱정하고
> 강호의 먼 곳에 있으면 그 임금을 걱정하니
> 이는 나아가도 걱정하고
> 물러나도 또한 걱정하는 것이라.

---

37 *Plutarch's Lives* : Pyrrhus § 27.
38 《예기》40, 〈유행(儒行)〉.
39 《고려사(高麗史)》, 〈열전(列傳)〉 윤해(尹諧) 부윤택전(附尹澤傳).

그렇다면 어느 때에 즐거울 것인가
그 사람은 반드시 이렇게 말할 것이다.
"천하의 근심거리를 먼저 걱정하고
천하의 즐거움을 뒤에 즐거워할 것이니라."
(先天下之憂而憂 後天下之樂而樂歟)[40]

왜 송대에 이르러 사직에 대한 충성의 요구가 부쩍 늘었을까? 이는 그 당시의 사상계를 지배하던 주희(朱熹, 1130~1200)의 정치적 체험과 유학에 대한 그의 해석에서 그 뿌리를 찾을 수 있다. 그가 태어난 때부터 성장기를 거쳐 학문의 원숙기에 이르기까지의 50년은 엄청난 정치적 변혁기였다. 송 왕조는 문화적으로 우수했지만 군사적으로는 결코 한·당(漢·唐) 왕조만큼 강력하지 못하여 언제나 이민족들의 위협을 받았다. 송 왕조의 북송(960~1126)이 남송(1127~1279)으로 교체되던 시기에 태어나 어린 시절을 보내며 수학한 주희의 중요 관심은 사직의 지탱이었다.[41]

1127년 금(金)의 침략을 받아 수도 연경(燕京)이 함락되고 휘종(徽宗)과 흠종(欽宗)이 금나라에 잡혀간 뒤 휘종의 아들 고종(高宗)이 응천부(應天府)로 피난하여 회수(淮水) 이남에 남송을 세울 무렵, 위정자들에게는 피난 과정에서 약화된 왕권을 강화하여 상실한 북방 영토를 수복하고 군신(君臣)과 신분질서를 다시 세우는 일이 시급했다.[42] 그런 상황에서 주자에게 부여된 시대적 요청은 그로 하여금 정치 참여에 높은 가치를 부여하도록 만들었다. 이제 정치 문제는 기피해야 할 대상이 아니라, 개인의 인격 완성을 위해서도 피할 수 없는 문제가 되었다.

---

40 《고문진보후집(古文眞寶後集)》6, 범중엄, 〈악양루기〉.
41 Fung yu-lan, *A Short History of Chinese Philosophy*, The Free Press, 1966, 294쪽.
42 김만규, 《조선조의 정치사상연구》, 인하대학교출판부, 1982, 57쪽.

그와 같은 주자의 생각이 고려에 전파되었을 때 많은 가치 변화가 일어났다. 안향(安珦)과 이제현(李齊賢)에 이르기까지 주자의 성리학은 아직 고려 사회에 낯선 것이었다. 그러다 성리학이 수용되면서, 초월과 세속의 세계가 하나로 통일될 수 있으며 인간의 운명은 오직 그 자신의 실천에 의해서만 좌우된다는 낙관이 나타났다. 이는 당대의 지식인들에게 혁신적인 희망을 고취시켰다.[43] 그들은 "태산이 작아져 숫돌같이 되고 황하가 말라 띠같이 되도록 나라를 길이 보존하여 후손에게 미치기를"[44] 바랐다. 그들이 내세운 충군(忠君)의 논리는 "부모를 잘 섬기는 것을 효라 하고, 그것을 임금에게 옮기는 것을 충이라 하니 이름은 비록 다르지만 이치는 하나"[45]라는 점이었다.

공교롭게도 그 시기에는 한국에서도 왕조 교체의 격동을 겪고 있었다. 고려왕조의 개창자들은 스스로의 정치적 기반을 지켜내지 못했다. 신라에 귀부(歸附)한 구신의 도움을 받으며 권좌를 지키던 건국 초기를 지나 신분과 토지의 재편이 일어나는 말엽이 되면 권력자들은 대쪽처럼 갈라섰다. 정도전(鄭道傳)과 권근(權近)을 중심으로 하는 신흥사대부들은 성리학을 정교적(政敎的)인 모습으로 바꾸어 국가 이념과 교육 이념을 한데 묶으려는 통치 이데올로기를 제시했다. 이러한 과정에서 여말의 성리학은 윤리 면을 강조하는 예교(禮敎) 중심의 수양학파와 정치면을 강조하는 경세학파로 양분되었다.[46] 전자는 불사이군(不事二君)의 절의를 숭상하는 정몽주(鄭夢周)-길재(吉再)로 대표되고, 후자는 새 왕조 건설에 크게 활약한 정도전-권근으로 대표된다. 그리고 역사적 평가는 청렴과 절의(節義)를 칭송하는 필치로 흘러갔다.[47]

---

43 김영수, 《건국의 정치: 여말선초 혁명과 문명 전환》, 이학사, 2006, 372쪽.
44 《동문선(東文選)》23, 〈교서(敎書)〉, 이색(李穡) "賜贊成事潘卜海敎書"
45 《목은문고(牧隱文藁)》10, 〈伯中說贈李狀元別〉
46 정순목, 《퇴계평전(退溪評傳)》, 지식산업사, 1969, 32~33쪽.
47 현상윤, 《조선유학사》, 현음사, 2003, 22~29쪽.

조선조에 들어오면서 이색(李穡)-정몽주-길재로 이어지는 절의파는 수난을 겪으면서도 그 빛을 잃지 않고 존속하다가 이른바 세조 찬역(簒逆)의 계유정란(癸酉靖亂, 1453)을 계기로 더욱 강조되는 듯했으나, 창업의 시기가 지나고 수성(守成)의 시기에 들어서면서 성종(成宗) 이후에는 절의파의 문제가 누그러지는 것처럼 보였다. 그러다가 다시 사화(士禍)를 거치면서 조광조(趙光祖)에 대한 연민과 숭모(崇慕)가 머리를 들어 지식인의 현실 참여가 회자(膾炙)되기 시작했는데, 이이(李珥)가 이황(李滉)에게 말하기를 "만약 선생께서 경연(經筵)에 계신다면 나라에 이익이 클 것입니다. 벼슬이란 남을 위한 것이지 어찌 자기를 위한 것이겠습니까?"[48]라고 말한 것이 그 대표적인 사례였다.

조선조 중후기의 당의(黨議)의 시대를 거치면서 정치적 인간형(homo politicus)의 성향은 더욱 강화되었다. 그렇게 300년의 시간이 흐른 뒤 찾아온 서세동점(西勢東漸)의 물결과 일본 식민통치의 시작은 조선의 지식인들로 하여금 더욱 강고하게 종묘와 사직을 걱정하게 만들었다. 그들 가운데에는 위정척사(衛正斥邪)를 표방하면서 글로써 싸운 사람도 있고, 실제로 총칼을 들고 의병으로 변신한 인물들도 있었다. 그 앞자리에는 이항로(李恒老)와 최익현이 있었다. 최익현이 거병(擧兵)하자 그의 승리를 점치는 사람은 없었고 모두가 그의 안위를 걱정했다. 그때 그는 제자들에게 이렇게 말했다.

> "나도 성공하지 못할 것을 안다. 그러나 국가에서 선비를 키운 지 오백 년에 기력을 내어 적을 토벌하고 국권을 회복함을 의로 삼는 사람이 한 사람도 없다면 얼마나 부끄럽겠는가? 내 나이가 80에 가까우니 신자(臣子)의 직분을 다할 따름이요, 죽고

---

48 《경연일기(經筵日記)》1, 명종(明宗) 22년 7월 병진일.

사는 것은 깊이 생각할 것이 아니다."⁴⁹

그들은 "국모를 시살(弑殺)한 반역과 주상을 모역한 화(禍)는 천하의 큰 변고이며 적을 토벌하고 복수하는 것은 천하의 대사이기에 적을 토벌하고 원수를 갚을 수 있으면 일이 바르게 되고, 도리가 순리롭게 되어 나라를 위하여 복수하고 중화(中華)를 보존하는 대의가 부모의 상을 치르는 것보다 무겁다"⁵⁰고 여겼다. 그 당시 유생들이 바라보고 있는 등불은 《춘추(春秋)》의 의리였다.

여기에서 주목할 것은 현대사에 들어오면서 역사소설과 텔레비전 사극이 국민들로 하여금 절의를 숭상하도록 하는 데 큰 몫을 했다는 사실이다. 동서고금을 막론하고 역사적 사실들은 소설과 극본의 중요한 자료가 되어 왔다. 독자들이 딱딱하고 사변적인 논문이나 학술 서적보다는 쉽고 흥미로운 역사소설을 통하여 역사 지식을 넓혀 간다는 것은 조금도 이상할 것이 없다. 이럴 경우에 문제가 되는 것은 소설이나 사극이 담고 있는 역사적 사실이 과연 얼마만큼 진실에 가까운가 하는 문제인데, 그 대답은 결코 긍정적일 수 없다는 데 문제의 심각성이 있다.

이를테면 한국의 역사소설가들은 설화(story)와 역사학(history)의 거리를 너무 멀리 떼어 놓았다. 이광수(李光洙)-박종화(朴鍾和)-이은상(李殷相)-최인욱(崔仁旭)으로 이어지는 역사소설가와 신봉승(辛奉承)을 정점으로 하는 사극작가들이 역사 보급에 기여한 공로는 결코 작은 것이 아니었다. 그러나 그들은 실체적 진실을 좀 더 고민했어야 한다. 춘추필법(春秋筆法)과 주자학적 절의에 익숙해진 한국의 소설 문학은 세상사를 선악으로 재단함으로써

---

49 《면암집(勉菴集)》〈年譜〉병오년(丙午年, 선생 74세).
50 《의암선생문집(毅菴先生文集)》4,〈소(疏)〉〈소명에 따라서 입강(入彊)하다가 초산(楚山)에 이르러 심정을 말씀드려 죄를 기다리며 올린 글〉[정유(1897) 8월]; 박은식 지음·남만성 옮김, 《한국독립운동지혈사(韓國獨立運動之血史)》上, 박영사, 1975, 27쪽.

어떤 역사적 사실에서 누구는 나쁜 사람이고 누구는 의인이라는 이분법적 설정을 선호했다. 예컨대 이광수의《단종애사(端宗哀史)》나 박종화의《금삼(錦衫)의 피》를 시발로 하여 전개된 역사 소설은 비분강개(悲憤慷慨)함을 바탕에 깔고 선악의 논리로 인물을 재단했다.

2) 유교 고전에 대한 깊은 이해(highly educated in Confucian classics)

시문학에 대한 지식인들의 경도(傾倒)는 고대로부터 현대에 이르기까지 동서양에서 다 같이 나타나고 있는 현상이었다. 그러한 한 예로서 시라쿠사(Siracusa)에서 포로가 된 아테네의 병사들은 에우리피데스(Euripides)의 시를 암송한다는 이유로 풀려났다.[51] 중세 서유럽에서 전개된 문예부흥의 저력은 계몽사상이었고, 그 중심을 이룬 학자들은 백과전서파들(Encyclopaedist)이었다. 그들은 박람강기(博覽强記)하여, 문학·역사·철학은 물론이고 법학에 일가를 이루었으며 생물학과 천문학 등의 자연과학, 그리고 미술과 예술에도 박식했다. 학자로서 박식함은 그 당시의 미덕이었다. 그들이 그와 같은 생각을 갖게 된 것은 무지가 죄를 낳을 수 있다는 그리스의 사상적 전통을 승계했음을 의미한다. 그들이 보기에 극단적인 복종은 민중의 무지를 전제로 하고 있었다.[52]

박학을 숭상하는 사조는 동양 사회에서도 마찬가지였다. 당대의 사대부들은 문사철(文史哲)은 말할 것도 없고 경세학·법학·철학, 관상·기후·역학(曆學) 등의 천문학, 시서화(詩書畫)를 포함하여 음악 등의 예술, 의술, 수리(水利)를 포함한 농학·기계학 등에 통달해야 했다. 그러므로 "남자는 모름지기 다섯 수레의 책을 읽어야 한다[남아수독오거서(男兒須讀五車書)]."[53] 비록 지극

---

51 *Plutarch's Lives* : Nicias § 29.
52 Baron de Montesquieu, *The Spirit of the Laws*, Book Ⅳ § 3.
53 《장자(莊子)》,〈잡편(雜篇)〉, 천하(天下) 33: "惠施多方其書五車"

한 도리가 있다 하더라도 배우지 않으면 그 착한 것을 알지 못한다.

이런 까닭으로 배운 연후에야 부족함을 알고 가르친 연후에야 피곤함을 안다고 선비들은 생각했다. 《논어(論語)》의 첫 구절이 "배움[학이(學而)]"으로부터 시작한다는 것은 예사롭지 않은 일이다. 그들이 보기에 가르침은 배움의 절반이었다.[54] 그들에게 사서(四書)의 통달은 기본이었다. 그리고 그 맨 앞에 《논어》가 있었다. 송(宋)의 개국공신 조보(趙普)의 말처럼 "《논어》반 권이면 천하를 다스릴 수 있다"[55]는 생각은 일찍부터 조선조 조정에서의 공론이었다.[56] 그러한 논리는 실학자들의 경우에도 예외가 아니어서 "성인의 길은 《논어》한 책에 다 갖춰져 있다"[57]라고 생각했다.

유교에서 주지주의(intellectualism)가 더욱 경도되기 시작한 데에는 왕양명의 영향이 컸다. 지행합일(知行合一)을 굳게 믿었던 그에게 지식은 행동에 우선하는 것이었다. "천하가 다스려지지 않는 까닭은 학문이 바로 서지 않았기 때문"[58]이라고 그는 말한다. 그의 뒤를 이어 나타난 고염무(顧炎武) 또한 고증학(考證學)을 앞세워 지식인의 면학(勉學)을 강조한다. 그의 말에 따르면, "군자는 박학해야 한다. 자신에서부터 시작하여 가정과 국가를 거쳐 천하에 이르기까지 도수(度數)를 마련하고 언행으로 나타남에 학문 아닌 것이 없다."[59]

중국과 유학의 유산을 공유하고 있는 한국사에서도 지식에 대한 열의와 강도에는 그들과 다름이 없었다. 그들은 중국의 고전을 인용하여 말하고 글 쓰는 것을 자랑스럽게 여겼다. 그러한 예로서 최치원(崔致遠)은 사산비명

---

54 《예기》18, 〈학기(學記)〉: "學學半"
55 《송사(宋史)》256, 〈열전(列傳)〉, 조보(趙普) 반부논어(半部論語): "宋初宰相趙普 人言所讀僅只論語而已"; 《학림옥로(鶴林玉露)》7: "舊稱半部論語治天下 典出于此"
56 《중종실록(中宗實錄)》5년 9월 24일(정축): 영의정(領議政) 김수동(金壽童) 진언
57 《성호사설(星湖僿說)》23, 〈경사문(經史門〉구인(求仁)〉.
58 《왕양명전집(王陽明全集)》22, 〈송제생오차도헌(送諸省吾林都憲)》: "今天下之不治 … 由於學術之不明"; 《전습록(傳習錄)》上, 〈서애(徐愛)의 기록〉: "天下所以不治 只因文盛實衰"
59 《일지록집석(日知錄集釋)》7, 〈박학어문(博學於文)〉: "君子博學於文"

〈四山碑銘〉을 쓰면서 382건의 중국 고전을 인용했는데 그 가운데 32건(8%)이 불교 서적이고, 56건(14%)이 도교 서적, 139건(36%)이 역사 서적, 165건(42%)이 유가 서적이었다.[60] 숙종(肅宗) 시대의 명신 김득신(金得臣)은 《사기(史記)》 열전(列傳) 가운데 〈백이숙제전(伯夷叔齊傳)〉을 십만 삼천 번 읽었고, 《사서(四書)》·《삼경(三經)》과 《사기(史記)》·《한서(漢書)》·《장자(莊子)》 등의 여러 책 가운데에서도 어떤 것은 6~7만 번씩이나 읽었으며, 적게는 몇 천 번씩 읽었다.[61]

한국의 중근세 유학자들이 중국의 고전을 읽으면서 이룩하려던 꿈은 무엇이었을까? 그 꿈은 정몽주를 통하여 구체적으로 나타났다. 정몽주가 꿈꾸던 나라는 주(周)의 시대였다. 그는 18세가 되자 관례(冠禮)를 치르면서 아명(兒名)인 몽룡(夢龍)을 버리고 주공(周公)을 꿈에서도 그리워하여 이름을 몽주(夢周)라고 고쳤다.[62] 정몽주는 공자께서 꿈속에서도 주나라를 그리워한 대목[63]을 생각하며 자신의 이름을 지었을 것이다. 그는 일찍이, "아래로 백성의 일을 닦고 위로 천도(天道)에 순응하며 학문의 지극한 공효(功效)와 성인의 가장 능한 일을 다 해야 한다. 내가 이것을 버리고 어디로 가겠느냐?"[64]라고 말했다. 그가 바라본 성인은 주공이었다.

박학함에 대한 집념은 절의파만의 독점물이 아니었다. 면학에 대한 집념은 신흥사대부인 정도전의 경우에도 마찬가지여서, "당(唐)의 사람 쓰는 법에 다섯 가지 조목(條目)이 있으니 첫째는 교양(教養)이었다"[65]고 강조한다. 그들은 "평생토록 손에서 책을 내려놓지 않았다[수불석권(手不釋卷)]"는 당태

---

60 곽승훈, 《최치원의 중국사 탐구와 사산비명 찬술》, 한국사학, 2005, 42쪽.
61 《다산시문집(茶山詩文集)》12, 〈변(辨)〉김백곡(金柏谷: 김득신(金得臣))의 독서(讀書)에 대한 변증.
62 《고려사》, 〈열전〉정몽주(鄭夢周).
63 《논어》, 〈술이(述而)〉: "子曰 甚矣 吾衰也 久矣 吾不復夢見周公"
64 《목은문고(牧隱文藁)》5, 〈기(記)〉포은재기(圃隱齋記).
65 《고려사》, 〈열전〉정도전(鄭道傳).

종(唐太宗)의 고사[66]와 그를 이어 받은 이규보(李奎報)[67]와 해동(海東) 요순(堯舜)의 칭호를 들은 세종(世宗),[68] 그리고 율곡(栗谷)[69]으로 이어지는 가르침을 이어 받으려 했다. 그들은 책을 읽지 않았다는 이유로 성희안(成希顏)과 박원종(朴元宗)과 유자광(柳子光)을 소인으로 몰아붙임으로써 적의(敵意)를 샀다.[70]

조선왕조 후기에 이와 같은 호학(好學)의 사조를 이어받은 무리들이 곧 실학자였다. 끝없이 학업에 근면할 것을 권하면서 "배움은 부지런함에 있으니 부지런하면 얻을 것이오, 부지런하지 못하면 얻지 못할 것"이며 "배움이란 죽어야 끝난다"[71]고 이수광(李睟光)은 말한다. 그들의 생각에 따르면, 인생에서 배우지 못한 것이 가장 애석했다. 그러므로 학문 연구에서 필수적 과정은 "널리 배우는 것[박학지(博學之)], 자세히 묻는 것[심문지(審問之)], 삼가 생각해보는 것[신사지(愼思之)], 밝게 판단하는 것[명변지(明辨之)]"[72]이었다. 그들로서는 만 권 서적을 읽는 것보다 더 큰 미덕이 없었다.

실학자들이 이와 같이 엄청난 양의 독서를 할 수 있었던 것은 그들이 명문가의 태생이거나 호학하는 분위기 속에서 자란 수재들이었음을 뜻한다. 이렇게 폭넓은 독서를 하다 보니 실학이란 실용학(practical knowledge)이며, 공리주의(utilitarianism)이며, 쓰임의 학문(utilitology)이며, 경영학(management)이며, 공예학(polytechnics)이며, 고증학(philology)이며, 서지학(bibliography)이었다.[73] 실학의 이러한 현상은 《지봉유설(芝峰類說)》의 내용에 잘 나타나고 있다. 이 책은 천문, 세시 풍속, 기후, 지리, 외국, 군도(君

---

66 오긍(吳兢), 제10장〈愼終〉,《정관정요(貞觀政要)》, 中華書局, 1978.
67 이규보,〈백운소설〉,《한국의 사상대전집》3, 동화출판공사, 1977, 53~54쪽.
68 《세종실록(世宗實錄)》32년 2월 22일(정유): "王每日四鼓而起 … 手不釋卷"
69 《경연일기(經筵日記)》1, 선조(宣祖) 즉위년 10월: "李彦迪 … 手不釋卷"
70 《정암집(靜庵集)》3,〈계사(啓辭)〉兩司請改正靖國功臣條(1)(기묘(己卯) 11월).
71 《지봉집(芝峰集)》24,〈채신잡록(采薪雜錄)〉: "學者沒身而已"
72 《반계수록(磻溪隨錄)》9,〈교선지제(敎選之制)〉(上) 學規條.
73 랑기백,《국가와 문화와 국학이란 뭘까요?》, 도서출판 선인, 2006, 227쪽.

道), 병정(兵政), 관제, 유도(儒道), 경서(經書), 문자, 문장, 인물, 성행(性行), 신체, 언어, 인사, 잡사(雜史), 기예(技藝), 외도(外道), 궁실(宮室), 복식, 식품, 화초, 곤충 등 25개 분야에 걸쳐 3,435항목을 다루고 있으며, 348명의 책을 읽고 2,265명의 인물을 다루었다.[74] 그렇다면 실학자들이 이와 같이 바깥 세계에 눈뜨기 시작했다는 사실이 지니는 역사적 의미는 무엇일까?

> 첫째, 자신의 정체성(正體性)에 눈뜨게 되었다.
> 둘째, 그들은 권위에 대한 도전을 두려워하지 않았다.
> 셋째, 현실의 모순과 비리(非理)를 직시하고 개혁을 유념하기 시작했다.[75]

요컨대 실학자들은 지식사회학(intellectual sociology)의 주창자들이었다. 그들은 인간의 삶에서 지식이 차지하는 비중을 강조하면서 "어진 이가 견문이 많으면 다른 사람에게 증험(證驗)하는 것이 더욱 정실(正實)해짐"[76]을 강조한다. 그들은 군왕을 보필할 때 수많은 예화(例話)를 고전에서 찾았다. 그들이 보기에 무지는 죄악이었다.

3) 청빈(probity)

인간의 삶에서 나타나는 죄악의 첫 번째 동기는 재산에 대한 탐욕이었다. 따라서 스스로 물욕으로부터 얼마나 초연했는지의 여부와 관계없이 성현들은 재산에 대한 탐욕을 끝없이 경계했다. 전설이 되어버린 강태공(姜太公, 여상(呂尙))의 일화는 청빈의 사표처럼 우러름을 받았다. 그는 가난했고 나이

---

[74] 남만성, 〈해제〉, 《지봉유설》, 을유문화사, 1978, 2~3쪽.
[75] 신복룡, 《한국정치사상사》(하), 지식산업사, 2011, 244~245쪽.
[76] 《인정(人政)》25, 〈용인문(用人門)〉6, 견문이 많은 것에도 손익이 있다.

도 72세로 매우 늙었음에도 위수(渭水)에서 곧은 낚시질만 했다.[77] 그가 너무 가난하여 아내는 집을 나가 푸줏간의 일을 돕고 여관에서 손님을 맞이하는 심부름꾼의 일을 했다.[78] 동양 사회에서는 이를 "미담"으로 여기면서부터 삶의 모습이 왜곡되기 시작했다.

청빈을 미덕으로 여기는 것은 공자의 고집스러운 교의(敎義)였다. "선비는 금옥을 보배로 여기지 않으며, 충신(忠信)으로 보배를 삼으며, 토지를 바라지 않으며, 의를 세우는 것으로 토지를 삼는다."[79] "선비는 끼니를 잊으며 학문의 즐거움 속에 걱정을 잊음으로써 장차 늙음이 다가오는 것도 모르며 살아야 한다."[80] "오직 도를 깨우치지 못함을 걱정하되 가난을 걱정하지 말아야 하며,[81] 선비가 살아가는 것을 걱정하면 이미 선비가 아니다."[82] "거친 밥에 물 마시고 팔을 굽혀 베게 삼아도 즐거움은 그 속에 있다."[83] 공자의 이와 같은 논리는 매우 혼란스럽다. 왜냐하면 그 역시 양민(養民)의 중요성을 결코 소홀히 여기지 않았기 때문이다.[84]

한국사의 경우에도 가난을 미덕으로 칭송한 사례는 허다하다. 이를테면, 맹사성(孟思誠, 古佛)이 고향 온양에 근친(覲親)을 가는데, 그가 내려온다는 소식을 들은 진위(振威)와 양성(陽城) 현감은 그를 마중 나갔으나 그의 행색이 너무 초라하여 알아보지 못하고 길을 비키도록 꾸짖었다는 이야기[85]는 교과서에도 등장했다. 그들은 이러한 삶을 청빈이라고 스스로 위로하면서 후회나 자책을 보이지 않았다. 그러한 모습은 서경덕(徐敬德)의 삶의 모습에서도

---

77 《사기(史記)》, 〈제태공세가(齊太公世家)〉 태공망(太公望).
78 《설원(說苑)》 8, 〈존현(尊賢)〉 鄒子說梁王曰條.
79 《예기》 40, 〈유행〉: "儒有不寶金玉 而忠信以爲寶 不祈土地 立義 而爲土地"
80 《논어》, 〈술이(述而)〉: "子曰 發憤忘食 樂而忘憂 不知老之將至"
81 《논어》, 〈위령공(衛靈公)〉: "子曰 君子憂道 不憂貧"
82 《논어》, 〈헌문(憲問)〉: "子曰 士而懷居 不足以爲士矣"
83 《논어》, 〈술이〉: "子曰 飯疏食飮水 曲肱而枕之 樂亦在其中矣"
84 《논어》, 〈자로(子路)〉: "旣富矣 又何可焉曰敎之"
85 《연려실기술(燃藜室記述)》 3, 〈세종조(世宗朝) 고사본말(故事本末)〉 세종조의 상신(相臣) 맹사성(孟思誠) 조(條)

잘 나타나고 있다.

> 부귀에는 다툼 있어 손대기 어려우나
> 임천(林泉)에는 꺼림 없이 몸을 둘 만하거니
> 나물 캐고 고기 잡아 배를 채울 만하고
> 달과 바람 읊조리어 정신을 맑힐 만 하이[86]

그들은 자신의 삶을 안빈낙도(安貧樂道)라고 설명하면서, 남에게 선물을 받는 것조차도 부끄럽게 여겼다.[87] 그들은 "선비란 주림과 추위와 수고로움과 몸이 곤궁함과 노여움과 부러움을 참아야 한다"[88]고 요구한다. 그들이 자신들의 말처럼 그 가난한 삶이 행복했는지의 여부는 알 길이 없지만, 아마도 그들에게는 지식인들에게 공통적으로 나타나는 우울함(hypochondria)이 있었을 것이다. 그들은 박복(薄福)했다는 이익(李瀷)의 고백[89]이 사실에 더 가까웠을 것이다. 지식인들에게는 그 시대의 아픔에 대한 우울한 기억들이 있다는 것은 서양사에서 아리스토텔레스(Aristoteles)의 《분석》(Problems, § 30)[90]이나 알프레드 마셜(Alfred Marshall)의 글[91]에도 잘 나타나 있다. 그들의 우울함은 단순히 인생에 대한 원초적 고민에서 온 것이 아니라 삶의 방법에서 온 것일 수 있었다.

---

86 《중종실록(中宗實錄)》 39년 6월 6일(계유): "富貴有爭難下手 林泉無禁可安身 山漁水能充腹 咏月吟風足暢神"
87 《회재집(晦齋集)》13, 〈이전인(李全仁)의 관서문답록(關西問答錄)〉: "古人以苞苴及門爲恥"
88 《성호사설(星湖僿說)》17, 〈인사문(人事門)〉선인복박(善人福薄).
89 《성호사설》17, 〈인사문〉선인복박(善人福薄).
90 Plutarch's Lives : Lysandros § 2.
91 Bernad Corry, "Alfred Marshall", International Encyclopedia of the Social Sciences, Vol. 10, The Macmillan Co., 1968, 25쪽.

4) 직언(stern voice)

인간의 지혜에는 한계가 있다. 영명(英明)한 군주에 대한 기다림이 없는 것은 아니지만, 명군(明君)이라 함은 그 자신의 영명함 뿐만 아니라 남의 말을 들을 수 있는 아량을 표현하는 의미일 뿐이다. 따라서 양심을 가진 군주라면 자신의 능력에 한계를 느꼈을 때 거침없이 주변에 의견을 물어야 하는데, 그때 그 본분을 맡은 간쟁(諫諍)은 형식논리상으로는 늘 사회적 우대를 받았다. 그들은 명예를 죽음보다 중요하게 생각하면서 직언했고, 박해 받는다 하여도 그 뜻을 굴복하지 않고 성취하였으며 오히려 백성을 염려했다.[92] 직간(直諫)에 대한 선비들의 입장은 권근의 다음과 같은 글에 잘 나타나 있다.

> 간(諫)함을 좇기를 물이 흐름과 같이 함은 임금의 미덕이요, 어려운 일을 임금에게 기대함은 신하의 충의입니다. 《서경》에 말하기를 '오직 나무는 먹줄을 좇으면 바르고 임금은 간함을 좇으면 성군이라' 하였고, '고굉(股肱)이 있어야 사람이 되고 어진 신하가 있어야 성군이 된다' 하였으니 임금이 된 자는 간함을 좇지 않을 수 없으며 신하된 자는 난(難)을 따지지 않을 수 없으니, 이는 신하들이 감히 천위(天威)를 무릅쓰고 우러러 총청(聰聽)을 더럽히는 까닭입니다.[93]

간쟁이 가지는 의미는 두려움으로 인한 침묵이 저지르는 정치적 퇴행을 거둘 수 있다는 점 때문이었다. 전제 정체의 원리는 두려움이었으며, 그 목적은 정적(靜寂)이었다. 그 정적이 평화는 아니었으며 그것은 바로 적에게

---

92 《예기》40, 〈유행〉: "儒可殺而不可辱也"
93 《고려사》, 〈열전〉권근(權近).

점령되려는 도시의 침묵과 같았다.[94] 간쟁을 주장하는 신하들은 그러한 정적을 깨고 소통하는 것의 의미를 알고 있었다. "언로(言路)를 여는 것은 뭉치고 닫힌 것을 터서 민정(民情)을 통하고자 함이니 사직(辭職)하는 상소 외에는 되돌려 주지 말아 품은 생각이 있는 자가 다 스스로 말할 수 있게 해야 한다"[95]는 것이 그들의 생각이었다.

조선조의 정치 문화로서, 문민국가가 500년을 지탱할 수 있었던 저력 가운데 하나는 바로 이 간쟁이 갖는 효과였을 것이다. 대사헌(大司憲) 이세좌(李世佐)의 상소에 따르면, "신하 된 사람의 직분은 도에 따라 군주를 섬기는 것이므로 의리를 따를지언정 군주를 추종해서는 안 된다"라는 말이 나올 정도였다.[96] "간쟁은 받아들이지 않을 수 없는 것이며, 간하는 것은 신하의 이익이 아니라 국가의 복"[97]이라고 그들은 믿었다. 천하의 일을 모든 사람이 다 알고 있는데 홀로 임금만 모르게 한다는 것은 다시없이 큰 우환이었다. 그러나 모든 사람이 다 아는 일이라 해도 말하는 자가 없으면 임금은 실로 알 길이 없으니, 그 형세 또한 어쩔 수가 없는 것이다.[98]

세종과 같은 현군(賢君)이 없었던 것은 아니지만, 세상사가 다 그렇듯이 대부분의 군왕이 간언에 귀를 기울인 것은 아니었다. 세종이 왜 위대한 명군이었는지는 다음과 같은 그의 발언에 잘 나타나고 있다.

> "지난 옛날을 두루 살펴보니, 비록 태평한 시대에도 대신은 오히려 임금의 옷을 붙잡고 강력하게 간언한 자가 있었으며, 그 말한 바가 사람의 마음을 두렵게 하여 움직이게 함이 있었다.

---

[94] Baron de Montesquieu, *The Spirit of the Laws*, Book Ⅴ §14.
[95] 《숙종실록(肅宗實錄)》 1년 1월 23일(임오) 윤휴(尹鑴)의 상소.
[96] 《성종실록(成宗實錄)》 23년 임자(壬子) 12월 1일(정유(丁酉)): "人臣之職 直道事君"
[97] 《회재집(晦齋集)》12, 〈소(疏)〉홍문관(弘文館) 상소(上疏)(신축(辛丑) 4월).
[98] 《고봉집(高峯集)》2, 〈잡저(雜著)〉낭서상소(郎署上疏) 1.

지금으로 말하면 비록 무사하고 평안하다 하나, 옛날에 미치지 못함이 분명하다. 그런데 아직 과감한 말로 면전에서 쟁간하는 자를 보지 못하였으며, 또 말하는 것이 매우 절실하거나 강직하지 않다. 어째서 지금 사람은 옛사람 같지 못한가? 각자가 힘써 생각하여 나의 다스림을 도우라."[99]

그러나 인생을 살면서 해서는 안 될 일을 하지 않는 것이 해야 할 일을 하는 것보다 먼저라고는 하지만, 인생을 온통 부정적 자세(negativism)만으로 살 수는 없다. 체질적으로 권력은 그런 속성을 혐오했다. 간관(諫官)들은 아마도 "그대가 아니면 누가 창생(蒼生)을 구하랴?"[100]라는 옛 말을 생각했을 것이다. 조선조의 낙조가 당의(黨議)의 활발한 논쟁이 사라졌을 때부터 시작되었고,[101] 국가의 불행은 이미 당쟁이 없어졌을 때 시작되었다는 점[102]에서 본다면 간관의 역사적 의미를 알 수 있다. "흥하는 임금은 간신(諫臣)을 포상한다."[103]고 이수광은 권고한다.

모든 군주가 간언을 호의적으로 받아들인 것은 아니었다. 대부분의 경우에 신하들의 간언은 때로 왕을 당황하거나 분노하게 했다. 비교적 군왕의 금도(襟度)를 갖추었다는 평가를 들은 성종(成宗)도 "대간이 들어가라면 들어가고 나가라면 나가야 된다면 임금의 체면이 무엇이 되느냐"라고 반발하였고,[104] 연산군(燕山君)은 "선왕(成宗)이 유생을 벌하지 않아 감히 상감을 능멸하는 풍토[능상지풍(凌上之風)]가 이 지경에 이르렀다"면서 "모든 사람의 말을 듣고 난 뒤에 처리한다면 군주의 권한은 어디에 있겠는가?"라고 거부하

99 《세종실록(世宗實錄)》 7년 12월 8일(계유).
100 《진서(晉書)》, 〈열전〉사안전(謝安傳): "將如蒼生何 蒼生今亦將如卿何"
101 신복룡, 〈당쟁의 새로운 이해〉, 《한국정치사》, 박영사, 2003, 168~176쪽.
102 Baron de Montesquieu, The Spirit of the Laws, Book II § 2.
103 《지봉유설(芝峰類說)》3, 〈군도부(君道部)〉청간(聽諫).
104 《성종실록(成宗實錄)》 23년 임자(壬子) 12월 신유(辛酉).

였다.[105]

결국 간언을 받아들이는 데에는 주군의 의지가 중요했다. 들을 귀를 가진 군주만이 그것이 가능했고, 유학자들은 그런 인물로 당태종을 최고의 명군으로 뽑았다. 유생들이 보기에 세상에서 위징(魏徵)이 간언에 빼어났다 하는데, 위징이 간언에 뛰어나서가 아니라 바로 당태종이 간언을 잘 들었기 때문이었다. 당태종이 진실로 간언을 들어주지 아니했다면 위징 역시 은인자중(隱忍自重)하며 경사(京師)에서 벼슬할 수밖에 없었을 것이다.[106]

한국사에서 간쟁의 문제를 놓고 피해갈 수 없는 인물이 곧 조광조이다. "지혜는 타고난 재능이며 용기는 마음먹기에 달린 것"[107]이라고 한다면, 정암(靜菴)은 분명히 용기 있는 인물이었고, 고민하고 진리를 탐구하던 학자였음에 틀림없다. 사화기를 거치면서 희생자들에 대한 추모의 연민이 사림들의 의지를 강고하게 만들었을 수도 있다. 조광조는 하루도 거르지 않고 매일 왕에게 엎드려 새벽까지 상주하였고,[108] 그의 주장은 끝내 관철되어 28명의 현량과(賢良科) 급제자가 배출되었다.[109] 그것은 《경국대전(經國大典)》을 넘어서는 초법적인 조치였다.

중종 원년(1506)부터 기묘사화(1519)까지의 14년 동안 소격서(昭格署)에 대한 조광조의 제안(상소·차자·복합)이 총 265회였다는 사실[110]은 사림들이 이에 얼마나 집착했는지 잘 보여준다. 그는 자신이 재직했던 4년 동안 (1515~1519) 300차례의 상소를 올림으로써 주군을 피곤하게 했다. 그가 37세의 나이로 대사헌에 올랐을 때 그 자신을 포함하여 주변의 사람들이 모두

---

105 《연산군일기(燕山君日記)》 원년 정월 갑인(甲寅).
106 《속동문선(續東文選)》11, 〈찬(贊)〉김종직(金宗直) 어찰찬(御札贊) 병서(幷書).
107 Plutarch's Lives : Cato the Younger § 44.
108 《중종실록(中宗實錄)》 13년 3월 12일(신해); 同 3월 13일(임자);
　　《연려실기술(燃藜室記述)》 中宗朝故事本末 己卯禍源條.
109 박창진, "조선 중종대 권력 구조 연구", 경북대학교 박사학위논문, 1996, 182쪽.
110 박창진, "조선 중종대 권력 구조 연구", 90, 147쪽.

현기증을 느꼈다. 그가 집권한 기간은 3년을 넘기지 못했다. 그가 위훈(僞勳) 삭제를 실현한 날(1519년 11월 11일)로부터 4일이 지나 기묘사화가 일어났으니 그는 나흘 앞을 내다보지 못했다. "세종·성종께서 대선(大善)이라 하더라도 큰 잘못을 저질렀다"¹¹¹는 그의 상소문에서 우리는 전율을 느낀다.

간쟁에는 용기가 필요하다는 점을 아무리 강조한다 하더라도 유교에서는 왕에 대한 극언(極言)을 피하도록 권고한다. 유교는 "더불어 살 만한 사람"과 "그렇지 못한 사람"을 가리는 경향이 있다. 이는 말을 들어줄 사람과 그렇지 못한 사람을 분별해야 함을 뜻하는 것이다. "자리를 함께 할 수 없는 사람"이라 함은 심한 모욕이다. 이는 신뢰하지 못함을 의미할 수도 있다. 간쟁이 극언이 되지 말아야 한다는 점을 가장 명료하게 정리한 사람은 공자였다. 그는 "새가 나무를 선택하여 둥우리를 짓는 법이지 어찌 나무가 새를 선택하겠는가?"¹¹²라고 묻는다. 그러나 이 문제를 더 고민한 사람은 노자(老子)였을 것이다. 그는 아마도 공자가 벼슬을 기웃거리다 좌절하는 모습을 보며 "군자라도 시운(時運)을 만나면 나가서 관리가 되지만 시운이 맞지 않으면 마치 쑥풀처럼 바람을 따라 눕는다"¹¹³라고 권고했다.

5) 인격적 추앙(respectfulness for character)

위와 같은 덕목 이외에도 선비가 추앙을 받은 것은 인격적 덕망 때문이었다. 덕망이라는 점에서 유학자로서 처음으로 인구에 회자된 인물은 아마도 이색이었을 것이다. 세상 사람들은 그를 태산북두(泰山北斗)처럼 우러러 보았고 나라에서는 그를 천 년 된 거북[시귀(蓍龜)]처럼 믿었다.¹¹⁴

---

111 《중종실록》 13년 8월 28일(을미).
112 《춘추(春秋)》, 《애공(哀公)》(上) 11년 겨울.
113 《사기(史記)》, 《노자한비열전(老子韓非列傳)》: "且君子得其時則駕 不得其時則蓬累而行"
114 《포은문집(圃隱文集)》4, 〈연보(年譜)〉27년조; 《동문선(東文選)》51, 〈송(頌)〉권근(權近) 〈목은선생화상찬(牧隱先生畵像贊)〉.

그렇다면 선비가 갖추어야 할 덕목은 무엇이었을까? 다소 미묘한 어의(語義)의 차이가 있기는 하지만, 이언적(李彦迪)은 군자(君子)의 덕목으로 다음과 같은 점을 제시하고 있는데, 이것이 선비의 덕목에 가까운 것으로 보인다.

첫째, 도리를 밝힐 것(明道理)
둘째, 큰 근본을 세울 것(立大本)
셋째, 하늘 덕을 본받을 것(體天德)
넷째, 지난날 성인을 본받을 것(法往聖)
다섯째, 총명을 넓힐 것(廣聰明)
여섯째, 인정을 베풀 것(施仁政)
일곱째, 천심을 따를 것(順天心)
여덟째, 중화를 이룰 것(致中和)[115]

위의 덕목은 재산의 문제를 제외한다면 앞서 말한 서구 젠트리의 자질과 매우 가까운 모습을 보이고 있는 것으로, 동서양이 큰 차이를 보이지 않고 있음을 알 수 있다.

그런데 유교문화권의 가치로서 그러려니 할 수 있는 것이기도 하지만, 한국사에서 선비의 덕목으로서 불사이군(不事二君)의 덕망이 추앙 받는 것은 눈여겨볼 일이다. 우리에 견주어 시역(弑逆)과 왕권에 대한 도전이 빈번했고, 그 바닥에 깔린, 능력 있는 자가 천하를 다스린다는 이른바 패왕(覇王)사상에 익숙한 중국과는 달리 한국에서 두드러진 불사이군의 논리는 아마도 정통성을 가장한 신흥사대부들이 명분도 없이 왕권을 교체한 데 대한 혐오

---

[115] 《회재집(晦齋集)》8, 〈소(疏)〉 진수팔규(進修八規).

감 때문이었을 것이다. 불사이군의 논리 앞에는 정몽주가 서 있었다. 정몽주로서는 왕조의 변혁을 받아들일 수 없었다. 그는 그것이 의리라고 인식했다. 의리는 흔히 오늘날 사회적 정의(justice)라는 개념 아래서 제시되는 객관적 규범 체계라기보다는 인격적 기반을 더욱 강하게 받아들이고 있는 것으로서, 이것은 천지자연의 운행 원리나 인간의 행동 원리가 같다는 성리학적 사유를 그 바탕에 깔고 있었다.[116] 신흥사대부들도 정몽주의 이러한 의리관을 설득할 수 없으리라는 것을 잘 알고 있었다.

이색이 스승의 몸으로서 제자인 정몽주를 칭찬하여 "달가(達可)의 논리는 이치에 마땅하지 않음이 없도다"라고 하며 그를 동방 이학의 조(祖)로 명명한 것[117]도 예사롭지 않다. 여기에 세종과 이이가 또한 정몽주를 극찬했다.[118] 그 이후로 정몽주의 생각은 길재-김숙자(金淑滋)-김종직(金宗直)-김굉필(金宏弼)-조광조로 이어지는 이른바 사림이요, 절의파의 학맥(學脈)이 되었다.[119] 불사이군의 절의사상으로 무장된 성리학의 도덕 체계에서 본다면 역성혁명을 주장하는 신흥사대부들이 변절자로 보였을 것이다. 신흥사대부들은 신분적 조건이나 사상이라는 점에서 충절을 강조하는 성리학자와는 다른 성향을 지닌 인물들이었다. 혁명파에 가담한 인사들 가운데에는 정도전의 경우처럼 혈통의 약점을 지닌 이들이 있었다. 이들이 불사이군과 같은 명분보다 역성혁명과 같은 실질의 문제에 몰두한 것은 춘추의 논리에서 보면 비난받을 수 있지만, 행태주의적 입장에서 보면 충분이 그럴 만한 이유를 가지고 있었다.

선비에 대한 존숭(尊崇)의 마지막 덕목은 학문적 성취였다. 정치적 공과

---

116 김명하, "포은(圃隱)과 야은(冶隱) 사상에 나타난 의리관(義理觀)", 《정치사상연구》1, 한국정치사상학회, 1999, 177쪽.
117 《연려실기술》1, 太祖朝故事本末 鄭夢周.
118 《포은집속록(圃隱集續錄)》2, 〈유사(遺事)〉; 《경연일기(經筵日記)》1 명종(明宗) 22년 10월.
119 《포은집속록》2, 〈상론(尙論)〉.

를 잠시 논외로 한다면 학문이라는 점에서 조광조가 뛰어났었다는 점에 많은 후학들이 동의하고 있다. 그를 맨 먼저 격찬한 사람은 그와 같은 시대를 살았던 서경덕(徐敬德)이었다. 서경덕은 "정암 이후에 그보다 나은 이가 없었다"[120]라고 말했다. 이이는 "흡족하게 여기지는 않았지만" 조선의 선비의 맥이 조광조에서부터 일어나고,[121] 그의 뒤를 이어 퇴계가 나타나 다시 "태산북두"의 칭호를 들었다고 말했다.[122] 그들에게는 한결같이 후생의 숭모가 뒤따랐다.

4. 선비의 몰락

역사적으로 보면 바람직한 유산이라고 해서 모두 전승된 것이 아니고 바람직하지 않은 유산이라고 해서 모두 사라진 것도 아니다. 역사적 낙관주의자들에게는 아픔을 주는 일이지만 역사가 늘 사필귀정(事必歸正)은 아니었다. 이 글의 주제가 되고 있는 선비의 문화만 하더라도 지켜야 할 가치의 여부에 관계없이 이제는 우리 사회에서 전설처럼 사그라지고 있다. 왜 그들은 몰락했을까? 이 문제를 정리하자면 다음과 같은 점을 지적할 수 있을 것이다.

1) 빈곤(poverty)

이데올로그(ideologue)나 사상가의 가치는 그 우수성의 여부에 못지않게 설득력과 자기지탱력을 가져야 한다. 이 점을 소홀히 여길 경우 그 본질의 중요도에 관계없이 그 사상은 도태되었는데, 한국사에서의 선비 문화는

---

[120] 《화담집(花潭集)》 3, 〈언행잡록(言行雜綠)〉: "靜菴以後 無出其右"
[121] 《율곡집(栗谷集)》, 〈어록(語錄)〉 上.
[122] 《경연일기》 1, 명종 20년 12월.

바로 빈곤의 문제가 그 중요 원인이었다. 이 점이 한국 문화와 서구 문화의 근본적인 갈림길이다. 서구에는 작위의 세습을 통해서 재산의 지속적 소유가 가능했다. 서양사에서 재산의 중요성을 주목한 사람은 고대 로마의 누마(Numa)왕이었다. 그는 땅을 가난한 사람들에게 모두 나누어 주었다. 가난은 인간으로 하여금 잘못을 저지르도록 만드는 것이기 때문에 그는 가난을 몰아내고 농민들을 농업에 전념하도록 만들고 싶었다.[123]

정치의 문제에 들어가면 재산의 중요성은 더욱 증대된다고 서구인들은 생각했다. 정치인은 인류가 공통으로 필요로 하는 것과 밀접한 관계가 있는 것들에 자신의 탁월한 능력을 쏟아 부어야 하기 때문에 재산이 있어야 한다.[124] 너무 가난한 사람은 권위나 위신이 부족했다.[125] "세계의 역사를 구성하고 있는 두 개의 거대한 요소가 있는데, 하나는 종교이고 다른 하나는 경제"[126]라는 관점은 케임브리지학파(Cambridge School)의 중요 명제였다. 소크라테스(Socrates)의 다음과 같은 대화는 물질을 보는 서구사상이 동양의 그것과 어떻게 같고 다른가를 잘 보여주고 있다.

> [돈이 많은 부자인] 케팔로스(Cephalus)에게 소크라테스가 이런 말을 했다.
> "선생님께서 노년을 평안하게 지내시는 것은 성품 때문이 아니라 돈이 많기 때문이라고 생각하고 있습니다. … 그것은 가난한 사람이 노년에 행복할 수 없는 것과 마찬가지 일입니다. 이를테면 아무리 훌륭한 사람일지라도 가난한 사람은 노년에 평안할 수가 없고, 아무리 부자라도 사람이 훌륭하지 못하면 결

---
[123] *Plutarch's Lives* : Numa § 16.
[124] *Plutarch's Lives* : Pericles § 16; Philopoemen § 4.
[125] *Plutarch's Lives* : Alcibiades § 21.
[126] Alfred Marshall, *Principles of Economics*, St Martin's Press, 1959, p. 1.

코 만족한 삶을 살 수 없는 것과 같습니다."[127]

　신이나 인간에 대한 감정을 통하여 즐거움을 느끼거나 또는 감정의 자연적인 순화 기능을 가진 사람들이 물질적으로 풍요로운 사람들보다 더 심리적으로 평안할 수는 있겠지만, 그들의 가난은 그들에게 나타나고 있는 거의 모든 악의 근원이 되고 있다는 것이 서구적 인식의 기본 틀이었다.[128] 그렇다고 해서 동양인들이 재산의 문제를 처음부터 등한히 여겼다는 뜻이 아니다. 이를테면 기자(箕子)의 다음과 같은 헌책(獻策)을 들어볼 필요가 있다.

　　기자가 무왕(武王)에게 아뢰었다.
　　"나라를 다스리는 데에는 여덟 가지의 책무(八政)가 있으니, 첫째는 먹고 사는 일(食)이요, 둘째는 재산(貨)이요, 셋째는 제사(祀)요, 넷째는 관료(司空)요, 다섯째는 교육(司徒)이요, 여섯째는 치안(司寇)이요, 일곱째는 외교(賓)요, 여덟째는 국방(師)입니다."[129]

　백성에 대한 유가의 사상이 백성의 먹을거리[양민(養民)]에 많은 관심을 기울이고 있었던 것은 사실이다. 그들은 생산성이 낮은 고대 사회에서 삶의 질은 결국 먹을거리의 문제임을 잘 알고 있었다. 이러한 항산(恒産)의 문제는 뒷날 이 사회에서 자본주의가 성숙하는 데 이념적 토양이 되었음직하다. 유교자본주의론자들은 유교 문화권의 높은 교육열과 엄격한 노동 윤리가 경제 발전의 견인차 구실을 하였을 뿐만 아니라, 유교적 지배 이념에 바탕

---
[127] Plato, *Republic*, Book 1, § 330.
[128] Alfred Marshall, *Principles of Economics*, 2쪽.
[129] 《서경(書經)》, 〈주서(周書)〉홍범(洪範)(3).

을 둔 강력한 정부의 역할이 높은 경제 발전을 달성하는 힘이 되었다고 주장한다.[130] 그러나 현실은 그렇지 못했다.

한국사의 경우를 보면 한국인은 치부(致富)와 빈곤의 문제에 지나치게 엄격하였으며 알레르기를 느끼고 있었다. 우리의 조상들은 "가난은 죄가 아니다. 그러니 부끄러워할 것이 없다"라고 가르쳤다. 그러나 가난이 죄가 아닐 수는 있지만 "매우 불편한 것"임에는 틀림이 없고 뜻을 펴는 데 장애 요소가 되고 있다는 사실을 부인하는 것은 위선이다. 부자라고 반드시 훔치는 것은 아니며, 가난한 사람이라고 반드시 청렴한 것도 아니다.[131] 이지함(李之菡)의 말을 빌리면, "누구는 말하기를 '군자는 의(義)를 말하지 이(利)는 말하지 않는다'라고 할지 모르지만, 그 말이 얼마나 잔인한가?"[132]

조선조에서 양민(養民)의 문제에 가장 구체적으로 접근한 인물은 아마도 율곡이었을 것이다. "백성이 생활할 수 있는 일정한 재산이 있어 편안히 살며 생업을 즐기는 삶"[133]을 그는 꿈꾸었다. "백성을 기르는 것을 먼저 할 것이요 백성을 가르치는 것은 뒤에 하는 것"[134]이라고 그는 확신했다. 그럼에도 조선조 선비의 주조(主調)가 가난을 미화한 것은 사림들이 공자가 말한 청빈과 빈곤을 혼동했기 때문이었다. "착한 가난(good poor)"[135]이라는 것은 이상일 뿐이다.

아마도 선비의 이와 같은 빈곤의 문제를 가장 먼저 걱정하고 경계했던 인물은 사마천(司馬遷)일 것이다. 그는 "바위틈에 사는 기행(奇行)도 없이 오

---

130 박호성, "동아시아가치 논쟁과 한국민주주의의 과제", 《정치사상연구》4, 한국정치사상학회, 2001, 78~79쪽.
131 《회남자(淮南子)》17, 설림훈(說林訓).
132 《토정집(土亭集)》,〈소(疏)〉포천(抱川) 현감(縣監)으로 있을 때 올린 소(疏).
133 《율곡집(栗谷集)》,〈책(策)〉도적책(盜賊策): "宜平民有恒産, 而安居樂業"
134 《율곡집》,〈잡저(雜著) 동호문답(東湖問答)〉논교인지술(論敎人之術): "養民然後可施敎化"; 《경연일기》2, 선조 6년 2월: "養民爲先 敎民爲後"
135 Lytton Strachey, *Eminent Victorians*, The Modern Library, 1918, 217쪽.

래 가난하면서 인의(仁義)를 즐겨 말하는 것은 부끄러운 행실"[136]이라고 모질게 나무랐다. 맹자는 "벼슬함이 반드시 가난을 벗어나고자 하는 일은 아니지만, 때로는 가난을 벗어나기 위한 경우가 있다"[137]고 권고했지만 조선의 선비들은 그 말을 따르려 하지 않았다.

그렇다면 조선의 선비들은 왜 빈곤했을까? 그것은 그들에게는 토지를 나누어주는 사회 구조가 이뤄져 있지 않았기 때문이었다. 사람이 귀천을 가리지 않고 의지하며 사는 것은 재물이며 전근대 농업경제의 사회에서 재물은 일차적으로 토지였다.[138] 동양에서 토지는 영혼과 같은 것(spiritual thing)이다. 그래서 토지 자체가 숭배의 대상이 될 수 있다.[139] 그러나 조선조에서는 공신전(功臣田)만이 자손에게 전수(傳受)되었다.[140] 이와 같이 토지 점유의 불균등이 성립된 것은 조선조 건국 이후에 급속히 발전한 것이 아니고 고려조 이래의 상태를 계승한 것이었다.[141] 이색이 함창(咸昌)으로 유배의 길을 떠나면서 "돌아보니 땅도 없고 집도 없으니 과연 어디로 돌아가나?"[142]라고 쓸쓸히 말하는 대목에서 조선 선비의 처량함을 보는 것만 같다.

그와 같이 토지 없는 신사로서의 선비의 삶이 조선조 초기까지만 해도 유향소(留鄕所)를 통하여 조금은 해결될 수 있었으나 그곳이 반정부의 온상이 되어 철폐된 뒤에 그들로서는 그마저 의지할 곳이 없게 되었다. 그러한 상황에서 대안으로 등장한 것이 곧 서원(書院)이었다. 국가가 승인하는 형식의 사액(賜額) 서원의 경우 면세전(免稅田) 3결과 노비 1구를 받았지만 이 경우도 그 규모는 관학(官學)의 최하급 단위인 군(郡)·현(縣) 향교(鄕校)의 것(전

---

[136] 《사기(史記)》129, 〈화식열전(貨殖列傳)〉69: "無巖處奇士之行 而長貧賤 好語仁義 亦足羞也"
[137] 《맹자》, 〈만장장(萬章章)〉下: "孟子曰 仕非爲貧也 而有時乎爲貧"
[138] 《성호사설(星湖僿說)》10, 인사문(人事門) 전제(田制).
[139] Charles E. Merriam, Political Power, Collier Books, 1964, 87쪽; 신복룡 옮김, 《정치권력론》, 선인, 2006, 124쪽.
[140] 《경국대전》, 〈호전(戶典)〉 전택(田宅).
[141] 전석담·박극채, 〈조선농민경제사: 조선전기를 중심으로〉, 《조선경제사탐구》, 범우사, 1990, 33쪽.
[142] 《고려사》, 〈열전〉이색(李穡).

5결, 노비 10구)에 미치지 못했다.¹⁴³ 그러나 서원마저 없어지면서 이제 선비가 경제적으로 의지할 마지막 거처조차 사라졌다. 유생들이 서원 복원 상소¹⁴⁴를 요구했으나 "설령 공자가 다시 살아난다고 해도 용서할 수 없다"¹⁴⁵는 대원군(大院君)의 소신 앞에 무력하게 꺾였다. 전적이라고 말할 수는 없지만 서원의 철폐가 조선조 선비의 삶에 치명상을 입혔다.

2) 권력의 유혹과 훼절(taste of power and apostasy)

영국의 사회학자 긴즈버그(Morris Ginsberg)의 이른바 "권력의 목마름(thirst of power)"¹⁴⁶이라는 것은 학자(선비)에게 늘 따라붙는 이브의 뱀과 같은 것이었다. 그런 유혹이 다가왔을 때 선비들 가운데에는 기꺼이 정권에 들어간 사람들, 정권에 들어가 괴로워하며 자책한 사람들, 그리고 정권을 멀리 한 사람들이 있었다. 정치적 학습을 받지도 못한 채 안온한 삶을 살던 선비들에게 문득 권력이 찾아왔을 때 그들은 심각한 유혹을 느낄 수 있다. "배움이 뛰어났으면 벼슬할 수도 있다"는 공자의 말씀¹⁴⁷도 달콤하게 들려온다. 그렇게 문인들은 권력에 기웃거리게 된다.

맹자도 양혜왕(梁惠王)을 찾아갔고 아리스토텔레스는 알렉산더대왕(Alexander the Great)에게 제왕학(帝王學)을 가르쳐 훌륭한 통치자로 만들었으며, 홉스(Thomas Hobbes)는 찰스 2세(Charles Ⅱ)의 국사(國師)로서 절대주의를 수립했다. 또 밀턴(John Milton)은 크롬웰(Oliver Cromwell)의 편에 서서 청교도혁명의 이론을 정립했다. 나폴레옹(Napoleon)과 국적이 같았더라

---
143 이태진, 〈사림과 서원〉, 《한국사: 양반사회의 모순과 대외항쟁》, 탐구당, 1981, 160쪽.
144 《고종실록(高宗實錄)》 10년 10월 29일(갑진) 장령(掌令) 홍시형(洪時衡) 상소; 《고종실록》 10년 11월 3일(무신); 호조 참판 최익현(崔益鉉) 상소.
145 박제형, 《근세조선정감(近世朝鮮政鑑)》上, 탐구당, 1975, 102, 195쪽: "大院君大怒曰 苟有害於民者 雖孔子復生 吾不恕之"
146 Morris Ginsberg, *The Psychology of Society*, Methuen, 1964, 139쪽.
147 《논어》, 〈자장(子張)〉: "學而優則仕"

면, 아마 괴테(J. Goethe)도 국사가 되어 그를 도왔을 것이다. 그들은 자신들의 현실 참여가 제왕의 업적에 도움이 되리라는 희망을 가지고 있었다. 그래서 그들은 지행합일(知行合一)을 다짐하면서 현실에 참여했다.

생각해보면 문인 또는 지금 시대의 학자나 지식인이 현실에 참여해서는 안 될 이유도 없다. 그러나 직업적 정치와는 달리, 학자가 현실에 참여하여 권력 또는 군주에 협조할 때는 적어도 다음과 같은 조건이 선행되어야 한다.

① 군주가 열린 귀를 가졌을 때
② 군주가 최소한의 역사적 소명을 인식하고 있을 때
③ 군주가 권력을 획득하는 과정에 잘못이 없을 때

이 점은 맹자의 고민에 잘 나타나 있다.

> 진자(陳子)가 말하였다.
> "옛날 군자들은 어떠하면 벼슬하였습니까?"
> 맹자께서 말씀하였다.
> "벼슬에 나아간 것이 세 가지요, 벼슬을 떠난 것이 세 가지였다. 첫째로, (왕이) 선비를 맞이하면서 공경을 지극히 하고 예가 있게 하면 벼슬길에 나아가지만, 예모(禮貌)가 갖춰져 있지 않았더라도 말이 시행되지 않으면 떠난다.
> 둘째로, (왕이) 비록 그 말씀을 시행하지 않으나 선비를 맞이하기에 공경을 지극히 하고 예의를 갖추면 벼슬에 나아가지만, 그렇지 않으면 떠난다.
> 셋째로, 내가 아침 저녁의 끼니를 잇지 못하고 굶주려 문밖에 나가지 못한다는 말을 듣고 왕이 나를 구제해 준다면 벼슬을

받아들일 수 있지만, 이는 겨우 죽음을 면하는 짓일 뿐이다.[148]

그런 말을 하면서도 "선비가 제후(諸侯)에게 의탁함은 예(禮)가 아니다"[149]라고 말한 것을 보면 맹자는 선비의 입사(入仕)를 달갑게 여긴 것 같지는 않다. 선비는 위로는 천자에게 신하 노릇을 하지 않고 아래로는 제후를 섬기지 않는다는 것[150]이 중국의 오랜 전통이었기 때문이었다.

한국사에서 선비의 출사를 둘러싼 논란과 고민이 가장 많았던 시기는 역시 여말선초의 왕조교체기였다. 이성계(李成桂)의 역성(易姓)의 논리의 어설픔, 정의보다는 토지 귀족으로서의 부상에 더 관심이 컸던 신흥사대부들의 권력욕, 송명교체기의 중국의 정세와 주자학의 등장 등 여러 가지 요인이 그 배후에 작용하고 있었기 때문에 출사와 퇴사의 문제는 그리 간단하지도 않고 선악의 잣대만으로 다룰 수 있는 문제도 아니었다.

신흥사대부인 권근으로서는 정몽주나 최영(崔瑩)의 절의에 동의할 수 없었다. 권근이 안정지향적 정치 담론을 제기할 수 있었던 것은 그를 배출한 가계(家系)와 학통(學統)의 영향 때문이었다. 권근은 태생적으로 난세(亂世)보다는 치세(治世)에 적합한 인물이었다. 권근은 절의만이 능사가 아니라 시대적 요구에 부응한 현실 참여와 이상 실현이 오히려 진정한 사대부의 책임이라는 의식을 갖고 조선조에 출사를 결심했다.[151] 그가 고려왕조에서 관료로 지내다가 조선왕조에서 별다른 거부감 없이 벼슬하였다는 사실은 후대에 절의를 중요시한 사림의 시각에서 비판을 받았던 사실과 무관하지 않았다.[152] 그러나 가는 길이 "다른 것"이 곧 "틀린 것"은 아니다. 이 문제는 학

---

148 《맹자》, 〈고자장(告子章)〉下.
149 《맹자》, 〈만장장(萬章章)〉下: "孟子曰 士之託於諸侯 非禮也"
150 《예기》40, 〈유행〉: "儒有上不臣天子 下不事諸侯"
151 최연식, 《창업과 수성의 정치사상》, 집문당, 2003, 101, 105~106쪽.
152 정재훈, "조선전기 유교정치사상 연구", 서울대학교 박사학위논문, 2001, 29~30쪽.

자의 어용 시비로 오랫동안 우리의 입에 오르내린 주제이다. 그러나 역사상 위대한 학자가 현실에 참여하여 훌륭한 족적을 남긴 예는 얼마든지 있다.

현실에 참여한 정치인의 가장 큰 고민은 그가 섬기는 정권(또는 왕조)의 정통성의 하자 때문이었다. 고려 무인정권 시기의 선비들이 그 대표적인 경우였다. 그들은 무사들의 지배를 마음 내키지 않으면서도 그를 감내해야 한다는 데 아픔이 있었다. 그렇다고 해서 벼슬을 거부하고 살 수도 없었다. 그래서 때로는 이공로(李公老)의 경우처럼 최충헌에게 뇌물을 바치고서라도 벼슬길에 오르는 사람도 있었고,[153] 윤관(尹瓘)의 손자로서 가계에 대한 긍지와 기개가 있던 윤세유(尹世儒)처럼 문학으로써 세상에 이름이 났으나 조정의 정사가 뜻에 맞지 않으면 문득 시를 지어 비방하는 경우[154]도 있었다.

그런 점에서 본다면 개인적인 야심이었든 아니면 국가에 대한 헌신 의지 때문이었든, 선비들이 벼슬길에 올랐다고 해서 그들의 앞에 영예만 있는 것은 아니었고, 정권이 문인을 우대하였다고 해서 그들이 마냥 행복하고 마음 편한 것은 아니었다. 그들은 경제적·신분적 지위의 불일치(status-inconsistency)에서 나타나는 갈등으로 괴로워했다.[155] 그러나 선비는 가서는 안 될 자리에 가지 말았어야 한다. 그들은 박해(채찍)와 우대(당근)를 앞에 놓고 실존적 고민을 하면서도 끝내 벼슬길에 올랐다. 정부도 선비들의 도움이 필요했다. 권력의 폭력성을 호도할 필요가 있었을 뿐만 아니라 생소한 국가경영(statecraft)의 문제에 대한 지식인들의 자문이 필요했기 때문이었다.

권력을 떠나는 제자와 권력으로 들어가는 제자들의 모습을 바라보면서 가장 괴로웠던 사람은 아마도 이색이었을 것이다. 그는 자신의 곁을 떠나는 권근을 바라보면서 원망하지 않았다. 그는 "나 같은 사람은 늙었으니 무엇

---

153 《고려사》, 〈열전〉이공로(李公老).
154 《고려사》, 〈열전〉윤관(尹瓘)·세유(世儒).
155 노길명, "신흥종교 창시자와 추종자의 사회적 배경과 그들 간의 관계", 《증산사상연구》3, 증산사상연구회, 1977, 142쪽.

을 바랄까만 가원(可遠, 곧 권근)은 그 생각한 대로 자호(自號)를 지어 더욱 힘쓰라"156는 덕담을 잊지 않았다. 이색은 아마도 권근이 "멀리 보고" 갔을 것이라고 생각했을 것이다. 절의파들은 마음 내키지 않았지만, 역성을 천명(天命)으로 알고 체념했다.

그들의 괴롭고 착잡한 심경은 길재의 글에 잘 나타나 있다. 길재는 그들이 사실은 "소나 말에 지나지 않는 무리들"이라는 풍자도 숨기지 않았다.157 새 왕조로부터 출사의 권면(勸勉)을 받았을 때 그들에게 전혀 동요가 없었으리라고는 말할 수 없겠지만, 그들은 지조를 버리지 않았다. 그러면서도 뜻 있는 문사들은 자신들의 삶이 한가로웠거나 아니면 심심했을[閑] 것이다. 그들은 이인로(李仁老)의 호 '파한(破閑)'처럼 그러한 "무료함을 깨거나" 아니면 최자의 호 '보한(補閑)'처럼 그러한 "무료함에 무엇인가를 보태고" 싶었을 것이다.

3) 좌절과 은일(隱逸)(frustrated seclusion)

그렇다면 정치인은 왜 정치를 떠나 초야에 몸을 숨겨야 했는가? 시대순으로 말한다면 이 문제는 이미 《예기》에 그 분명한 뜻이 담겨 있다.

> "신하된 자의 예로 말하자면 앞에 나서서 간언하지 않는다. 굳이 간언해야 할 경우에 세 번을 간언해도 듣지 않으면 물러나라. 자식이 부모를 섬기면서 세 번 간언해도 듣지 않으면 울면서 따라가야 한다."158

---

156 《목은문고(牧隱文藁)》3, 〈양촌기(陽村記)〉.
157 〈야은선생언행습유(冶隱先生言行拾遺)〉上, 〈부(附) 상재상계(上宰相啓)〉.
158 《예기》2, 〈곡례(曲禮)〉下: "爲人臣之禮 不顯諫 三諫而不聽 則逃之"; 《소학(小學)》, 〈내편(內篇)〉계고(稽古) 명륜(明倫): "微子曰 人臣三諫而不聽 則其義可以去矣 於是遂行"

이런 뜻을 깊이 이해한 사람은 노자였다. 노자의 미덕은 만족함을 알고 멈출 곳에서 멈추는 것이었다.[159] 그렇다고 해서 노자의 기본 생각이 정치로부터 멀어져 있다고 풀이하는 것은 매우 잘못된 판단이다. 노자는 매우 정치적인 인간이었다. 노자의 철학에 형이상학적인 색채가 농후하지만 그가 가장 관심을 기울였던 것은 인생과 정치의 문제였다.[160]

여기에 공자의 가르침이 은일을 촉구했다. 공자도 정치에 무관심한 사람은 아니었지만 "물러남의 미학"을 많이 강조했다. 본디 사양과 겸손을 미덕으로 생각하던 선진(先秦) 유학에서 "물러남"은 미학이었다. 그래서 공자도 "사람들이 나를 알아 써주면 내 뜻을 실천하고 버리면 숨는다"[161]고 가르쳤다. "새도 자기가 머물러 있을 곳을 아는데, 사람이 새만도 못해서야 되겠느냐?"[162]고 그는 묻는다. 그래서 "오랫동안 서로 만나지 못하여도 (그에 대한) 뜬소문을 믿지 않으며, 그 행동에 근본이 방정하고 선 곳이 의로우면 함께 나아가고, 그와 같지 않으면 물러난다"[163]라고 유교는 가르친다.

공자의 뜻을 이어 맹자도 "군주가 과실이 있으면 간언하고, 반복하여도 듣지 않으면 떠나라"[164]고 권고한다. 유학이 벼슬에서 물러날 것을 권고하는 까닭은, "벼슬살이는 사람의 올바른 뜻을 빼앗는다"[165]고 믿었기 때문이었다. 유학자들이 보기에 정치는 최고의 선을 구현하는 지상(至上)의 방편은 아니었다. 물러남의 정치에는 일종의 체념이 담겨 있지만 그렇다고 해서 세상이 잘못되어감에 대한 무책임한 도피는 아니었다. 그러한 주군의 보위를 지탱하도록 내버려 둘지 말지는 신하가 감당해야 할 몫이 아니었다. 폭군의

---

159 《도덕경(道德經)》44: "知足不辱 知止不殆"
160 진고응(陳鼓應) 지음·최진석 옮김, 《노장신론(老莊新論)》, 소나무, 1997, 51쪽.
161 《논어》, 〈술이〉: "子曰 用之則行 舍之則藏"; 《논어》, 〈태백(泰伯)〉: "有道則見 無道則隱"
162 《대학(大學)》제3장 석지우지선(釋止于至善): "子曰 於止 知其所止 可以人而不如鳥乎"
163 《예기》40, 〈유행〉: "久不相見 聞流言不信 其行本方立義 同而進 不同而退"
164 《맹자》, 〈만장장〉下: "請問異姓之卿 曰君有過則諫 反覆之而不聽 則去"
165 《근사록(近思錄)》12, 〈경계편(警戒篇)〉: "做官奪人志"

방벌(放伐)을 부인하는 것은 아니지만 그것은 천명이지 인력으로 결정될 문제가 아니라고 그들은 생각했다.

물러나는 사람들은 자신의 몸을 더럽히지 않는다는 절의의 논리로써 자신의 진퇴를 설명한다. 현실 정치의 개혁이 불가항력이라고 절망했을 때, 그들은 그것을 돌파하기보다는 숨을 곳을 찾았다. 역사에는 이렇게 현실을 도피한 무리들이 많았는데, 이 은자(隱者)들의 논리는 자신의 몸을 더럽히지 않으려는 결벽성이었다. 이색이 "《주역》에 '천지가 폐색(閉塞)하니 현자가 숨는구나'[166]라고 했다"라고 말하면서 몸을 숨긴 것이 대표적인 예이다.

절의와 혁명의 소용돌이에서 마침내 절의파가 패배하였는데, 이러한 현상은 역사에서 보편적인 일이다. 이른바 뒷날 산림(山林)이니 사림(士林)이니 임하(林下)니 하는 용어로 표현되는 이들은 은일을 표방하면서 산림으로 들어갔다. 그들은 "천수(天數)·인사(人事) 그 어느 것이나 핵심은 탐욕을 버리는 것"[167]이라며 자신의 처지를 위로했다. 이제 그들은 "몸을 숨기기로[遁]" 결심했다. 몸을 숨기고자 하는 그들의 의지가 가장 잘 나타난 것이 곧 그들의 호(號)이다. 이집(李集)처럼 아예 호를 둔촌(遁村)이라 짓고 숨어 산 인물도 있다. 그의 고백에 따르면, "내가 오늘까지 살아온 것은 '숨음[遁]'의 힘이다. 그런 까닭에 내 있는 곳을 둔촌이라 했으니 이것은 '숨음'을 덕으로 생각하는 까닭이다."[168]

그래서 고려 말 성리학자들의 호에는 유난히 숨을 "은[隱]" 자가 많다. 이색은 당대에 "은(隱)"을 써 호를 지은 사람들을 열거하는데, 호를 농은(農隱: 농사꾼이 되어 숨은 사내)이라 한 계림의 최해(崔瀣), 초은(樵隱: 나무꾼이 되어 숨은 사내)이라 한 시중(侍中) 이인복(李仁復), 야은(野隱: 들에 숨은 사내)이라 한

---

166 《목은문고》4, 〈기(記)〉도은재기(陶隱齋記): "天地閉 賢者隱."
167 《가정집(稼亭集)》1, 〈잡저〉원수한(原水旱).
168 《목은문고》1, 〈기〉둔촌기(遁村記).

정당(政堂) 전록생(田綠生), 포은(圃隱: 텃밭에 숨은 사내)이라 지은 정몽주, 도은(陶隱: 옹기 구우며 숨은 사내)이라 지은 이숭인(李崇仁), 야은(冶隱: 대장장이가 되어 숨은 사내)이라 지은 길재, 어은(漁隱: 어부가 되어 숨은 사내)이라 지은 염흥방(廉興邦) 등이 있다.[169] 이색은 스스로를 목은(牧隱: 가축을 키우며 숨어사는 사내)이라 하였다. 실제로 72명의 선비들이 두문동(杜門洞)으로 들어가 "문을 닫아걸고[杜門]" 학문과 수기(修己)에 몰두하기도 했다. 이들의 정신적 고향은 정몽주의 충의(忠義)였다. 그들의 절의는 조선조 사림의 맥을 형성했음에도 훈구세력들은 정몽주에 대한 기피심리를 떨쳐 버리지 못했고, 그 결과 절의파들은 세종 시대에 이를때까지도 문묘에 배향(配享)되지 못했다.[170]

호(號)로써 자신의 아픔을 달랜 대표적 인물로는 이규보를 들 수 있다. 무신정권 시대에 살아야 하는 지식인으로서 "유교의 도(道)에 입각하여 현실의 무도(無道)를 번민하여 청담(淸談)과 권력의 세계를 넘나들었던"[171] 그의 생애는 영욕으로 점철되어 있었다. 그는 스스로를 백운거사(白雲居士)라고 부름으로써[172] 뜬구름(白雲)처럼 살고 싶었으나 세태가 그것을 허락하지 않았다. 술, 구름, 방랑으로 상징을 이루고 있는 그의 글은 깊은 우수에 젖어 있다. 그가 다시 자신의 호를 삼혹호(三酷好)라 짓고 시와 거문고와 술에 탐닉한 데에는 염세의 의미가 짙다. 그는 한때 승려가 된 적도 있다.[173] 어려운 시대에 불교가 길을 열어 주리라는 희망을 품었던 것이다. 그는 다시 당호(堂號)를 지지헌(止止軒)이라고도 하였는데, 그 뜻은 《주역》[174]에서 따온 것이었다. 그의 당호에는 멈추어야 할 곳에서 멈추지 않은 후회가 담겨 있다.

---

169 《목은문고》4, 〈기〉도은재기(陶隱齋記); 《목은문고》5, 〈기〉포은재기(圃隱齋記).
170 《세종실록(世宗實錄)》 18년 5월 12일(정축).
171 손문호, "한국정치사상사 연구의 현황과 논점", 한국정치학회 추계학술회의 발표논문, 외교안보연구원, 1999. 9. 18, 2쪽.
172 《동문선》107, 〈잡저〉이규보(李奎報) 백운거사어록(白雲居士語錄).
173 《동문선》36, 〈표전(表箋)〉이규보 敦裕三重謝首座表.
174 《주역(周易)》, 육십사괘(六十四卦) 괘효사(卦爻辭) 간위산(艮爲山): "艮止也 時止則止"

이규보의 시에도 그러한 체념과 후회가 서려 있다. 뒷날 그는 자신의 지난날을 회상하며 "지는 해에 행색이 시름겹고, 외로운 연기에 이별이 서럽네"[175]라고 자학했다. 선비의 비애를 느끼며 절망한 사람은 이규보뿐만이 아니었다. 당대에 이인로·오세재(吳世材)·임춘(林椿)·조통(趙通)·황보항(皇甫抗)·함순(咸淳)·이담지(李湛之)가 스스로 한때의 호걸이라 하여 의를 맺어 벗이 되었는데, 이들은 중국의 죽림칠현(竹林七賢)을 본떠 스스로를 "칠현"이라 일컫고 매양 술을 마시고 시를 지으며 곁에 사람이 없는 듯이 살았다.[176]

조선시대에 들어오면, 그 정도가 여말선초에 견줄 일은 아니지만 은일의 풍조는 여전했다. 그 가운데 대표적 인물이 이지함이었다. 그는 가까운 친구이자 사관이었던 안명세(安命世)가 무고(誣告)로 죽는 모습을 본 뒤 해도(海島)를 돌아다니며 미친 체 세상을 도피했다. 그는 조정의 큰 그릇이고 세상을 다스릴 만한 인재였지만, 기러기가 높이 날아 주살(誅殺)을 피하듯이 세상을 버리고 산골짜기에서 늙어 죽었다.[177]

조선조에서 은일의 대표적 인물로는 퇴계를 빼놓을 수 없다. 그는 벼슬에 들어온 뒤 10년이 되던 43세 때부터 물러나기를 도모했다. 그는 49세 때인 명종(明宗) 4년에 '풍기군수 사임장'을 낸 때로부터 세상을 떠난 선조(宣祖) 3년 9월에 걸치사장(乞致仕狀)을 내기까지 총 53회의 사직원을 냈다.[178]

퇴계는 "언론의 책임을 맡은 자는 임금에게 간하다가 듣지 않으면 떠나는 것이 옳다. 옛날의 군자는 나라의 대사를 당하였을 경우 자신을 돌아보지 않고 상소를 올려 항론(抗論)하였으며, 임금이 들어주지 않으면 결연히 떠나 죽을 때까지 다시 세상에 나오지 않은 자도 있었으니 이것은 귀한 일

---

175 《동문선》9, 오언고시(五言古詩) 이규보(李奎報) 秋送金先輩登第還鄕: "落日愁行色 孤煙慘別腸"
176 《고려사》, 〈열전〉15 이규보.
177 《선조수정실록(宣祖修正實錄)》 19년 10월 1일(임술); 조헌(趙憲)의 상소 1.
178 손문호, 〈퇴계 이황의 정치사상〉, 《퇴계의 사상과 그 현대적 의미》, 한국정신문화연구원, 1997, 325쪽.

이다"[179]라고 말하면서 스스로도 그렇게 살고자 했다. 퇴계의 물러남을 보면서 가장 안타깝게 여긴 인물은 율곡이었을 것이다. 그는 퇴계의 사직소를 말리면서도 물러남을 고집하는 성혼(成渾)을 잡지 않았다.[180] 그 이유가 퇴계와 우계(牛溪)의 사람됨을 달리 보았기 때문인지는 알 수 없다.

물러남이 반드시 비난받을 일도 아니듯이 그리 자랑스러운 일은 아니었을 것이다. 이에 대해서는 스스로 은자의 생활을 했던 서경덕의 다음과 같은 자기 고백이 주는 울림이 크다.

> 선비가 숨고 나타나면서 반드시 먼저 그것이 의리에 맞는가 맞지 않는가, 그리고 도리로 보아 행할 수 있는가 행할 수 없는가를 잘 헤아리는 데 있으며, 버리고 갔다 하여 반드시 현철(賢哲)하며 벼슬에 나갔다 하여 아첨이 되며, 숨었다 하여 고상하며 나타났다 하여 구차한 것은 아니다.[181]

선비의 퇴사나 은일의 선악을 평가하기란 조심스럽다. 그러나 그들의 은일이 한 사회의 생산성을 높이는 데에는 전혀 도움이 되지 않았다는 점만은 분명하다. 한 시대의 지식인이 반드시 농공상의 어느 분야에서 생산성을 높여야 할 이유는 없지만, 그들의 존재가 산업 사회로 가는 길목에서 긍정적이지 않았음은 부인할 수 없다. 그 시대에 은일한 선비들의 사고가 어떠했는지는 숙종(肅宗) 시대의 대사헌 이단하(李端夏)의 다음과 같은 상소가 잘 보여주고 있다.

---

179 《학봉속집(鶴峰續集)》5, 〈잡저〉퇴계선생(退溪先生) 언행록(言行錄).
180 《율곡집》, 〈행장(行狀)〉.
181 《매월당문집(梅月堂文集)》18, 〈논(論)〉古今君子隱顯現論.

그런데 지금의 경우는 귀천을 논함이 없이 모두 호포(戶布)를 내니, 조신(朝紳)은 국가의 위태로운 상황을 위하여 비록 힘써 내어 거리끼는 바가 없다 하더라도, 만약 선비[士子]로 말한다면, 평생 동안 고생하며 부지런히 책만 읽은 사람들인데 한 글자도 읽지 않는 자와 같이 그 포(布)를 내는 것은 또한 억울하지 않겠습니까?[182]

이 글을 읽노라면 한국사에서의 선비에 대하여 벽을 마주하는 느낌이 든다. 요컨대 선비의 은일의 문제에 대한 논의와 대답은 그리 긍정적이지 않다. 그들은 더불어 사는 삶을 즐기지 않았고, 그런 점에서 다소는 이기적이었다. 은둔에는 본인의 의사와 관계없이 무책임한 모습이 어른거린다. 내 몸 하나 깨끗이 하고 다치지 않는 것이 현대적 의미의 공공선에 우선할 수는 없기 때문이다. 이 점이 한국의 선비가 서구의 젠트리에 비하여 공익에 대한 헌신 의지를 낮춘 흠이 되었다.

4) 비판에 상응하는 대안의 부재(absence of alternative plan)

문학평론가들이 흔히 듣는 비난 가운데 하나가 곧 "그렇다면 당신이 써 보시지"라는 힐책이라고 한다. 그러나 생각해보면 비평가가 곧 작가의 몫을 해야 할 이유는 없다. 이는 정치적 비평에서도 마찬가지일 것이다. 비평자가 곧 실무를 맡을 수는 없는 일이다. 이 이야기를 한국의 선비에 대입해 보면, 그들은 비판에 견주어 대안의 제시가 부족했다. 비평자들이 칭찬보다는 비난이 많을 수밖에 없는 점을 인정하더라도 대안에 대한 최소한의 의견 제시는 그들의 책무이자 우의(友誼)일 수 있기 때문이다.

---

182 《숙종실록(肅宗實錄)》 7년 4월 3일(병술).

대안 부족의 대표적인 예로서 조광조의 경우를 들 수 있다. 율곡이 탄식한 바와 같이, 그는 "사관(仕官)이 너무 일러 실용할 학문이 아직 대성하지 못하였고 같이 일하는 사람들 가운데에는 충현(忠賢)도 많았으나 이름 내기를 좋아하는 자도 섞여 의논하는 데 너무 날카롭고 일하는 데는 순서가 없었으며, 임금의 마음을 바르게 하는 것[격군(格君)]으로 기본을 삼지 않고 헛되게 겉치레만을 앞세웠으니 간사한 무리들이 이를 갈며 기회를 만들어 틈을 엿보고 있는 줄을 알지 못하였다."[183] 그러한 개탄은 퇴계의 글[184]에서도 꼭 같이 묻어 나오고 있다.

대안의 제시가 안고 있는 또 다른 어려움은 왕뿐만 아니라 조정의 대신들도 재야 지식인의 제언을 달갑게 여기지 않았다고 하는 사실이었다. 이를테면 장령(掌令) 서후(徐厚)가 사림의 득세를 바라보면서 아뢰기를, "대저 조정의 득실을 의논하고 인물의 장단(長短)을 논하는 것은 곧 선비로서 조정에 벼슬하고 있는 자가 할 일이요, 학자로서는 감히 할 수 있는 바가 아닙니다"[185]라고 한 것이 그러한 예에 해당한다. 결국 집권 세력으로서는 체제 안의 언로만을 허락하고 싶었고 체제 밖의 목소리에는 비중을 두지 않았다.

문명교체기라 할 수 있는 개화기에 이르면 선비들의 의식은 현실과 더욱 멀어지게 된다. 그들은 시대 사조를 읽을 안목이나 마음의 준비도 없었고, 중화(中華)로부터 서구에로 눈길을 돌릴 의지도 없이 여전히 갈라파고스 거북증후군에 머물러 있었다. 그들의 눈에는 이른바 서구 학풍이 나라 안에 가득 차 있는 것이 걱정스럽기만 했다. 새것을 좋아하고 기이한 것을 숭상하는 명사와 석유(碩儒)들이 서학(西學)에 빠져 헤어날 줄 모르며 찬미하는 모습을 보면서 그들은 역사의 오염을 개탄했다.[186]

---

183 《율곡집》, 〈잡저 동호문답〉 "論我朝古道不復"
184 《학봉속집》 5, 〈잡저〉 퇴계선생 언행록.
185 《중종실록(中宗實錄)》 15년 1월 4일(계사).
186 《고종실록》 18년 7월 6일(병신): 홍재학의 상소.

유교적 오리엔테이션을 벗어나지 못한 선비들의 눈으로 보면 갑신정변(甲申政變)은 왜인들이 저지른 일이었고, 오랑캐의 풍속으로 중화를 변화시키고 사람을 금수(禽獸)로 타락시키는 것으로 능사를 삼으면서 이름하기를 개화라 하니, 개화란 남의 나라를 망치는 것일 뿐이었다.[187] 따라서 이른바 "민당(民黨)이란 것은 길거리의 무식한 무리들을 불러 모은 것으로서 구차하게 도당을 합치고 임금에게는 충성하고 나라를 사랑한다는 이름 아래 마음대로 대신들을 지시하여 오라 가라 하며 군부(君父)를 배척하고 정승을 능멸 모욕하되 밤낮으로 지렁이처럼 얽혀 다니는 무리에 지나지 않았다."[188] 이 무렵의 선비들에게 개항이니 개화니 강화니 하는 것은 망국으로 가는 길이었다.

그들은 중화로부터 심한 분리(分離)불안을 느끼고 있었을 뿐 다가오는 새 문명에 어찌 적응해야 할지에 대한 대안이 없었다. "우리 나라가 신하 된 몸으로 명(明)나라를 섬긴 지 이미 삼백년이 지났고, 임진년에 다시 세워 주어 또 만세에 잊지 못할 은혜를 입었으므로 기필코 갚아야 할 의리가 있을 뿐이었다. 옛날 우리 효종(孝宗)대왕께서 천지가 번복되고 갓을 발에 신고 짚신을 머리에 이는[冠履倒置] 일을 통분하게 여길 때 오로지 송시열(宋時烈)만이 바른 정신을 가지고 있었다."[189] 송시열이 "중화의 햇살이 비치는 마을[화양동(華陽洞)]"에서 살며 아침에 일어나 만동묘(萬東廟)에 들려 명나라 황제를 향하여 숙배(肅拜)하고 서실에 돌아와 《맹자》의 주자집주(朱子集註) 서(序)를 몇 십 번 읽고 일과를 시작한 것이 후학들로서는 너무도 감읍(感泣)했다. 그들로서는 "나라의 수치를 씻고 인심을 바로 잡으며 만세의 강상(綱常)을 세우고 천하에 중화의 일맥을 보존하는 것"[190]이 소망이었다. 그들의 시야를

---

187 《면암집(勉菴集)》, 〈소(疏)〉請討逆復衣制疏(을미 6월 26일).
188 《면암집》, 〈소(疏)〉재소(再疏)(무술 10월 9일).
189 《면암집》, 〈소(疏)〉병인의소(丙寅擬疏).
190 《의암선생문집(毅菴先生文集)》4, 〈소(疏): 정사(情辭) : 기전(畿甸)에 돌아와 올린 진정서(경자(1900) 10월).

막은 것은 주자학에 대한 경도와 중화 질서에로의 매몰이었다.

이와 같은 논리에 대한 반론으로 실학이 제시한 경세(經世)를 그 증거로 제시할 수도 있다. 그러나 실학을 역사적으로 평가하면서 가장 조심해야 할 사실은 그들에게 구체적인 행위가 없었다는 점이다. 실학자들의 저작은 그들의 시대가 지나간 뒤에야 세상에 알려졌다. 유형원(柳馨遠)이나 이익(李瀷) 또는 그의 문도(門徒)들의 이상이 아무리 훌륭했다 하더라도 그들은 출발에서부터 한계를 안고 있었다. 실학자들의 동기가 어디에 있든, 지배계급의 이기심에 대한 실망이었든 아니면 서학에 대한 호기심이었든, 그들은 대개가 은자(隱者)였다. 그들은 어디까지나 학자였지 현실 정치에 참여한 인물은 아니었다.

실학자들은 그 시대의 몰락한 지식인이었고 재야지식인이었다. 물론 이수광처럼 판서(判書)의 반열에 오른 사람도 있지만 대개는 초야에서 일생을 보냈다. 그리고 그들은 대개가 명문거족(名門巨族)의 후예라는 공통점을 지니고 있다. 당대 현실에 끼친 영향력으로 따지자면 실학자들은 "풀잎 하나 움직일 바람"도 일으키지 못했다.[191] 그들의 꿈이 머리를 들기까지는 19세기의 민란과 갑오경장(甲午更張)의 시대까지 기다려야만 했고, 그들의 글이 세상에 알려지기까지는 1936년 무렵 정인보(鄭寅普)와 최남선(崔南善)을 중심으로 하는 개명학자들이 조선광문회(朝鮮光文會) 활동을 하기까지 기다려야 했다.

---

[191] 임형택, "개항기 유교지식인의 '근대' 대응 논리: 혜강(惠岡) 최한기(崔漢綺)의 기학(氣學)을 중심으로", 《대동문화연구》38, 성균관대학교 대동문화연구원, 2001, 121~122쪽.

5. 결론

이 글의 결론은 다음과 같다.
① 한국사에서의 선비라 함은 우국심(憂國心)과 고전에 대한 해박한 지식을 갖추고 청빈을 미덕으로 여기며 그 시대의 비리에 직언하던 재야 지식인과 일부 사림과 집권 세력의 관료들을 의미한다.
② 한국의 선비와 유사 개념으로는 서구의 젠트리와 중국의 향신을 들 수 있다. 서양 젠트리의 기반은 토지였고, 중국 향신의 기반은 진사(進士) 시험의 합격을 통한 토호(土豪)로서의 영향력이었으며, 조선 선비의 기반은 기개(氣槪)였다.
③ 선비의 문화에는 지켜야 할 유산이 있고, 버려야 할 유산이 있다. 청빈은 반부패정신의 사상적 온상이 되었고, 사직에 대한 충성은 국가에 대한 헌신 의지를 다지는 에너지가 되었다. 또 직언은 진실을 증언하려는 용기를 북돋아 주었으며, 박학함을 주장하는 논리는 호학하는 풍조를 남겼다.
④ 역사에는 남들이 모두 가는 시대를 역류하며 자기의 주장과 소신을 굽히지 않은 무리들이 있었다. 조선의 선비가 그들이었다. 그들은 분명히 그 시대의 사명에 기여한 바가 있지만 파괴력은 그리 크지 않았다. 자신과 조국을 지키는 데에는 기개가 중요한 것이 사실이었지만 기개만으로써는 지킬 수 없는 영역이 있었다. 그것은 경륜(經綸)이었다. 그들의 경륜은 기개를 따라가지 못했다.
⑤ 선비는 시대 정신의 변화에 적응하지 못한 채 타의적으로 현실에서 배제되었다. 그들은 수신(修身) 말고서는 자기 계발에 유념하지 않았다. 서세동점기에 초기산업자본주의의 도입에 따른 사회 구조의 재편으로 이제 선비는 실존의 문제에 부딪치게 되었다. 백만장자의 유

산으로 장학재단을 남기고 세상을 떠난 로즈(Cecil Rhodes)를 역사상 가장 성공한 인물로 추앙하고, 근면하고 성실히 살다가 벤저민 프랭클린(Benjamin Franklin)을 가장 모범적인 시민으로 생각한 베버(Max Weber)의 자본주의의 정신이 시대 정신[192]으로 바뀌었을 때, 궁핍한 선비의 가치는 급격하게 몰락했다.

⑥ 대안의 부재라는 약점을 안고 있던 선비 문화는 실증주의(positivism)와 실용주의(pragmatism)를 기본 개념으로 제시하는 미국 중심의 문명이 상륙했을 때 더 이상 자신을 지탱할 기력을 잃었다. 지식과 토지[재산]를 함께 갖추지 못한 선비의 주장은 공허했다. 그들은 격동하는 시대 사조 앞에서 살아남을 수 있는 길을 잃었다. 그들의 시야를 가린 것은 중화주의의 잔영이었다.

---

192 Max Weber, *The Protestant Ethic and the Spirit of Capitalism*, 42, 53쪽.

참고문헌

오긍(吳兢), 1978, 《정관정요(貞觀政要)》, 中華書局.

곽승훈, 2005, 《최치원의 중국사 탐구와 사산비명 찬술》, 한국사학.
국사편찬위원회, 1971, 《매천야록(梅泉野錄)》.
김만규, 1982, 《조선조의 정치사상연구》, 인하대학교출판부.
김명하, 1999, "포은(圃隱)과 야은(冶隱) 사상에 나타난 의리관(義理觀)", 《정치사상연구》1, 한국정치사상학회.
김영수, 2006, 《건국의 정치: 여말선초 혁명과 문명 전환》, 이학사.
남만성, 1978, 〈해제〉, 《지봉유설》, 을유문화사.
노길명, 1977, "신흥종교 창시자와 추종자의 사회적 배경과 그들 간의 관계", 《증산사상연구》3, 증산사상연구회.
동화출판공사, 1977, 《한국의 사상대전집》.
량기백, 2006, 《국가와 문화와 국학이란 뭘까요?》, 도서출판 선인.
막스 베버 지음 · 양회수 옮김, 1975, 《사회과학논총》, 을유문화사.
막스 베버 지음 · 박봉식 옮김, 1977, 《직업으로서의 정치》, 박영사.
문영상, 1972, "영국 gentry 계층의 역할과 그들의 역사적 성격", 《부산사학》1.
박은식 지음 · 남만성 옮김, 1975, 《한국독립운동지혈사(韓國獨立運動之血史)》上, 박영사.
박제형, 1975, 《근세조선정감(近世朝鮮政鑑)》上, 탐구당.
박지향, 1997, 《영국사: 보수와 개혁의 드라마》, 까치.
박창진, 1996, "조선 중종대 권력 구조 연구", 경북대학교 박사학위논문.
박호성, 2001, "동아시아가치 논쟁과 한국민주주의의 과제", 《정치사상연구》4, 한국정치사상학회.
손문호, 1997, 〈퇴계 이황의 정치사상〉, 《퇴계의 사상과 그 현대적 의미》, 한국정신문화연구원.
손문호, 1999, "한국정치사상사 연구의 현황과 논점", 한국정치학회 추계학술회의 발표논문, 외교안보연구원.
신복룡, 2011, 《한국정치사상사》(하), 지식산업사.
신복룡, 2003, 〈당쟁의 새로운 이해〉, 《한국정치사》, 박영사.
신복룡, 2016, 〈고려 시대의 향정과 사심관〉, 《고려시대의 공공성》2, 한국학중앙연구원출판부.
이태진, 1981, 〈사림과 서원〉, 《한국사: 양반사회의 모순과 대외항쟁》, 탐구당.
임형택, 2001, "개항기 유교지식인의 '근대' 대응 논리: 혜강(惠岡) 최한기(崔漢綺)의 기학(氣學)을 중심으로", 《대동문화연구》38, 성균관대학교 대동문화연구원.

전석담·박극채, 1990, 〈조선농민경제사: 조선전기를 중심으로〉, 《조선경제사탐구》, 범우사.
정순목, 1969, 《퇴계평전(退溪評傳)》, 지식산업사.
정재훈, 2001, "조선전기 유교정치사상 연구", 서울대학교 박사학위논문.
진고응(陳鼓應) 지음·최진석 옮김, 1997, 《노장신론(老莊新論)》, 소나무.
최연식, 2003, 《창업과 수성의 정치사상》, 집문당.
현상윤, 2003, 《조선유학사》, 현음사.

Adam Smith, *The Wealth of Nations*
Baron de Montesquieu, *The Spirit of the Laws*
Cicero, *De Legibus*
Plato, *Republic*
Plutarch's Lives

Alfred Marshall, 1959, *Principles of Economics*, St Martin's Press.
Barrington Moore, 1966, *Social Origins of Dictatorship and Democracy*, Beacon Press.
Bernad Corry, 1968, "Alfred Marshall", *International Encyclopedia of the Social Sciences*, Vol. 10, The Macmillan Co..
Charles E. Merriam, 1964, *Political Power*, Collier Books.
Fung yu-lan, 1966, *A Short History of Chinese Philosophy*, The Free Press.
G. Davis, 1959, *The Early Stuarts*, 1603-1660, Oxford University Press.
Hsiao-tung Fei, 1953, *Chinese Gentry*, The University of Chicago Press.
J. Locke, 1976, *The Second Treatise of Government*, Basil Blackwell.
Lytton Strachey, 1918, *Eminent Victorians*, The Modern Library.
Max Weber, 1958, *The Protestant Ethic and the Spirit of Capitalism*, Charles Scribner's Sons.
Morris Ginsberg, 1964, *Psychology of Society*, Methuen.

선비정신의 현재적 함의와 전망
— '국민개사(國民皆士)' 그리고
민주주의와 관련해서¹ —

김석근 아산정책연구원

1. 머리말: 문제와 방법

정확한 시점을 밝히기는 어렵지만 언제부터인가 한국사회에서 '선비', '선비정신'에 대한 논의가 활발하게 이루어지면서, 관련 주제를 다룬 글이 쏟아져 나오기 시작했다.² 아산정책연구원과 《중앙일보》일요 신문《중앙선데이》가 2014년 1월부터 약 9개월 간 공동으로 기획, 추진한 〈한국문화대탐사〉 프로젝트 초반부 기사에서도 '선비'를 다뤘다. 이 선비 시리즈는 선비에 대한 대중의 관심을 환기시켰을 뿐 아니라 종래의 선입견을 불식시키는 데에도 일정한 기여를 했던 것으로 여겨진다.³ 이와 같이 최근 '선비'를 둘러싼 한국사회의 관심은 단순히 시대착오적·복고적인 취향이라고 할 수 없으

---

1 이 글은 2014년 9월 26일 개최된 학술회의 〈선비정신과 한국사회: 미래의 리더십을 찾아서〉(아산서원 개원 2주년 기념 학술회의) 제3세션 '사회변동과 선비정신'에서 발표한 글을 수정, 보완한 것이다. 발표 당시의 제목은 "선비정신의 재천명, 현재적 함의와 미래의 전망: 선비, '국민개사(國民皆士)', 그리고 민주주의와 관련해서"였다.
2 이에 대해서는 이 책의 부록으로 정리한 선비, 선비문화, 선비정신 관련 문헌목록을 참조.
3 〈한국문화대탐사〉 시리즈에 연재되었던 글들을 수정, 보완하여 단행본 《한국문화 대탐사》(김석근 외, 아산서원, 2015)를 출간하였다.

며, 개념적·역사적 연구를 넘어 선비를 '현대적으로 재해석하려는 시도'라는 점에서 주목할 만하다.

이 글의 문제의식 혹은 주도동기(leitmotif)는 오늘날 한국사회에서 선비와 선비정신에 관심을 갖는 이유와 그러한 논의가 갖는 함의를 살펴보고자 하는 것이다. 더 나아가서는 선비정신이 우리 사회의 미래에 어떤 비전을 제시할 수 있을지에 대해서도 논의하고자 한다.[4]

그렇다면 어떻게 접근해갈 것인가. 방법이 대상을 결정하는 것이 아니라, 대상이 방법을 결정한다. 이미 선비와 선비정신을 다루고 있는 글들은 많다. 이에 변별력을 갖기 위해서는 나름대로 고유한 방법 내지 특별한 전략이 필요하다. 선비 및 선비정신의 '현재'와 '미래'에 대해서 논의하는 글이 자칫 빠지기 쉬운 함정이 있다면 자신만의 신념 내지 이데올로기의 독백이 되기 쉽다는 점이다. 필자는 이러한 위험을 지양하고자 했다.[5] 이 글에서는 다음의 두 가지 자료를 토대로, 한국사회에서 선비정신이 갖는 현재적 함의와 미래 전망에 관한 논의를 전개해가고자 한다.

우선 〈한국문화대탐사〉 '선비' 시리즈를 진행하는 과정에서 아산정책연구원 여론·계량분석센터(센터장 김지윤 박사)의 도움을 받아 실시한 전국적인 규모의 여론조사 자료이다.[6] 주제와 관련해서 근래 찾아보기 어려운 의미있는 조사였다고 할 수 있다. 〈한국문화대탐사〉팀은 이뿐만 아니라 다양한 전공 분야의 학자 및 선비 연구 분야의 전문가들을 대상으로 두 차례의 심층

---

[4] 조금 더 나아간다면 '새로운 시도로 기획된 아산서원은 그 같은 비전과 어떤 관계가 있으며 어떤 방향으로 나아가야 할 것인가' 하는 점까지 연결되어 있다고 하겠다. 이에 대해서는 다음 기회에 다루고자 한다.
[5] 미래학자들이 부러운 것은 자신이 한 말에 대해서 책임을 지지 않아도 된다는 것. 하지만 그들의 발언은 미래의 구성과 구상에 영향을 미친다. 굳이 말한다면 '구성주의적 관점'이라 할 수도 있겠다.
[6] 본문에 인용한 여론조사는 아산정책연구원의 의뢰로 리서치앤리서치가 실시했다. 조사방법은 다음과 같다.
조사대상: 전국 만 19세 이상 성인남녀 1,000명
표집오차: 95% 신뢰구간에서 ±3.1% 포인트
조사방법: 유선/휴대전화 RDD(Random Digit Dialing) 전화 인터뷰 조사
조사기간: 본문 하단의 각주 참고
실사기관: 리서치앤리서치

설문 조사를 추가로 실시했으며, 제한된 지면 관계상 불충분하게나마 분석 결과를 소개하기도 했다.[7]

또 다른 자료는 선비정신과 관련하여 젊은 세대의 솔직한 생각이 담긴 글들이다. 2014년 9월 당시 아산서원 제6기 원생들은 이미 5주간의 인문교육을 마치고 서예, 사물놀이 등 다양한 한국 전통문화를 배우고 있었다. 이에 필자는 원생들에게 선비정신과 관련한 읽을거리를 제공한 후 감상문을 쓰게 했으며, 당시 받은 글들을 이 글의 주요 자료로 참조했다.[8]

이 글에서는 위 자료들을 토대 삼아 선비정신이 갖는 혹은 가질 수 있는 현재적 함의를 살펴보고, 나아가 그 전망에 대해 간략하게 언급하고자 한다. 우리가 선비와 선비정신에 관심을 갖는 이유, 시대와 선비 그리고 선비와 정치권력의 상관성 여하, 또 새로운 인간형으로서의 선비 등에 대해서 논의하게 될 것이다. 아울러 나아가야 할 방향을 놓치지 않기 위해서, 그리고 불필요한 오해를 피하기 위해서 유길준(俞吉濬, 1856~1914)의 유명한 명제인 '국민개사(國民皆士)'[모든 국민이 다 선비가 되어야 한다]와 '민주주의(democracy)'를 하나의 준거틀로 삼아서 논의할 것임을 미리 밝혀두고자 한다.

2. 〈한국문화대탐사〉와 '선비': 여론조사와 설문조사

아산정책연구원과 〈중앙선데이〉는 2014년 1월부터 약 9개월 간 공동기획으로 〈한국문화대탐사〉 프로젝트를 진행했다.[9] 이는 한국문화 전반에 대

---

[7] 김석근 외, 《한국문화 대탐사》, 아산서원, 2015, 370~371쪽 참조.
[8] 제출한 감상문 제목은 홑꺾쇠(〈 〉) 표기. 이름은 밝히지 않고 '김OO' 식으로 적기로 한다.
[9] 아산정책연구원에서 이 프로젝트를 주관한 부서는 '인문연구센터'(현재 한국학연구센터). 필자를 비롯해서 이승률·고명현·신창훈 박사, 권은율·김보아·정은경 연구원, 최윤혜·권희연 인턴, 아산서원 알럼나이(유하늘, 이

한 대중의 심층적인 이해를 도모하기 위해 기획되었으며, 필자를 비롯한 프로젝트 구성원들은 매주 일요일 아침 발간되는 《중앙선데이》 지면에 한국문화 각 분야에 대한 집중탐사 기사를 1면 혹은 2면 분량으로 게재했다. '아카데미즘과 저널리즘의 만남'이라 할 수 있는 새로운 시도였다.

매주 편집회의와 기획회의를 통해 주제를 정했으며, 참여자들이 함께 취재를 하기도 했다. 대표 집필자가 있기는 했지만, 완성된 초고를 회람하면서 서로 의견을 주고 받았다. 어떤 의미에서는 '집단창작'에 가까운 측면도 있었다. 그렇게 완성된 원고는 《중앙선데이》 편집부 데스크를 거친 후 게재되었다.

〈한국문화대탐사〉 시리즈에서 가장 주목을 끈 것 중 하나가 '선비'였다 (고 생각한다). '선비'를 주제로 선정할 때 참여자들은 만장일치로 의견을 모았다. 선비 시리즈는 일종의 번외편인 '여성선비' 기사까지 포함해 총 4회에 걸쳐 집중 연재되었다. 지방 취재는 물론이고 일본과 중국의 저명한 학자들을 찾아가 직접 인터뷰하기도 했다. 기사 목록을 정리해보면 아래와 같다.

- 권력 앞에서도 대놓고 바른말 … 왕도 껄끄러워한 선비 [2월 23일]
- "조선인에겐 더러운 피" … 일제가 왜곡한 선비상 아직 못 지워 [3월 2일]
- 중·일엔 없는 선비의 공론정치, 조선 500년 버틴 힘인가 [3월 9일]
- 영·정조 이후 여성선비 르네상스. 『규합총서』 쓴 빙허각 이

용익, 임보미), 그리고 아산서원 알럼나이 소모임(변소정, 신희선, 오수린, 이서영, 이영경, 홍예지) 등이 참여했다. 《중앙선데이》에서는 안성규·한경환·최익재 기자, 조용철·김춘식·최정동 사진기자, 그리고 김종록 작가(문화국가연구소)가 참여했다. 그 외에도 인터뷰, 취재 등에 직, 간접적으로 도움을 주신 많은 분들께 이 자리를 빌어 감사 드린다.

씨, 시동생 직접 가르쳐 [3월 16일]¹⁰

 선비 시리즈는 매주 상당히 높은 온라인 '열독률'을 자랑했다. 열독률은 일정 기간 동안 네티즌들이 어떤 기사를 가장 많이 읽었는지 조사한 결과다. 조심스레 말해본다면 선비 시리즈는 선비에 대한 관심을 새롭게 환기시켰다는 의미도 있지 않을까 한다.¹¹ 특히 일본 제국주의가 왜곡한 선비의 이미지를 상당 부분 바로잡고 선비의 진면목을 조명했으며, 선비들의 공론 정치(붕당과 당의)에는 고유한 특성이 있다는 측면을 지적했다는 점에서 주목할 만 했다고 하겠다.¹² 선비 시리즈는 또한 영·정조 시기의 여성 군자 사주당 이씨의 아들이 남긴 〈가장(家狀)〉 완역에 힘입어 그녀를 새롭게 조명하기도 했다.¹³

 〈한국문화대탐사〉 선비 시리즈를 진행하면서, 지금까지 필자와는 정말 무관하다고 여겼던 여론조사의 힘을 크게 빌었다. 선비에 대한 역사적인 서술이나 평가가 아닌, 일반 시민들의 생각은 도무지 알 길이 없었는데, 다행히 아산정책연구원 여론·계량분석센터의 도움으로 여론조사를 실시할 수 있었다. 귀중한 자료라 하지 않을 수 없다. 또 여론조사 결과만으로 분석이 어려운 부분은 전문가들을 대상으로 한 심층 설문조사를 통해 학술적 의미를 보완했다. 이하에서 여론조사 및 심층 설문조사 분석 결과를 소개하기로 한다.

---

10 《한국문화 대탐사》, 334~380쪽 및 386~403쪽 참조.
11 아산정책연구원은 그 연장선 위에서 〈선비정신과 한국사회: 미래의 리더십을 찾아서〉라는 주제로 학술회의를 개최했다. 《중앙선데이》 2014년 9월 28일자 기사 '선비정신과 미래 리더십' 및 《한국문화 대탐사》 381~385쪽, 그리고 《동아일보》 2014년 10월 15일자 기사 '지금은 극기복례(克己復禮) 선비정신 필요한 때' 참조.
12 이 책의 〈부록2〉를 보면 특히 2014년 이후 선비, 선비문화, 선비정신에 대한 글이 많이 나오기 시작했다는 점을 알 수 있다.
13 자세한 내용은 《중앙선데이》 2015년 3월 16일자 기사 및 《한국문화 대탐사》, 386~403쪽 참조.

1) 여론조사

'부러질 지언정 굽히지 않는다.' 의리와 지조를 최고 가치로 두는 선비정신을 드러내는 말이다. 절제보다 인간의 본능을, 정신보다 물질을 우선하는 오늘날, 선비정신은 우리에게 어떤 의미일까. 아산정책연구원(원장 함재봉) 여론·계량분석센터가 19세 이상 성인남녀 1,000명에게 물었다.[14]

먼저 "우리 사회에서 선비정신이 중요하다고 생각하는가"라는 질문에 "매우 중요하다"(31.2%)를 포함해 전체 응답자의 74.5%가 "중요하다"고 답했다. 이러한 반응은 특정성별, 연령, 직업, 학력, 소득, 이념에 치우치지 않았다. 선비정신이 "중요하다"고 답한 비율은 전 연령대 중 특히 40대에서 82.9%로 가장 높았고, 19~29세는 68%로 가장 낮았다.

"한국사회가 선비정신에 영향을 받고 있는가"라는 질문에는 "그렇다"와 "아니다"가 각각 41.5%와 45.7%로 비슷했다. 대다수가 선비정신이 중요하다고 생각하지만, 오늘날 선비정신이 실질적인 영향력을 갖고 있는지는 불확실 하다는 것이다.

"선비정신에 대해 어떻게 생각하는가"라는 질문에 전체 응답자의 68.5%는 "긍정적"이라고 답했다. "부정적"이라고 답한 비율은 12.1%, "잘 모르겠다"는 입장은 18.5%였다. 선비정신을 가장 중시했던 40대의 경우 79.9%가 선비정신을 "긍정적"이라고 평가했다. 40대를 제외한 다른 연령대의 응답률이 62.4%~68.9%를 보인 것에 비해 10% 이상 높은 수치다.

선비정신을 긍정적으로 평가한 응답자의 55.1%는 그 이유로 "인격수양"을 꼽았다. 그 다음으로는 "청렴"(23.7%), "대의명분"(7.0%), "학문탐구"(4.7%)가 뒤따랐다. 보수 성향 응답자들은 "인격수양"(57.5%), "청렴"(22.2%) 순이었고, 진보는 "인격수양"(49.3%), "청렴"(34.4%), 중도는 "인격수양"(58.7%), "청렴"

[14] 조사기간: 2014년 2월 7~9일.

(20.3%) 순이었다. 진보는 보수·중도층보다 상대적으로 "청렴"을 더 중시하고 있음을 보여준다. 이러한 차이는 학력별로도 드러났다. 학력 수준이 중졸 이하, 고졸, 대학 재학 이상으로 높아질수록 "청렴"을 긍정적 이유로 든 응답자의 비율이 9.5% → 16.7% → 29.8%로 증가했다.

선비정신을 "부정적"이라고 본 응답자들은 그 이유를 "권위주의"(43.8%), "당파싸움"(22.8%), "융통성 부족"(17.8), "남녀차별"(4.3%) 순으로 꼽았다. 이념 성향별로는 진보와 보수의 응답이 확연히 달랐다. 현실 정치에서도 두드러지는 이념 갈등의 문제가 반영된 셈이다. 진보는 "권위주의"가 문제라는 비율이 46%로 압도적이었고, "융통성 부재"(19.0%), "당파싸움"(18.2%)이 뒤따랐다. 반면 보수는 어느 한 쪽에 치우치기보다 "권위주의"(29%), "당파싸움"(27.9%), "융통성 부재"(22.2%) 문제를 고르게 지적했다. 진보 측에서 권력에 수반되는 권위에 반감을 가지고 있다면, 보수 측에서는 상대적으로 당파싸움에 더 주목하는 듯하다.

"선비정신이 향후 한국의 경제발전에 도움이 된다고 생각하는가"라는 질문엔 "그렇다"는 답변이 52.9%, "그렇지 않다"는 29.6%였다. 또 "선비정신이 향후 한국의 사회통합에 도움이 된다고 생각하는가"라는 질문에는 55.7%가 "그렇다"고 답했고, "그렇지 않다"는 의견은 24.8%였다. 선비정신을 부정적으로 보는 이유로 "당파싸움"을 지적했던 대전/충청지역 응답자들의 56%도 선비정신이 사회통합에 도움이 된다고 답했다.

선비정신이 현재 정치권에 미친 영향에 대한 질문에는 "긍정적", "부정적"이라는 답변이 각각 35.3%, 32.1%로 비슷했다. 눈에 띈 특징은 보수 성향의 응답자일수록 선비정신이 정치권에 긍정적 영향을 미쳤다고 보는 비율이 높은 반면, 진보 성향을 띤 응답자일수록 부정적 영향을 미쳤다고 보는 비율이 높다는 점이다. 실제로 선비정신이 "긍정적"이라는 답변은 보수(43.1%), 중도(33.8%), 진보(32.6%) 순으로 높았으나, "부정적"이라는 답변은 진보(36.0%), 중도(34.9%), 보수(30.3%) 순이었다.
 "여성선비도 있었다고 생각하는가"라는 질문엔 "그렇다"는 응답이 46.3%, "잘 모르겠다"가 37.7%, "아니다"가 15.2%였다. 선비정신의 부정적 측면으로 남녀차별 문제를 상대적으로 높게 지적한 블루칼라 계층과 학생 집단에서는 "여성 선비가 없었다"는 의견이 각각 17.5%, 19.2%로 타 집단에 비해 상대적으로 높았다.
 위 질문에 "그렇다"고 답한 사람들에게, "그렇다면 구체적으로 누구라고 생각하는가"라는 질문을 추가로 물었다. "모름/무응답"이 52.7%로 여성선비에 대한 관심과 정보가 부족함을 드러냈다. 응답자의 36.3%가 현모양처의 대명사인 "신사임당"을, 3.7%가 "박근혜 대통령"을 꼽았으며, "유관순"(1.5%), "허난설헌"(1.4%), "한명숙 전 총리"(0.9%) 등이 그 뒤를 따랐다. 하지만 모두 ±3.1% 포인트 오차범위 내에서 혼전이었다.
 박근혜 대통령을 여성선비로 꼽은 비율은 그의 지지기반이라 할 수 있는 지역에서 조금 더 높았다(대전/충청 4.9%, 대구/경북 4.6%). 또한 연령이 높을수록, 학력이 낮을수록, 소득이 적을수록, 보수 성향에 가까울수록 오차범위 이상의 유의미한 차이가 있는 비율이 박 대통령을 여성선비로 꼽았다. 대통령의 정치적 영향력이 통계에 반영됐음을 보여준다.
 "선비"하면 떠오르는 지역을 묻자, 4명 중 1명은 "잘 모르겠다"고 답했다. 아직까지 선비에게 특정지역의 이미지가 덧씌워지진 않았다는 뜻이다. 특정 지역을 답한 경우, "영남"(23.3%), "충청"(22.7%), "수도권"(16.6%), "호남"(6.9%), "강원"(2.9%) 순으로 나타나 영남과 충청이 오차범위 내에서 접전을 벌였다. 해당 지역을 고른 이유로는 "선비의 본고장이기 때문"이라는 응답이 30.2%, "선비의 이미지와 잘 맞는 곳이어서"라는 응답이 21.5%로 주를 이뤘다. "그 지역 출신이기 때문"이라는 응답은 4.6%에 불과했다. 하지만 대전/충청 지역(47.3%), 대구/경북 지역(58.2%) 응답자들은 자신이 사는 곳을 선비의 고장으로 보았다.

2) 제1차 설문조사 ["선비덕목" 설문][15]

'선비'하면 떠오르는 이미지는 매우 다양하다. 흰 도포에 갓을 쓴 옷차림에서 풍겨 나오는 청렴함과 품격 있는 꼿꼿함으로 의(義)와 지조를 지켜내고자 하는 견실한 모습. 혹은 주어진 상황에 대한 명철한 판단과 말과 행동이 일치되는 삶[언행일치(言行一致)]을 추구하는 모습 등.

아산정책연구원 인문연구센터는 다양한 전공 분야의 교수 10인에게 '선비가 갖추어야 할 덕목들'과 '사회적으로 영향력 있는 특정 직업'과의 관련성에 대해 물었다. 그들은 선비의 덕목으로 우선 '의(義)'와 '지조' 그리고 '청렴'이라는 덕목을 꼽았다. 이어 사리분별을 정확히 한다는 의미의 '명변(明辯)', 판단한대로 독실히 행동한다는 '독행(篤行)'을 추가했다.

이는 위에서 소개한 여론조사 결과와도 어느 정도 일치한다. 여론조사 결과, 전체 응답자의 68.5%가 선비정신에 대해 "긍정적"이라고 답변했으며, 그들 중 55.1%와 23.7%가 그 이유로 각각 "인격수양"과 "청렴" 이미지를 들었다.

'인격'의 사전적 의미는 '사람으로서의 품격'이다. '인격수양'이란 개인의 재능과 능력을 향상시킴과 동시에 사람에게 꼭 필요한 기본적인 예의와 신념, 즉 '격'을 갖추어나감을 뜻한다. 그렇다면 인격수양은 '명변'과 '독행' 그리고 '의'와 일맥상통하는 개념으로 볼 수 있다. 사적인 이익 보다는 대의(大義)를 추구하며 정확한 판단을 통해서 지조 있는 행동을 하는 옛 선비들의 모습과도 자연스레 연결된다.

---

15 이 자리를 빌어 의견 주신 분들께 감사드린다. 곽신환(숭실대 철학과), 김경희(성신여대 교양대학), 박성우(서울대 정치외교학부), 배병삼(영산대 교양학부), 서현(한양대 건축학과), 이남희(원광대 한국문화학과), 이병택(경희대 공공거버넌스센터), 이원택(동북아역사재단), 이형성(전주대 사범대학), 허동현(경희대 교양학부).

그러면 현재 한국에서 '리더'의 위치에 있는 사람들은 직무 수행에서 그 같은 '선비 덕목'을 발휘하고 있을까. 10인의 전문가들은 장·차관을 포함하여 고위공무원, 국회의원, 교수, 언론인, CEO의 경우, 사회적으로 영향력이 있으며 젊은이들을 가르치는 직업군에 종사하고 있으므로 그러한 선비의 덕목을 갖추어야 한다고 주장했다. 또한 시민들의 의견을 반영하고 그들의 이익을 위해 노력하는 NGO 단체장, 언론인, 대학 교수, 그리고 초·중·고교 교사들 역시 선비의 범주에 포함된다고 보았다.

하지만 현실적으로는 그들에게서 선비의 모습이 다소 부족하다는 지적이 나왔다. 특히 깊이 따져 묻는 '심문(審問)', '대의명분', '청렴'과 '관용'은 그들 직업에서 공통적으로 부족하다는 의견이었다. 전문가들은 NGO 단체장에게는 사회적인 조화와 통합을 위해 노력하는 자세['화(和)']가 필요하며, 교수와 언론인에게는 '명변', '독행' '신사(慎思)'가 중요하다고 보았다.

흥미롭게도 전문가들은 '기업의 CEO'는 선비와 그다지 연관성이 없다는 견해를 드러냈다. 이윤추구를 주된 목표로 하는 CEO의 직무 특성상, '대의명분'과 '지조' 그리고 '청렴'으로 상징되는 선비의 덕목과는 다소 거리가 멀다는 인식 때문인 것으로 여겨진다.

3) 제2차 설문조사 ["선비정신" 설문][16]

현재 우리 사회, 더 나아가서는 미래 한국사회에 왜 선비정신이 필요한가. 이런 질문에 ①"리더십 발휘를 위해서", ②"사회통합을 위해서" 선비정신이 필요하다는 답변이 나왔다. 앞서 소개한 제1차 설문조사 결과다. "청렴함이 필요해서"라는 답변이 그 뒤를 이었다.

---

[16] 이 자리를 빌어 의견 주신 분들께 감사드린다. 곽신환(숭실대 철학과), 권순철(사이타마대 교양학부), 김덕환(동양대 교양학부), 배병삼(영산대 교양학부), 신복룡(건국대 명예교수), 이남희(원광대 한국문화학과), 이원택(동북아역사재단), 이형성(전주대 사범대학), 정옥자(서울대 명예교수), 허동현(경희대 교양학부).

인문연구센터는 여론·계량분석센터가 실시한 선비정신 관련 여론조사, 그리고 위에서 소개한 제1차 설문조사의 결과를 출발점으로 삼아, 다시 한 번 또 다른 전문가 10인을 대상으로 설문조사를 실시했다. 선비정신의 시대적 역할과 미래 비전에 대한 보다 입체적이고 심층적인 이해를 위해서였다.

여론조사 결과를 통해 살펴봤듯, 다수의 국민들이 "선비정신이 필요하다"는 데에 큰 이견이 없었다. 그러나 냉정하게 말해서 현재 한국사회에 선비정신이 살아 있기나 한 것인지는 의문스럽다. 10명의 학자들 역시 "한국사회에 선비정신이 살아 있는가"라는 질문에 "살아있지 않다"(4), "보통이다"(4), "대체로 살아 있다"(2)고 답했다. "매우 살아 있다"는 답변은 전혀 없었다. '보통이거나 그 이하'라는 얘기다.

학자들은 선비정신이 살아 있지 않다고 생각한 이유로, ① "사회지도층과 지식인들의 부족한 인격수양"과 ② "엘리트층의 사리사욕 추구"를 꼽았다. 소수의 의견이지만 "정치권의 잦은 분열과 갈등"때문이라는 답변도 있었다. 하지만 그 누구도 답변 문항 중 "정치권과 지식인들의 소통과 대화 부족"은 고르지 않았다. 즉 중요한 사안은 '소통과 대화'의 문제가 아닌, 사회지도층의 '인격수양' 부족과 '사리사욕' 추구의 문제라는 것이다.

다음으로는 "현재 우리 사회에 선비정신이 살아 있다면, 어느 직업군에서 그런 모습을 찾아 볼 수 있을까" 물었다. 1차 설문조사에서 밝혀진 4위까지를 문항으로 제시하고, 그 중 우선 순위 두 개를 선택하도록 했다. 가장 많은 답변을 받은 직업군은 역시 "교수"(11)였으며, "언론인"(6), "NGO 단체장"(3)이 뒤를 이었다. "장/차관"을 고른 사람은 한 명도 없었다.

또 전문가들은 "우리 사회에서 선비정신이 살아 있다는 것은 어떻게 알 수 있는가"라는 질문에 "그래도 현실에서 권력에 대한 비판이 이루어지고 있다"(10), "사회통합을 위한 노력이 행해지고 있다"(5)는 점을 들었다. 말하자면 지금까지 선비정신이 해온 역할은 '사회통합'보다는 주로 '권력 비판'

에 집중되었던 셈이다. 이는 독재정권 비판과 민주화 운동으로 점철된 현대 한국정치사를 되돌아보는 것만으로 누구나 충분히 이해할 수 있다.

그러나 필자는 앞으로의 선비정신은 적어도 그 단계는 넘어서야 한다고 생각한다. 현재 우리가 선비정신에 기대하는 것은 지난 날의 권력 비판이라는 소극적인 측면을 넘어 도덕적인 리더십을 발휘하고(7), 그럼으로써 사회통합에 기여할 수 있는(5), 보다 적극적인 역할이라고 할 수 있다. 따라서 미래의 리더들에게는 먼저 도덕적, 인격적인 수양, 그리고 사리사욕을 넘어 공적인 것과 공동체를 진정으로 생각하는 마음이 수반되어야 할 것이다.

여론조사에서 드러났듯, 혼탁한 시대임에도 우리 국민은 여전히 선비정신에 뭔가를 기대하고 있으며, 이를 우리의 중요한 정신적 유산으로 여겨 긍정적으로 평가하고 있다. 이는 전문가들이 선비의 가장 큰 덕목으로 꼽았던 '사리분별' 및 '의(義)'가 미래의 리더십과 사회통합의 바탕이 되어야 한다는 것을 다시 한 번 강력하게 시사하는 것이다.

3. 젊은 세대의 발상: 재발견과 상상력

미래의 주역으로서 젊은 세대는 과연 선비와 선비정신에 대해서 어떤 생각을 가지고 있을까 궁금해하던 차에, 아산서원에서 인문학 공부를 하고 있던 6기 원생들의 생각을 엿볼 수 있는 기회가 찾아왔다. 추석 연휴로 인해 필자가 맡고 있던 〈천자문과 격몽요결〉 수업을 휴강하게 된 것이다. 이에 수업을 대체하는 특별 과제로, 중앙선데이 〈한국문화대탐사〉 선비 시리즈를 읽고 A4 1매 분량의 독후감을 제출하도록 했다.[17]

---

[17] 이메일로 공지한 사항: "추석 연휴로 인해 휴강한 5주차 수업의 대체 숙제는 아래와 같습니다. ㄱ) 제가 쓴 〈대학, 그 사상적 함의(1)〉를 읽습니다. – 문화기행 때 외워야 할 〈대학〉 경 1장을 이해하는 데 도움이 될 것입니

그에 앞서 4주차 수업 시간에는 시민 1,000명을 대상으로 실시했던 여론 조사 문항 페이퍼를 예고 없이 나누어주고, 자신이 생각하는 대로 체크하도록 했다. 느닷없는 설문조사인데다 시간이 촉박하기도 해서, 아마도 "우리가 왜 이런 걸 해야 하는가"하는 느낌도 없지 않았던 듯 하다.[18] 원생들을 대상으로 실시한 미니 설문조사 결과는 앞서 소개한 여론조사 결과와 크게 다르지 않았다.

원생들의 감상문은 아주 생생했다. 적지 않은 원생들이 선비에 대한 종래의 일반적인, 부정적 인식을 자신도 모르게 가졌음을 인정했으며, 이번 계제에 선비정신을 다루는 글들을 읽고 자신의 생각을 재정립할 수 있었다고 솔직하게 토로하기도 했다. 생각과 인식의 변화가 있었다는 것, 즉 '선비의 재발견'이라 해도 좋겠다. 그런데 일부 원생들이 보내준 감상문은 필자가 예상했던 것 보다 훨씬 더 앞서가는 모습을 보여주었다. 그야말로 놀라운 '상상력'이었다. 그들은 선비정신과 관련해 자신들이 공부하고 있는 아산서원에 대한 생각과 바람을 진솔하게 들려주었다.[19]

다. ㄴ) 첨부해서 보내는 파일들을 읽습니다. 〈선비〉 (상, 중, 하), 〈여성선비〉. 인문연구센터가 〈중앙선데이〉에 연재했던 〈한국문화대탐사〉 기사들입니다. ㄷ) 앞의 두 자료를 읽은 후, 종합적으로(〈천자문과 격몽요결〉 포함) 생각해서, 〈내가 생각하는 선비와 선비정신, 그리고 아산서원〉이란 주제로 글쓰기 합니다(A4 1매 분량). (기본적으로 '선비정신과 아산서원'을 염두에 둘 것. 제목은 자유롭게 붙여도 좋음.) ㄹ) 17일(수요일) 밤 12시까지 이메일로 제출합니다."

18 "마지막 〈천자문〉 및 〈격몽요결〉 수업시간, 교수님이 난데없이 설문지 한 묶음을 돌리신다. 제목을 언뜻 보니 조선시대의 '선비정신' 에 대한 설문조사였다. 선비의 '선'자도 모르는 나는 "선비정신이 사회 발전에 도움이 된다고 생각하는가?", "여성 선비도 존재한다고 생각하는가?" 등의 다소 어렵고 생소한 질문들에 당황하며 설문지를 허둥지둥 채워나갔던 기억이 있다. 물론 내가 무식해서 그런 것이겠지만, 설문조사에 응하는 내내 들었던 의문은 "도대체 왜 갑자기 이런 '쓸데없고 구시대적인' 개념을 다시 끄집어 내는 것일까?" 였다. 그도 그럴 것이 그 동안 선비에 대한 기본적 관심이 없었고 그 개념조차 희미해서 선비라 하면 그저 '점잖고 고리타분하며 지식적 수양을 갖춘 사람' 정도의 기본적인 이미지 밖에 떠오르지 않았기 때문이었다." (〈민주주의 사회와 선비정신〉, 이OO)

19 〈21세기의 선비 양성소, 아산서원〉(김OO), 〈내가 생각하는 선비와 선비정신, 그리고 아산서원〉(박OO), 〈공감력(共感力) - 아산서원이 기르는 선비정신〉 (김OO) 등.

1) 인식의 변화: 선비의 재발견

젊은 세대들이 쓴 감상문에서 가장 두드러지는 점은 선비에 대해서 가졌던 부정적인 인식(선입견)과 오해에 대한 발언이었다. '선비'하면 허례허식, 명분에 사로잡힌 답답한 사람들, 청산되어야 할 부정적인 유산, 근대화의 걸림돌이라는 식으로 생각해왔다는 것이다. 그런 인식은 무엇보다 잘못된 식민사관의 해독과 지금까지 제대로 이루어지지 못한 교육에서 비롯된 것으로 여겨진다. 그러니 그들로서는 〈한국문화대탐사〉 선비 시리즈가 스스로를 되돌아보게 한 계기가 된 셈이다. 또 주어진 자료를 읽고 선비와 선비정신에 대해서 새롭게 바라볼 수 있게 되었다는 고백, 대의를 추구하는 선비정신은 오늘날에도 계승되어야 하지 않겠느냐는 지적도 있었다. 아래 그들의 글을 발췌하여 소개한다.[20]

> * **부정적인 인식과 식민사관에 대한 반성**
>
> "그렇다면 현대에도 선비의 덕목을 이어가려면 우리는 어떤 자세를 가져야 할까. '사람은 반드시 스스로가 스스로를 모독한 연후에 남들도 그를 모독한다'라는 맹자의 가르침을 곱씹어보며 선비를 포함한 한국의 전통문화에 대한 나의 생각을 되돌아보았다. **사실 주어진 자료를 읽기 전 조선시대 선비들의 붕당정치에 대해 부정적으로만 생각해왔던 것에서 무비판적으로 식민사관에 젖어있는 나의 모습을 발견했다.** 물론 붕당에는 부정적인 면도 있지만 동시에 상호 견제와 비판 인정을 통해 책임정치로 향하게 만드는 등의 순기능도 있다는 것을 알게 된 것이다. 우리의 가치는 우리가 먼저 깨달을 때에야 빛을 내고

---

20 *로 표시한 타이틀 부분은 필자가 편의상 붙인 것이다. 이하 마찬가지.

다른 사람들도 알아볼 수 있다는 것을 마음에 새기며 지금 이 시간을 소중히 해야겠다."[21]

* 선비: 답답한 사람들? 대의를 추구하는 사람?
"교양 있는 고집스러움. 이전까지 내가 생각했던 선비정신을 표현한 말이다. 수기치인, 즉 스스로 수양하여 세상을 다스리고자 하며, 사익보다는 공익을 중시하는 교양인이지만 한편으로는 **자신의 신념에 갇혀 권위를 중시하고 열린 마음을 갖지 못한 답답한 사람들이 선비라는 생각**을 갖고 있었다. 과연 현대 우리 사회에 필요한 덕목인지 반신반의하는 입장이었던 것이다. 하지만 이번 과제를 통해 선비정신에 관한 여러 글을 읽어보고 나의 생각을 재정립하는 시간을 가지면서 생각의 변화가 일어났다. … **이렇게 대의를 추구하는 선비정신은 현대에도 계승되어야 할 소중한 덕목**이라고 생각한다. 뉴스에는 눈앞의 사사로운 이익을 추구하다 사회악이 되어버린 사람들의 이야기가 많이 나오는데 더 안타까운 것은, 그들이 다른 누구보다 국가를 위하고 공익을 추구해야 하는 자리에 있는 사람들이라는 것이다."[22]

또 한 가지 흥미로웠던 것은, 원생들이 조선시대의 붕당(朋黨), 당의(黨議)를 비판과 견제, 그리고 세력균형이라는 측면에서 '책임정치', 나아가서는 '민주주의'와도 연결시켜서 생각해보려는 모습이었다. 왕과 선비, 선비들 사이의 견제와 균형을 통해서 공론(公論) 정치 내지 공공(公共) 정신을 구현하

---

21 〈아산서원에서 조선의 선비를 돌아보다〉(황○○). 강조는 인용자. 이하 마찬가지.
22 〈대의 그리고 포용〉(변○○)

고자 한 것으로 볼 수도 있다는 것이다. 당쟁이 가장 활발했던 숙종 대가 가장 훌륭했고 백성이 가장 편안했던 시기라는 지적 역시 흥미롭다.

> * 당의(黨議)와 선비정신: 민주주의의 모습이 아닌가.
> "건국대 신복룡 명예교수가 당쟁이 가장 활발했던 숙종 대가 가장 훌륭했고 백성이 가장 편안했던 시기라고 했으며, 법문사의 《한국사》에서도 붕당 정치의 원리를 세력 균형을 통해 상대를 견제 비판하며 책임정치를 한 것이라고 말했다. 이를 다시 생각해보면 **조선 사회에서 나왔던 민주주의의 모습이 아닌가 싶다.** 민주주의는 단순히 하나의 만장일치된 의견을 목적으로 하는 것이 아니기에 단지 한 가치만 대변하는 쪽만 있게 되면 필시 옳지 못한 곳으로 흐르고 만다. 또한 서로를 비판하되 그 과정에서 상대를 무시하는 것이 아니라, 상대를 인정하면서 사회의 발전을 이끌어내는 것이다. 이런 점을 봤을 때 公(왕/위정자)과 私(아랫사람) 사이에서 공공(公共)을 통해, 즉 왕 및 선비 사이에서 끊임없는 당의(黨議)를 했던 당시 선비들의 정치는 현대 어쩌면 우리가 바라는 정치상과 닮은 구석이 있다."[23]

그 같은 측면에서 바라본다면 선비는 정직하게 나라와 백성을 생각했던 '조선시대의 민주적인 리더'였다고 볼 수 있겠다는 지적도 나왔다.[24] 생각이 거기까지 미치게 되면, 더욱이 우리 사회의 어두운 현실과 언론에 보도되

---

23 〈끊임없는 고민과 토론 속 수기(修己), 아산서원의 '나'〉(오OO)
24 "이제 보니, 선비정신을 갖는다는 것은 우리가 오늘 배우는 인문학 같은 것을 배우고, 그것들을 이용해 판단을 잘하고, 가장 직접적이게 망설임 없이, 그리고 부패하고 전략적인 것 없이 임금에게 좋은 정책을 세울 수 있도록 잡아준다는 것이 정말 인상적이었다. 특히 **정말 정의를 위해 목숨을 걸고 하는 일이니, 선비만큼 정직하게 나라와 국민들을 위해 살았던 사람이 없는 것 같다.**"(《조선시대의 민주적인 리더: 선비〉, 함OO)

는 고위층과 공직자들의 비리나 부정 등을 감안한다면, 오늘날에도 선비정신이 필요하다는 생각이 드는 것은 어쩌면 자연스럽다. 오히려 선비정신 안에서 민주주의와 공동체 정신이 조화를 이루는 것으로 볼 수도 있다는 식이다.[25]

* 우리 사회에는 어느 때 보다 선비정신이 필요하다
"그러나 이번에 신문 기사를 읽고 우리 사회의 현실을 되돌아 보면서, 우리 사회에 어느 때보다 선비, 그리고 선비정신이 필요하다는 생각이 들었다. 조선시대 선비들이 보여줬던 청렴이라는 가치와 왕에 대한 직언, 그리고 여론 형성이라는 역할은 우리나라를 이끌어 가는 고위 관직자들과 공무원들, 그리고 소위 말하는 지식인들에게 필수적이기 때문이다. 실제로 우리 사회, 그 중에서도 고위층을 들여다보면 이미 그 안에서 소통의 기능이 상실된 듯 보이고, 청렴이라는 가치는 점점 옛 것이 되어가고 있다. 우리는 이 위기를 조선시대의 선비들을 통해 배움으로써 타개할 수 있다. 이 사회의 지도층이 스스로를 갈고 닦고 부정한 것에 얽매이지 않도록 애쓰면서, 지식인들과 정책 실행자들이 협심하여 나라가 나아갈 방향을 결정하는 것이 바로 우리 조선 시대의 선비 문화가 지향한 방향이었고, 이는 지금 우리 사회가 나아갈 방향을 제시해 주고 있다."[26]

---

25 * 선비정신: 민주주의와 공동체 정신의 조화: "선비는 대(大)를 위해 소(小)를 희생한다. 더 많은 사람들을 위해 자신을 내던지는 덕목으로 '거의', '순절', '절의' 등을 강조하며 선비정신은 개개인의 이기심을 조절하도록 한다. 여기서 선비정신의 흥미로운 특징을 발견할 수 있다. 민주주의란 본래 개인의 가치가 극대화된 체제인데 선비정신은 민주주의의 제도적 방법론을 포함하는 동시에 역설적으로 자기희생을 강조한다. **민주주의와 공동체 정신 이 두 가치가 조화를 이룰 수 있도록 하는 것이 바로 선비정신**이다."〈고루한 선비정신에서 찾은 근대적 가치〉, 이OO〉
26 〈내가 생각하는 선비와 선비정신, 그리고 아산서원〉(배OO)

2) 젊고 싱싱한 상상력

선비, 선비정신에 대해서 가졌던 선입견에 대한 반성, 선비정신이 갖는 현대적 의미, 나아가 민주주의 원리와 공동체 정신과도 조화를 이룰 수 있다는 식의 해석과 반응은 어느 정도 예상할 수 있는 것이었다. 하지만 생기발랄한 20대 젊은이들의 상상력은 놀랍게도 그 예상과 기대를 넘어섰다.

일찍이 생각하지 못했던 '모던 선비'라는 표현도 나왔다.

> "선비의 정신이나 동양의 고전철학을 배울수록, 그것들의 본질적인 지향점은 현대사회에도 여전히 부합할 수 있다고 생각한다. … **선비의 본질은 우리가 생각한 것 보다 더 깊은 곳에 있고, 이는 현대사회에서 역시 깊은 울림을 준다.** 내가 하기로 한 일에 최선을 다하고, 부모님을 공경하는 등, '선비의 정신'이라는 것은 현대 사회에서도 충분히 의미가 있는 것들이다."[27]

거의 비슷한 맥락에서 선비정신은 흔히 말하는 리더십과도 연결되지만 보편적인 사람됨됨이에 관한 것으로 볼 수 있으며, 사람이라면 누구나 그 같은 선비정신을 갖춰야 한다는 주장도 있었다. 따라서 민주주의를 지향하는 현대 사회에서는 이제 온 국민이 선비라 할 수 있으며, 또 그래야 한다는 것이다.

> * 보편적인 사람 됨됨이: 사람이라면 선비정신을 갖춰야 한다.
> "하지만 오히려 선비정신이 무엇인지, 왜 그것을 중요하게 여겨야 하는지를 고민할수록 이것은 리더십이 아니라 **보편적인**

---

[27] 〈모던 선비〉(박OO)

사람 됨됨이에 관한 것이라는 생각이 든다. 다르게 말하자면 누구에게 특히 선비정신이 요구된다라는 말보다 **무릇 사람이라면 선비정신을 갖춰야 한다라는 말이 더 일리가 있다는 것**이다. 결국 리더는 대중의 여러 사람 중 한 사람인데, 그 리더가 갖춰야 할 덕목에 대한 합의가 이루어져 있지 않거나 대중이 그것을 제대로 이해하지 못하거나 실천하지 못한다면 그 사회는 훌륭한 리더를 배출해 낼 수 있는가? 현대의 리더십이 선비정신과 별개의 것이라는 의미가 아니다. 그러나 리더십 혹은 선비정신의 덕목들을 특정 인물 혹은 집단에게만 기대하는 것은 옳지 않다. 올바른 가치와 덕목을 사회 전체가 추구해야 뛰어난 리더가 나오며 그/그녀와 함께 뛰어난 사회를 만들 수 있는 것이다."[28]

* 5,000만 선비시대: 이제 온 국민이 선비

"선비란 본래 '문제를 알고 이를 극복하기 위해 노력'한다는 점에서 수신하는 사람이며 현실을 개혁하는 사람이다. 사람들의 본(本)이 되어 이렇게 살자 몸소 제시하고, 더 나아가 그렇게 살 수 있도록 사회를 개선해 나가는 사람들이다. **그렇다면 오늘날의 선비는 누구일까? 나는 이제 온 국민이 선비라고 생각한다. 누구나 교육이 기본권으로 보장되고 자아실현을 궁극적 향방으로 두는 민주주의 사회에서, 여성 선비도 크게 특별할 것이 없다.** 실제로 대부분의 사람들은 사실관계와 무관하게 자신을 선비의 후손이라 생각하고 당대 선비들의 가치관에 향수

---

28 〈내가 생각하는 선비와 선비정신, 그리고 아산서원〉(전00)

를 느낀다. 어찌보면 민주주의라는 것이 바로 한 사람 한 사람
을 리더로 인정해주는 것이 아닐까. 시민이나 정당이 서로 간
발목잡기로 조선시대부터 사랑받던 당의를 펼치는 것 또한 한
편으론 당연한 일이다. 민주주의는 그 효율성 때문에 칭송받는
것은 아니니까 말이다. 자신의 기질만큼, 자신이 완성되어가는
만큼, 공동체를 아끼는 만큼 기여하는 것이니 책임감이 너무
무거울 필요는 없다고 생각한다."[29]

오늘을 살고 있는 20대 젊은이들의 생기발랄한 상상력과 표현에 놀라지 않을 수 없었다. 솔직히 말해서 상큼하기까지 했다. 평소 선비정신의 재발견과 현재적 의미를 말하면서도 마음 한 켠으로는 혹 필자 역시 나이가 들면서 어쩔 수 없는 기성세대의 한 사람이 되어버린 것은 아닌가 반문하기도 하고, 또 민족주의 내지 국수주의로 기운 것은 아닌가 하는 약간의 우려와 더불어 스스로를 경계해왔기 때문이다. 따라서 당당하게 본인의 의견을 드러내는 원생들의 모습에 필자가 큰 힘을 얻었다는 것은 부인할 수 없겠다. 그들의 상상력은 관계적 덕성으로서의 '예(禮)'와 '공화적인 선비정신'을 말하는 데까지 나아가고 있다. 이 또한 놀랍지 아니한가?

* 예(禮)와 공화적 선비정신
"여기에 조금만 더 개인적인 사견을 부연하자면, **'공화적 선비정신'**을 이야기하는 것 역시 의미있는 일이라 생각한다. 본디 유가 사상은 공동체 내의 관계 속에서 각 개인이 스스로의 본분에 충실할 것을 강조하는 사상이며, **예(禮)**는 그러한 '관계적

---

[29] 〈5,000만 선비시대〉(이○○)

덕성'의 이념을 담고 있다. 이는 어쩌면 **서유럽에서 기원한 공화주의적 덕성과도 상통하는 바가 있지 않을까** 생각해본다. 2014년 대한민국은 민주공화국으로서, 절차적 민주주의로서는 모르되 '공화국'의 이념형과는 그다지 닮아있지 않은 공동체라 생각한다. 그렇다면 우리의 정신문명적 전통 속의 선비들을 불러와 그들과 '민주공화국 대한민국'에 대해 이야기해보는 것은 어떨까. 더 나아가서, 서구인들이 일본의 'Bushido'에 대해 연구하듯이 미래의 어느 날 'Republican Sunbijungshin'에 대해 이야기하는 상황을 상상하면, 또한 즐겁지 아니한가?"[30]

4. 선비정신, 그 현재적 함의

"'선비정신'이란 '선비'와 '정신'이란 두 단어의 합성어가 우리 사회에 통용된 것은 아주 최근의 일로 생각된다. 아마 4.19 내지 5.16 이후의 일로 생각된다. '선비'라는 말은 한말(韓末) 이후 줄곧 유교망국론(儒敎亡國論)과 관련하여 혐오의 적(的)이 되어왔다. 그러다가 이 고풍스러운 말이 되살아난 것은 주로 조지훈(趙芝薰)과 같이 고전적(古典的) 교양을 가진 논객(論客)들이 4.19 내지 5.16 전후에 쓴 일련의 시사 논설(時事論說)에서 **옛 선비의 바른 도리로서, 정객(政客)과 지식인(知識人)들을 일깨우면서부터이고**[31], 이에 이어서 **올바른 지식인의 윤리적 자세를**

---

[30] 〈민주 공화국 대한민국 속에서의 '선비정신'의 재구성에 대한 시론〉(정OO)
[31] "조지훈은 1959년 《지조론》이란 시사논설집을 냈고, 그 속에서 '선비의 지조' 등을 문제 삼았다." (인용문의 각주 내용)

가리키는 말로서 '선비정신'이란 합성어가 있게 된 것 같다. 이 말은 물론 우리 나라의 현대 지성인의 윤리적 자세를 역사(歷史)에 반조(返照)해서 자기조정(自己措定)을 하려는 요구에서 나왔으며, 그런 점에서 우리 나라 지성계에 우리 것에 대한 지적(知的)인 관심이 되살아난 1970년대부터 통용된 것이 아닌가 생각된다."[32]

엄격하게 말하자면 선비와 정신의 합성어로서의 '선비정신'이라는 말은 역시 시대의 산물이다. 조지훈(1920~1968) 등이 "옛 선비의 바른 도리"로 당시의 정객과 지식인들을 일깨우기 위해서, 그리고 "올바른 지식인의 윤리적 자세"를 가리키기 위해서 쓴 것이기 때문이다. 조지훈이 선비의 지조를 특별히 논한 것 역시 그 시대(특히 지식인들)를 향한 솔직한 발언이라 할 수 있겠다.

현재의 상황은 그 당시와 매우 다르지만, 필자 역시 거의 비슷한 맥락에서 현재 시점에서 '선비정신'을 '재발견'해야 한다고 생각한다(이에 대한 설명은 다음 장에서 보충할 것이다). 앞에서도 시사했듯, 현재 우리가 선비정신에 기대하는 것은 지난 날의 '권력 비판'이라는 소극적인 측면을 넘어 '도덕적인 리더십'을 발휘하고, 또 그렇게 함으로써 '사회통합'에 기여할 수 있는 보다 적극적인 역할이라 할 수 있기 때문이다. 아래에서는 선비정신에 대한 필자의 미래지향적인 관심에 대해 부연하고자 한다.

1) 시대가 '선비'를 부른다!: '선비'와 '선비정신'에 대해서 관심을 갖는 이유

현재 우리 사회에서 볼 수 있는 전통적인 지식인으로서의 선비와 그들의

---

[32] 이동환, "선비정신의 개념과 전개", 《대동문화연구》제38집, 성균관대학교 대동문화연구원, 2001, 9쪽.

정신세계라 할 수 있는 선비정신에 대한 관심은 단순히 시대착오적이거나 복고적인 유행 같은 것은 아니다. 조선시대의 문인과 선비문화를 미화하고 그것을 오늘에 되살리려는 것도 아니다. 그래서는 안 되고, 그럴 수도 없다. 그러나 우리 국민은 여전히 선비정신에 뭔가를 기대하고 있다. 그 같은 관심은 지금 우리의 현실에 대한 신랄한 비판 및 비판의식과 깊이 관련되어 있다.[33] 선비정신을 우리의 중요한 정신적 유산으로 여기고, 일종의 새로운 모색[34] 혹은 '오래된 미래'로서의 선비정신을 되돌아보려는 것이라 할 수 있다.

이러한 현상은 한국 지성사의 흐름이라는 거시적 측면에서 바라보아야 한다. 더 구체적으로는 현재 한국사회를 이끌어가고 있는 엘리트(혹은 리더 계층)에 대한 불만과도 무관하지 않다. 심층 설문조사에서도 전문가들은 "오늘날 선비정신이 살아 있지 않다"고 보는 이유로 ①'사회지도층과 지식인들의 부족한 인격수양'과 ②'엘리트층의 사리사욕 추구'를 꼽았다.

흔히 한국의 지도층에는 '노블리스 오블리제(noblesse oblige)'가 부족하다는 말을 어렵지 않게 들을 수 있다. 종래의 독재나 군부 통치하에서는 '반독재, 반군부, 민주주의'라는 몇 개의 키워드로 엘리트의 결함마저 커버될 수 있었는지 모른다. 그러나 산업화와 민주화 과정을 거치면서 시민들은 현실을 객관적으로 바라볼 수 있게 되었다. 예컨대 (실질적인 민주화는 아직 멀었지만)인사 청문회 등의 절차적인 민주주의 확립을 통해 사회지도층의 이기적인 모습, 도덕적인 타락상 내지 부정 부패, 편법과 축재 등의 병리현상과

---

33 한 젊은이는 이렇게 단언한다. "한마디로 '선비정신'의 실종이다."
34 한 젊은이의 진단: "사리분별, 의, 청렴, 검손함 등의 덕목들에 대해 그것이 선비정신인지는 모르지만 그것이 올바르다는 사회적으로 눈에 보이지 않는 합의가 있는 것이다. 그만큼 선비정신은 우리와 멀리 있는 것이 아니다. 심지어 **우리가 부정적으로 인식하고 있는 조선시대 선비들이 벌인 당쟁 역시 따지고 보면 현대 민주주의에서는 당연히 발생하는 그것과 같다.** 선비정신은 그렇게 우리와 먼 것이 아니다. 당쟁으로 알려진 당의도 지금의 그것과 크게 다르지 않다. 선비정신이 다시 각광을 받고 재평가가 이루어지는 이유 중 하나이다. 나는 선비정신의 재평가가 이루어지는 다른 이유 중 하나는 지금의 사회에서 우리가 흔히 말하는 리더십, 즉 리더가 갖춰야 할 덕목은 무엇인가라는 질문이 중요해졌기 때문이라고 생각한다." (《내가 생각하는 선비와 선비정신, 그리고 아산서원》, 전00)

대면하게 된 것이다. 이러한 상황에서 도덕성을 갖춘 새로운 엘리트와 리더를 염원하는 것은 당연한 것이다.[35]

2) 선비와 권력: 관계와 그 유형

선비에 대해서는 다양한 개념으로 정의할 수 있지만, 가장 핵심적인 용어 두 가지를 든다면 역시 '지식(학문)'과 '도덕(윤리)'이 아닐까 한다. 기본적으로 그들은 '지식인'이며, 그 연장선 위에서 다양한 입장을 취할 수 있다. 특히 '정치' 문제와 관련해서 그렇다. 단적으로, '수기치인(修己治人)'이라는 말의 '수기'와 '치인'은 서로 연결되어 있다. 그러나 그 연결은 강제적인 것은 아니다. 다시 말해 '수기'한다고 해서 반드시 '치인'해야 하는 것은 아니고, 할 수도 없다. 하지만 '치인'하기 위해서는 적어도 '수기'가 요청된다. 지식과 도덕을 갖춘 지식인으로서의 '선비'가 '권력'과 맺을 수 있는 관계 역시 몇 가지 유형으로 나누어 볼 수 있다.

(ㄱ) 스스로 '권력'을 잡고자 하는 경우: 지식이나 이념을 실현하기 위해서 혁명가(혹은 저항가)가 되는 것이다. 현실적으로 기존의 권력에 저항하는 일종의 '대항 권력(counter-power)'의 지도부로 볼 수도 있겠다.

---

[35] 한 젊은이는 이렇게 말한다. "선비정신이 왜 현재의 우리에게 중요한가. 선비정신은 언뜻 보면 구시대적이고 민족주의적 요소를 내포 하는 개념처럼 보이지만 나는 **선비정신은 우리의 중요한 정신적 유산이며 도덕·인격적 수양을 갖추고 사리사욕을 넘어 공적인 것과 공동체를 진정으로 생각하는 빛나는 우리 고유의 정신**이라고 생각한다. 선비정신은 특히나 아산서원에서 강조하는 인문정신과 일맥상통하고 있다. 내가 생각하는 인문정신이란, 한 가지 문제에 대해서 다양한 각도로 생각하고 여러 다른 생각들을 한 무대에 올려 끊임 없이 토론하는 자세와 분위기이다. 우리 옛 선비들의 학문적 소양을 기반으로 한 신랄한 비판정신과 치열하고 건설적인 당의(黨議)의 역사 그리고 언관(言官)과 같은 공론정치가 이런 인문정신과 매우 닮아있다는 생각을 하였다. 또한 선비담론이 이루어지는 이유는 민주주의 사회인 대한민국이 아이러니하게도 봉건제 사회였던 조선시대의 선비의 역할을 찾아볼 수 없기 때문이다. 계급제는 오래 전에 철폐되었지만 여전히 관료주의는 만연해 있고, 대의와 도를 추구하는 리더들은 현실 세계에서는 존재하지 않을 것만 같다. 정치인들은 파벌과 당쟁만을 일삼고 건설적인 당의는 사라진 지 오래다. **무엇보다 조선의 선비와 같이 교양과 품격을 갖추고 국민의 행복을 최우선 가치로 생각하는, 모두가 존경할 만한 인재상이 현재 우리의 민주주의 사회에 결여되어 있기에 그 원형을 선비에서 찾고 있다고 생각한다.**"(〈민주주의 사회와 선비정신〉, 이ㅣ00)

(ㄴ) 권력을 '비판'하는 경우: 정치권력에 대한 비판은 언제 어디서나 필요하다. 하지만 특히 '정당성(legitimacy)'을 결여한 권력 혹은 타락한 권력에 대한 신랄한 비판자로서의 선비 유형이 있다.
(ㄷ) 권력에 참여해서 적극적으로 권력을 보좌하는 경우: 이 경우에도 권력의 '정당성' 여부가 관건이 된다. 어쨌거나 정당성을 갖춘 권력에 참여하는 것이 문제가 될 수는 없을 것이다.[36]
(ㄹ) 정당성을 결여한 권력, 특히 독재 권력에 참여하는 경우: 이 경우에는 흔히 권력에 아부하거나 빌붙는 경우로 여겨지곤 한다.[37]
(ㅁ) 초야(草野)에 묻힌 선비: 권력이나 사회적 지위 등 그 모든 것들에서 벗어나서 그야말로 가난하게 살면서도 지적인(학문적인) 오만이나 자존심 만으로 살아가는 경우이다.

필자가 보기에 한국 근현대사에서는 (ㄴ)유형, 즉 권력을 비판하는 유형이 특히 두드러졌던 듯 하다. 그것은 근현대 한국정치사의 굴곡과 무관하지 않다. 19세기말 이후의 제국주의 침탈과 식민통치, 그리고 해방 이후 이어진 독재, 군부통치와 같은 상황 하에서는 자연히 그 같은 꼿꼿한 '지사(志士)', 곧 기꺼이 목숨까지도 버릴 수 있는 '절의(節義)'의 미덕을 갖춘 지식인, 강직한 선비의 역할이 훨씬 더 두드러졌을 것이다. 억압과 부당한 권력에 정의를 내세우며 용감하게 맞서는 '선비' 지식인의 이미지는 곧 그 시대상을 반영하고 있는 것이다. 하지만 어느 시점부터인가, 비정(比定)하자면 '민주화' 시기 이후부터, 선비와 선비정신에 기대하는 바 역시 크게 달라지고

---

[36] 한국 현대정치사에서도 지식인, 특히 교수들의 정치참여가 문제가 되었던 적이 있다. 이른바 문민정부(김영삼 정부) 이전에는 정권에 국회의원, 장관, 총리 등으로 참여했던 교수들이 본인의 의지와는 관계없이 다시 대학으로 돌아가지 못한 경우가 많았다. 하지만 이른바 '민주화' 이후 그런 양상은 달라지게 되었다.
[37] 지난 날 한 때 유행했던 한국사회에서의 '어용' 지식인 논쟁 역시 이와 무관하지 않다. 이에 대한 자세한 검토는 훗날로 미루고자 한다.

있으며, 필자 역시 앞으로는 달라져야만 한다고 생각한다. 요컨대 그 방향성은 '권력 비판'과 '절의'로 특징지어지던 지사형 선비에서 '도덕성'과 '사회통합'을 지향하는 리더십으로서의 선비를 지향해야 한다.

3) 새로운 인간형으로서의 '선비'

역사적으로 동서양에서는 '바람직한 인간 모델'에 대한 논의가 있었다. 가장 가까운 개념으로 '시민(citizen)'이 있다. 그 연원을 따져보면 그리스, 로마 시대의 시민(civitas)으로까지 거슬러 올라간다. 근대 이후에는 새로운 상공업자로서의 '부르주아'들이 스스로를 '시민'으로 칭하기도 했다.

그렇다면 이쯤에서 우리의 새로운 바람직한 인간형으로서 '선비'를 생각해보면 어떨까. 소중한 우리의 가치임과 동시에 품격과 교양을 갖춘 미래 인간의 원형을 다시 한 번 선비에서 찾아 보자는 것이다. "마치 고대 로마의 공화국에서 불러낸 res publica와 civitas가 현대적인 republic과 citizen으로서 재창조되었듯이." 그리고 "중세적인 의미의 대검 귀족에 속하는 '무사'의 개념을, 니토베 이나조 등의 지식인의 저작 《무사도》가 '절제되고 믿음직스러운' 남성성의 이념으로서 재창조"해냈듯이 말이다.[38]

새로운 인간형으로서의 선비는 자신의 욕망을 끝까지 밀고 나가는 것이 아니라 자신을 둘러싸고 있는 사회적 환경(사회와 국가)에 대해서 생각할 수 있는 사람일 것이다. 또한 "개인의 이기심을 무한 긍정하는 사회에서 자신의 욕심보다 공동체를 진심으로 생각해 주는 리더, '인격수양이 덜 된 사회'에서 천류불식(川流不息)하고 연징취영(淵澄取映)하는 리더가 바로 현대판 선

---

[38] 이에 대해서는 필자 역시 〈무사도, 일본의 혼?〉이란 글에서 다룬 바 있다. "바로 그 같은 시대적 분위기하에서, 일종의 전통의 재발견(내지 창조) 과정을 거쳐서 등장한 '무사도'! 그 후, 그것은 좋든 싫든 간에 전 세계의 일본관은 물론이고 나아가 일본인의 그것에까지 깊은 영향을 미쳤다. 그리고 지금도 일본인의 정신세계와 조직 그리고 사회를 설명하는 중요한 요인의 하나로 자리잡고 있다." (윤상인 외, 《일본을 강하게 만든 문화코드 16》, 나무와 숲, 2000)

비일 것이다."[39]

　아울러 현대적인 의미의 선비정신이란 지식과 학문의 도야, 나아가서는 도덕적, 인격적인 수양을 전제한다. 어쩌면 그 연속선 상에서 사리사욕을 넘어 공적인 것과 공동체를 진정으로 생각하는 마음을 가진 사람, 아는 것과 행하는 것이 일치[지행합일(知行合一)]하는 사람, 자신과 타인의 관계[예(禮)]에 주목할 수 있는 사람이 되고자 하는 마음자세야말로 현대적인 의미의 선비정신이라 할 수 있을 것이다.[40]

4) '국민개사(國民皆士)' : 선비와 민주주의

　19세기말~20세기 초에 일찌감치 '선비', 즉 '사(士)'에 주목한 사람이 있었다. 바로 유길준이다. 그는 1907년, '흥사단(興士團)'을 창립했다(도산 안창호가 1913년 창립한 동명(同名)의 단체보다 앞선 것이었다). '흥사단'은 말 그대로 '사를 일으키는 단체(士를 興하는 團)'를 뜻한다. 이때의 '사(士)'는 전통적인 사농공상(士農工商)의 질서 안에 있는 '사'가 아닌, 근대적인 지식과 도덕을 갖춘 사람을 의미한다. 그는 '국민개사(國民皆士)', 즉 국민 모두를 '선비'로 만든다는 것을 목표로 설정했다. 이는 국민 전체를 당장 '사'로 만든다는 의미가 아니라, 교육으로써 새롭게 창출된 '사'가 전국에 사풍(士風)을 일으키고 국가의 제반 산업을 담당하여 부국강병을 이룩하도록 한다는 것이다.

---

39 〈5,000만 선비시대〉, 이OO.
40 다음과 같은 발언 역시 참조가 된다. "내가 생각하는 선비정신을 논하라면 다음과 같다. **첫째, 배운 것을 실천하는 정신이다.** 일단 남을 올바른 곳으로 인도하기 위해선 자기 자신이 널리 익히고 배우며 지식을 쌓아야 한다. 하지만 이것만으로는 결코 충분하지 않다. 알고 있더라도 실천하지 않으면 소용이 없기 때문이다. 이는 단지 '지식'차원에만 국한되지 않는다. 인격 수양에 있어서도 배운 것이 있다면 반드시 실천하여 행동으로 옮기는 정신이 필요하다. **둘째, 의로움이 필요하다.** 이는 "극기복례(克己復禮)"의 정신과도 통하는 덕목이라 할 수 있다. 아무리 자신에게 이득이 된다고 해도 부당한 일이라면 개인의 사욕을 극복해 공공의 예의범절을 실천하는 정신인 것이다. **셋째, 솔선수범의 정신이다.** 선비라면 누구보다도 앞장서서 몸소 다른 사람에게 모범을 보이고 본보기를 실천해야 한다. 이 덕목은 아무리 그 마음이 앞선다고 하더라도 능력이 되지 않으면 실천할 수가 없다. 따라서 선비라 함은 인격적으로 학문적으로도 능력을 갖추고 공동선을 위하여 노력할 수 있는 결정체인 것이다."(〈선비정신의 재(再)무장〉, 김OO).

"무릇 사람이 배우게 되면 곧 모두가 선비(士)라. 고로 보통교육으로 국민을 인도하고 길러서 사(士) 근기(根基)를 정할 수가 있다. 오늘의 '사'가 옛날의 '사'와 다른 까닭은 옛날의 '사'는 사민(四民: 사농공상)의 하나에 위치하여 일종의 특별한 계급을 이루니, 이는 당시에 교육을 받아서 '사'가 되기에 충분한 지식과 도덕을 홀로 가졌기 때문에 그 명칭을 향유했다. 그러나 **오늘날에는 그렇지 않아서 농공상 중 어떤 직업에 종사하든 간에 진실로 '사'의 지식과 도덕을 갖춘다면 역시 '사'이니, 하필 그 업무에 다라서 명칭을 구별하겠는가**. 세간의 수만 수천 가지 사업을 불문하고 '사'의 자격은 염치를 귀중하게 여기며 지력(智力)이 풍부하여 그 이익이 개인에 그치지 않고서 국가 전체에 미치나니 세계의 여러 나라가 일신하고 흥륭(興隆)을 이룬 것은 바로 여기서 비롯된 것이다."[41]

'사'의 조건은 근대적 지식과 더불어 보편적인 도덕을 갖추어야 한다는 것. 그리고 그것이 자신의 개인 수양에 그치는 것이 아니라 그 지력을 국가 전체에 미친다는 것이다. 즉 유길준은 선비의 재창조를 통해 '국민'을 형성하고자 했으며, 국민상을 선비(士)와 동일시하면서 그러한 선비를 키우는데 노력을 기울였다.

이와 비슷한 맥락에서, 한국 현대사에서 기업인이 스스로 '선비'를 자처했던 경우를 찾아볼 수 있다. 바로 아산(峨山) 정주영(鄭周永, 1915~2001)이다.

---

[41] "凡人이學ᄒ면則皆士라故로普通教育으로써國民을導養ᄒ야士의根基를定홈이可ᄒ니今日의士가古時의士와異ᄒ所以오녀古時의士는四民의一에居ᄒ여一種特立ᄒ階級을成ᄒ니是는當時教育을受ᄒ야士되기에足ᄒ知識道德을獨有ᄒ故로其名稱을享有홈이나然이나今日에는不然ᄒ야農商工中何業에從ᄒ든지苟士의知識과道德이備홀진대亦士니 何必其業務를因ᄒ야名稱을區別ᄒ리오世間의萬千事業을勿論ᄒ고士로以ᄒ면廉恥를重히ᄒ며智力에富ᄒ야其利益이個人一己에止치아니ᄒ고國家全體에及ᄒ나니宇内諸國의日新興隆을致ᄒ는者는此에職由홈이라"(《유길준전서》 제2권, 364쪽)

그는 이렇게 말했다. "그에 비하면 **우리의 기업은 선비들이 일으키고 이루어낸 것이다. 우리는 부아가 나면 부아 나게 한 사람 집에 돌이나 몇 개 던지는 것이 기껏의 분풀이였지 총질 같은 것을 한 사람은 아무것도 없다."** "호랑이 담배 먹던 시절이라고 하겠지만 **우리 기업인들의 경쟁은 미국 기업의 그것과는 비교도 할 수 없게 선비적이었다."**[42]

그는 그 같은 입장에서 국가발전의 주역인 기업인으로서의 긍지와 자부심을 거침없이 토로했다. "우리는 기업을 통해서 우리가 할 수 있는 모든 일을 다 해냈다. 그렇기 때문에 우리는 **한국경제 발전의 주역이라는 긍지와 자부심을 가질 수 있다."**[43] "우리 '현대'는 장사꾼의 모임이 아니라, **이 나라의 발전의 진취적인 선도 역할과 경제 건설의 중추 역할을 사명으로 하는 유능한 인재들의 집단**이다."[44] 단순한 장사꾼의 모임으로서의 기업이 이 나라 국가 발전의 원동력이 되는 선비로서의 자부심이라 해도 좋겠다.[45]

이렇듯 국민 모두가 '선비'가 되고, 선비로서 기업활동을 포함해 모든 일들을 해나간다면 일종의 '선비 민주주의'론에 다다르게 될 것이다. 그야말로 유길준이 말하는 '국민개사'가 실현되는 셈이다. 한 젊은이는 이렇게 썼다. "나는 이제 온 국민이 선비라고 생각한다. 누구나 교육이 기본권으로 보장되고 자아실현을 궁극적 향방으로 두는 민주주의 사회에서, 여성 선비도 크게 특별할 것이 없다. … 어찌 보면 민주주의라는 것이 바로 한 사람 한 사람을 리더로 인정해주는 것이 아닐까."[46]

---

42 정주영, 《이 땅에 태어나서》, 솔, 2009, 376쪽, 강조는 인용자.
43 정주영, 《시련은 있어도 실패는 없다》, 제삼기획, 2009, 300쪽.
44 《이 땅에 태어나서》, 393쪽
45 이에 대해서는 《아산, 그 새로운 울림: 미래를 위한 성찰(나라와 훗날 편)》(도서출판 푸른숲, 2015)에 실린 〈수신제가치국평천하: 아산의 유교윤리와 국가인식〉(김석근)에서 자세하게 다루었다.
46 〈5,000만 선비시대〉, 이00.

5. 맺음말: 선비정신의 재천명[47]

1960년대 "옛 선비의 바른 도리"로 당시의 정객과 지식인들을 일깨우기 위해서, 그리고 "올바른 지식인의 윤리적 자세"를 가리키기 위해서 조지훈 등이 '선비정신'이란 새로운 말을 사용했다는 것은 지극히 시사적이다. 선비의 지조를 특별히 논한 것 역시 그 시대(특히 지식인들)에 대한 솔직한 발언이었다. 당시와 상황이 다르긴 하지만, 필자 역시 거의 비슷한 맥락에서 오늘날 '선비정신'을 '재천명'하고자 한다.

현재 우리 사회를 생각한다면 '선비정신'을 바탕으로 하는 새로운 리더십이 필요하다고 본다. 이러한 주장은 시대착오나 복고주의와는 완전히 맥락을 달리하는 것이다. 굳이 말한다면 현재의 상황을 타개하기 위해 전통의 좋은 측면을 되살리려는 노력이라 할 수 있다. "품격과 교양을 갖춘 미래 인간의 원형은 선비정신에 있다. 소중한 우리의 가치다."[48] 곧 '미래를 여는 전통'이라 해도 좋겠고, '오래된 미래'로서의 선비정신이라 해도 좋겠다.

미래 인간의 원형으로서의 선비는 다음과 같은 덕목을 지녀야 한다. 지식(학문)과 도덕(윤리)의 결합, 말하자면 서구의 근대적인(마키아벨리적인) 인간관과는 다른, 인간에 대한 이해. 단위로서의 개인 뿐만 아니라 개인들 사이의 관계 역시 중시하는 태도[관계는 '예(禮)'로 압축될 수 있다], 자신의 이기심과 이익을 극복하고 '예'로 되돌아가는 마음[말하자면 극기복례(克己復禮)]. 비슷한

---

47 여기서 말하는 '재천명(再闡明)'이란 '다시 천명(闡明)'하는 것이다. 사전적인 정의에 따르면, '천명'은 "진리나 사실, 입장 따위를 드러내어 밝힘"을 뜻한다. 그런데 '신라정신'을 '천명'한 바 있는 범부(凡父) 김정설(金鼎卨)에 의하면, 예로부터 전해지는 전통 가운데 계승해야 할 것과 계승할 필요가 없는 것이 있다는 점을 인정하고, 계승해야 할 것이 무엇인지 '천명'해야 한다. 그는 천명에 대비되는 것으로 '안출(案出)'이라는 용어를 쓰고 있는데, 이는 말 그대로 "새롭게 생각해내는 것"이다. "하지만 요(要)는 우리가 이제부터 계승해야 할 것이 무엇이냐, 그것을 우리가 천명해야 할 것입니다. 그러므로 국민윤리는 안출하는 것이 아니라 역사적 사실 가운데서, 우리 생활의 사실 가운데서, 이 생활의 성격 가운데서 천명해야 하는 것입니다."(《국민윤리특강》, 209쪽). 이에 대해서는 김석근, 〈'신라정신'의 '천명(闡明)'과 그 정치적 함의: 언제, 누가, 그리고 왜〉《범부 김정설 연구논문 자료집》(선인, 2010)를 참조할 것.
48 김석근 외, 《한국문화 대탐사》, 아산서원, 2015, 352쪽.

맥락에서 도덕·인격적 수양을 갖추고 공(公)과 사(私)를 엄격히 구분하며, 공공(公共)에 대한 관심과 공동체를 중시하는 미덕을 갖춘 사람을 선비라고 할 수 있을 것이다.

지금까지는 많은 이들이 '선비정신'의 핵심을 '권력 비판'으로 이해하는 경향이 있었다. 이는 한국 근현대사를 반영하는 것이기도 하다. 하지만 앞으로의 선비정신은 권력 비판이라는 소극적인 차원을 넘어서 '도덕적 리더십을 발휘하고', 또 그렇게 함으로써 '사회통합에 기여할 수 있는' 보다 적극적인 리더십이라 할 수 있다.

그러한 리더십은 '민주주의'와도 배치되지 않는다. '선비' 민주주의 혹은 '유교' 민주주의로서 모든 사람이 선비정신을 갖는 민주주의, 선비정신을 가진 사람들 사이의 민주주의를 가능케 할 것이기 때문이다.

그렇다면 이제 문제는 어떻게 그러한 '선비형 리더'들을 발굴하고 양성할 수 있을까 하는 것이다. 역시 새로운 형태의 교육이 필요하다. 우리 사회가 '21세기형 서원'에 관심을 갖는 이유 역시 그러한 문제의식과 무관하지 않을 것이다.[49]

---

[49] "고전에 답이 있더군요"… 스펙 대신 인문학을 쌓는 대학생들, 《동아일보》 2014년 3월 27일자; "토익 대신 논어 … '21세기형' 서원이 뜬다" 《조선일보》 2014년 9월 15일자; "다시 서원이 뜬다" 《경향신문》 2014년 11월 29일자; "인문학으로 살린 '21세기 서당' 동서양 고전 섭렵한 리더 육성" 《동아일보》 2014년 4월 1일자 참조.

참고문헌

김석근, 2000, 〈무사도, 일본의 혼?〉, 《일본을 강하게 만든 문화코드 16》, 나무와 숲.
김석근, 2010, 〈'신라정신'의 '천명(闡明)'과 그 정치적 함의: 언제, 누가, 그리고 왜〉, 《범부 김정설 연구논문 자료집》, 도서출판 선인.
김석근, 2011, "공(公)과 사(私) 그리고 수기치인(修己治人)", 《오늘의 동양사상》제22호, 한국동양철학회.
김석근, 2015, 〈수신제가치국평천하: 아산의 유교윤리와 국가인식〉, 《아산, 그 새로운 울림: 미래를 위한 성찰(나라와 훗날)》, 푸른숲.
김석근 외, 2015, 《한국문화 대탐사》, 아산서원.
유길준, 1971, 《유길준전서》제2권, 일조각.
이동환, 2001, "선비정신의 개념과 전개", 《대동문화연구》제38집, 성균관대학교 대동문화연구원.
정주영, 2009, 《시련은 있어도 실패는 없다》, 제삼기획.
정주영, 2009, 《이 땅에 태어나서》, 솔.
조지훈, 1959(1996), 《지조론》, 나남.

부록

1. "선비정신과 한국사회: 미래의 리더십을 찾아서"
   [아산서원 개원 2주년 기념 학술회의 구성 및 일정표]
2. 선비, 선비정신, 선비문화 관련 문헌목록

아산서원 개원 2주년 기념 학술회의

"선비정신과 한국사회: 미래의 리더십을 찾아서"

일시 2014년 9월 26일 (금)　**장소** 아산정책연구원 1층 강당
주최 아산서원 · 아산정책연구원 한국학연구센터

9:40~10:00	등록
10:00~10:05	슬라이드 상영
10:05~10:10	환영사
	함재봉　　　　　　　아산정책연구원 원장
	〈제1부〉 "아산서원과 선비: 우리들의 이야기"
10:10~10:15	오프닝 공연: "유초신지곡(柳初新之曲) 중 타령(打令) 군악(軍樂)"
연주자	최지은 외 2명　　　　아산서원 제4기
10:15~10:40	아산서원과 선비: 우리들의 이야기
주제 및 발표자	1. 『대학(大學)』경 1장 암송
	김진실　　　　　　　아산서원 제6기
	이벌찬　　　　　　　아산서원 제3기
	정영주　　　　　　　아산서원 제1기
	2. 『반야심경(般若心經)』암송
	김동조　　　　　　　아산서원 제4기
	양다호　　　　　　　아산서원 제4기
	최은솔　　　　　　　아산서원 제4기
	3. 인문교육 소감 발표
	권진영　　　　　　　아산서원 제4기
	조용중　　　　　　　아산서원 제4기
	4. 젊은 세대가 바라보는 선비와 선비정신
	최윤혜　　　　　　　아산서원 제3기
	석창민　　　　　　　아산서원 제4기
	이영경　　　　　　　아산서원 제4기
10:40~10:50	휴식

	〈제2부〉"선비정신과 한국사회: 전통과 현대 그리고 미래"	
10:50~12:40	제1세션 : 선비란 어떤 사람인가	
사회자	정인재	서강대학교
주제 및 발표자	1. 선비 개념의 생성: 한국 사상사의 일면	
	권순철	일본 사이타마대학
	2. 선비의 유형과 현실 대응 양상	
	이형성	전북대학교
	3. 여성선비[女士]와 여중군자: 조선후기 여성지식인의 자의식	
	이남희	원광대학교
토론자	이원택	동북아역사재단
	이승률	아산정책연구원
	박용만	한국학중앙연구원
	유광호(자유토론)	연세대학교
12:40~14:00	점심	
14:00~15:50	제2세션 : 선비와 공공(公共)의 세계	
사회자	김홍우	서울대학교
주제 및 발표자	1. 조선 시대의 선비와 공공성	
	가타오카 류	일본 도호쿠대학
	2. 선비정신과 무사도(武士道)에 관한 유교사상적 비교 고찰	
	신현승	상지대학교
	3. 중국의 '향신'과 조선의 '선비': 개념의 형성 과정과 그 이상의 비교	
	임태홍	성균관대학교
토론자	조성환	서강대학교
	고희탁	연세대학교
	양일모	서울대학교
	안성규(자유토론)	아산정책연구원
15:50~16:10	휴식	

16:10~18:00	제3세션 : 사회변동과 선비정신	
사회자	류석춘	연세대학교
주제 및 발표자	1. 선비(士)의 정체성과 행동: 출사와 진퇴	
	배병삼	영산대학교
	2. 한국사에서의 선비의 부침(浮沈)	
	신복룡	건국대학교
주제 및 발표자	3. 선비정신의 재천명: 현재적 함의와 미래의 전망	
	김석근	아산정책연구원
토론자	이봉규	인하대학교
	허동현	경희대학교
	박희	서원대학교
	김종록(작가) (자유토론)	문화국가연구소
18:00~18:10	폐회사	

국악공연: 타령군악

랩으로 외우는 〈반야심경〉

《대학》경 1장 외우기(한국어, 중국어, 일본어)

제1세션 : 선비는 어떤 사람인가

제2세션 : 선비와 공공의 세계

제3세션 : 사회변동과 선비정신

선비, 선비정신, 선비문화 관련 문헌목록
— 단행본, 학위논문, 학술논문, 학술회의 —

*선비, 선비정신 관련 단행본(발간연도 순)

정광호, 1982, 《조선왕조 선비평전》, 새밭.

이규태, 1984, 《선비의 의식구조: 전통속에 빛나는 한국선비들의 인간상》, 신원문화사.

전영배, 1985, 《선비 도(道)의 현대적 조명》, 지구문화사.

고병익, 1987, 《선비와 지식인》, 문음사.

박창국, 1987, 《교육적 인간상으로서의 선비》, 교육과학사.

이장희, 1989, 《조선시대 선비연구》, 박영사.

국제문화재단, 1991, 《한국의 선비문화》, 시사영어사.

정순목, 1992, 《옛 선비 교육의 길》, 문음사.

주권, 1992, 《지성과 선비정신, 그리고 사색》, 서민사.

강효석 지음·권영대 옮김, 1995, 《조선왕조 오백 년의 선비정신(상)》, 화산문화.

강효석 지음·권영대 옮김, 1996, 《조선왕조 오백 년의 선비정신(중)》, 화산문화.

강효석 지음·권영대 옮김, 1997, 《조선왕조 오백 년의 선비정신(하)》, 화산문화.

이종호, 1997, 《안동의 선비문화》, 아세아문화사.

함경옥, 1997, 《선비문화》, 한줄기.

정옥자, 1998, 《시대가 선비를 부른다: 조선 선비들의 사상 철학 그리고 삶》, 효형출판.

최근덕, 1999, 《우리의 선비는 이렇게 살았다》, 자유문학사.

금장태, 2000, 《한국의 선비와 선비정신》, 서울대학교출판부.

정종섭, 2000, 《선비의 붓 명인의 칼》, 자유문학사.

허권수, 2001, 《절망의 시대 선비는 무엇을 하는가: 실천의 사상가 남명 조식과의 만남》, 한길사.

정옥자, 2002, 《우리가 정말 알아야 할 우리선비》, 현암사.

주승택, 2002, 《선비정신과 안동문학》, 이회문화사.

강동욱, 2003, 《남명의 숨결: 칼을 찬 선비》, 나남.

강재언, 2003, 《선비의 나라 한국유학 2천년》, 한길사.

유홍준, 2003, 《유희삼매: 선비의 예술과 선비취미, 고서화도록7》, 학고재.

이영춘, 2003, 《조선의 청백리: 조선시대 대표 청백리 34인》, 가람기획.

정광호, 2003, 《선비: 소신과 처신의 삶》, 눌와.

박성순, 2004, 《선비의 배반》, 고즈윈.
이용범, 2004, 《선비: 인생의 참스승》, 바움.
이종호, 2004, 《안동선비는 어떻게 살았을까》, 신원.
정병헌 외, 2004, 《우리 선비들은 어떤 정치를 원하였을까》, 사군자.
정병헌 외, 2004, 《우리 선비들은 여행하며 무엇을 느꼈을까》, 사군자.
정병헌 외, 2004, 《우리 선비들은 역사와 전통을 어떻게 이해했을까》, 사군자.
정병헌 외, 2004, 《우리 선비들의 삶의 예지는 어떠했을까》, 사군자.
정병헌 외, 2004, 《우리 선비들은 왜 노래하고 글을 썼을까》, 사군자.
정병헌 외, 2004, 《우리 선비들은 자연에서 무엇을 깨달았을까》, 사군자.
한국정신문화연구원, 2004, 《선비가의 묵향: 진양하씨 창주후손가》, 한국정신문화연구원.
한국정신문화연구원, 2004, 《선비가의 학문과 벼슬: 진주정씨 우복종택》, 다할미디어.
정병헌 외, 2005, 《선비의 소리를 엿듣다》, 사군자.
정병헌 외, 2005, 《우리 선비들은 사랑과 우정을 어떻게 나누었을까》, 사군자.
김충열, 2006, 《남명 조식의 학문과 선비정신: 다시 울린 천석종》, 예문서원.
심경호, 2006, 《간찰: 선비의 마음을 읽다》, 한얼미디어.
오병문, 윤홍식, 2006, 《조선선비들에게 배우는 마음챙김의 지혜 100》, 봉황동래.
이상희, 2006, 《도와 덕을 실천한 선비》, 한국몬테소리.
이준구, 강호성, 2006, 《조선의 선비》, 스타북스.
정종목, 2006, 《마지막 선비 김창숙》, 사계절.
조성기, 2006, 《양반가문의 쓴소리: 이덕무 사소절, 이 시대에 되살려야 할 선비의 작은 예절》, 김영사.
한국학중앙연구원, 2006, 《선비가의 여경(餘慶) : 경주김씨 학주후손가》, 한국학중앙연구원.
김진수, 2007, 《선비 리더십: 말이 아닌 실천의 리더십, 자기책임과 품격의 리더십》, 아이스토리.
노대환, 2007, 《소신에 목숨을 건 조선의 아웃사이더》, 역사의아침.
안대회, 2007, 《선비답게 산다는 것》, 푸른역사.
호사카 유지, 2007, 《조선 선비와 일본 사무라이》, 김영사.
한국학중앙연구원, 2007, 《선비가의 유향(遺香): 진양하씨 판윤 · 송정후손가》, 한국학중앙연구원.
고전연구회 사암, 2008, 《조선의 선비 서재에 들다》, 포럼.
김권섭, 2008, 《선비의 탄생: 퇴계 이황부터 추사 김정희까지》, 다산초당.
김찬웅, 2008, 《선비의 육아일기를 읽다》, 글항아리.
송재용, 2008, 《조선시대 선비 이야기》, 제이앤씨.
이민승, 2008, 《선비춘추》, 명문당.

이성배 외, 2008, 《서원 속의 선비정신을 찾아서》, 한국민족서예인협회 서예학연구위원회.
이성원, 2008, 《천 년의 선비를 찾아서: 농암 17대 종손이 들려주는 종택 이야기》, 푸른역사.
이승종, 2008, 《선비크리스천》, 쿰란출판사
전재강, 2008, 《선비문학과 소수서원》, 박이정.
채수, 2008, 《조선의 젊은선비들 개성을 가다》, 보고사.
황의동, 2008, 《기대승, 조선 성리학의 이론가》, 성균관대학교출판부.
김기현, 2009, 《선비: 사유와 삶의 지평》, 민음사.
김세곤, 2009, 《고봉 퇴계를 그리워하다》, 보림.
김진수, 2009, 《클린리더십은 절대 흔들리지 않는다: 선비리더십2》, 이야기꽃.
문효 외, 2009, 《치심, 마음 다스리기: 조선 선비들의 마음 경영법》, 왕의서재.
박해남, 2009, 《마지막 선비 심산 김창숙의 삶과 생각 그리고 문학》, 한국국학진흥원.
송민호, 2009, 《우암 선비의 이야기: 송시열의 생애와 그의 학문 및 사상》, 경일문화사.
신두환, 2009, 《선비, 왕을 꾸짖다: 상소로 보는 역사 이야기》, 달과소.
이성무, 2009, 《조선을 만든 사람들: 나라를 위한 선비들의 맞대결》, 청아출판사.
정구선, 2009, 《조선의 발칙한 지식인을 만나다: 왕을 꾸짖은 반골 선비들》, 애플북스.
최석기, 2009, 《우리가 꼭 알아야 할 공부: 선비공부 100선》, 보고사.
충남대학교 유학연구소, 2009, 《회덕 진주강문의 인물과 선비정신》, 대전광역시.
한남대학교 충청학연구소, 2009, 《초려 이유태의 삶과 선비정신》, 대전광역시.
한남대학교 충청학연구소, 2009, 《회덕 선비의 삶과 선비정신》, 대전광역시.
김세곤, 2010, 《호남정신의 뿌리를 찾아서: 의의 길을 가다》, 온새미로.
김진수, 2010, 《동양 고전에서 리더십을 만나다》, 아름다운사람들.
김희곤, 2010, 《안동 선비 열 사람》, 지식산업사.
김희곤, 2010, 《이중언: 독립운동가 평전, 나라 위해 목숨 바친 안동선비》, 경인문화사.
박윤규, 2010, 《선비학자 이야기》, 보물창고.
박은순, 2010, 《공재 윤두서: 조선 후기 선비 그림의 선구자》, 돌베개.
신봉승, 2010, 《문묘 18현: 조선 선비의 거울》, 청아출판사.
신봉승, 2010, 《직언: 선비의 직언이 나라의 명운을 가른다》, 선.
오종일, 2010, 《조선의 선비 석헌 류옥》, 전남대학교출판부.
이동진, 2010, 《덕동, 400년 선비의 덕이 숨쉰다》, 서우실.
정상우, 2010, 《고금소총: 조선선비들의 사랑과 해학》, 다문.
최태호, 2010, 《참선비 송강 정철 푸르른 선비정신》, 송강유적보존회.
한영우, 2010, 《한국선비지성사: 한국인의 문화적 DNA》, 지식산업사.

계승범, 2011, 《우리가 아는 선비는 없다: 조선을 지배한 엘리트, 선비의 두 얼굴》, 역사의아침.
백두현, 2011, 《한글 편지로 본 조선시대 선비의 삶》, 역락.
백승종, 2011, 《정조와 불량선비 강이천》, 푸른역사.
이은춘, 2011, 《나는 대한민국의 마지막 선비다》, 자연과인문.
이성무, 2011, 《선비평전: 우리 시대에 던지는 오백 년 선비의 역사》, 글항아리.
이종호, 2011, 《나는 불온한 선비다: 세상과 다른 꿈을 꾼 조선의 사상가들》, 역사의아침.
정옥자, 2011, 《한국의 리더십 선비를 말하다》, 문이당.
고제건, 2012, 《직신: 죽음도 불사했던 강직한 선비들》, 리드잇.
금장태, 2012, 《선비의 가슴 속에 품은 하늘》, 지식과교양.
김기현, 2012, 《천작: 선비의 삶에서 사람의 길을 찾다》, 서해문집.
김동욱, 2012, 《도산서당: 선비들의 이상향을 짓다》, 돌베개.
김영권, 2012, 《처사 남명 조식: 조선의 선비》, 수서원.
김진수, 2012, 《한국 기업문화의 비밀》, 에세이퍼블리싱.
박민영, 2012, 《최익현: 대한 선비의 표상》, 역사공간.
손윤탁, 2012, 《한국 교회의 선비정신: 선비정신이 한국 초기 기독교에 미친 영향》, 케노시스.
이동춘, 2012, 《선비의 마음과 예를 간직한 집, 종가》, 파라북스.
이수광, 2012, 《공부에 미친 16인의 조선 선비들》, 해냄.
정옥자, 2012, 《지식기반 문화대국 조선: 조선사에서 법고창신의 길을 찾다》, 돌베개.
한국국학진흥원 국학연구실, 2012, 《선비의 멋 규방의 맛》, 글항아리.
권경열 외, 2013, 《생각 세 번: 옛 선비들의 지혜가 담긴 고전 명구》, 한국고전번역원.
김봉규, 2013, 《조선의 선비들, 인문학을 말하다: 한국 역사 인물을 통해 본 인문학》, 행복한미래.
김병완, 2013, 《선비들의 평생 공부법》, 이랑.
김영관, 2013, 《처사 남명 조식: 조선의 선비》, 수서원.
김영진, 2013, 《조선의 괴짜 선비들: 오늘, 그들의 선비정신이 그립다》, 태평양저널.
김진수, 2013, 《선비자본주의와 훈민정음의 세계화》, 북랩.
이남학, 2013, 《선비가 머무는 집 1,2》, 퍼플.
전주전통문화연수원, 2013, 《선비의 길: 간재·삼재의 발자취를 찾아서》, 열린박물관.
허찬무, 2013, 《미수 허목: 청빈한 대쪽 선비, 멸사행공을 배우다》, 진한엠앤비.
황근기, 2013, 《조선의 선비정신: 쉼 없이 탐구하고 바르게 행하여 역사를 이끌다》, 토토북.
권대웅, 2014, 《왕산 허위: 목숨 바쳐 나라를 사랑한 선비》, 지식산업사.
김기현, 2014, 《선비의 수양학: 자아의 닦음과 가꿈》, 서해문집.
김봉규, 2014, 《조선 선비들의 행복 콘서트: 조선 선비들의 글을 통해 본 행복한 인문학 교과서》,

행복한미래.
김상홍, 2014, 《선비의 보물상자: 위기의 시대를 살아가는 지혜의 나침반》, 조율.
최석기, 2014, 《조선 선비의 마음공부: 정좌》, 보고사.
컬툰스토리, 2014, 《선비의 숨결이 머문 곳, 고택과 생가》, 유페이퍼.
컬툰스토리, 2014, 《서원, 선비문화의 숨결 1,2》, 유페이퍼.
한영우, 2014, 《미래와 만나는 한국의 선비문화》, 세창출판사.
구자청, 2015, 《선비의 편지: 오래된 미래와의 대화》, 글누림.
김백희, 2015, 《부끄러워할 줄 아는 선비: 조선 사대부의 윤리》, 한국학중앙연구원출판부
김병일, 2015, 《선비처럼》, 나남.
김용헌, 2015, 《야은 길재, 불사이군의 충절》, 예문서원.
김윤규, 2015, 《조국광복에 산화한 선비들: 순국선열 김필락 그 아들 김병덕》, 국학자료원.
김진수, 2015, 《선비정신의 나라 대한민국》, 북랩.
남명학연구원, 2015, 《남명학과 현대사회》, 역락.
박균섭, 2015, 《선비정신연구: 앎, 삶, 교육》, 문음사.
신정일, 2015, 《홀로 서서 길게 통곡하니: 소리 없는 통곡, 선비들의 눈물》, 루이앤휴잇.
심후섭, 2015, 《내 가슴 속 선비: 청소년을 위한 인문학 이야기》, 학이사.
이정구, 2015, 《스토리로 읽는 선비정신》, 부크크.
정병호, 2015, 《영남 선비의 형상과 인문정신》, 지성인.
컬툰스토리, 2015, 《서울에 묻힌 문화재 조선 선비를 찾아서》, 태믹스.
컬툰스토리, 2015, 《선비의 향기! 안동문화재를 담다》, 태믹스.
하승현, 2015, 《잠, 마음에 놓는 침: 나의 지친 어깨를 토닥이는 옛 선비의 잠언 64편》, 한국고전번역원.
한상우, 2015, 《야은 길재, 조선 선비의 길을 열고 숲을 일구다》, 학지사.
한정주, 2015, 《호, 조선 선비의 자존심》, 다산초당.
김영태, 2016, 《선비를 찾아가는 풍경, 충청의 고택과 정자》, 태믹스.
이승하, 2016, 《마지막 선비 최익현》, 나남.
정구선, 2016, 《죽음을 택한 조선의 선비들: 역사가 기억해야 할 조선의 죽음과 희생정신》, 애플북스.
정순우 외, 2016, 《한국과 일본의 공공의식 비교 연구》, 한국학중앙연구원출판부.
조윤민, 2016, 《두 얼굴의 조선사: 군자의 얼굴을 한 야만의 오백 년》, 글항아리.

***선비, 선비정신 관련 학위논문(발간연도 순)**

지배선. 1976. "선비척발씨의 씨족분열과정에 대하여: 가비능이후를 중심으로". 석사학위논문. 연세대학교.

최봉영. 1982. "조선시대 선비정신 연구: 가묘, 종묘, 문묘를 중심으로". 석사학위논문. 한국정신문화연구원 한국학대학원.

박의수. 1983. "선비상에 관한 교육사상사적 고찰". 석사학위논문. 고려대학교.

정태옥. 1985. "선비정신에 대한 연구". 석사학위논문. 계명대학교.

이장희. 1987. "조선시대 선비연구". 박사학위논문. 성균관대학교.

정인애. 1989. "조남명의 선비정신 연구". 석사학위논문. 경상대학교.

김길동. 1991. "조선시대 선비계층의 주거문화에 관한 연구". 석사학위논문. 서울대학교.

김창수. 1999. "공직자상 재정립을 위한 선비정신에 관한 고찰". 석사학위논문. 국방대학교.

이영교. 1999. "선비정신에 관한 연구". 석사학위논문. 인하대학교.

황경애. 2000. "선비정신에 근거한 전통건축 해석에 관한 연구". 석사학위논문. 국민대학교.

도경미. 2001. "교육받은 사람으로서 선비와 철인". 박사학위논문. 국민대학교.

조기철. 2001. "이태준 문학작품에 나타난 선비정신 연구". 박사학위논문. 단국대학교.

권택진. 2002. "인성교육으로서의 선비정신 교육의 효과적 실천 방안". 석사학위논문. 동양대학교.

권혁순. 2002. "송강 정철의 한시에 나타난 선비정신 연구". 석사학위논문. 서강대학교.

김나래. 2002. "17세기 선비들의 건축 성향: 우암 송시열의 정사경영을 중심으로". 석사학위논문. 경기대학교.

이명례. 2002. "한국 근현대시의 선비정신 연구". 박사학위논문. 청주대학교.

김연옥. 2003. "조지훈 시에 나타난 선비의식과 전통미 연구". 박사학위논문. 한국교원대학교.

박대남. 2004. "선비의 삶을 통해서 본 참 사제의 길: 율곡 이이의 사상을 중심으로". 석사학위논문. 광주가톨릭대학교.

조선희. 2004. "조지훈 문학에 나타난 선비정신 연구". 석사학위논문. 서강대학교.

김경동. 2005. "고전문학에 나타난 선비정신 연구: 안동문화권 시기를 중심으로". 석사학위논문. 안동대학교.

임범종. 2005. "가톨릭사제 양성의 인성교육을 위한 선비의 덕성함양 고찰". 석사학위논문. 대구가톨릭대학교.

임승욱. 2005. "유치환 문학에 나타난 도덕론적 문학관과 선비정신". 석사학위논문. 서강대학교.

김명희. 2006. "조선 전기 선비들의 다 정신: 다시를 중심으로". 석사학위논문. 원광대학교.

박원철. 2006. "한국 전통사상을 통한 컨텐츠 디자인의 방향성 고찰: 인내천사상, 선비사상, 장인정신을 중심으로". 석사학위논문. 국민대학교.

백종미, 2006, "조지훈 문학연구: 선비정신을 중심으로", 석사학위논문, 서강대학교.
이성규, 2006, "조선시대의 선비교육과 선비문화에 관한 연구", 석사학위논문, 한국교원대학교.
이치문, 2006, "초기 한국기독교와 선비정신의 관계성 연구", 석사학위논문, 한영신학대학교.
김민정, 2007, "교육적 인간상으로서의 '선비'", 석사학위논문, 서울교육대학교.
손영효, 2007, "조선후기 문인화에 나타난 선비정신에 관한 연구", 석사학위논문, 수원대학교.
이숙표, 2007, "선비의 나라 유학 2천년", 석사학위논문, 한국학중앙연구원.
이재경, 2007, "남명 조식의 선비정신 연구", 석사학위논문, 성균관대학교.
이준일, 2007, "영주 선비촌 운영의 지역문화적 의의와 프로그램 개선방향", 석사학위논문, 안동대학교.
김순향, 2008, "선비정신에 나타난 리더십 연구", 석사학위논문, 성균관대학교.
이선희, 2008, "의리사상을 중심으로 본 선비정신", 석사학위논문, 한국교원대학교.
장은옥, 2008, "선비문화와 전통소재를 이용한 현대적 화훼작품: 대나무를 중심으로", 석사학위논문, 단국대학교.
전유재, 2008, "김학철 『격정시대』의 욕망과 선비정신 연구", 석사학위논문, 숭실대학교.
김아롱, 2009, "고산 윤선도의 오우가를 중심으로 한 선비정신 장신구 디자인 연구", 석사학위논문, 홍익대학교.
김태수, 2009, "조선시대 은거선비들의 산수경영과 이상향", 박사학위논문, 고려대학교.
박지예, 2009, "연암소설의 선비상 연구: 『양반전』과 『허생전』을 중심으로", 석사학위논문, 공주대학교.
김선중, 2010, "실내조경 디자인을 통한 선비사상의 표현", 석사학위논문, 단국대학교.
박미연, 2010, "양반전에 나타난 선비상의 교육적 의미 추론", 석사학위논문, 부산대학교.
임영태, 2010, "퇴계 선비정신의 도덕 교육적 함의", 석사학위논문, 인천대학교.
김안식, 2011, "다산(茶山)의 『목민심서』로 세우는 21세기 한국 문화권의 설교자상(說敎者像): 목민관의 수기치인과 선비정신에 의한 설교자상 연구", 박사학위논문, 한일장신대학교.
이희진, 2011, "선비음악의 주제별 지도방안 연구", 석사학위논문, 한국교원대학교.
손윤탁, 2012, "선비정신이 초기 한국 기독교에 미친 영향", 박사학위논문, 영남대학교.
조경진, 2012, "조헌 시에 나타난 선비정신 연구", 석사학위논문, 세종대학교.
김병금, 2014, "권문해의 『초간일기』 연구: 16세기 영남 선비의 삶과 문학", 석사학위논문, 영남대학교.
박명덕, 2014, "최부 『표해록』의 선비정신 및 고유문명의식", 석사학위논문, 조선대학교.
김창진, 2015, "조선시대 선비정신 연구", 박사학위논문, 원광대학교.

*선비, 선비정신 관련 학술논문(발간연도 순)

윤성범, 1964, "선비의식과 양반근성: 카리스마적 선비정치의 해독", 《세대》 제2권, 세대사.
김종길, 1968, "선비 조지훈의 기품", 《세대》 제6권, 세대사.
한기언, 1972, "선비의 비교교육 철학적 해석", 《교육학연구》 제10권 제2호, 한국교육학회.
오규원, 1974, "선비의식과 초극의지", 《문학과지성》 제15호, 문학과지성사.
이규태, 1974, "선비사상서설", 《기러기》 제10권 7호, 흥사단.
이양수, 1974, "선비와 군자와 신사, 충남인의 인간상의 일면", 《새충남》 제34권, 충청남도 행정개발연구소.
최영희, 1974, "청백리와 선비정신", 《국민회의보》 제6권, 통일주체국민회의사무처.
권대풍, 1977, "선비상의 교육철학적 분석 및 재평가", 《고대문화》 제17권, 고려대학교.
금장태, 1978, "조정암과 조선조의 선비정신", 《한국학보》, 일지사.
문제안, 1978, "고요를 즐기신 참다운 선비", 《나라사랑》 제29권, 외솔회.
송준호, 1979, "선비정신의 시학: 아정 이덕무의 시작세계", 《민족문화》 제5권, 한국고전번역원.
신철우, 1979, "선비정신과 조연지기", 《충청》 제11권 104호, 월간충청사.
전영배, 1979, "선비정신의 현대적 조명", 《분재수석》 제7권 39호, 분재수석사.
최진원, 1979, "심산의 선비정신", 《창작과비평》 제14권 4호, 창작과비평.
이상일, 1980, "선비정신 좀먹는 사회적 제약, 한국에 있어서의 학문의 자유", 《광장》 제82호, 세계평화교수협의회.
홍일식, 1980, "숭고한 '선비' 정신의 화신", 《어문논집》 제21권, 민족어문학회.
김두선, 1982, "현대인의 가치의식과 선비정신", 《과학교육과 시청각교육》 제212권, 시청각교육사.
김용운, 1982, "한국의 선비기질과 일본의 무사정신", 《광장》 제102호, 세계평화교수협의회.
류동성, 1982, "선비정신의 계승창달", 《교육관리기술》 제141권, 한국교육출판.
유정동, 1982, "선비와 그 의식구조", 《청림》 제25권, 한남대학교.
이창극, 1983, "선비론: 선비정신이란 말의 함축을 생각한다", 《담수회논집》 제12권, 담수회.
최봉영, 1983, "조선시대 선비정신 연구: 통의식을 중심으로", 《정신문화연구》 제18권, 한국학중앙연구원.
최봉영, 1984, "조선시대 선비들의 유형과 행위유형", 《정신문화연구》 제21권, 한국학중앙연구원.
송방송, 1986, "고려 향악의 삼현 문제: 선비들의 풍류를 중심으로", 《동양학》 제16권, 단국대학교.
금장태, 1987, "의리사상과 선비정신", 《담수회논집》 제16권, 담수회.
이장희, 1987, "선비의 성립과정에 대하여", 《아주대학교 논문집》 제9권, 아주대학교.
이재선, 1987, "청빈을 삶의 가치로 삼아온 선비정신과 여유의 멋", 《북한》 통권 제191호, 북한연구소.
이희재, 1987, "조정암의 선비정신", 《범한철학》 제2권, 범한철학회.

주근식, 1987, "선비정신", 《상서》 제8권, 한국장서가회.
이장희, 1988, "조선시대 선비의 실상과 허상", 《한국사상사학》 제2집, 한국사상사학회.
김동욱, 1989, "화랑도와 신사도와 선비도", 《신라문화》 제10권 1호, 동국대학교 신라문화연구소.
윤덕진, 1989, "선비의 삶과 강호한정", 《열상고전연구》 제2권, 열상고전연구회.
윤영기, 1990, "선비정신과 무사도의 비교연구", 《일본연구논총》, 경성대학교 인문과학연구소.
전형대, 1990, "청련 이후백의 선비정신과 시", 《경기어문학》 제8권, 경기대학교 국어국문학회.
천도등야, 박민영, 1990, "조선시대 선비에 대한 연구", 《한국학연구》 제2권, 인하대학교 한국학연구소.
방인태, 1991, "선비정신과 의인의 목소리: 유치환의 중기의 시세계", 《동양문학》 제33권, 동양문학사.
유해춘, 1991, "17세기 가사에 나타난 선비의 성격변화", 《문학과언어》 제12집, 문학과언어학회.
이정탁, 1991, "도연명의 문학세계와 선비정신", 《안동한문학논집》 제2권, 안동한문학회.
고순희, 1992, "18세기 향촌지식인의 선비의식: 일동장유가를 통하여", 《한남어문학》 제17, 18권, 한남대학교 한남어문학회.
이경, 1992, "한국의 선비정신과 목사상의 접근고", 《신학과사회》 제6권, 한일장신대학교.
한상규, 1992, "내암 정인홍의 선비정신", 《교육사상연구》 제1권, 한국교육사상연구회.
한상규, 1992, "덕계 오건의 선비정신", 《남명학》, 남명학연구원.
배영기, 1993, "한민족상의 원형적 탐색론: 그 선비정신의 청아를 중심으로", 《숭의여자대학 박종훈총》 제17권, 숭의여자대학.
이장희, 1993, "여말선초의 선비군과 길재의 위상", 《한국사상사학》 제4, 5권, 한국사상사학회.
한상규, 1993, "대소헌 조종도의 선비정신", 《교육사상연구》 제2권, 한국교육사상연구회.
한상규, 1993, "황암 박제인의 선비정신", 《남명학연구》 제3권, 남명학회.
한상규, 1993, "선비정신의 교훈적 발견", 《교육사상연구》 제3권, 한국교육사상연구회.
한상규, 1993, "섬천지방 임진의병의 선비정신 발견", 《교육철학》 제11권, 한국교육철학회.
오수경, 1994, "안동선비의 문화의식과 향토문화 창달", 《대동한문학회지》 제6집, 대동한문학회.
이경교, 1994, "선비정신의 비극적 정화", 《동국어문학》 제6권, 동국대학교.
주승택, 1994, "16세기 안동 선비의 향토관과 국가관: 처사형 선비문화의 형성과정을 중심으로", 《진단학보》 제78권, 진단학회.
한상규, 1994, "남명의 사상과 그 사상사적 위치: 예곡곽율의 선비정신", 《남명학연구》 제4권, 남명학회.
김은정, 1995, "이태준 문학에 나타난 선비의식: 단편 소설을 중심으로", 《서강어문》 제11권, 서강어문학회.
손인수, 1995, "율곡사상의 이해: 선비정신을 중심으로", 《율곡사상연구》 제2집, 율곡연구원.

오석원, 1995, "안동의 선비문화에 관한 고찰: 퇴계 및 퇴계학파를 중심으로", 《충남대학교 유학연구》 제3집(下), 충남대학교 유학연구소.
오수경, 1995, "청계 김진의 선비의식과 서당교육", 《퇴계학》 제7권, 안동대학교 퇴계학연구소.
이동희, 1995, "한국 공직자의 전통사상과 공인의 가치관: 선비정신과 공직윤리를 중심으로", 《교육훈련정보》 제30권, 중앙공무원교육원.
이원수, 1995, "「양반전」과 「허생전」, 그 설문과 해답: 조선후기 선비의 자기정체성 위기의식과 그 극복", 《연민학지》 제3권, 연민학회.
이종호, 1995, "안동의 선비문화 연구: 16〜17세기 순수처사를 중심으로", 《한국사상사학》 제7권, 한국사상사학회.
한상규, 1995, "예곡곽율의 선비정신", 《남명학연구》 제4집, 남명학회.
구본기, 1996, "고전소설에 나타난 선비의 진퇴의식", 《고전문학연구》 제11집, 한국고전문학회.
박제천, 1996, "조지훈의 인간과 사상", 《한국문학연구》 제18권, 동국대학교 한국문학연구소.
오수경, 1996, "안동선비의 서원창설 운동에 대하여", 《대동한문학회지》 제8집, 대동한문학회.
강광식, 1997, "선비정신과 지도층의 자세", 《겨레얼》 제3권, 겨레얼찾아가꾸기모임.
김병권, 1997, "선비의 전형 이상보 박사", 《한국논단》 제94권, 한국논단.
윤형덕, 1997, "한국 시가의 선비정신에 대한 연구", 《한국교통대학교 논문집》 제32권 1호, 한국교통대학교.
조지훈, 1997, "국난과 선비의 얼", 《겨레얼》 제3권, 겨레얼찾아가꾸기모임.
김신웅, 1998, "선비정신이 곧 충청정신이다", 《한국동서경제연구》 제9집, 한국동서경제학회.
박동준, 1998, "한국 교사상으로서의 전문직적 선비에 관한 적합성 고찰", 《한국교원교육연구》 제15권 2호, 한국교원교육학회.
황준연, 1998, "조선후기의 선비음악", 《한국음악연구》 제26집, 한국국악학회.
이민홍, 1999, "조선조 중기 선비들의 시의식: 주자시의 평석을 중심으로", 《고문화》 제53권, 한국대학박물관협회.
이장희, 1999, "조선시대 선비상", 《고문화》 제53권, 한국대학박물관협회.
전재강, 1999, "선비정신의 실천현상 연구", 《동방한문학》 제17권, 동방한문학회.
진태하, 1999, "한국인의 효와 선비사상", 《한국사상과 문화》 제3권, 한국사상과문화학회.
최승범, 1999, "조선시대 선비의 멋", 《전북사학》 제21, 22권, 전북사학회.
금장태, 2000, "사림공동체와 선비의례", 《종교와문화》 제6권, 서울대학교 종교문제연구소.
금장태, 2000, "퇴계, 남명, 율곡과 선비의식의 세 유형", 《퇴계학논집》 제105권, 퇴계학연구원.
김동호, 2000, "선비정신의 재조명", 《담수회논집》 제29집, 담수회.
김연옥, 2000, "선비정신의 구현과 관조의 미학: 가람 이병기론", 《한국어문교육》 제9권, 한국교원

　　　　대학교 한국어문교육연구소.
김태길, 2000, "조선시대 선비와 오늘의 한국", 《대한민국학술원논문집》 제39권, 대한민국학술원.
남상호, 2000, "관란 원호의 사상과 선비정신", 《한국사상사학》 제15권, 한국사상사학회.
송재소, 2000, "선비정신의 본질과 그 역사적 전개양상", 《한문학보》 제2집, 우리한문학회.
유기룡, 2000, "상화의 문학, 그 선비정신", 《향토문학연구》 제3호, 향토문학연구회.
이남영, 2000, "이퇴계의 선비상", 《퇴계학논집》 제107, 108권, 퇴계학연구원.
정종진, 2000, "벽초 홍명희: 홍명희의 생애와 「임꺽정」에서 참다운 선비를 찾는다", 《충북학》 제2호, 충북개발연구원.
홍오선, 2000, "한국인과 선비정신: 한국 정신의 본류", 《교육진흥》 제49권, 중앙교육진흥연구소.
황송문, 2000, "산중문답과 선비정신", 《시문학》 제346권, 시문학사.
김선원, 2001, "선인들의 표정: 선비정신과 동양적 세계관", 《지방행정》 제50권 578호, 대한지방행정공제회.
유균상, 2001, "전통 사회의 이상적 인간상으로서 선비", 《한국교육》 제28권 1호, 한국교육개발원.
유병관, 2001, "선비정신과 초인의 꿈: 이육사론", 《국제어문》 제23권, 국제어문학회.
이동환, 2001, "선비정신의 개념과 전개", 《대동문화연구》 제38집, 성균관대학교 대동문화연구원.
이서행, 2001, "전통적인 선비사상과 청백리의 공직윤리", 《한국행정사학지》 통권 제10호, 한국행정사학회.
이종호, 2001, "문학을 통해 본 안동선비의 유교적 규범의식과 풍류의식", 《동서문화》 제34집, 계명대학교 인문과학연구소.
정용화, 2001, "한국인의 시민상 모색과 선비", 《한국정치외교사논총》 제23집 1호, 한국정치외교사학회.
정종진, 2001, "한국 근현대시의 선비정신 연구", 《어문연구》 제36권, 어문연구학회.
조기철, 2001, "이태준 작품에 나타난 선비정신 연구", 《어문연구》 제29권 2호, 한국어문교육연구회.
조민환, 2001, "'독서기신'을 통해 본 조선조 선비문화의 진퇴관", 《동양철학연구》 제25권, 동양철학연구회.
김연옥, 2002, "조지훈 시에 나타난 선비정신의 구현", 《한국어문교육》 제11집, 한국교원대학교 한국어문교육연구소.
도영미, 2002, "동,서양 교육적 전통에 있어 도덕과 이성: 선비교육과 철인교육을 중심으로", 《북악논총》 제19집, 국민대학교.
서보광, 2002, "건축가의 선비정신", 《대한건축사협회지》 제2002권 3호, 대한건축사협회.
윤영진, 2002, "우리나라의 선비사상", 《최고관리자과정 논문집》 제21집, 경상대학교.
이문원, 2002, "한국 교육의 전통과 선비정신", 《한국교육문제연구》 제17집, 중앙대학교 한국교육

문제연구소.
정요일, 2002, "연암 소설 〈량반전〉과 〈예덕선생전〉에 나타난 선비정신", 《한문교육연구》 제19권, 한국한문교육학회.
정종진, 2002, "이문구 소설의 선비정신 연구", 《국제문화연구》 제20집, 청주대학교 국제협력연구원.
한승옥, 2002, "난세의 지식인과 선비정신", 《인문학연구》 제32집, 숭실대학교 인문과학연구소.
황정희, 2002, "한유 산문에 나타난 이상적 선비(사) 연구", 《중국어문논총》 제22집, 중국어문연구회.
김청연, 2003, "이 시대 여성선비가 제안하는 지식인의 역할모델 선비", 《출판저널》 제327권, 대한출판문화협회.
신웅순, 2003, "정완영 시조의 선비의식", 《한국시문학》 제13집, 한국시문학회.
양병이 외, 2003, "선비문화가 조선시대 별서정원에 미친 영향에 관한 연구", 《한국전통조경학회지》 제21권 1호, 한국전통조경학회.
유희, 2003, "동심(童心)과 선비정신의 이중주: 유동삼론", 《문예시학》 제14권, 문예시학회.
윤사순, 2003, "16세기 조선 유교사회와 죽천(박광전)의 선비정신", 《한국의 철학》 제32호, 경북대학교 퇴계연구소.
윤사순, 2003, "태암으로 본 조선 선비의 모습", 《동양철학》 제20집, 한국동양철학회.
조일규, 2003, "남명 시에서의 선비상1: 선비의 자부심과 출사의식: 텍스트의 언어학적 분석을 바탕으로", 《남명학연구》 제2호, 남명학회.
최승순, 2003, "선비정신", 《밤나무골 이야기》 제10권, 율곡연구원.
권문봉, 2004, "전통적 선비정신에 대한 일고찰", 《한문교육연구》 제23권, 한국한문교육학회.
김현미, 2004, "선비의 아내, 그녀들의 숨은 노동", 《여성이론》 통권 제11호, 여성문화이론연구소.
손홍렬, 2004, "조선시대 선비의 양생관과 퇴계『활인심방』", 《백산학보》 제70호, 백산학회.
송인창, 2004, "동춘당 송준길의 선비정신", 《철학논총》 제37집, 새한철학회.
신관근, 2004, "한국의 선비정신과 이충무공의 리더십", 《이순신연구논총》 제3호, 순천향대학교 이순신연구소.
신병주, 2004, "조선시대의 선비정신과 선비 학자들의 활동: 16세기 선비들을 중심으로", 《남명학연구》 제13집, 남명학회.
심백강, 2004, "화서 이항로의 선비정신과 21세기의 한국", 《화서학논총》 창간호, 화서학회.
안무열, 2004, "조선사림파의 형성과 역사적 전개", 《유학과현대》 제5집, 박약회대구지회.
유용규, 2004, "선비정신과 무사도의 상관관계", 《일본문화연구》 제11집, 동아시아일본학회.
이경구, 2004, "선비의 사회적 책임", 《선비문화》 제3호, 남명학회.
이미선, 2004, "고봉 기대승의 선비상", 《청계사학》 제19집, 한국학중앙연구원.
이헌석, 2004, "한국시에 나타난 선비정신: 이웃과 나라와 겨레를 위해", 《문학》 제37권 8호, 한국

문인협회.
조민환, 2004, "선비들의 시, 서, 화 세계의 공통점", 《동양예술논총》 제8집, 강암서예학술재단.
추원교, 2004, "선비의 문방용품에 내재된 문화적 정체성", 《한국디자인문화학회지》 제10권 4호, 한국디자인문화학회.
황상민, 임정화, 2004, "조선시대 선비가 보인 마음의 지도와 온라인 게이머의 심리", 《동양예술》 제9호, 한국동양예술학회.
김기현, 2005, "선비와 지식인", 《내일을 여는 작가》 통권 제39호, 한국작가회의.
김태경, 2005, "조선시대 선비의 다연화", 《한국차학회지》 제11권 2호, 한국차학회.
노대환, 2005, "지역대학의 전통문화컨텐츠 사업: '선비문화컨텐츠' 사업을 중심으로", 《영남학》 제8호, 경북대학교 영남문화연구원.
문경현, 2005, "신라인의 선비정신", 《경주문화》 통권 제11호, 경주문화원.
백수인, 2005, "선비정신의 시학", 《시문학》 제35호 6호, 시문학사.
신익호, 2005, "충남, 대전 문학과 선비정신", 《시와정신》 제4권 1호, 시와정신사.
이규환, 2005, "곡학아세하지않는 참된 선비", 《환경논총》 제43권, 서울대학교.
이병휴, 2005, "선비와 그들의 문화", 《시민교양강좌》 제3집, 퇴계학연구원.
조민환, 2005, "선비들의 예술세계에 관한 연구", 《유교사상연구》 제22집, 한국유교학회.
권태을, 2006, "청대 권상일의 선비정신고", 《상주문화연구》 제16집, 경북대학교 상주문화연구소.
김미영, 2006, "죽은 아내를 위한 선비의 제문(祭文) 연구", 《실천민속학연구》 제8호, 실천민속학회.
김용재, 2006, "한밭의 선비와 선비정신", 《인문과학논문집》 제41집, 대전대학교 인문과학연구소.
김태문, 2006, "선비의 예술과 선비취미", 《사대도협회지》 제7집, 한국사립대학교 도서관협의회.
박신배, 2006, "김교신의 선비신학", 《한국문화신학회 논문집》 제9집, 한국문화신학회.
설봉식, 2006, "선비정신과 CEO의 행위규범", 《기업경영연구》 23권, 한국기업경영학회.
성낙정, 2006, "선비정신을 생각하다", 《우계학보》 제25호, 우계문화재단.
유택형, 2006, "선비정신을 통해 본 법조계의 자정운동과 사법의 민주화 과제", 《인권과 정의》 통권 제363호, 대한변호사협회.
유택형, 2006, "율곡의 국시론을 통해 본 사한림 선비정신의 발현", 《율곡정론》 제6호, 율곡문화원.
윤영근, 2006, "동향/연구보고서: 최부의 선비정신을 찾아서", 《교육전남》, 전라남도교육청.
이병휴, 2006, "선비와 그들의 삶", 《유학과 현대》 제7집, 박약회대구지회.
이종옥, 2006, "윤동주 시에 나타난 선비의식의 양상", 《문학과언어》 제28집, 문학과언어학회.
전세영, 2006, "선비정신의 현대적 의의", 《한국시민윤리학회보》 제19집 2호, 한국시민윤리학회.
허권수, 2006, "규암 송인수의 선비정신과 시세계", 《충남대학교 유학연구》 제13집, 충남대학교 유학연구소.

홍오선, 2006, "고시조에 나타난 선비정신", 《시와비평&시조와비평》 통권 제110호, 시조와비평사.
구본섭, 2007, "선비정신과 교육 단상", 《선비문화》 제12호, 남명학회.
김삼웅, 2007, "선비들의 사대 곡필과 주체적 글쓰기", 《인물과사상》 통권 제114호, 인물과사상사.
김영두, 2007, "누가 선비인가?", 《역사와문화》 제14호, 문화사학회.
김재웅, 2007, "영남 지역의 선비 집안과 필사본 고전소설의 유통", 《선비문화》 제11호, 남명학회.
박병기, 2007, "보살과 선비, 그리고 우리 시대의 시민", 《윤리연구》 제65호, 한국윤리학회.
박용국, 2007, "영남지역 선비문화의 초등역사교육 활용: '남명선비문화축제'를 중심으로", 《한국의철학》 제41호, 경북대학교 퇴계연구소.
부영근, 2007, "일제강점기의 지역 선비의 삶: 낙애 채병원 선생의 삶을 중심으로", 《동양예학》 제16집, 동양예학회.
신승훈, 2007, "예학의 관점에서 본 선비의 일상", 《동양한문학연구》 제24집, 동양한문학회.
안동준, 2007, "한류와 선비문화", 《선비문화》 제12호, 남명학회.
유선, 2007, "꼿꼿한 조선선비, 그 부동의 시 정신", 《해동문학》 제15권 제2호, 해동문학사.
이대걸, 2007, "병든 사회를 치유할 선비 선비정신의 교육", 《동양예학》 제17집, 동양예학회.
이동국, 2007, "영남선비들의 예술세계: 퇴필(退筆)의 조형(造形)과 서예미학(書藝美學)을 중심으로", 《전주학연구》 창간호, 전주역사박물관.
정헌식, 2007, "선비정신과 차생활", 《선비문화》 제11호, 남명학회.
주보돈, 2007, "새로운 선비상의 정립을 위하여", 《선비문화》 제12호, 남명학회.
김익수, 2008, "퇴계학의 계승과 예안광금의 가족문화 묘합으로 창조적인 선비문화 형성", 《한국사상과 문화》 제45집, 한국사상문화학회.
김종선, 2008, "선비정신 진작에 대한 관견", 《유학과현대》 제9집, 박약회대구지회.
김진수, 2008, "한국형 리더십 '선비 리더십'", 《인사관리》 통권222호, 한국인사관리협회.
노관범, 2008, "회인(懷仁) 선비의 세상살이 성찰 26가지: 어당 이상수(李象秀)의 「전가잡훈(傳家雜訓)」에 대한 고찰", 《문헌과해석》 통권 제44호, 문헌과해석사.
박병기, 2008, "선비정신과 시민윤리", 《선비문화》 제13호, 남명학회.
유택형, 2008, "선비정신을 통해 본 법조계의 자정운동과 사법의 민주화 과제", 《율곡정론》 제7호, 율곡문화원.
윤인현, 2008, "선비정신에 비추어 본 정인홍의 저술과 생애", 《한국고전연구》 통권 제18집, 한국고전연구학회.
윤인현, 2008, "남명의 출처와 문학을 통해 본 선비정신", 《영남학》 제13호, 경북대학교 영남문화연구원.
이장희, 2008, "선비론", 《선비문화》 제14권, 남명학회.

이종묵, 2008, "선비가 꿈꾸는 삶", 《선비문화》 제14권, 남명학회.
정시열, 2008, "동계 정온의 시(詩)에 나타난 선비정신: 유배 및 좌천기의 시를 중심으로", 《한국사상과 문화》 제41집, 한국사상문화학회.
조창열, 2008, "천안의 누정과 선비문화", 《유관순연구》 제13호, 백석대학교 유관순연구소.
한새빛, 2008, "진정한 선비의 장", 《문예운동》 통권 제100호, 문예운동사.
금장태, 2009, "선비의 가슴 속에 품은 하늘", 《선비문화》 제15권, 남명학회.
김경호, 2009, "선비의 감성: 고봉의 '낙'을 중심으로", 《전남대학교 호남학연구》 제45집, 전남대학교 호남학연구원.
김광민, 2009, "선비정신의 개념 정립을 위한 시론", 《도덕교육연구》 제21권 1호, 한국도덕교육학회.
김영시, 2009, "남악(南嶽) 김복일(金復一) 선생의 생애와 선비정신", 《동양예학》 제22집, 동양예학회.
김재홍, 2009, "신석정, 복락원의 꿈과 선비정신의 길", 《시와시학》 통권 제75호, 시와시학사.
박병련, 2009, "눌재 양성지의 정치·행정 사상 연구: 경세적 '참 선비' 모델을 중심으로", 《한국사회와행정연구》 제20권 1호, 서울행정학회.
박희, 2009, "성균관과 향교: 선비문화 수련원(下)", 《순국》 통권 제218호, 대한민국순국선열유족회.
설석규, 2009, "남명 조식의 도학적 세계관과 선비정신", 《남명학연구》 제14집, 남명학회.
설석규, 2009, "남명문도를 찾아서: 소신으로 경(敬), 의(義)를 밝힌 선비 환성재(喚醒齋) 하락(河洛)", 《선비문화》 제15권, 남명학회.
설석규, 2009, "경(敬), 의(義)의 사회적 실천전범을 제시한 선비: 부사(浮査) 성여신(成汝信)", 《선비문화》 제16권, 남명학회.
심경호, 2009, "조선선비의 문자생활과 지적 교류", 《국학연구》 제14집, 한국국학진흥원.
심현섭, 2009, "조선 선비들의 서예인식과 교육", 《서예학연구》 제15호, 한국서예학회.
오용원, 2009, "고종일기와 죽음을 맞는 한 선비의 일상", 《대동한문학회지》 제30집, 대동한문학회.
오용원, 2009, "귀거래한 선비의 삶과 공간", 《선비문화》 제16권, 남명학회.
이구의, 2009, "「죽지곡(竹枝曲)」에 나타난 선비의 형상", 《상주문화연구》 제19집, 경북대학교 상주문화연구소.
이동복, 2009, "갈등의 한국사회에서 선비정신의 역할", 《유학과현대》 제10호 특집, 박약회대구지회.
이명곤, 2009, "덕계 오건의 선비사상에 나타나는 "외로움"의 개념과 "의"의 형이상학적 특성", 《남명학연구》 제3권, 남명학회
이장희, 2009, "선비의 본의와 선비정신", 《남명학연구》 제14집, 남명학회.
이종묵, 2009, "조선 선비의 부부 생활과 부부유별", 《관악어문연구》 제34집, 서울대학교.
이종묵, 2009, "성리학적 사유를 구현한 조선 선비의 집", 《남명학연구》 제14집, 남명학회.

이종묵, 2009, "조선 선비가 바라는 아내의 상", 《선비문화》 제15권, 남명학회.
제정관, 2009, "한국전통의 선비정신과 현대적 전승: 조선시대를 중심으로", 《윤리연구》 제72호, 한국윤리학회.
조구호, 2009, "문학 작품에 나타난 선비상", 《선비문화》 제16권, 남명학회.
조영달, 2009, "현대사회의 지식인과 선비정신의 사회적 재해석: 남명의 출처관을 중심으로", 《남명학연구》 제14집, 남명학회.
최봉영, 2009, "한국사와 선비의 전통", 《남명학연구》 제14집, 남명학회.
최석기, 2009, "조선의 선비와 그들의 공부", 《남명학연구》 제14집, 남명학회.
최승순, 2009, "조선조 선비의 절의", 《운곡학회연구논총》 제3집, 운곡학회.
탁석산, 2009, "조선의 선비는 아직도 지식인 모델로 유효한가?", 《철학과현실》 통권 제83호, 철학문화연구소.
한영우, 2009, "선비문화의 역사적 전개와 미래: 생명, 평화, 공익, 백성, 나라 사랑", 《한국문화》 제45집, 규장각한국학연구소.
강유경, 2010, "조선시대 선비들의 거문고 인식에 관한 연구", 《동양예술논총》 제14집, 강암서예학술재단.
김규선, 2010, "유재 송기면의 선비정신과 시세계", 《한문학보》 제23집, 우리한문학회.
김기현, 2010, "시조로 만나는 퇴계 남명 두 분의 선비정신", 《선비문화》 제18호, 남명학회.
김병일, 2010, "선비정신의 현대적 계승", 《남명학연구》 제15집, 남명학회.
김병일, 2010, "남명과 퇴계의 길을 따르자", 《선비문화》 제18호, 남명학회.
김학수, 2010, "선유를 통해 본 낙강 연안지역 선비들의 집단의식: 17세기 한여학인(寒旅學人)을 중심으로", 《영남학》 제18호, 경북대학교 영남문화연구원.
박균섭, 2010, "선비의 앎과 삶", 《한국학연구》 제35집, 고려대학교 한국학연구소.
방민화, 2010, "신라인의 사랑의 미학과 선비정신", 《한중인문학연구》 제30집, 한중인문학회.
신익호, 2010, "현대시에 나타난 선비정신: 충남·대전 지역 시인을 중심으로", 《어문연구》 제66권, 어문연구학회.
운인현, 2010, "매천 황현의 문학에 나타난 선비정신", 《한문학보》 제23집, 우리한문학회.
윤인현, 2010, "포은 정몽주의 선비정신", 《한문학논집》 제30집, 근역한문학회.
윤호진, 2010, "정원을 통해 본 영남선비의 사유양식과 가치지향: 연못을 중심으로", 《영남학》 제18호, 경북대학교 영남문화연구원.
이종호, 2010, "영남선비들의 구곡경영과 최남복의 백련서사", 《영남학》 제18호, 경북대학교 영남문화연구원.
이춘배, 2010, "조선의 마지막 선비, 시인 황현", 《문학춘추》 2010년 가을호(제72호), 문학춘추사.

정병호, 2010, "자정순국일기와 한말 영남 선비의 형상", 《대동한문학회지》 제33집, 대동한문학회.
정성삼, 2010, "한말선비 '황현선생의 우국충정'의 교훈", 《유학과 현대》 제11집, 박약회대구지회.
최동호, 2010, "「소쇄원」과 한국의 선비문화", 한국어문학국제학술포럼 학술대회, 한국어문학국제학술포럼.
최문석, 2010, "우리는 왜 선비를 찾는가", 《선비문화》 제17호, 남명학회.
최봉영, 2010, "조선시대 선비와 의리, 그리고 우리", 《남명학연구》 제15집, 남명학회.
최은주, 2010, "조선후기 영남선비들의 여행과 공간감성: 18세기 영남선비 청대 권상일의 사례", 《동양한문학연구》 제31권, 동양한문학회.
한상규, 2010, "한국유학사를 통해 본 선비정신: 안향과 이제현", 《시민시대》 통권 제305호, 목요학술회.
한상규, 2010, "한국유학사를 통해 본 선비정신: 목은 이색과 도은 이숭인", 시민시대 통권 제306호, 목요학술회.
한상규, 2010, "한국유학사를 통해 본 선비정신: 양촌 권근", 《시민시대》 통권 제308호, 목요학술회.
한상규, 2010, "한국유학사를 통해 본 선비정신: 호정 하륜", 《시민시대》 통권 제310호, 목요학술회.
김기현, 2011, "한국 설화문학에 나타난 선비정신", 《선비문화》 제19권, 남명학회.
김기현, 2011, "일상생활에 나타난 선비정신: 한글 편지를 중심으로", 《선비문화》 제20권, 남명학회.
김성윤, 2011, "언행록을 통해 본 선비의 행동양식과 그 정치사회적 의미", 《대구사학》 제103집, 대구사학회.
김종건, 2011, "조선 선비의 중국 견문록", 《경북사학》 제29권, 경북사학회.
김종서, 2011, "하서 김인후 시의 표현미와 선비정신의 형상화", 《한국한문학연구》 제47집, 한국한문학회.
박갑수, 2011, "해암 선생의 선비정신", 《선청어문》 제39집, 서울대학교 국어교육연구소.
손흥철, 2011, "사림·선비 그리고 남명", 《동양철학》 제36집, 한국동양철학회.
신현승, 2011, "일본의 무사(武士)와 조선 문사(文士)의 정신세계: 무사도와 선비정신의 비교연구", 《일본학연구》 제32집, 단국대학교 일본연구소.
오도열, 2011, "안중근의 선비정신과 서체미 분석: 서이기인적 관점에서", 《동양예술논총》 제15집, 강암서예학술재단.
윤인현, 2011, "다산의 한시에 나타난 선비정신과 자연관", 《다산학》 제19호, 다산학술문화재단.
윤인현, 2011, "『해상록』과 『정유피란기』 연구: 일본풍물 및 일본인 인식과 선비정신 중심으로", 《한문학논집》 제32집, 근역한문학회.
이길원, 2011, "선비 같은 성품과 문학에 대한 열정", 《시안》 제54권, 시안사.
이명수, 2011, "선비정신의 실천적 경계에 관한 욕망론적 접근: 최익현의 의리 사상", 《동방논집》

제4권, 한국동방학회.

이미식, 2011, "선비정신의 초등 도덕과 교육 활용 방법에 관한 연구", 《초등도덕교육》 제36권, 한국초등도덕교육학회.

이상록, 2011, "불온선비 강이천을 통해 정조와 그 시대를 거슬러 읽다", 《역사와문화》 제21호, 문화사학회.

임태홍, 2011, "한중일 삼국의 '사' 개념 비교 고찰: 선비·신사·무사 개념의 형성을 중심으로", 《동양철학연구》 제65집, 동양철학연구회.

조규호, 2011, "독서와 선비", 《선비문화》 제19권, 남명학회.

조봉, 전병욱, 2011, "자임(自任)하려는 의지와 진퇴(進退)의 의리: 퇴계 서신에 체현된 선비정신", 《퇴계학논집》 제130집, 퇴계학연구원.

최재목, 2011, "퇴계상의 변모: 초상화를 통해서 본 선비상의 변천에 대한 시론", 《퇴계학논집》 제130집, 퇴계학연구원.

한상규, 2011, "허조의 선비정신", 《시민시대》 통권 제318호, 목요학술회.

한상규, 2011, "한훤당 김굉필의 선비정신", 《시민시대》 통권 제319호, 목요학술회.

곽성기, 2012, "선비사상과 누정문화의 교육적 의미", 《교육종합연구》, 전라북도교육청.

권인호, 2012, "선비의 기질과 그 특징", 《남명학연구》 제17집, 남명학회.

김기현, 2012, "'참선비'는 어떻게 사는가?: 가사문학에 나타난 선비의 모습", 《선비문화》 제21호, 남명학회.

김기현, 2012, "조선의 선비, 어부를 꿈꾸다", 《선비문화》 제22호, 남명학회.

김수중, 2012, "〈양반전〉에 나타난 선비의식 연구", 《한국언어문학》 제80집, 한국언어문학회.

김시황, 2012, "선비정신과 의병정신", 《동양예학》 제27집, 동양예학회.

김학수, 2012, "선유를 통해 본 낙강 연안지역 선비들의 학문과 교유: 17세기 한려학인을 중심으로", 《유학과현대》 제13집, 박약회대구지회.

변창구, 2012, "한국의 선비정신과 정의사회의 구현: 정치인과 정치교수의 행태를 중심으로", 민족사상 제6권 4호, 한국민족사상학회.

부구욱, 2012, "선비정신의 현대적 가치", 《선비문화》 제22권, 남명학회.

손병욱, 2012, "선비의 수양(修養)과 삶", 《남명학연구》 제17집, 남명학회.

손흥철, 2012, "역사와 선비정신", 《선비문화》 제21호, 남명학회.

오열근, 2012, "21세기 리더의 길: 노자의 선비론", 《한국행정사학지》 통권 제30호, 한국행정사학회.

이성무, 2012, "선비와 선비사상", 《남명학연구》 제17집, 남명학회.

이용태, 2012, "선비의 길", 《순국》 통권 제260호, 대한민국순국선열유족회.

이정화, 2012, "순흥지역 단종복위의거 관련 시문(詩文)을 통해 본 선비정신 연구", 《한국사상과문화》 제61집, 한국사상문화학회.
이정화, 2012, "소수서원 관련 시문에 나타난 퇴계의 선비정신 연구", 《공자학》 제23호, 한국공자학회.
이정화, 2012, "소수서원 건립의 문화적 토대 연구: 회헌 안향의 선비정신을 중심으로", 《동양고전연구》 제48집, 동양고전학회.
이종묵, 2012, "조선 선비의 꽃구경과 운치 있는 사회", 《한국한시연구》 제20호, 한국한시학회.
장승희, 2012, "남명 조식의 선비정신과 도덕교육: 의(義)를 중심으로", 《도덕윤리과교육》 제36호, 한국도덕윤리과교육학회.
정순우, 2012, "퇴계와 남명을 통해서 본 '선비'의 두 유형", 《남명학연구》 제17집, 남명학회.
정옥자, 2012, "선비정신과 청백리", 《한국감사협회 감사저널》 통권 제78호, 한국감사협회.
최재호, 2012, "선비정신과 군인정신", 《선비문화》 제22호, 남명학회.
김기현, 2013, "조선 선비들의 행복론", 《선비문화》 제24호, 남명학회.
김선유, 2013, "자중자애(自重慈愛)하는 선비를 기르는 교육", 《선비문화》 제23권, 남명학회.
김일환, 2013, "선비정신의 현대적 모색", 《동양문화연구》 제16집, 영산대학교 동양문화연구원.
나종석, 2013, "한국 민주주의와 유교문화", 《가톨릭철학》 제21호, 한국가톨릭철학회.
박용국, 2013, "전통사회의 선비 공부", 《선비문화 제23호, 남명학회.
변창구, 2013, "이육사의 선비정신과 독립운동", 《민족사상》 제7권 1호, 한국민족사상학회.
변창구, 2013, "남명 조식의 선비정신과 출처관", 《민족사상》 제7권 2호, 한국민족사상학회.
변창구, 2013, "심산 김창숙의 선비정신과 구국운동", 《민족사상》 제7권 4호, 한국민족사상학회.
윤익영, 2013, "김환기의 모노크롬 회화에 나타난 선비정신", 《미술평단》 통권 제109호, 한국미술평론가협회.
이강권, 2013, "선비들의 평생 공부법", 《식품산업과 영양》 제18권 1호, 한국식품영양과학회.
이근도, 2013, "성균관 유생들의 선비정신과 반촌", 《순국》 통권 제266호, 대한민국순국선열유족회.
이만우, 2013, "학교현장에서의 인성교육 실천방안: 선비정신을 이어받은 꼬마선비들의 바른 예절 탐험", 한국초등도덕교육학회 하계학술발표논문집, 한국초등도덕교육학회.
이정화, 2013, "생육신 김시습 시에 나타난 선비정신 연구", 《전통문화논총》 제11권, 한국전통문화대학교 한국전통문화연구소.
이정화, 2013, "무이정사잡영(武夷精舍雜詠)에 나타난 회암(晦庵) 주희(朱熹)의 선비정신 연구", 《한국사상과 문화》 제68집, 한국사상문화학회.
이정화, 2013, "무이도가(武夷櫂歌)의 사상적 지향점과 선비 형상 연구", 《공자학》 제24권, 한국공자학회.
이주용, 2013, "율곡의 선비정신을 통한 공직자상에 관한 연구", 《한문학논집》 제37집, 근역한문학회.

이창식, 2013, "제천 여성인물 강정일당의 삶과 문화", 《내제문화연구》 제22집, 내제문화연구회.
이춘희, 2013, "청(淸) 왕홍(王鴻)이 이상적(李尙迪)에게 보낸 척독(尺牘)으로 본 선비적 교유", 《한국학논집》 제50집, 계명대학교 한국학연구소.
전병술, 2013, "'오여점야(吾與點也)'와 선비들의 여가", 《철학논총》 제71집 1권, 새한철학회.
정만국 외, 2013, "세계 정신문화의 수도를 꿈꾸다", 《Chief executive》 통권 제132호, 한국능률협회컨설팅.
정영길, 2013, "선비정신과 전통시학", 《한국문예창작》 제12권 1호, 한국문예창작학회.
최성해, 2013, "선비에 관한 단상", 《선비문화》 제24권, 남명학회.
김성우, 2014, "한국형 지식인, 선비의 탄생", 《퇴계학논집》 제15호, 퇴계학연구원.
김언종, 2014, "선비, 그 용어의 기원과 의미의 내함", 《퇴계학논집》 제15호, 퇴계학연구원.
김현미, 2014, "19세기 선비행장(先妣行狀)류 글에 형상화된 어머니의 가르침: 자녀 교육 태도와 교육 양상을 중심으로", 《한국고전연구》 통권 제29집, 한국고전연구학회.
김형목, 2014, "김창숙, 선비정신으로 한국 근현대사를 관통하다", 《국가기록연구》 제28호, 국가기록원.
나광채, 2014, "선비 문화의 고장 '함양·산청'을 찾아서", 《문학춘추》 2014년 가을 호(제88호), 문학춘추사.
문관규, 2014, "역사와 선비정신의 소환 그리고 진실의 힘: 양우석의 〈변호인〉(2013)", 《현대영화연구》 제17호, 한양대학교 현대영화연구소.
변창구, 2014, "석주 이상룡의 선비정신과 구국운동", 《민족사상》 제8권 1호, 한국민족사상학회.
변창구, 2014, "일송 김동삼의 선비정신과 독립운동", 《민족사상》 제8권 2호, 한국민족사상학회.
이동건, 2014, "선비와 동양의 이상적 인간상 : 군자/소인, 진유/속유, 대장부, 유·불·선", 《퇴계학논집》 제15호, 퇴계학연구원.
이춘희, 2014, "한(韓)·중(中) 선비들의 교유의 "메카": 북경 "선남(宣南)"", 《연민학지》 제21권, 연민학회.
장윤수, 2014, "수신(修身), 선비의 자기완성", 《퇴계학논집》 제15호, 퇴계학연구원.
전지영, 2014, "선비음악으로서의 가곡 향유 재론", 《한국학논집》 제54집, 계명대학교 한국학연구소.
정순우, 2014, "퇴계의 시대성찰과 선비의식", 《국학연구》 제25집, 한국국학진흥원.
정우락, 2014, "조선시대 선비들의 풍류방식과 문화공간 만들기", 《퇴계학논집》 제15호, 퇴계학연구원.
정우락, 2014, "조선시대 영남 선비들의 산수유람과 지향의식", 《남명학연구》 제19권, 남명학회.
최은주, 2014, "허주(虛舟) 이종악(李宗岳)의 한시를 통해 본 18세기 영남 선비의 여가생활과 가치지향", 《어문론총》 제62호, 한국문학언어학회.

한형조, 2014, "유교 선비들의 초상&그 문화적 문법", 《퇴계학논집》 제15호, 퇴계학연구원.
황위주, 2014, "「사부일과(士夫日課)」를 통해 본 선비의 하루 일상", 《퇴계학논집》 제15호, 퇴계학연구원.
김기주, 2015, "선비들이 유람을 떠난 까닭: 유학과 유람", 《남명학연구》 제46집, 남명학회.
김덕환, 2015, "선비정신의 현대적 실천 방향 모색: 안향의 효와 충 사상을 중심으로", 《선비문화》 제28권, 남명학회.
김세서리아, 2015, "율곡(栗谷)의 「선비행장(先妣行狀)」에 대한 여성주의 독해: 사임당의 보살핌 행위와 여성주의 보살핌의 윤리를 중심으로", 《율곡학연구》 제30권, 율곡연구원.
김세정, 양선진, 2015, "호서선비문화가 가진 교육콘텐츠로서의 의미와 가능성", 《충남대학교 유학연구》 제33집, 충남대학교 유학연구소.
김윤규, 2015, "광복의 이유가 된 선비들의 승리", 《선비문화》 제28권, 남명학회.
김재경, 2015, "선비[士]와 리더십의 관계: 대학생에게 필요한 선비 리더십", 《동양철학》 제43집, 한국동양철학회.
김현, 2015, "디지털 인문학과 선비문화 콘텐츠", 《충남대학교 유학연구》 제33집, 충남대학교 유학연구소.
김형석, 심우경, 2015, "풍류의 장, 안의삼동 누정과 선비문화의 현대적 활용", 《문화재》 제48권 2호, 국립문화재연구소.
박균섭, 2015, "선비와 청빈: 반부패, 청렴교육 시론", 《교육학논총》 제36권 1호, 대경교육학회.
박세일, 2015, "민주주의 3.0을 주창한다: '선비 민주주의'를 목표로", 《한국경제포럼》 제8권 1호, 한국경제학회.
박희택, 2015, "여성선비의 덕성과 맥락", 《한국의 철학》 제56호, 경북대학교 퇴계연구소.
손병욱, 2015, "남명학파의 문화공간과 그 활용방안: 한국선비문화연구원 일원을 중심으로", 《남명학연구》 제20권, 남명학회.
우인수, 2015, "선비들의 임란 창의정신과 의병 활동", 《한국의 철학》 제56호, 경북대학교 퇴계연구소.
유동환, 2015, "전통문화 진흥정책과 호서선비문화콘텐츠 활성화 전략 연구", 《충남대학교 유학연구》 제33집, 충남대학교 유학연구소.
이상호, 2015, "선비문화콘텐츠의 현황과 과제: DB구축에서 콘텐츠 제작으로", 《충남대학교 유학연구》 제33집, 충남대학교 유학연구소.
이수환, 2015, "조선전기 선비들이 추구한 유교적 이상사회", 《한국의 철학》 제56호, 경북대학교 퇴계연구소.
이응목, 유기웅, 2015, "조선시대 선비의 자기완성과정이 현대성인 인성함양에 주는 시사점", 《한국평생교육 HRD연구》 제11권 2호, 한국평생교육 · HRD연구소.
이정화, 2015, "정암 조광조의 시문에 나타난 선비 형상", 《공자학》 제28호, 한국공자학회.
이형성, 2016, "한국유학 변천에서 보이는 선비의 현실 대응 양상", 《한국사상과문화》 제81권, 한국사상문화학회.
함규진, 2016, "조소앙: 나라 잃은 젊은 선비, 새 시대를 위한 헌법을 만들다", 《인물과사상》 2016년 5월호(제217호), 인물과사상사.

*선비, 선비정신 관련 학술회의 및 강연회(개최연도 순)

날짜	장소	분류	회의명/강좌명	주최
2001. 4. 6	서울 도산기념관	강연회	21세기와 선비정신 (안병욱 숭실대 교수)	도산안창호선생 기념사업회
2001. 8. 16~19	삼성 산청연수원	학술회의	남명 조식 탄생 500주년 기념 국제학술회의: 남명학과 21세기 유교부흥운동의 전개	남명 선생 탄신 500주년 기념 사업 추진위원회
2002. 10. 15	밀양시청	학술회의	점필재 김종직의 도학 사상(思想)과 유학 사상(史上)의 위치	밀양문화원
2004. 5. 14	서울 세종문화회관	강연회	조선조의 선비정신과 현실대응 (송인창 대전대 교수)	한국민족종교협의회
2005. 10. 22	화천군 예술회관	학술회의	동서양 은사(隱土)문화의 전통과 조선조 성리학파 김수증의 곡운구곡과 사상을 중심으로	화천문화원, 화천향토문화 연구소
2008. 10. 24	서울역사박물관	학술회의	선비와 선비정신	사단법인 남명학연구원
2009. 8. 28~29	영남대학교	학술회의	제22차 퇴계학국제학술회의: 퇴계의 문학과 사상	국제퇴계학회, 영남퇴계학 연구원
2009. 9. 10	서울 세종문화회관	강연회	선비정신과 지식인의 역할 (한영우 서울대 석좌교수)	광화문 문화포럼
2011. 3. 29	심산기념관	학술회의	현대사회와 심산사상	심산기념사업회
2011. 6. 20	한국국학진흥원	학술회의	대산 이상정 탄신 300주년 학술대회: 소호리 선비들의 삶과 학문	한국국학진흥원

날짜	장소	구분	주제	주최
2011. 7. 15~16	충남대학교	학술회의	제23차 퇴계학 국제학술회의: 선비정신과 퇴계학	국제퇴계학회, 충남대학교 한자문화연구소, 계룡장학재단
2011. 11. 5~6	안동문화예술의전당	세미나	선비정신과 한국의 현대시	한국시인협회
2011. 12. 17	전북대학교	학술회의	간재학(艮齋學) 국제학술대회: 한국 근대유학중의 간재학 위치정립과 학문체계	간재학회, 전라문화연구소, 전주문화재단 완판본문화관
2012. 5. 22	서울 프레스센터	학술회의	제2회 의병의날 전국행사기념 학술회의: 의병정신 나라사랑 국민정신	행정안전부, 경상북도, 청송군
2012. 10. 16	서울 마포 다보빌딩	강연회	우리시대의 리더십, 선비정신에서 배운다(정옥자 서울대 교수)	대한불교진흥원
2012. 10. 19	연천수레울 아트홀	학술회의	제1회 미수문화제 학술회의	연천문화원
2012. 11. 2	한국프레스센터, 실학박물관	학술회의	순암선생 탄신 300주년 기념 국제학술회의	순암 선생 탄신 300주년 기념 사업회
2012. 11. 22	국립고궁박물관	학술회의	한국과 일본의 공공의식 비교연구	한국학중앙연구원
2012. 11. 30	겸재정선기념관	강연회	한국의 삶과 사상 (금장태 서울대 교수)	서울 강서구, 겸재정선기념관
2013. 2. 15	국립중앙도서관	강연회	조선시대 선비의 삶과 선비정신 (정옥자 서울대 교수)	국립중앙도서관
2013. 3. 16	성남시청	강연회	선비정신과 지도자의 리더십 (김병일 한국국학진흥원 원장)	21세기분당포럼
2013. 6. 26	청와대	강연회	제1차 새시대포럼 강연: 선비정신과 지도자의 리더십 (김병일 한국국학진흥원 원장)	청와대
2013. 10. 16	시립중마도서관	강연회	광양의 선비정신을 찾아서- 조선의 문인, 최산두 (강연자: 이종범 조선대 교수)	광양시립중마도서관

날짜	장소	구분	주제	주최/주관
2013. 10. 22	함양군청	학술회의	고려후기 함양지역 유현의 학문과 사상	함양문화원
2013. 12. 19	충주시 노인복지회관	강연회	선비정신 함양을 위한 대강연회: 진실한 선비란 무엇인가	한국선비정신계승회
2014. 5. 13	서울 대한상공회의소	학술회의	선비, 그 시대성찰과 역할	한국국학진흥원, 경기문화재단 실학박물관
2014. 6. 9	한국국학진흥원	학술회의	국난 속에 빛난 선비정신	문화체육관광부 주최, 한국국학진흥원 주관
2014. 7. 18	한국국학진흥원	포럼	경북선비아카데미포럼: 선비정신, 이해를 넘어 활용으로	한국국학진흥원
2014. 7. 19	포항문화예술회관	포럼	선비문화 포항포럼	경북청년유도회, 포항청년유도회
2014. 7. 19	진주향교 유림회관	강연회	현대사회에서 선비정신의 구현 (송재소 성균관대 명예교수)	경남유교대학
2014. 8. 18~19	한국국학진흥원	학술회의	한국 경학의 원류를 찾아서, 퇴계 선생의 강학활동과 사서삼경 석의	한국국학진흥원, 한국경학학회
2014. 9. 17	한국국학진흥원	학술회의	월천 조목 연구의 어제와 오늘	한국국학진흥원
2014. 9. 26	아산정책연구원	학술회의	선비정신과 한국사회: 미래의 리더십을 찾아서	아산정책연구원
2014. 10. 10	함양 문화예술 대공연장	강연회	선비정신과 함양의 얼 (박홍식 한국유교학회 회장)	함양군
2014. 10. 24	서울 프레스센터	학술회의	국외 교육유산의 이해와 한국 서원과의 비교	문화재청 주최, 한국의서원 세계유산 등재추진단, 한국학 중앙연구원 전통한국학 연구센터, 한국서원학회 공동 주관

2014. 10. 27	연천수레울 아트홀	학술 회의	제3회 미수문화제	경기 연천문화원
2014. 11. 18	대전시청	학술 회의	조선중기 호서명현의 삶과 정신	한남대 충청학연구소
2014. 12. 10	국학진흥원	포럼	사림의 교유·도산서원의 위상	한국국학진흥원
2015. 3. 28	성주군청	포럼	경북 선비문화 성주포럼	경북청년유도회, 성주청년유도회
2015. 6. 26	경상대학교	학술 회의	선비정신과 풍류사상	조선대 인문학연구원 우리철학연구소
2015. 8. 14	한국 국학진흥원	포럼	경북선비아카데미포럼: 선비의 배려정신	한국국학진흥원
2015. 8. 19~20	도산서원 선비문화 수련원	강연회	-선비정신과 지도자의 리더십: 퇴계선생의 낮춤과 섬김 배우기 (김병일 도산서원 이사장) -유교문화와 선비정신 (김종길 도산서원 원장)	한국동서발전
2015. 8. 28	충북 제천 여성문화 센터	학술 회의	의당 박세화와 의당학	(사)병산영당
2015. 9. 11	안동 리첼호텔	강연회	과학기술 여성 리더스포럼 강연: 선비정신과 지도자의 리더십- 퇴계선생의 낮춤과 섬김 배우기 (김병일 도산서원선비수련원 이사장)	한국여성 과학기술단체 총연합회
2015. 9. 18	함양문화 예술회관	강연회	21세기의 삶과 선비정신 (김병일 도산서원선비수련원 이사장)	함양군, 일두기념사업회
2015. 10. 6	광명시 오리서원	강연회	선비정신이 그리운 세상 (박석무 다산연구소 이사장)	오리 다산아카데미
2015. 10. 15	함양문화 예술회관	학술 회의	제11회 학술회의: 목은 이색-사숙재 강희맹	함양문화원
2015. 10. 20	광명시 시민회관	포럼	제27회 희망포럼: 다산이 묻고 오리가 답하다	광명희망포럼
2015. 10. 28~29	충남대학교, 대전시청	학술 회의	제14회 호서명현 학술대회: 호서 글로컬리즘(Glocalism) 선비 문화 콘텐츠의 필요성과 활용 방안	대전시 주최, 충남대 유학연구소 주관

2015. 10. 31	동양대학교	학술회의	회헌 안향선생 선양 학술대회: 선비정신의 재정립과 관광 자원화	동양대 한국선비연구원
2015. 11. 5	한국국학진흥원	학술회의	퇴계학 · 남명학 학술대회: 퇴계 · 남명 사상의 형성과 전개	한국국학진흥원, 경상대 남명학연구소
2015. 11. 27	성균관대 600주년 기념관	학술회의	일두 정여창 선생 기념 학술회의: 유교사상과 선비문화	성균관대학교 유학대학, 유교문화연구소
2015. 12. 15~16	김천경찰서	강연회	선비정신의 필요성과 공직자의 자세 (이동경 도산서원 선비문화연구원 지도위원)	김천경찰서
2015. 12. 23	서울 국립중앙도서관	포럼	2015 선비정신포럼: 한국다움에서 찾은 선비정신, 청년의 좌표가 되다	문화체육관광부 주최, 한국국학진흥원 주관
2016. 1. 29	광화문 KT빌딩 창조경제혁신센터	토론회	국가미래전략 정기토론회: 한국사회의 리더와 선비정신	KAIST문술미래전략대학원
2016. 2. 1	봉평 이효석 문학관	토론회	강원의 얼 차강 박기정 선생 선양 토론회	평창군
2016. 4. 22	대전 대덕구 동춘당	포럼	동춘당 인문학 포럼: 동춘당과 그 후손들의 선비적 삶과 소통정신	대전 대덕구
2016. 4. 27	연수동 주민자치센터	강연회	탐욕의 시대 중화의 길 (강지원 변호사)	한국선비정신계승회
2016. 5. 7	영주시 소수박물관	학술회의	회헌 안향선생 학술대회: 인성회복을 위한 새로운 모색	영주시
2016. 5. 11	대구시청	강연회	21세기 나의 삶과 선비정신(김병일 도산서원 선비문화수련원 이사장)	대구시
2016. 5. 17	나주시 한국농어촌공사 본사	강연회	현대사회 지도자와 선비정신 (김병일 도산서원 선비문화수련원 이사장)	한국농어촌공사

2016. 5. 19~20	성균관대 600주년 기념관	학술회의	삶 속의 유교, 선비정신, 현대문명의 대안	성균관대학교 유교문화연구소, 한국유교학회
2016. 5. 24	청송문화 예술회관	학술회의	청송의병창의 120주년 의병학술회의: 통일준비 나라사랑 의병정신	경북 청송군, 의병정신선양 청송군지회
2016. 5. 27	영주문화 예술회관	토크쇼	미래로 가는 선비, 인문학을 만나다	영주시
2016. 6. 1	영흥 화력본부	강연회	조선시대 선비정신에서 배우는 청렴문화(최석기 경상대 교수)	영흥화력본부
2016. 6. 21	서울 마포 다보빌딩	강연회	사람답게 사는 법, 선비정신에서 배우다: 우리가 몰랐던 선비, 선비정신을 찾아서(김병일 도산서원 선비문화수련원 이사장)	대한불교진흥원

정리: 정은경(아산정책연구원 한국학연구센터 연구원)

필자 약력

가타오카 류(片岡龍)
와세다대학교 제1문학부를 졸업하고 동 대학원 문학연구과 동양철학전공 박사과정을 마쳤다. 와세다대학교 강사, 숙명여자대학교 강사를 거쳐 현재 도호쿠대학교 문학연구과 준교수로 재직 중이다. 전공 분야는 일본사상사, 동아시아 비교사상, 공공철학, 생명사상. 저서로 《일본사상사 핸드북(日本思想史ハンドブック)》(新書館, 2008), 《공공하는 인간1 이토 진사이(公共する人間1 伊藤仁斎)》(東京大学出版会, 2011), 《공공하는 인간2 이시다 바이간(公共する人間2 石田梅岩)》(東京大学出版会, 2011)등이 있다. 논문으로는 "《조선왕조실록》에 보이는 '공공' 용례의 검토"(삼화서적, 2013), "퇴계 문하에서 여헌 장현광에 이르는 '공공'—인간주체·사회·자연"(한국학중앙연구원, 2013) 등이 있다.

권순철
고려대학교 철학과를 졸업하고 동 대학원 철학과 박사과정을 수료했으며, 도쿄대학대학원에서 문학박사 학위를 취득했다(1991). 사이타마대학 교양학부 조교수를 거쳐 현재 사이타마대학 대학원 인문사회과학연구과 교수로 재직 중이다. 연구 분야는 한국사상사 및 동아시아 근대학술사상. 논문으로 "퇴계 철학 연구의 식민지적 근대성 – 한국사상사 재고 2"(《日本アジア研究》, 埼玉大学大学院文化科学研究科, 2006), "대한제국기의 '국가학' 서적에 있어서 량치차오(梁啓超)와 아루가 나가오(有賀長雄)의 영향"(《埼玉大学紀要(教養学部)》, 2012), "변영만 역 '세계삼대괴물'과 '20세기지대참극 제국주의'에 대하여 – 대한제국 지식인의 제국주의 이해의 일단"(《埼玉大学紀要(教養学部)》, 2013) 등이 있다.

김석근
연세대학교 정치외교학과를 거쳐 한국학중앙연구원 한국학대학원에서 문학 석·박사학위를 취득했다. 고려대학교 아세아문제연구소 한국정치사상연구실장, 연세대학교 정치외교학과 BK21 교수를 지냈다. 여러 대학에서 강의를 해왔으며, 현재 아산정책연구원 한국학연구센터 센터장과 아산서원 부원장을 맡고 있다. 연구분야는 한국정치사상, 동아시아 사상과 문화. 저서로는 《한국의 자유민주주의》(인간사랑, 1999), 《한국정치사상사》(백산서당, 2005), 《한국문화대탐사》(아산서원, 2015) 외 다수가 있다. 아울러 《일본정치사상사연구》(통나무, 1998), 《문명론의 개략을 읽는다》(문학동네, 2007), 《마루야마 마사오: 주체적 작위, 파시즘, 시민사회》(아산정책연구원, 2013) 등 일본사상사 관련 저작을 우리 말로 옮기는 작업을 해왔다.

배병삼

경희대학교 정치외교학과를 졸업하고 동 대학원에서 정치학 박사학위를 취득했다. 사단법인 유도회(儒道會) 한문연수원에서 권우 홍찬유(卷宇 洪贊裕, 1915~2005) 선생에게 동양고전 독법을 배웠다. 한국사상사연구소 연구원, 성심외국어대학교 교수를 거쳐 현재 영산대학교 자유전공학부 교수로 재직 중이다. 저서로는 《한글세대가 본 논어》(문학동네, 2002), 《풀숲을 쳐 뱀을 놀라게 하다》(문학동네, 2004), 《논어, 사람의 길을 열다》(사계절, 2005), 《우리에게 유교란 무엇인가》(녹색평론사, 2012), 《공자, 경영을 論하다》(푸르메출판사, 2012) 등이 있다. 공저로는 《고전의 향연》(한겨레출판, 2007), 《글쓰기의 최소원칙》(룩스문디, 2008), 《유학, 시대와 通하다》(자음과모음, 2012) 등이 있다.

신복룡

건국대학교 정치외교학과를 졸업하고 동 대학원에서 정치학 박사학위를 취득했다. 조지타운대학 객원 교수, 건국대학교 정치외교학과 교수, 중앙도서관장 및 대학원장, 한국정치외교사학회장, 한국/동양정치사상사 학회장을 역임했으며, 건국대학교 정치외교학과 석좌교수를 지냈다. 저서로는 《전봉준평전》(지식산업사, 1996), 《한국사 새로 보기》(풀빛, 2001), 《한국분단사연구: 1943-1953》(한울, 2001, 2001년도 한국정치학회 학술상 수상), 《이방인이 본 조선 다시 읽기》(풀빛, 2002), 《한국정치사》(박영사, 2003), 《동학사상과 갑오농민혁명》(도서출판선인, 2006), 《한국정치사상사》(지식산업사, 2011, 2011년도 한국정치학회 인재학술상 수상) 등이 있다. 역서로 《외교론》(평민사, 1998), 《조선비망록: 한말외국인기록(전23권)》(잡문당, 1999-2002), 《군주론》(을유문화사, 2006) 등이 있다.

신현승

강원대학교 철학과를 졸업하고 천진(天津)사범대학에서 정치철학 전공으로 석사학위를 취득한 후, 도쿄(東京)대학에서 동아시아 사상문화(중국철학) 전공으로 석·박사학위를 취득했다. 고려대 아세아문제연구소 HK연구교수, 동아시아문화교류연구소 연구교수, 성균관대 동아시아학술원 선임연구원을 역임했으며, 현재 상지대학교 인문사회과학대학 교양과 조교수로 재직 중이다. 전문 분야는 동양철학, 특히 중국 송명시대 유학. 주요 저서로 《동아시아 세계의 기록문화와 학문정신》(경인문화사, 2011), 《제국 지식인의 패러독스와 역사철학》(태학사, 2015) 등이 있으며, 역서로 《사대부의 시대》(동아시아, 2004), 《송학의 형성과 전개》(논형, 2004), 《청년 모택동》(논형, 2005), 《삼국지의 세계》(사람의무늬, 2011), 《잔향의 중국철학》(글항아리, 2015) 등이 있다.

이남희

고려대학교 사학과를 졸업하고 한국학중앙연구원 한국학대학원에서 한국사 전공 석사 및 박사과정을 수료한 후 한국 근세 사회사 연구로 문학박사 학위를 취득했다. 연구 분야는 조선시대의 사회변동, 역사문화학, 디지털인문학 등. 고려대학교 연구교수, 서울시스템 한국학DB연구소장 등을 역임했으며 현재 원광대학교 한국문화학과 교수로 재직 하면서 국사편찬위원회 위원, 전라북도 문화재 전문위원, 인문콘텐츠학회 부회장, 조선시대사학회 편집위원 등을 맡고 있다. 저서로는 《조선후기 잡과중인》(이회, 1999), 《조선왕조실록으로 오늘을 읽는다》(다할미디어, 2008), 《영조의 과거: 널리 인재를 구하다》(한국학중앙연구원출판부, 2013), 《역사문화학: 디지털 시대의 한국사 연구》(북코리아, 2016) 등이 있다.

이형성

전주대학교 한문교육과를 졸업한 후 성균관대학교 대학원 한국철학과와 동양철학과에서 석사 및 박사학위를 취득했다. 전북대학교 BK 기금교수, 전남대학교 철학연구센터 연구원을 역임했으며, 현재 전북대학교 전라문화연구소 전임연구원으로 재직하면서 서강대학교 신학대학원과 충북대학교 철학과에서 강의하고 있다. 전문 분야는 성리학과 한국철학, 저서로 《한주 이진상의 철학사상》(심산, 2006), 공저로는 《한국철학사상사》(한울, 1997), 《한국실학사상사》(심산, 2008) 등이 있고, 역서로는 《범주로 보는 주자학(朱子の哲學)》(예문서원, 1997), 《다카하시 도루의 조선유학사》(예문서원, 2001), 《(현상윤의)조선유학사》(심산, 2010), 《(현상윤의) 조선사상사》(심산, 2010), 《(조선 최후의 성리학자) 간재 전우, 《중용》을 탐구하다》(심산, 2010) 등이 있다. 논문으로는 "한주학파 성리학의 지역적 전개양상과 사상적 특성"(2009) 외 다수가 있다.

임태홍

성균관대학교 중어중문학과를 졸업하고 같은 대학 유학대학원 한국사상사학과 및 도쿄대학에서 석사학위를 취득했다. 이어 도쿄대학 동아시아사상문화학과에서 동아시아 근대 사상 연구로 박사 학위를 취득했다. 현재 성균관대학교 유교문화연구소 수석연구원으로 재직 중이다. 저서로는 《신화와 근대종교로 본 동아시아의 자국인식》(역사공간, 2014), 《일본 사상을 다시 만나다》(성균관대학교출판부, 2014) 등이 있으며, 공저로 《사상과 문화로 읽는 동아시아》(성균관대학교출판부, 2007) 등이 있다. 역서로는 《50인으로 읽는 중국 사상: 공자에서 손문까지》(무우수, 2007), 《유일한 규칙 唯一的規則: 손자의 투쟁철학》(글항아리, 2013) 등이 있다.

선비정신과
한국사회

초판 1쇄 발행 2016년 10월 07일

엮은이 김석근

펴낸이 함재봉
펴낸곳 아산서원
주소 서울시 종로구 경희궁1가길 11
등록 2013년 12월 16일 제 300-2013-154호
전화 02-730-5842
팩스 02-730-5849
이메일 info@asaninst.org
홈페이지 www.asaninst.org
편집 디자인 All Design Group

책임편집 박현아, 정은경

ISBN 979-11-952043-6-6 03300
값 18,000원

※ '아산서원'은 아산정책연구원에 소속되어 있는 인문·교양 분야 전문 출판사입니다.
※ 이 책은 아산서원이 저작권자와의 계약에 따라 발행한 것이므로
  본원의 허락 없이는 어떠한 형태나 수단으로도 이 책의 내용을 이용할 수 없습니다.

※ 이 도서의 국립중앙도서관 출판예정도서목록(CIP)은 서지정보유통지원시스템 홈페이지
  (http://seoji.nl.go.kr)와 국가자료공동목록시스템(http://www.nl.go.kr/kolisnet)에서
  이용하실 수 있습니다.(CIP제어번호: CIP2016022895)